Die in diesem Band vorgelegten Studien über die Beziehungen der Deutschen zu den Fremden in ihrem Lande beginnen im späten 19. Jahrhundert und reichen bis in die Gegenwart; sie lassen den historischen Kontext für die Ereignisse in der Zeit des Nationalsozialismus deutlich werden.

Die nationalsozialistische Verfolgungs- und Vernichtungspolitik gegenüber den als »minderwertig« angesehenen ethnischen und sozialen Gruppen richtete sich in erster Linie gegen Nichtdeutsche – mehr als 95% der Opfer der Mordpolitik des NS-Regimes waren »Ausländer«. Zwar wurde diese Politik von vielen Deutschen direkt oder indirekt mitgetragen; konzipiert und in Gang gebracht wurde sie jedoch von politisch hochmotivierten Funktionseliten auf der Grundlage präzise benennbarer weltanschaulicher Konzeptionen, die vor allem während der Jahre nach dem Ersten Weltkrieg unter der bürgerlichen Jugend Deutschlands verbreitet und radikalisiert wurden.

Grundlage dieser Vorstellungen war die Annahme, daß nicht das Individuum, sondern das »Volk« als Subjekt der Geschichte anzusehen sei. Diese im Kern gegen die Grundlagen der bürgerlichen Gesellschaft gerichteten Vorstellungen ließen sich als legitimierende und dynamisierende Faktoren ohne Schwierigkeiten mit den herkömmlichen Zielsetzungen des deutschen Kontinentalimperialismus verknüpfen und entfalteten ihre Wirksamkeit, als ihre Träger als junge Nachwuchselite des Nationalsozialismus in Spitzenstellungen des Regimes einrückten.

Die in diesem Band versammelten historischen Studien untersuchen die Zusammenhänge zwischen ideologischer Grundlage, wirtschaftlichem Nützlichkeitsdenken und politischer Praxis im Umgang mit den »Fremden« im Verlaufe dieses Jahrhunderts.

Ulrich Herbert, geboren 1951, Dr. phil., Historiker; Professor für Neuere und Neueste Geschichte an der Universität Freiburg i. Br.

Veröffentlichungen u. a.: *Fremdarbeiter. Politik und Praxis des »Ausländer-Einsatzes« in der Kriegswirtschaft des Dritten Reiches* (1985); *Geschichte der Ausländerbeschäftigung in Deutschland 1880 bis 1980* (1986); *Europa und der »Reichseinsatz«. Ausländische Zivilarbeiter, Kriegsgefangene und KZ-Häftlinge in Deutschland 1938–1945* (als Hrsg., 1991).

Ulrich Herbert

Arbeit, Volkstum, Weltanschauung

Über Fremde und Deutsche im 20. Jahrhundert

Fischer Taschenbuch Verlag

Lektorat: Walter H. Pehle

Originalausgabe
Veröffentlicht im Fischer Taschenbuch Verlag GmbH,
Frankfurt am Main, September 1995

Gesamtherstellung: Clausen & Bosse, Leck
Printed in Germany
ISBN 3-596-12648-7

Gedruckt auf chlor- und säurefreiem Papier

Inhalt

Vorwort

Die nationalsozialistische Verfolgungs- und Vernichtungspolitik gegenüber den als minderwertig angesehenen ethnischen und sozialen Gruppen richtete sich in erster Linie gegen Nichtdeutsche – mehr als 95% der Opfer der Mordpolitik des NS-Regimes waren Ausländer. Zwar wurde diese Politik von vielen Deutschen direkt oder indirekt mitgetragen; konzipiert und in Gang gebracht wurde sie jedoch von politisch hochmotivierten Funktionseliten auf der Grundlage präzise benennbarer weltanschaulicher Konzeptionen, die vor allem während der Jahre nach dem Ersten Weltkrieg unter der bürgerlichen Jugend Deutschlands verbreitet und radikalisiert wurden. Grundlage dieser Vorstellungen waren die Annahmen, daß nicht das Individuum, sondern das Volk als Subjekt der Geschichte anzusehen seien und daß die zivilisatorischen, wirtschaftlichen und kulturellen Unterschiede zwischen den Völkern Ausdruck biologischer und historischer Prozesse seien, aus denen das Recht zur Dominanz der Stärkeren und zur Unterdrückung, womöglich zur Vertreibung oder Vernichtung schwächerer Völker abzuleiten seien.

Diese im Kern gegen die wertbezogenen Grundlagen der bürgerlichen Gesellschaft gerichteten Vorstellungen ließen sich als legitimierende und dynamisierende Faktoren ohne Schwierigkeiten mit den herkömmlichen Zielsetzungen des deutschen Kontinentalimperialismus verknüpfen und entfalteten ihre Wirksamkeit, als ihre Träger als junge Nachwuchselite des Nationalsozialismus in Spitzenstellungen des Regimes einrückten.

Diesem Befund steht eine nach dem Kriege in beiden deutschen Staaten zu beobachtende Tendenz gegenüber, wonach sich das Augenmerk in der wissenschaftlichen wie der allgemeinen Öffentlichkeit ebenso wie in der Politik bereits seit den ersten Nachkriegsjahren nicht auf die Mehrheit der – nichtdeutschen – Opfer konzentrierte, sondern auf die vergleichsweise wenigen Deutschen, die von den Nationalsozialisten verfolgt, vertrieben oder ermordet wurden. Das betrifft, beispielhaft, etwa jene ganz auf die kommunistischen Widerstandskämpfer in den Konzentrationslagern gerichtete Darstellung in den Büchern und Ausstellungen der DDR über die Nazi-KZs; oder die Praxis der westdeutschen Entschädigungsgesetzgebung, die – im strikten Gegensatz zu weitverbreiteten Überzeugungen – eben eine Gesetzgebung für Deutsche oder ehemalige Deutsche ist, während ausländische NS-Opfer davon ausgeschlossen waren, und Zahlungen an sie nur in Einzelfällen und nach mühsamen politischen Auseinandersetzungen erfolgten.

Hier liegt der Ausgangspunkt der in diesem Buch versammelten Arbeiten, die in den vergangenen Jahren an verschiedenen Orten veröffentlicht wurden und hier im Zusammenhang vorgestellt werden. Sie behandeln Struktur und Entwicklung der Beziehungen zwischen Deutschen und Fremden im 20. Jahrhundert unter drei miteinander verknüpften Fragestellungen, die auch den Titel des Buches ausmachen: die Frage nach der Bedeutung der Arbeit bzw. der Leistungsfähigkeit und des dadurch definierten Wertes des einzelnen – sowohl bei Ausländern wie bei Deutschen; nach der Definition dessen, was in Deutschland als »fremd« und was als »deutsch« zu gelten hat; und nach der Genese, Tradierung und Kontinuität der diese Beziehungen definierenden und legitimierenden ideologischen Grundlagen.

In dem ersten Beitrag, »Traditionen des Rassismus«, werden hierbei die »gesellschaftsbiologischen« Wurzeln völkisch-rassistischen Denkens untersucht. Dabei werden die Zusammenhänge zwischen »innerem« Rassismus (gegen »Abweichendes« im eigenen »Volkstum«) und »äußerem« Rassismus (gegen das Eindringen »fremden Volkstums«) als konstitutiv für die nationalsozialistische Verfolgungs- und Vernichtungspolitik herausgestellt. In »Generation der Sachlichkeit« wird die wichtigste Trägergruppe dieses Denkens näher betrachtet: die junge Generation der zwischen 1903 und 1913 Geborenen, die während des Ersten Weltkrieges aufwuchs und der auch die vor allem akademische Führungselite von Gestapo und RSHA entstammte. Ihre politische Sozialisation in der völkischen Studentenbewegung in den frühen 20er Jahren wird hier genauer untersucht.

In dem Beitrag »Von der ›Reichskristallnacht‹ zum ›Holocaust‹« wird analysiert, wie sich der sogenannte »seriöse«, um »Wissenschaftlichkeit« und Reputation bemühte Antisemitismus, wie er insbesondere in der Führungsgruppe von SD und Gestapo vertreten wurde, gegenüber der als »Pöbelantisemitismus« abgelehnten traditionellen Judenfeindlichkeit (etwa von SA und Partei) durchzusetzen begann und welche Auswirkungen dies für die Beschleunigung des Verfolgungs- zum Vernichtungsprozeß hatte.

Der Beitrag »Arbeiterschaft im ›Dritten Reich‹« thematisiert demgegenüber, in welcher Weise der NS-Staat mit den deutschen Arbeitern umging, welche Elemente von Zwang und Unterdrückung sich mit welchen Formen von sozialer Versorgung und welchen ideologischen oder realen Aufstiegserfahrungen kombinieren – und inwieweit die relative Privilegierung der deutschen Arbeiterschaft auf die Unterdrückung und Verfolgung zunächst von marginalisierten deutschen Arbeitergruppen, dann von Millionen ausländischer Zwangsarbeiter aufbaute. Demgegenüber werden in »Der ›Ausländer-Einsatz‹ in der deutschen Kriegswirtschaft« die Verquickung und die Widersprüche zwischen ideologischen und wirtschaftlichen Zielsetzungen bei der Behandlung der ausländischen Zwangsarbeiter während des Zweiten Weltkrieges dargestellt. Der Beitrag »Von der ›Arbeitsbummelei‹ zum ›Bandenkampf‹« wechselt hierbei die Perspektive: Der bislang ausschließlichen Konzentration der (deutschen) Widerstandsforschung auf den Widerstand von *Deutschen* wird der Widerstand der ausländischen Zwangsarbeiter in Deutschland gegenübergestellt, der 1943 allein drei Viertel aller Aktivitäten der Gestapo band.

Drei Beiträge beziehen sich auf die Folgewirkungen der beschriebenen Entwicklung nach 1945. In »Nicht entschädigungsfähig« wird untersucht, auf welche Weise es der westdeutschen Politik in den 50er Jahren gelang, die Entschädigungsverpflichtung für die nicht-deutschen NS-Opfer – mithin für die weit überwiegende Mehrheit – zu umgehen, ohne daß dies, jedenfalls in der deutschen Öffentlichkeit, auf größere Aufmerksamkeit gestoßen wäre. In »Zweierlei Bewältigung« wird der Versuch unternommen, diesen spezifischen Umgang mit der NS-Vergangenheit in der Bundesrepublik selbst als historisches Phänomen zu verstehen und ihn den parallelen Entwicklungen in der DDR gegenüberzustellen. In dem resümierenden Beitrag

»Ausländer und andere Deutsche« schließlich wird ein weiter Bogen geschlagen von der Heranziehung ausländischer Saisonarbeiter im ausgehenden 19. Jahrhundert über den »Einsatz« von Millionen ausländischen Zwangsarbeitern während des Zweiten Weltkrieges bis zur Wiederaufnahme der Ausländerbeschäftigung in der Bundesrepublik Anfang der 60er Jahre und der aktuellen Diskussion um Asylbewerber, Aussiedler und andere Immigranten.

Die hier versammelten Aufsätze sollen dazu dienen, das auf Deutschland und Deutsche zentrierte Bild der deutschen Geschichte im 20. Jahrhundert und ihres Fokus, der nationalsozialistischen Eroberungs- und Vernichtungspolitik, auszuweiten und stärker unter dem Aspekt der politisch-ideologischen Kontexte sowie der Folgen dieser Geschichte für jene zu betrachten, die sie in erster Linie erleiden mußten.

Hamburg, im Frühjahr 1995 — Ulrich Herbert

Traditionen des Rassismus

Am 18. September 1942 trafen der Reichsminister der Justiz, Thierack, und der Reichsführer SS, Himmler, folgende Vereinbarung: »Auslieferung asozialer Elemente aus dem Strafvollzug an den Reichsführer SS zur Vernichtung durch Arbeit. Es werden restlos ausgeliefert die Sicherungsverwahrten, Juden, Zigeuner, Russen und Ukrainer, Polen über 3 Jahre Strafe, Tschechen oder Deutsche über 8 Jahre Strafe nach Entscheidung des Reichsjustizministers. Zunächst sollen die übelsten asozialen Elemente unter letzteren ausgeliefert werden.«[1]

In einem Schreiben an den Leiter der Parteikanzlei, Bormann, erläuterte Thierack das Ziel dieser Übereinkunft: »Zweifellos fällt die Justiz jetzt schon sehr harte Urteile gegen solche Personen, aber das reicht nicht aus, um wesentlich zur Durchführung des oben ausgeführten Gedankens beizutragen. Es hat auch keinen Sinn, solche Personen Jahre hindurch in solchen Gefängnissen und Zuchthäusern zu konservieren, selbst dann nicht, wenn, wie das heute weitgehend geschieht, ihre Arbeitskraft für Kriegszwecke ausgenutzt wird.«[2]

Kurz darauf wurden die Leiter der Strafanstalten von der »Abgabe asozialer Gefangener an die Polizei« informiert, und die Aktion begann. Zunächst erschienen in den Gefängnissen Kommissionen des Reichsjustizministeriums, die die »asozialen« Gefangenen auszuwählen hatten. Dafür waren entsprechende Kriterienkataloge ausgearbeitet worden; darüber hinaus entschied der persönliche Eindruck, den die Beamten von den einzelnen Häftlingen gewannen.[3] Bis zum April 1943 waren im Rahmen dieser Aktion bereits 12658 »Sicherungsverwahrte« und »Schwerverbrecher« – unter ihnen eine große Anzahl ausländischer Zwangsarbeiter, vorwiegend aus den osteuropäischen Ländern – in Konzentrationslager eingeliefert worden, mehr als zwei Drittel von ihnen nach Mauthausen-Gusen; 5935 von ihnen waren bis zu diesem Zeitpunkt bereits umgekommen.[4]

Betrachtet man die Begründungen für diese Aktion sowie die Kriterien für »Asozialität« näher, so wird der politische und ideologische Zusammenhang deutlich, in dem die Vernichtung der »asozialen Gefangenen« zu sehen ist. In einem Rundschreiben des Rassepolitischen Amtes der NSDAP vom Juli 1942 wurden als »gemeinschaftsunfähig (asozial)« all jene Menschen bezeichnet, »die aufgrund einer anlagebedingten und daher nicht besserungsfähigen Geisteshaltung nicht in der Lage sind, den Mindestanforderungen der Volksgemeinschaft an ihr persönliches, soziales und völkisches Verhalten zu genügen«. Dazu zähle, wer »infolge verbrecherischer, staatsfeindlicher und querulantischer Neigungen fortgesetzt mit den Strafgesetzen, der Polizei und anderen Behörden in Konflikt gerät«, wer als »arbeitsscheu«, als »Rentenjäger« oder »Versicherungsschmarotzer« zu gelten habe, wer »den Unterhalt für seine Kinder dem Staat aufbürdet oder vom Kindergeld zu leben versucht«, wer sich als »besonders unwirtschaftlich und hemmungslos« erweise und keinen »geordneten Haushalt« führe sowie »Trinker, Straßendirnen, Zuhälter, Sittlichkeitsverbrecher, Homosexuelle usw«.[5]

In diesem Katalog fällt zunächst auf, daß er scheinbar wahllos vom notorischen Ladendieb über den Sittlichkeitsverbrecher bis zur »liederlichen Hausfrau«, dem Homosexuellen und dem »Arbeitsscheuen« alles nebeneinanderstellt, was den engen Rahmen der Wohlanständigkeit zu verlassen scheint – ein Katalog der sozialen Disziplinierung. Auf der anderen Seite ist bemerkenswert, daß hier von einer »anlagebedingten und nicht besserungsfähigen Geisteshaltung« gesprochen wird und daß dieses Schreiben vom »Rassepolitischen Amt« der Partei herausgegeben wurde. – Was aber haben Versicherungsbetrüger, Dirnen oder Säufer mit »Rassismus« zu tun?

Neben die Kennzeichnung der äußeren Erscheinungsformen von »Asozialität« tritt in dem Schreiben ein weiteres, strukturelles Merkmal: »Biologisch ist für die Gemeinschaftsunfähigen kennzeichnend: 1. die Erblichkeit der entscheidenden körperlichen und geistigen Anlagen und Merkmale, welche die Gemeinschaftsunfähigkeit bedingen. Es liegen Untersuchungen vor, welche die Beständigkeit der Gemeinschaftsunfähigkeit über mehr als zehn Generationen hinweg dartun. Damit ist auch der geringe Erfolg erklärt, der den vielfachen Erziehungs-, Besserungs- und Fürsorgemaßnahmen des Liberalismus an diesen beschieden war. 2. Die Gattenwahl erfolgt häufig aus dem gleichen schlecht veranlagten Menschenkreis. Das hatte zur Folge, daß die Nachkommenschaft immer unbrauchbarer wird.«[6]

Hinter den verschiedenen Erscheinungsformen von »Asozialität« stand diesem Denken zufolge also ein gemeinsames Prinzip: anlage-, also erblich bedingte Unfähigkeit zur Einpassung in die Gemeinschaft. Aus asozialer Abweichung wurde hier eine biologische Deformation, eine »rassische« Kategorie. Der Hinweis auf »Untersuchungen« über die Erblichkeit von »Asozialität« verweist darauf, daß hinter diesem Denken nicht nur Vorurteile und Vernichtungswille gegenüber gesellschaftlich Abweichenden stehen, sondern eine ganze wissenschaftliche Schule. »Die von uns geforderte rassenhygienische Sonderbehandlung dieser aus asozialer Sippe stammenden chronisch Gemeinschaftsunfähigen ist (...) in jeder Weise auch wissenschaftlich begründet«, formulierte etwa der Gießener Rassehygieniker H.W. Kranz im Jahre 1942.[7] Die »Ausmerzung der Gemeinschaftsunfähigen«, wie sie von Thierack und Himmler im September 1942 vereinbart worden war, entsprach den Forderungen von Rassehygienikern und Kriminalbiologen.

»Rassismus« läßt sich also nicht darauf reduzieren, daß den Angehörigen verschiedener Völker bzw. Rassen je verschiedene Eigenarten und davon abgeleitet unterschiedliche Werte zugeschrieben werden. Vielmehr ist unter Rassismus im allgemeinen und der rassistischen Praxis während der nationalsozialistischen Herrschaft im besonderen ein Weltbild zu verstehen, das sich sowohl nach innen wie nach außen richtet und als umfassende »Biologisierung des Gesellschaftlichen« definiert werden kann. Dieses Konzept wurde ganz oder in Teilen bereits vor 1933 von zahlreichen Wissenschaftlern zahlreicher Disziplinen vertreten; von Soziologen, Psychologen und Psychiatern ebenso wie von Kriminologen, Medizinern, Bevölkerungswissenschaftlern und Anthropologen. Darüber hinaus stießen wesentliche Teile gerade des nach »innen« gerichteten Rassismus, der abweichendes Verhalten ebensosehr auf Erbanlagen zurückführte wie ein Großteil der psychischen Krankheiten, auch in der Bevölkerung auf eine gewisse Zustimmung, weil er sich auf verbreitete Bedrohungsgefühle und Ablehnung gegenüber Abweichenden stützen konnte und insofern als nur graduelle Verschärfung des Umgangs mit »Verbrechern«, »Asozialen«, »Irren« usw. wahrgenommen wurde, wie er seit längerer Zeit üblich und gewohnt war.[8]

Die Entwicklung und schließliche Durchsetzung eines globalen rassistischen Ansatzes ist dabei vor allem als Ausdruck der rasanten sozialen, politischen und wirtschaftlichen Veränderungen seit der Mitte des 19. Jahrhunderts zu verstehen. Vor allem die damit einhergehenden Veränderungen im gesellschaftlichen Bereich wurden von Teilen des Bürgertums und gerade in den Mittelschichten als bedrohlich und irritierend empfunden, zumal wenn es sich um Erscheinungen handelte, die den bürgerlichen Verhaltensnormen widersprachen und als Phänomene des Industrialismus, der Großstadt, der »Vermassung« der Gesellschaft wahrgenommen wurden, wie der tatsächliche oder vermeintliche Anstieg von Kriminalität, Prostitution, Homosexualität, »Verwilderung der Jugend« und auch der Geisteskrankheiten. Mit der popularisierten Form der Lehre Darwins wurde nun eine Erklärung für diese Entwicklung gefunden, die einleuchtend und, was für dieses fortschritts- und wissenschaftsgläubige Jahrhundert besonders wichtig war, naturwissenschaftlich abgesichert schien. Darwins Erkenntnisse, wonach die Ursache für die Evolution der Organismen in der »Natural Selection« zu suchen sei, wurde später von ihm selbst in seinem Buch »The Descent of Men and the Selection in Relation to Men« sowie in Deutschland vor allem von Ernst Haeckel auf den Menschen ausgedehnt.[9] Nach Darwin war die Selektion in der Natur deshalb notwendig, um das Mißverhältnis zwischen dem Nachkommenüberschuß und den vorhandenen Nahrungsquellen auszugleichen; dabei überlebten im Kampf ums Dasein jeweils nur die Stärksten, was Voraussetzung für eine stete Verbesserung und Höherentwicklung der Art sei.

Hier lag nun der Anknüpfungspunkt für die Übertragung des Darwinschen Modells aus der Biologie in die Sphäre des Gesellschaftlichen. Dieses Prinzip, so wurde argumentiert, habe auch die Regeln des menschlichen Zusammenlebens beherrscht; in dem Moment aber, als die Voraussetzungen für den Kampf ums Dasein entfielen – durch das Ausbleiben von Hungersnöten etwa als Folge der Modernisierung der Landwirtschaft – und die moderne Zivilisation durch Medizin, Wohlfahrtspflege und soziale Fürsorge die Schwachen, die vorher in diesem Kampf unterlegen gewesen und »selektiert« worden wären, nunmehr unterstützte und der Notwendigkeit des »Kampfs ums Dasein« enthob, sei das Naturgesetz der Selektion außer Kraft gesetzt worden. Da nun aber die Schwachen nicht mehr auf natürliche Weise ausgesondert würden, vermehrten sie sich in erheblicher Zahl, wodurch die Grundlage der Evolution, das Überleben nur der Starken, entfiel. Es seien also gerade die Auswirkungen der aus der bürgerlichen Tradition von Humanität und Gleichheitspostulat auf der einen, der christlichen Anschauung des Menschen als Geschöpf Gottes auf der anderen Seite heraus entwickelten Formen der staatlichen Hilfe gegenüber Bedürftigen und Schwachen, die die Weiter- und Höherentwicklung der Menschheit bzw. eines Volkes bedrohten oder gar verhinderten.

Diese hier grob skizzierte gedankliche Entwicklung fand vor allem deshalb so viel Unterstützung, weil sie der Überlegenheit und daraus abgeleitet dem Herrschaftsanspruch der gesellschaftlichen Führungsschichten des Kaiserreichs eine naturwissenschaftliche, damit »naturgesetzliche« Grundlage zu geben schien. Sie stand zudem in deutlichem Konnex zu den Fortschritten der Medizin und der Hygienebewegung im Kampf gegen die großen Volkskrankheiten während dieser Zeit. Denn so wie es gelang, körperliche Krankheiten durch naturwissenschaftliche Analysen ihrer Ursachen zu erkennen und erfolgreich zu bekämpfen, so müßte es diesem Gedanken zufolge nach der Entdeckung der naturwissenschaftlichen Ursachen für gesellschaftliche Fehlentwicklungen, für »Krankheiten am Volkskörper«, nun auch gelingen können, dagegen auf höchst wissenschaftlicher Ebene wirksame Gegenmittel zur Heilung zu entwickeln.

Diese Vorstellungen wurden von ihren Vertretern am Ausgang des 19. Jahrhunderts in durchaus unterschiedlicher Weise entwickelt und bezogen sich auch auf recht verschiedene Gruppen, die als »minderwertig« empfunden wurden – das reichte von den »Schwachsinnigen« über Menschen mit angeborenen körperlichen Krankheiten, über »Gewohnheitsverbrecher« bis hin zu »lieblosen« und »häßlichen« Menschen, wie etwa von Alexander Tille gefordert, einem der radikalsten Vertreter der »Wiedereinführung« harter Auslese, der 1893 u. a. empfahl, daß »jedermann um so weniger zu essen haben soll, je untüchtiger er ist, so daß die Untüchtigen unfehlbar zugrunde gehen«.[10]

Alfred Ploetz, einer der führenden Sozialdarwinisten, der 1904 die »Gesellschaft für Rassenhygiene« begründete, faßte die verschiedenen Forderungen der Gesellschaftsbiologen im Jahre 1895 in 3 Punkten zusammen: »1. Erzeugung möglichst vieler Devarianten. 2. Schärfere Ausjätung des schlechteren Teil der Convarianten, dessen Größe im richtigen Verhältnis stehen muß zu der Differenz zwischen erzeugten Individuen und erreichbaren Nährstellen. Keine Erleichterung der Gesamtgröße der selektorischen Einflüsse. 3. Keine Contraselection, d. h. keine Ausmerzung gerade der guten, und kein besonderer Schutz der schlechten Convarianten; also keine Kriege, keine blutigen Revolutionen, kein besonderer Schutz der Kranken und Schwachen.«[11]

Kurz gefaßt bedeutete dies: Die menschliche Fortpflanzung müsse so organisiert werden, daß möglichst viele erblich »Starke« zu produzieren seien, während nur so viele »Schwache« zugelassen werden dürften, wie »Nährstellen« – damit waren Arbeitsplätze oder Nahrungsmittel gemeint – vorhanden seien. Die »natürliche Selection«, etwa durch Krankheiten, aber auch durch Armut und Hunger, dürfe nicht behindert werden. Ereignisse, bei denen insbesondere die »Starken« umkämen, seien zu vermeiden.

Um die noch junge Disziplin der Rassenhygiene voranzubringen, bot der Essener Großindustrielle Friedrich Alfred Krupp im Jahre 1900 50000 RM für ein Preisausschreiben auf, in dem die besten Arbeiten zum Thema »Was lernen wir aus den Prinzipien der Descendenztheorie in Beziehung auf die innerpolitische Entwicklung und Gesetzgebung der Staaten?« prämiert werden sollten.[12] Gewinner des Wettbewerbs wurde der Münchner Arzt Wilhelm Schallmayer mit seiner Arbeit »Vererbung und Auslese im Lebenslauf der Völker, eine staatswissenschaftliche Studie aufgrund der neueren Biologie«.[13] Darin versuchte er zu zeigen, wie sehr durch die Errungenschaften der modernen Zivilisation die natürliche Selektion der Minderwertigen ausgeschaltet worden und die »Contraselection« – die Ausschaltung der besonders Begabten – ausgebreitet worden sei. Im Rechtswesen sei der alte Brauch, Kriminelle einfach umzubringen und mithin auch zu verhindern, daß die ihrem Tun zugrundeliegenden schädlichen Erbanlagen durch Fortpflanzung weitervererbt würden, durch eine Rechtsprechung abgelöst worden, die der Schwere der Tat, nicht der Veranlagung des Täters gerecht zu werden trachtete. Dadurch werde aber die Aufgabe des Rechtswesens verfehlt, »nämlich als selektiver Faktor in bezug auf soziale Eignung zu wirken« – ein Gedanke, der auch die Grundlage des sich entfaltenden Zweigs der »Kriminalbiologie« darstellte.[14] Ebenso sei das moderne Sozialwesen geeignet, gerade diejenigen Teile der Bevölkerung zu unterstützen, die besonders schlechte Erbanlagen besäßen und so in die Lage versetzt würden, in überdurchschnittlichem Maße Nachkommen in die Welt zu setzen. Ein Gleiches gelte für die Medizin, die durch erfolgreiche Bekämpfung der großen Volkskrankheiten, insbesondere aber der Säuglingssterblichkeit, die Mechanismen der »natürlichen Selection« weithin außer Kraft gesetzt habe. Durch diese und andere Entwicklungen sei die Struktur der Erbanlagen der deutschen Bevölkerung insgesamt verschlechtert worden. Dem müsse mit allen Mitteln entgegengearbeitet werden, und zwar in quantitativer Hinsicht durch ein Bündel von Maßnahmen zur Hebung der Geburtenziffern, in qualitativer Hinsicht durch staatliche »Fruchtbarkeitsbeeinflussung«, um Menschen mit schlechten Erbanlagen, etwa durch Zwangssterilisierung oder durch staatliches Eheverbot, von der Fortpflanzung auszuschließen, während die Bevölkerungsteile mit überdurchschnittlichen Erbanlagen zu erhöhter Kinderproduktion zu bewegen seien, etwa durch steuerliche Begünstigungen und entsprechende sozialpolitische Maßnahmen.

Die hier knapp skizzierte Argumentation Schallmayers fand in den folgenden Jahren zunehmende Verbreitung – nicht so sehr in der Öffentlichkeit, sondern vorwiegend unter den »Fachleuten«, also innerhalb der betroffenen Wissenschaftszweige sowie bei den Praktikern der Sozialfürsorge. Gemeinsam war ihnen, daß sie hinter dem Erscheinungsbild eines Individuums, dem »Phänotypus«, den »Genotypus« zu erkennen meinten – die Erbverfassung des einzelnen. Dieses Denken war nun durchaus nicht auf Deutschland oder gar auf rechtsradikale Kreise in Deutschland beschränkt. So forderte etwa auch Alfred Grotjahn, der Verfasser des gesundheitlichen Programms der SPD, »den menschlichen Artprozeß durch Abhaltung ganzer Gruppen von Minderwertigen von der Fortpflanzung in großem Maßstabe zu beeinflussen«, sowie »das gesamte Krankenhaus- und Anstaltswesen in den Dienst der Ausjätung der körperlich und geistig Minderwertigen zu stellen«.[15] In seiner Schrift »Krankenhauswesen und Heilstättenbewegung im Lichte der sozialen Hygiene« hatte Grotjahn gefordert, diejenigen Arbeiter abzusondern und in Asyle zu stecken, die »tuberkulös, geschlechtskrank, nervenkrank, verrückt, epileptisch, blind und taub, verkrüppelt, trunksüchtig, siech, schwer unfallverletzt und invalid« waren.[16]

Rassenhygiene und »Eugenik« als Bestandteile gesellschaftsbiologischen Denkens waren im ersten Drittel des 20. Jahrhunderts zudem auch in anderen westlichen Ländern unter Sozialwissenschaftlern, Medizinern und Kriminologen verbreitet, so etwa in England, den skandinavischen Ländern und vor allem den USA, wo die rassenhygienischen Postulate der Galton-Society und insbesondere des Eugenikers Charles B. Davenport einigen Einfluß auf die amerikanische Einwanderungspolitik gewannen.[17] In 26 amerikanischen Bundesstaaten gab es Gesetze zur Unfruchtbarmachung aus eugenischen Gründen, ebenso wie in Dänemark und Teilen der Schweiz und Kanadas.[18] Auf der anderen Seite beschränkte sich die Praxis der »Eugenik« in diesen Ländern auf Sterilisierungen auf freiwilliger Grundlage; zudem gerieten die Gesellschaftsbiologen dieser Länder seit Ende der 1920er Jahre wissenschaftlich ebenso wie praktisch mehr und mehr in die Defensive.

In Deutschland hingegen gewannen Rassenhygiene und gesellschaftsbiologisches Denken insgesamt vor allem seit dem Ersten Weltkrieg zunehmend an Bedeutung. In den 20er Jahren war die Rassenhygiene an fast allen Universitäten im Lehrplan vertreten, mit der Tendenz zur Etablierung als medizinische Spezialdisziplin; 1927 wurde – von allen Reichstagsparteien unterstützt – das »Kaiser-Wilhelm-Institut für Anthropologie, menschliche Erblehre und Eugenik« gegründet.[19] Gleichzeitig konkretisierten sich die Forderungen der Rassehygieniker und wurden zunehmend radikaler. Die Konsequenz einer »wissenschaftlich« festgeschriebenen Zweiteilung der Gesellschaft in »Hochwertige« und »Minderwertige« lag in der Forderung nach Ausgrenzung, schließlich nach »Ausmerzung« der als »minderwertig« Bezeichneten.

Dieser letzte Schritt war gedanklich spätestens mit der Schrift »Die Freigabe der Vernichtung lebensunwerten Lebens. Ihr Maß und ihre Form« getan, die von dem Freiburger Psychiatrie-Professor Alfred Hoche und dem berühmten Rechtswissenschaftler Karl Binding 1920 herausgegeben worden war.[20] Die beiden Autoren forderten darin – angesichts der Opfer des Ersten Weltkrieges erschreckt und tief beeindruckt von der Lehre von der »negativen Auslese« –, vornehmlich die Geisteskranken nicht länger in Heimen zu pflegen, sondern sie zu töten; es gäbe »weder vom rechtlichen noch vom sozialen, noch vom sittlichen, noch vom religiösen Standpunkt aus schlechterdings keinen Grund, die Tötung dieser Menschen, die das furchtbare Gegenbild echter Menschen bilden und fast in jedem Entsetzen wekken, der ihnen begegnet, freizugeben – natürlich nicht an jedermann«. Voraussetzung für solche Maßnahmen aber sei es, so lautete die Schlußfolgerung beider Autoren, sich von überholten ethischen Prinzipien zu lösen und neue Werte zum Maßstab zu machen: »Es gab eine Zeit, die wir jetzt als barbarisch betrachten, in der die Beseitigung der lebensunfähig Geborenen und Gewordenen selbstverständlich war; dann kam die jetzt noch laufende Phase, in welcher schließlich die Erhaltung jeder noch so wertlosen Existenz als höchste sittliche Forderung galt; eine neue Zeit wird kommen, die von dem Standpunkte einer höheren Sittlichkeit aus aufhören wird, die Forderungen eines überspannten Humanitätsbegriffes und einer Überschätzung des Wertes der Existenz schlechthin mit schweren Opfern dauernd in die Tat umzusetzen.«[21]

Damit war die politische Perspektive dieses Denkens angedeutet: die radikale Absage an die politisch-philosophischen Prinzipien der Gleichheit und des Schutzes der Schwachen – sei es in politisch-philosophischer oder in religiöser Überzeugung fundiert – sowie die unbedingte Vorrangstellung der Interessen der Gemeinschaft vor denjenigen des Individuums. »Man glaube doch nicht«, schrieb dazu bereits 1918 der Biologe Oskar Hertwig, einer der schärfsten Kritiker der Sozialdarwinisten, »daß die menschliche Gesellschaft ein halbes Jahrhundert lang Redewendungen wie unerbittlicher Kampf ums Dasein, Auslese des Passenden, des Nützlichen, des Zweckmäßigen, Vervollkommnung durch Zuchtwahl usw. in ihrer Übertragung auf die verschiedensten Gebiete wie tägliches Brot gebrauchen kann, ohne in der ganzen Richtung der Ideenbildung tiefer und nachhaltiger beeinflußt zu werden«.[22]

Dies wird besonders augenfällig, wenn man die mit der Ausbreitung des Sozialdarwinismus einhergehende »Rasseforschung« der Rasseanthropologen in die Betrachtung mit einbezieht.[23] Zunächst weithin mit Körper- und Schädelmessungen beschäftigt, um die Unterschiedlichkeit und unterschiedliche Wertigkeit der verschiedenen Menschenrassen empirisch nachzuweisen, erhielten sie durch die Lehre Darwins sowie die (Wieder-)Entdeckung der Mendelschen

Vererbungsregeln einen enormen Aufschwung. Anstatt eines bis dahin vorwiegend durch Anschauung geprägten Rassebegriffs schien der hieraus zu entwickelnde populationsgenetische Rassebegriff die Möglichkeit zu bieten, Unterschiedlichkeit und unterschiedliche Wertigkeit der Rassen biologisch zu beweisen, indem man objektive rassische Verschiedenheiten mit Wertmaßstäben und sozialen Eigenschaften kombinierte und so etwa »Rasse« mit Intelligenz, Kulturniveau oder seelischen Eigenschaften gleichsetzte.[24] Ähnlich wie die Sozialdarwinisten gegenüber allem Abweichenden innerhalb einer Gesellschaft argumentierten die Rasseanthropologen in bezug auf das Verhältnis der verschiedenen Menschenrassen untereinander, wobei angesichts der mangelnden wissenschaftlichen Grundlage darunter z. T. auch Nationen, Kulturkreise etc. subsumiert wurden: Abweichendes, Fremdes, Irritierendes wurde mit Hilfe wissenschaftlicher Kategorien als »weniger Wertvolles« definiert; aus dem sozialen Bedrohungsgefühl wurde ein gleichsam objektivierter biologischer Bedrohungstatbestand. Durch die in Deutschland sich ausbreitende »Kombination des sozialdarwinistischen Ausleseprinzips mit einem typologisch verengten und den verschiedensten ideologischen Inhalten ausgeführten Rassenbegriff (...) nach dem die nordische Rasse auf der Rassenskala die qualitativ hochwertigste aller Rassen sei und deshalb auch End- und Zielpunkt der Auslese sein müsse«, wurden, wie der Leipziger Historiker Kurt Nowak hervorgehoben hat, »innerer« und »äußerer« Rassismus miteinander verbunden.[25]

Damit war auch Anschluß gefunden an den traditionellen, sich aus sozialen und religiösen Motiven speisenden Antisemitismus, der nun eine gleichsam wissenschaftliche Untermauerung erhielt und zum Rassenantisemitismus wurde. Nunmehr wurden die im antijüdischen Vorurteil fixierten negativen Eigenschaften der Juden auf biologische Andersartigkeit zurückgeführt; kennzeichnend ist dabei die enge Verbindung von »biologischen« mit »seelischen«, sozialen, kulturellen und historischen Faktoren – geradezu die klassische Überführung vom sozialen Vorurteil in eine »wissenschaftliche« Kategorie.[26]

Der Erste Weltkrieg hatte vor allem deshalb ein Aufleben gesellschaftsbiologischer Argumentation zur Folge, weil er in den Augen der »Eugeniker« und »Rassewissenschaftler« eine »Contraselection« in größtem Ausmaße darstellte; gerade die Besten seien es gewesen, die auf dem Schlachtfeld geblieben seien. Und zusammen mit dem weiteren Ausbau der Sozial- und Fürsorgepolitik, der Medizin und moderner Strafvollzugsmethoden während der Weimarer Zeit, dem gleichzeitigen Rückgang des Geburtenüberschusses in der deutschen Bevölkerung, hervorgerufen durch den Trend gerade in bürgerlichen und mittelständischen Familien zur Ein- oder Zwei-Kinder-Ehe, schienen die seit langer Zeit geäußerten Befürchtungen der Gesellschaftsbiologen in dramatischer Weise aktuell geworden zu sein. Gegenmaßnahmen schienen dringend notwendig zu sein, sowohl »positiver« Art – durch entsprechende staatliche Hilfe für den »wertvollen« Teil der Bevölkerung, insbesondere zur Steigerung der Geburtenrate sowie durch moderne sozialpolitische Maßnahmen, als auch »negativer« Art – etwa durch staatliche Eingriffe, um die Vermehrung des »unwerten« Bevölkerungsteils zu verhindern oder doch einzudämmen. Gleichzeitig, wenn auch nicht durchweg von denselben Wissenschaftlern, wurden Maßnahmen gegen die Vermischung der »Rassen« gefordert, weil diese ebenfalls zur Verschlechterung der biologischen Substanz der deutschen Bevölkerung beitrügen.

Am Ende der Weimarer Republik war gesellschaftsbiologisches Denken in den einschlägigen Wissenschaftszweigen weit verbreitet, stieß aber ebensosehr auf entschiedene Ablehnung, insbesondere, wo es um die von Binding und Hoche geforderte »Vernichtung lebensunwerten Lebens« ging, während – etwa von seiten führender Juristen – die Forderung nach »Sterbehilfe« für unheilbar Kranke positiver aufgenommen wurde.[27] Waren jedoch die Diskussionen um praktische Maßnahmen gegenüber »Minderwertigen« in den vorausgegangenen Jahren im wesentlichen auf Wissenschaftler und Praktiker der Sozialfürsorge beschränkt gewesen, so war die biologische Erklärung gesellschaftlicher Vorgänge und insbesondere die Zurückführung ungewöhnlichen, normbrechenden, »anormalen« Verhaltens auf dahinterstehende biologische, ererbte und vererbbare Faktoren durchaus verbreitet. Das »rassenhygienische Paradigma« ist zutreffend als »Resonanzboden für bildungsbürgerlich geprägte Deutungsmuster gesellschaftlicher Wirklichkeit« bezeichnet worden, das dem gesellschaftlichen Status quo gegen alle Gefährdungen und Irritationen eine »wissenschaftliche Grundlage« zu geben schien.[28] Dabei trafen offenbar vor allem solche Argumente auf Zustimmung, die auf die finanzielle Belastung der Gesellschaft durch die »Aufbewahrung«

und Pflege der Geisteskranken und Körperbehinderten, auf die Kosten des Strafvollzugs oder der Sozialhilfe für »Asoziale« verwiesen, zumal, wenn diese Kosten durch die postulierte Vererbbarkeit der Behinderung oder des »asozialen Verhaltens« auf die Kinder übertragen und somit immer weiter ansteigen würden.

Bei den Nationalsozialisten liefen diese verschiedenen Linien zusammen. Der nationalsozialistische Rassismus als konsequent gesellschaftsbiologische Weltanschauung wurde dabei explizit durchaus nicht von einer Mehrheit in der Bevölkerung geteilt. Aber in ihm bündelten sich die Angst vor einem Bevölkerungsrückgang in Deutschland – seit langem schon eine Art imperialistischer Alptraum –, Abwehr gegenüber allem Fremden, Irritierenden und Abweichenden sowie Antisemitismus und Antislawismus und wurden unter Hinweis auf den »wissenschaftlichen« Rassismus aus der Sphäre des Dünkels und des Vorurteils auf eine quasi objektive Ebene gehoben. Wie sehr diese einzelnen Aspekte dabei miteinander verbunden waren, mag beispielhaft eine Schrift des Leiters des Rassepolitischen Amtes der NSDAP, Dr. Walter Groß, von 1934 belegen, die ein Jahr nach der nationalsozialistischen Machtübernahme die »rassischen« Positionen des neuen Staates zusammenfaßte.[29]

Groß hob in seiner programmatischen Schrift »Rassenpolitische Erziehung« drei Prozesse hervor, »die in der Vergangenheit Völker zerstörten und die wir nun alle drei auch in unserem deutschen Volke heute ablaufen sehen seit Jahrzehnten, z. T. seit Jahrhunderten (...): der quantitative Rückgang der Zahl, die qualitative Verschlechterung des erblichen Wertes eines Volkes und namentlich die Mischung mit fernstehenden Rassen, die im Grunde dazu führt, daß die brauchbaren und wertvollen Anlagen beider zur Mischung kommenden immer wieder durchkreuzt und zerstört werden«. Der quantitative Bevölkerungsrückgang würde, wenn er sich in der bisherigen Weise fortsetzte, dazu führen, daß in knapp 50 Jahren »Deutschland zahlenmäßig etwa auf zwei Drittel seines heutigen Bestandes zurückgegangen sein wird, etwa nur noch die Einwohnerzahl des heutigen Polens vielleicht haben wird, während dieses gleiche Polen z. B., wenn es auch nur ungefähr die Geburtenziffern hält, die es jetzt hat, in der gleichen Zeit anschwellen wird auf die Bevölkerungsstärke des heutigen Deutschen Reiches, was dann bedeutet, daß diese beiden Staaten, rein zahlenmäßig gesehen, einfach ihre Rollen getauscht haben, die Großmacht Deutschland aufgehört hat und im Herzen Europas nichts mehr ist als ein kleines Vasallenstaatsgebilde, das zwangsläufig von dem gewaltig angeschwollenen und im Rahmen seiner Grenzen keinen Raum mehr findenden polnischen Volkstum erdrückt werden muß«.

Die »quantitative Verschlechterung« hingegen sei vor allem die »Folge eines humanitären und liberalen Geistes gewesen (...), daß man geglaubt hat, man könne und dürfe ungestraft die großen Gesetze der Auslese der Natur für das Reich des Menschen außer Kraft setzen, man könne und dürfe mit künstlichen Mitteln jene brutale und rücksichtslose, aber im tiefsten gerechte, wenn wir so wollen: göttliche Ordnung der Dinge der Natur durchbrechen, die darin besteht, daß immer und immer wieder das ausgemerzt wird, was nicht zumindest einem guten Durchschnitt genügt, und daß bloß das bevorzugt sich durchsetzt im Leben der Natur, der Tierwelt, der Pflanzenwelt, der primitiven Menschenwelt, was über den Durchschnitt hinausragt. Sie wissen, wie wir das gedanklich durchbrochen haben durch die Lehre von der Gleichheit, die keine Unterschiede mehr kennt und kennen darf und Unterschiede in der Wertigkeit zwischen den verschiedenen Menschen zurückführt auf äußerliche Momente der Umwelt, des Milieus und sie damit also bagatellisiert (...) Aber gleich sind die Wertigkeiten nirgends, und wenn nun in einem Volke der Teil, auf dessen Seite die geringeren Werte insgesamt aus erblichen Gründen liegen, zahlenmäßig anwächst und stärker wird gegenüber dem anderen, der an sich wertvoll sein könnte, so vermindert sich am Ende der Wert des ganzen Volkes und damit seine Stärke nach innen und außen (...) Während gesunde deutsche Familien im Durchschnitt eine lächerlich geringe Kinderzahl haben, bringen es die Familien mit erblicher Belastung, die Familien der Schwachsinnigen auf 3, auf 4, auf 5 Kinder im Durchschnitt, die selbstverständlich nichts anderes darstellen als die Fortsetzung der minderwertigen und unterwertigen Anlagen der Eltern (...), eine Erkenntnis, die, zunächst rein abstrakt-theoretischer Art, auf der praktischen Seite zur Forderung von Maßnahmen geführt hat, wie wir sie etwa im Gesetz zur Verhütung erbkranken Nachwuchses heute ins Rollen bringen. Der dritte Prozeß, von dem ich heute sprach: Die Mischung mit Menschen ganz fremder und fernster Rassenbestandteile. Aus den Erlebnissen des letzten Jahres weiß man, wie stark ein solcher fremder

Blutseinschlag in unserem Volk bereits geworden ist. Wenn es auch eigentlich für 70 Millionen immer nur kleine Bruchteilchen darstellt, so ist doch in der Durchführung des Gesetzes zur Wiederherstellung des Berufsbeamtentums und der anderen Arier- und Nichtarierparagraphen an den Dienststellen mit Erschütterung festgestellt worden, daß der Einbruch fremder Blutselemente in unser Volk unendlich viel weitergegangen ist, als wir es selbst uns hätten träumen lassen.

Das bedeutet aber nichts anderes, als daß eben auch die Harmonie, das Gesamtgefüge dieses Volkes leiblich, geistig, seelisch, charakterlich in sich morsch zu werden beginnt, denn wenn in den Menschen und Familien, im einzelnen oder in ganzen Gruppen, immer wieder zwei Seelen in der Brust miteinander ringen müssen, dann kann nichts anderes dabei herauskommen, als innere Unruhe und Zerrissenheit und nicht das, was Völkern Stärke und Staaten Zukunft gibt. Die Konsequenz aus dieser Erkenntnis ist dann das schon erwähnte Gesetzgebungswerk gewesen, das nun für die Zukunft durch alle möglichen gesetzlichen Bestimmungen ein weiteres Einsickern fremden Blutes unmöglich zu machen versucht.«

In dieser Ansprache Groß' wurde in gedrängter Form ausgesprochen, wie eng zum einen »eugenischer« und »anthropologischer« – »innerer« und »äußerer« – Rassismus zusammenhängen, wie sehr dies zweitens mit Hinweisen auf wissenschaftliche Erkenntnisse und naturgesetzliche Entwicklungen objektiviert und abgesichert wurde, und drittens, daß die Nationalsozialisten als ihr spezifisches Verdienst die unmittelbare Verbindung zwischen wissenschaftlicher Erkenntnis und politischer Praxis betrachteten, während vorher zwar bereits das Wissen, nicht aber die Bereitschaft zum Handeln existiert habe. Das rassistische Paradigma selbst, das gesellschaftsbiologisches Denken zur Grundlage sozialen Handelns erhob, war also nichts spezifisch Nationalsozialistisches. Es bestand vielmehr als weitgehend ausgebildetes Theorem bereits vor 1933 und fand innerhalb der beteiligten Professionen auch breite Unterstützung. Aber es traf ebensosehr auch auf erhebliche Kritik und Ablehnung – sowohl was seine wissenschaftliche Seriosität als auch die ethischen Implikationen betraf; dadurch waren Versuche der Umsetzung von der Theorie in praktisches Handeln vor 1933 weitgehend abgeblockt worden. Selbst Pläne zur Zulassung eugenisch indizierter Sterilisation auf freiwilliger Grundlage waren – im Gegensatz zur Entwicklung in anderen westlichen Ländern – über das Stadium vorparlamentarischer Beratung noch nicht hinausgekommen.[30] Durch die Machtübernahme der Nationalsozialisten wurde diese Balance beseitigt – die Befürworter rassistischen Denkens rückten in entscheidungsberechtigte Stellen ein, während ihre Kritiker mundtot gemacht wurden oder von sich aus verstummten. Gleichzeitig begann die Umsetzung des bis dahin nur Gedachten in die Praxis – und ein Prozeß der steten Radikalisierung dieser Praxis.

Das »Gesetz zur Verhütung erbkranken Nachwuchses«[31], auf das sich Groß bezieht, ist als erster Schritt auf dem Wege der Verwirklichung eines umfassend angelegten Programms zur »Reinigung des Volkskörpers« zu verstehen. Es wurde bereits am 14. Juli 1933 verabschiedet und sollte im Januar 1934 in Kraft treten; es bestimmte, daß Erbkranke, die an »angeborenem Schwachsinn« litten, zu sterilisieren seien, wobei unter Schwachsinn »jeder im medizinischen Sinne als deutlich abnorm diagnostizierbare Grad von Geistesschwäche« verstanden wurde.[32] Am gleichen Tag wie das Sterilisierungsgesetz wurde auch das »Gesetz gegen gefährliche Gewohnheitsverbrecher und über Maßregeln der Sicherung und Besserung«[33] beschlossen, nachdem ursprünglich gehegte Pläne, Gewohnheitsverbrecher ebenfalls unter das »Gesetz zur Verhütung erbkranken Nachwuchses« fallen zu lassen, aufgegeben worden waren, da eine sichere Definition, wer als aus erblicher Veranlagung Krimineller anzusehen sei, von den Fachleuten der Rassenhygiene und der Kriminalbiologie noch nicht endgültig zu erbringen sei. Allerdings könne, so wurde im offiziellen Gesetzeskommentar ausdrücklich betont, im Prinzip »gar kein Zweifel daran bestehen, daß auch die Anlagen zum Verbrecher erblich bedingt sind«.[34]

Die dritte von Groß angesprochene Maßnahme betraf vor allem die Juden, die vom Zugang zum Staatsdienst ausgeschlossen wurden: Der erste Schritt zur rechtlichen Diskriminierung der Juden, dem, wie Groß richtig voraussagte, bald immer weitere und immer radikalere folgen sollten.[35]

Der Weg, der hier beschritten wurde, führte von der Sterilisierung und »Absonderung« zur »Ausmerze«: zum Massenmord in bis dahin unvorstellbaren Dimensionen. Dadurch, daß das hemmende Element der Opposition gegen den Rassismus in der Politik und das gesellschaftsbiologische Denken in der Wissenschaft ausgeschaltet war, setzte ein Prozeß ein, in dessen Verlauf sich innerhalb des nationalsozialistischen Machtgefüges in zunehmendem Maße die jeweils radikalere Variante durchzusetzen begann. Dabei wurden »Rassepolitik« und »soziale Frage« immer mehr miteinander verschmolzen: die Beseitigung gesellschaftlicher Probleme durch die Beseitigung derjenigen, die man als Verursacher dieser Probleme ansah. Hier liegt der Zusammenhang zwischen der Politik der Nationalsozialisten gegenüber Angehörigen »minderwertiger Rassen bzw. Völker« – insbesondere der Juden, der Zigeuner und nach Kriegsbeginn auch der Bevölkerung Polens und der Sowjetunion – und den »Minderwertigen« innerhalb der deutschen Bevölkerung, wie etwa »Wanderer«, »Trinker«, »Hilfsschüler«, »Prostituierte«, »Arbeitsscheue«, »Homosexuelle«, »Gewohnheitsverbrecher«, die in den nun folgenden Jahren verfolgt wurden, weil ihr von der normativen Auffassung von Normalität abweichendes Verhalten als für die Volksgemeinschaft in doppelter Hinsicht schädlich angesehen wurde: gesellschaftlich – weil sie der Gemeinschaft schadeten, ihr Kosten aufbürdeten, ihre moralische Standfestigkeit in Frage stellten etc., und biologisch – weil ihr schädliches Verhalten als anlagebedingt, als vererbt und vererbbar angesehen wurde.[36] Ebenso erging es den »Geisteskranken«, wobei dieser Begriff eine außerordentliche Ausdehnung erfuhr. Vom Beginn der Sterilisierungsaktionen bis zu den ersten »Euthanasie«-Morden an »Geisteskranken« waren es nur fünf Jahre; in dieser Zeit wurde der Rahmen, der in gesellschaftsbiologischem Sinne »Auszumerzenden« immer weiter gesteckt. Wesentlich war dabei die Verbindung von populärem Vorurteil gegenüber sozialen Minderheiten und wissenschaftlicher Objektivierung. Es waren Fürsorgebeamte, Jugendpfleger, Anstaltsleiter, Beamte der Arbeitsverwaltung, Ärzte der Gesundheitsämter sowie eine anwachsende Zahl vorwiegend junger, karrierebewußter Wissenschaftler verschiedener Sparten, die hier die Chance sahen, aufbauend auf den Prinzipien der Gesellschaftsbiologie, zu einer umfassenden, totalen und in ihren Dimensionen bis dahin undenkbaren »Reinigung des Volkskörpers« zu schreiten.

Die Ermordung der europäischen Juden stellt dabei den Kulminationspunkt dieser Entwicklung dar, standen sie doch im Schnittpunkt des »äußeren« und des »inneren« Rassismus. Zum einen repräsentierten die Juden in den Augen der Rassisten innerhalb der Gesellschaft beinahe alle irritierenden und abzulehnenden Entwicklungen der

Neuzeit; seien dies »Wucher« und Kapitalismus, »Intellektualismus«, Großstadtleben und »jüdischer Bolschewismus«, der in die deutsche Gesellschaft integrierten Juden – oder »Schleichhandel«, Armut und kulturelle Fremdartigkeit der Ostjuden; in jedem Falle wurde das ihnen zugeschriebene Verhalten als Ausdruck ihrer minderwertigen biologischen Konstitution angesehen. Auf der Grundlage der langen Tradition des religiös oder »kulturell« motivierten, populären Antisemitismus war hier das aufklärerische Postulat der Gleichheit ebenso wie die christliche Auffassung vom Menschen als Geschöpf Gottes besonders leicht umzustürzen. Dies mag auch erklären, warum nach Kriegsbeginn innerhalb der Kirche, aber auch in den Kreisen der bürgerlich-konservativen Opposition zwar die »Euthanasie-Aktionen« auf Widerspruch stießen, kaum aber die Deportation und Ermordung der Juden thematisiert wurden.

In der »Auslieferung der asozialen Elemente an den Reichsführer SS« vom September 1942, die eingangs beschrieben wurde, werden die verschiedenen Aspekte des Rassismus in einer einzigen Aktion deutlich. Als Kriterien galten hier das »Maß der Asozialität«, festgestellt durch die Strafdauer, sowie die »rassische Zugehörigkeit«, hier geteilt in zwei Gruppen: Deutsche und Tschechen auf der einen Seite; Juden, Zigeuner, Polen, Ukrainer, Russen auf der anderen. »Sicherungsverwahrte« waren in jedem Falle auszuliefern, bei ihnen war ja die »Anlagebedingtheit« der Kriminalität bereits gerichtlich festgestellt worden.

Der nationalsozialistische Rassismus ist in historischer Perspektive also als die konsequent ins Extrem radikalisierte Praktizierung einer Weltanschauung zu begreifen, die den irritierenden Erscheinungsformen der modernen Industriegesellschaft dadurch begegnet, daß sie jene auf vermeintlich naturwissenschaftlich feststellbare, biologische Ursachen zurückführt. Die daraus entwickelte Perspektive, der »natürlichen Ausmerze« durch entsprechende staatliche Maßnahmen »wieder« zu ihrem Recht zu verhelfen, um die der Natur zuwiderlaufende Entwicklung der vergangenen Jahrzehnte oder Jahrhunderte anzuhalten und umzukehren und so die gesellschaftsbiologisch »saubere«, konfliktfreie Gesellschaft zu schaffen, fand vor allem aus drei Gründen so erhebliche Unterstützung gerade bei einem Teil der jungen, akademisch ausgebildeten Elite von Natur- und Gesellschaftswissenschaftlern:

1. Sie schien im Einklang mit dem »Fortschritt« und der »modernen Entwicklung« in Naturwissenschaft und Technik zu stehen und selbst mit außerordentlich »modernen« Methoden, wie etwa den Vorläufern der Genforschung zu arbeiten.
2. Sie war kombiniert mit der Propagierung moderner und fortschrittlicher Methoden der Sozialpolitik zur Unterstützung der »biologisch Wertvollen«. Von daher ist zu betonen, daß die nationalsozialistische Sozialpolitik gegenüber den nichtausgegrenzten »Volksgenossen« – von der Familienpolitik über Wohnungsbau bis zur Forcierung von Breitensport oder den Vorläufern des Massentourismus – als integraler Bestandteil einer »ganzheitlichen«, »organischen« Gesamtkonzeption zu verstehen ist, die das »Gute schützt« und das »Schlechte ausmerzt«.
3. Diese Konzeption verlangte von dem einzelnen keine persönliche emotionale Anteilnahme. Der Arzt, der die »Schwachsinnigen« für den nächsten Tötungstransport auswählte; der Arbeitsamtsbedienstete, der einen »Arbeitsverweigerer« zur Einweisung ins KZ vorschlug, der Sozialarbeiter, der eine »asoziale Sippe« entdeckte ebenso wie der Sachbearbeiter im Reichssicherheitshauptamt, der die Deportation von Juden oder von Zigeunern organisierte – sie konnten ihr Handeln als Ausdruck eines »objektiv« notwendigen, mit der »Natur« übereinstimmenden Konzepts zur biologischen Bereinigung des Volkskörpers verstehen oder doch legitimieren.

Voraussetzung dafür aber war, daß die Postulate von der Gleichheit der Menschen und vom Schutz der Schwachen aufgegeben worden waren. Die Bereitschaft, die Gesellschaft als biologisch strukturiertes System zu begreifen, das nicht nach humanen, sondern nach »natürlichen« Prinzipien zu organisieren sei, stellt sich geistesgeschichtlich als einer der zentralen Faktoren des hier in Gang gesetzten Prozesses dar. Zudem stießen aber auch in der deutschen Bevölkerung jedenfalls Teile des rassistischen »Ausmerze«-Programms wohl nicht auf Zustimmung, so doch auf eine Art von desinteressierter Sympathie, sofern davon solche Gruppen betroffen waren, die besonders auffällig den Normen bürgerlicher Wohlanständigkeit zu widersprechen schienen, wie »Gewohnheitsverbrecher«, »Prostituierte«, »Zigeuner«, »Homosexuelle« und andere. Mit zunehmender Radikalisierung und Beschleunigung dieses Programmes jedoch war »durch die terroristische Ahndung alles abweichenden Sozialverhaltens« potentiell jeder betroffen, wie Detlev Peukert hervorhob. »Der Terror fraß sich also – bei zunehmender gleichzeitiger Aggressivität – vom Rande der Gesellschaft in ihr Zentrum hinein.«[37]

Der nationalsozialistische Rassismus ist nur als ganzer zu bezeichnen; reduziert auf bestimmte Teile der Ausgrenzungs- und Vernichtungspolitik kann man ihn weder verstehen noch zutreffend einordnen. Dahinter steht die Vorstellung, gesellschaftliche Probleme auf biologische Ursachen zurückführen zu können. In der polykratisch strukturierten NS-Diktatur wurde dabei die dem rassehygienischen Paradigma innewohnende Tendenz zur beständigen Ausweitung des auszugrenzenden Teils der Gesellschaft zur Praxis – von der Diffamierung zur Absonderung und schließlich zur millionenfachen Vernichtung.

In der deutschen Gesellschaft der Nachkriegszeit jedoch wurde der totale, »ganzheitliche« Charakter des nationalsozialistischen Rassismus lange Zeit nicht herausgehoben und zum Gegenstand der Debatte gemacht – wohl auch deshalb, weil sich die Empfindung, es habe sich dabei um Verbrechen gehandelt, durchaus nicht auf alle Aspekte der nationalsozialistischen Vernichtungspolitik erstreckte. Sei es, daß etwa die »Asozialen« in den Konzentrationslagern und als Opfer der Tötungsmaschinerie des Dritten Reiches in der wissenschaftlichen Beschäftigung mit der Terrorpolitik des Nationalsozialismus (in der Bundesrepublik ebenso wie in der DDR) nicht oder – oft apologetisch – nur am Rande behandelt wurden; sei es, daß ein großer Teil der vom »inneren«, »sozialen« Rassismus Betroffenen in der westdeutschen Wiedergutmachungsgesetzgebung nicht als »Opfer« des Nationalsozialismus anerkannt wurden, ob es sich um Zwangssterilisierte, »Asoziale« oder »Geisteskranke« handelte[38]; oder sei es, daß populäre Stammtischsentenzen wie, Hitler habe aber wenigstens mit den Verbrechern aufgeräumt und man habe nachts wieder gefahrlos über die Straße gehen können, nach wie vor auf eine gewisse Zustimmung stoßen: Die Erkenntnis des verbrecherischen Charakters nationalsozialistischer Rassepolitik in ihrer Gesamtkonzeption hat sich erst nach und nach und mit zunehmendem zeitlichen Abstand durchgesetzt; dieser Prozeß ist noch nicht abgeschlossen.

»Generation der Sachlichkeit«

Die völkische Studentenbewegung der frühen zwanziger Jahre

Die Verwendung des Begriffs der »Generation« als historische Kategorie ist problematisch, weil weder exakt definiert werden kann, was eine Generation jeweils ausmacht, noch die Auswirkungen einer kollektiven Generationserfahrung einigermaßen präzise herausgestellt und als solche von anderen Einflüssen getrennt betrachtet werden können. Diese Schwierigkeiten tauchen aber offenbar immer dann auf, wenn versucht wird, »Generation« als generell gültige, für den gesamten historischen Prozeß konstitutive Kategorie zu nehmen. Als fruchtbarer erweist sich der Ansatz, wenn seine Verwendung auf solche Fälle begrenzt wird, in denen »Generation« auf evidente Weise als historisch wirkungsmächtiger Faktor hervortritt, wenn nämlich besonders bedeutsame und langfristig folgenreiche Ereignisse und Entwicklungen die Erfahrungen einer zu dieser Zeit heranwachsenden Altersgruppe geprägt und dadurch relativ scharf von den Erfahrungen anderer Altersgruppen unterschieden haben.[1] Daß dies auf den alle bisherigen Erfahrungsdimensionen sprengenden Ersten Weltkrieg und die zu dieser Zeit Heranwachsenden in besonderer Weise zutraf, ist einleuchtend und wurde auch bereits zeitgenössisch so formuliert, so daß der jeweils individuelle Lebensweg und die dabei gemachten Erfahrungen vor allem der männlichen bürgerlichen Jugend auf ein kontingentes Angebot der Sinndeutung stießen, welches die Erlebnisse der einzelnen einband in die Kategorien und Wertemuster seiner »politischen Generation«.[2]

In bezug auf den Ersten Weltkrieg wurde dabei in der Regel zwischen drei Gruppen unterschieden: der »jungen Frontgeneration«, der »Kriegsjugendgeneration« und der »Nachkriegsgeneration« – in Begriffen des für die politische Generationslehre der 30er Jahre besonders einflußreichen Günther Gründel, eines Mitgliedes des »Tat«-

Kreises, der in seiner 1932 erschienenen »Sendung der Jungen Generation« den »Versuch einer umfassenden revolutionären Sinndeutung der Krise« unternommen hatte. Als »junge Frontgeneration« wurden dabei die zwischen 1890 und 1900 Geborenen beschrieben, »die bei Kriegsausbruch kaum zwanzig waren oder gar als Achtzehnjährige freiwillig oder später dem allgemeinen Muß folgend hinausgingen, (...) blutjung, noch tiefempfänglich für alles und am tiefsten für das Große und Furchtbare. Sie waren noch keine fertigen Männer, Weltanschauung und Mensch waren noch im Werden. Sie sind als begeisterte, aber durch das Übermaß des allzu starken und furchtbaren Erlebnisses vielleicht sehr bald entwurzelte Jünglinge hinausgetaumelt«, die »eigentlichen Träger des so viel diskutierten Fronterlebnisses«.[3]

Die Generation der nach 1910 Geborenen, die »Nachkriegsgeneration«, sei hingegen dadurch geprägt worden, daß sie »vom Krieg selbst keine tieferen Eindrücke mehr erfahren« habe; ihr fehle auch der Vergleich zur Vorkriegszeit – »ihre ersten Eindrücke waren der Umsturz, die beginnenden Inflationsjahre und eine verbreitete und vielfach in bloßem Wandertrieb verflachte Jugendbewegung«.[4]

Als wichtigste, von der Geburtenzahl auch quantitativ größte Gruppe aber hob Gründel die mittlere, die »Kriegsjugendgeneration« der zwischen 1900 und 1910 Geborenen heraus, denen zwar »das Fronterlebnis, durch das viele ihrer älteren Brüder tiefer, härter und radikaler geworden« seien, fehle – »was jene selbst erleben, können diese sich nur erlesen« –, denen der Krieg aber dennoch »zu einem ganz ungewöhnlich starken und einzigartigen Jugenderlebnis« geworden sei. Statt von sorglosen Freuden, sei ihre Kindheit ganz von den Auswirkungen des Krieges geprägt worden: »Kriegsbegeisterung 1914; Siegesschulfeiern und Heeresberichte; organisierte Arbeiterjugend für Staat und Volk; (...) Hunger, Not und Entbehrungen, Jugendausbildung; Kohlenferien und immer wieder: Hunger und Entbehrungen. (...) Schließlich: Zusammenbruch der Welt der Väter und alles dessen, was bisher gegolten hatte; ›Umsturz und Umwertung aller Werte‹« – dadurch aber auch »die ungewöhnlich frühe Erschließung der Kindesseele für das große Ganze, für völkische, gesellschaftliche und schließlich auch internationale Belange und für das kollektive Erleben überhaupt. (...) Das Volk, die Nation und die bösen Feinde waren bereits aktivste Faktoren in unserer harmlosen

Kinderwelt« – insbesondere für die Jugend in Ostpreußen und im Rheinland, die während des Krieges bzw. danach unmittelbaren Kontakt mit dem »Feind« bekommen habe, wodurch das »Heimaterlebnis des Krieges bis zu besonderen Tiefen« vorgedrungen sei. Darin, hob Gründel hervor, liege auch der Grund dafür, daß »noch nie eine Jugend dies Deutschland, dies deutsche Land so liebte und lieben mußte, wie wir«. Entsprechend radikal habe das »Nachkriegsleben« gewirkt: »Nun war auch das Letzte noch problematisch geworden, das bisher wenigstens immer noch stillschweigend gegolten hatte: die Freiheit, das Vaterland und fast alle die soviel im Munde geführten Ideale und Werte der Alten.«

Damit sei aber der »endgültige Bankrott jener ganzen Welt der alten Generation« vollzogen worden, ohne daß dies jedem aber bereits bewußt gewesen sei. Durch die Verarmung und den Verlust der privilegierten Berufsaussichten seien jedoch für die bürgerliche Jugend die Kontakte zur Arbeiterjugend eröffnet und damit die sozialen Barrieren der Generation überwunden worden – »eine Erweiterung und Bereicherung (...), wie sie keine andere Zeit einer aufgeweckten Jugend jemals hatte geben können. Wir sind als ganze große Schicht enterbt und ausgesetzt worden (...), ein hartes, nüchternes Geschlecht mit tief im Herzen verkapselten Idealen, mit einem zähen Willen und mit bester Beherrschung der Kampfmethoden und Waffen im Ringen um Dasein, Geltung und Erfolg.« Entsprechend kennzeichnete er die hervorstechenden Eigenschaften dieser Generation: »Wahrheitsliebe und Schlichtheit«; »Ernst, wortkarge Verschlossenheit und Zurückhaltung, ja manchmal schroffe Kälte«; vor allem aber »Sachlichkeit«: die Sache über das Persönliche zu stellen, die Ablehnung des »Zurschautragens von Gefühlen« und des »Verbalaltruismus, Verbalmoralismus, Verbalpatriotismus«, denn »wo wir ehrliches Mitleid empfinden, scheuen wir uns, es nach altem Stil kitschig zu äußern und wollen lieber in den Verdacht der ›Gefühllosigkeit‹ kommen«; zudem »ein ausgesprochener Sinn für rationelle Methoden und für das Ökonomieprinzip überhaupt«.[5]

Eine solche Charakterisierung der »Kriegsjugendgeneration«, wie sie sich, mit geringen Abweichungen, in zahlreichen Beiträgen zur »Generationenfrage« seit Mitte der 20er Jahre fand[6], beruhte trotz aller Stilisierungen gewiß in vielen Punkten auf richtigen Beobachtungen des Empfindens und Verhaltens dieser Gruppe der bürgerlichen Jugend in Deutschland. Vor allem aber handelte es sich hierbei um die Beschreibung und Herleitung eines generationellen Lebensstils, dessen vorherrschende Kennzeichnung Kühle, Härte und »Sachlichkeit« als Abgrenzungsmerkmale zu der als gefühlig und zu sehr auf Personen statt auf »die Sache« konzentriert denunzierten Gruppe der Älteren waren. Den Vorsprung, den die Älteren durch ihre Kriegsteilnahme und »Fronterfahrung« hatten, versuchten die Jüngeren durch die Übernahme des Frontkämpferideals für den Kampf im Innern, die Stilisierung des kalten, entschlossenen Kämpfers und das Trachten nach »reinem«, von Kompromissen freiem und radikalem, dabei aber organisiertem, unspontanem, langfristig angelegtem Handeln zu kompensieren. Durch diese Interpretation der Generationserfahrung und die Propagierung des daraus entwickelten Lebensstils wurde es zudem möglich, die ja sehr diffusen, widersprüchlichen und gar nicht in allgemeinerer Form formulierbaren Erfahrungen der einzelnen in eine einzige Perspektive einzubinden, die auch Leid, Verlust und Zukunftsangst als positive und geradezu avantgardistische Prädispositionen interpretierte, die den – tatsächlichen oder befürchteten – sozialen Abstieg der bürgerlichen Jugendlichen als Ausdruck der Überwindung der Klassengegensätze heroisierte und zudem nicht so sehr über politische Analyse, sondern über die Akzentuierung eines Lebensgefühls wirksam wurde, das zuverlässiger die Konturen der eigenen Generation markierte und zudem einfacher adaptierbar und damit wirksamer war als ein weltanschauliches Gebäude oder ein politisches Programm.

Wie sich dieses Konglomerat aus historischer Legitimation und generationellem Stil in der Attitüde dieser Generation in den 20er Jahren niederschlug, wurde oft beschrieben. Ernst Niekisch kennzeichnete die Haltung der Nachkriegsjugend als »Voraussetzungslosigkeit und Bindungslosigkeit«; »insgeheim verachtet sie bereits die Sache der Zivilisation, des Fortschritts, der Humanität; sie zweifelt an der Vertrauenswürdigkeit der Vernunft und erschaudert nicht vor einer Barbarisierung des Lebens.«[7]

Die schaudernde Bewunderung, die in solchen Worten zum Ausdruck kam, finden wir auch in Peter Suhrkamps Essay »Söhne ohne Väter und Lehrer« von 1932, in dem er die zu dieser Zeit knapp Dreißigjährigen als die »Unruhigsten, die Unklarsten und die Abenteuerlichsten« in der bürgerlichen Welt dieser Jahre kennzeichnete: »Das

Bezeichnendste an ihnen ist ihr Mangel an Humanität, ihre Achtlosigkeit gegen das Menschliche. Sie haben zwischen zwanzig und dreißig viel hinter sich gebracht, so viel, wie die meisten Menschen sonst in ihrem ganzen Leben nicht erwischen; die Nachkriegszeit bot alle Möglichkeiten dazu. (...) Im übrigen waren die Väter zum größten Teil im Kriege. Die Kinder dieser Eltern gerieten, da sie sich selber überlassen oder auch davongelaufen waren, nach dem Krieg in alle Krisenhysterien und Krisenlaster, ohne dabei großen Schaden zu nehmen. Sie reagierten auf die Zeit, gaben ihr nach, nutzten sie aus; jederzeit gerissen, fix und tüchtig. Die Dreißigjährigen sind sicher die begabteste Generation unter den Jungen. (...) Und mit ihrer bekannten Fixigkeit und Tüchtigkeit und mit einer überraschenden Selbstdisziplin stabilisieren sie heute in allen Lagern und Positionen für sich eine fixe Lebensform und fixe Lebensgewohnheiten. Sie sind die schärfsten Gegner des Liberalismus. (...) Ihre Intellektualität ist skeptisch und nicht selten sogar destruktiv. (...) Der Höhepunkt des intellektuellen Daseins ist eine Philosophie der Destruktion, welche die endgültige Vernichtung der bürgerlichen Welt herbeiführen soll.«[8]

Die politische Welt, in die diese »Kriegsjugendgeneration« bürgerlicher Söhne in den frühen 20er Jahren hineinwuchs, war mehr als von den politischen Parteien durch völkische Bünde und nationalistische Zirkel bestimmt – kein politisch festgefügtes Lager, sondern eher ein Milieu; ein fiebriger Dauerzustand aus Kundgebungen und Geheimtreffen, Verbandsneugründungen und -auflösungen, gekennzeichnet eher durch Stimmungen und Personen als durch Interessen und Programme. Die Abgrenzung zwischen den Gruppen und Bünden war nicht scharf, Doppel- und Mehrfachmitgliedschaften üblich, und oftmals handelte es sich weniger um politisch definierbare Organisationen als um Anhängerschaften einer lokalen Führergröße, die die Szenerie belebten und sich untereinander oft heftig befehdeten. In seinem autobiographischen Roman »Die Geächteten« hat Ernst von Salomon dieses Szenario anschaulich beschrieben: »Was immer an Fetzen und Bruchstücken vergangener Werte und Ideologien, Bekenntnisse und Gefühle aus dem Schiffbruch gerettet wurde, mengte sich mit den zugkräftigen Parolen und Halbwahrheiten des Tages (...) ein wunderlich Gemisch aus Bierdunst, Sonnenmythos, Militärmusik erschlug die blasse Lebensangst. Der Grundakkord sehr lauten Mannestumes ward in Weihe übertönt von Schiller-Zitaten und Deutschlandlied; dazwischen grollte Runengeraune und Rassegerassel. Wenn irgendwo, dann blüht das Neue aus dem Chaos, dort, wo die Not das Leben tiefer macht, wo in erhöhter Temperatur verbrennt, was nicht bestehen kann, geläutert, was siegen soll. In diesen gärenden, brodelnden Brei konnten wir unsere Wünsche werfen, aus ihm konnten wir unsere Hoffnungen dampfen sehen.«[9]

Im Unterschied zu der unübersichtlichen Entwicklung der nationalistischen Zirkel und Verbände aber schälte sich an den Universitäten schon früh eine Gruppe als eindeutig dominierend heraus: der »Deutsche Hochschulring« (DHR), der an den einzelnen Universitäten als selbständiger »Hochschulring Deutscher Art« (HDA) auftrat. Diese Vereinigung – ein Zusammenschluß beinahe aller Korps und Burschenschaften sowie zahlreicher nicht-korporierter Studenten, die in sogenannten »Finkenschaften« dem Ring angehörten – war die erfolgreichste und langfristig bei weitem einflußreichste hochschulpolitische Neugründung der Nachkriegsjahre. Als Teil der »neokonservativen« Ring-Bewegung war der Hochschulring zum einen Ausdruck der programmatisch noch unfertigen und sich auch als vorläufig verstehenden, in ihrer generellen antiaufklärerischen und nationalistischen Haltung aber bereits gefestigten Sammlungsbewegung der durch Kriegsausgang und Revolution politisch destabilisierten jungen radikalen Rechten, zum anderen stand er im Kontext der durch den Rückgriff auf vorkonstitutionelle Strukturen gekennzeichneten Zirkelbildung gesellschaftlicher Führungsgruppen, jenes »Netzwerks der Eliten, das infolge zahlloser personeller Querverbindungen das politische Gesamtsystem mit Ausnahme der Linksparteien... umfaßte; sowohl eine Auffang- wie eine Ersatzorganisation für das gleichzeitig rückläufige bürgerliche Parteiensystem«, die »in ihrer politisch-sozialen Bedeutung schwerlich überschätzt werden kann«, wie Hans Mommsen formuliert hat.[10]

Die Entstehung des Deutschen Hochschulrings geht auf verschiedene Einflüsse zurück, die in der Nachkriegszeit unter der deutschen Studentenschaft wirkungsmächtig waren und sich im Frühjahr 1919 in Berlin bündelten. Große Teile der Studenten – seit jeher »national« gesinnt, aber politisch eher desinteressiert – waren als Kriegsteilnehmer mit neuen sozialen und existentiellen Erfahrungen konfrontiert worden, die im Mythos von »Kriegserlebnis« ein integrierendes Sinnangebot erfuhren, ohne daß sich dies in den ersten Nachkriegsmonaten aber bereits notwendig in der Entstehung neuer politischer Gesinnungsverbände auf der Rechten niedergeschlagen hätte. Erst die Erfahrungen der ersten Jahreshälfte 1919 ließen die Erlebnisse des Krieges und der Nachkriegszeit zu einem einheitlicheren und politisch formulierbaren Bild von der politischen Entwicklung und Lage des Reiches zusammenwachsen. Die bewaffneten Auseinandersetzungen während des »Spartakus-Aufstandes« im Januar 1919 in Berlin, bei denen zahlreiche Berliner Studenten in freiwilligen Verbänden die Regierung Ebert/Scheidemann gegen den »Bolschewismus« verteidigten, die Kämpfe an der von Polen bedrohten Ostgrenze des Reiches, an denen ebenfalls viele Studenten in den Freikorps als Zeitfreiwillige teilnahmen; die Besetzung der Rheinlande durch die Westalliierten und schließlich die Friedensbedingungen von Versailles hatten eine forcierte Politisierung und Radikalisierung unter den Studenten zur Folge, deren wesentliche Kennzeichen die zunehmende Distanz zur neuen Republik und ihren Regierungen, die deutliche Absetzung vom »Patriotismus« alter Prägung, der sich im November 1918 als offensichtlich überholt und politisch untauglich erwiesen hatte und die Anknüpfung an die Jugendbewegung der Vorkriegszeit waren.[11]

Im »nationalen« Flügel der »Wandervögel« waren bereits vor dem Kriege »völkische« Ideen verbreitet gewesen, ohne sich aber schon durchgesetzt zu haben; Anfang 1919 sammelte sich dann in Berlin ein Kreis von Freistudenten und Wandervögeln zur »Fichte-Hochschulgemeinde« und knüpfte damit an die »Fichte-Begeisterung« der Jugendbewegung an: »In kleinen Arbeitsgemeinschaften und in großen öffentlichen Vorträgen versuchte die Fichte-Hochschulgemeinde zu zeigen, daß Fichtes wahrhaft völkische Lehre nützlicher für den Wiederaufbau unseres Staates und Volkes war als alle Parteidoktrinen zusammen«, schrieb einer der Gründer rückblikkend.[12] Ausgehend von Fichtes »Reden an die deutsche Nation«, wurde dabei das »Volk« als Mittelpunkt allen politischen Bemühens apostrophiert – nicht der Staat und nicht die Nation; wobei das Problem, was unter Volk« zu verstehen sei – eine Kulturgemeinschaft, eine Blutsgemeinschaft, ein Willensverband –, zunächst noch offen und Gegenstand der Debatten war. Auch das griff auf Vorbilder aus der wilhelminischen Ära zurück, in der sich bereits Teile der Jugendbewegung, auch Lebensreformer und Kulturkritiker auf Volk, Gemeinschaft und organischen Sozialismus orientiert hatten – »›Volk‹ war das Wort eines neuen Nationalismus gegen den Hurrapatriotismus der Konvention«.[13] Vor dem Kriege aber hatten die »völkisch«-radikalen Gruppen zwar in vielen Bereichen durchaus zahlreiche Anhänger, waren aber insgesamt doch Außenseiter geblieben. Nun aber änderte sich dies, und das Denken in »völkischen« Kategorien verbreitete sich rasch und wurde insbesondere unter den Studenten bald zur bestimmenden Lehre.

Im Juni 1919 kam es auf dieser Grundlage zu einem Zusammenschluß der Fichte-Hochschulgemeinde mit einer Reihe von Berliner Korporationen, insbesondere dem traditionell rechtsextremen »Verein Deutscher Studenten«, zum »Hochschulring Deutscher Art«. Die Verbindung von korporierten und nicht korporierten Studenten galt dabei als Ausdruck der Überwindung überholter Standespolitik auf »überparteilicher Grundlage« und war ausdrücklich als Versuch der organisatorischen Zusammenfassung aller »nationalen« Korporationen und nichtkorporierten Studenten »zu einem festen Block für deutsche Art und deutsches Wesen gegen die zerstörenden Kräfte des Internationalismus jeder Färbung« gedacht.[14]

Der Begriff des »Internationalismus« bezeichnete dabei das, was als gemeinsamer Kern der inneren und äußeren Bedrohung des Reiches wahrgenommen wurde, und stellte den Gegenpol zur Kategorie des »Völkischen« dar; »Spartakus« und im weiteren Sinne auch die Sozialdemokratie als Ausdruck des proletarischen Internationalismus und »Versailles« als Symbol des westlichen, von Frankreich dominierten Internationalismus, wie er sich im Völkerbund darbot, wurden gleichermaßen als Elemente einer gegen Deutschland gerichteten politischen Ideologie begriffen, der mit einer konsequent »völkischen« Haltung begegnet werden müsse.

Noch im August 1919 verbreiterte sich die Grundlage der Berliner Hochschulring-Studenten, als sie auf der Burg Lauenstein am ersten Nachkriegstreffen der »jungdeutschen« Bewegung teilnahmen, des »völkisch« gesinnten Teiles der Jugendbewegung, der sich bald zu einem der geistigen Zentren der »völkischen Bewegung« der Nachkriegszeit insgesamt entwickelte. Über die Tagung in Burg Lauenstein wurde nun die Idee eines überparteilichen Hochschulrings auf völkischer Grundlage schnell weitergetragen; und noch im Wintersemester 1919/20 entstanden weitere Zusammenschlüsse nach Berliner Vorbild an anderen Universitäten. Im Juli 1920 wurde in Göttingen aus den bis dahin 19 »Hochschulringen Deutscher Art« der verschiedenen Universitätsstädte der »Deutsche Hochschulring« gegründet; bereits beim Göttinger Studententag 1920 stellte der Hochschulring die stärkste Fraktion, und zum Wintersemester 1920/21 gab es Hochschulringe an allen reichsdeutschen Universitäten sowie in Österreich und der Tschechoslowakei. Der Grund für diese schnelle, beinahe explosionsartige Ausbreitung lag vor allem darin, daß es gelungen war, nach und nach alle wichtigen studentischen Korps und Verbindungen zum korporativen Eintritt in den Hochschulring zu bewegen – insbesondere nach dem Kapp-Putsch, der den rechtsstehenden Studenten endgültig vor Augen geführt hatte, daß mit einer kurzfristigen Veränderung der politischen Verhältnisse im Sinne der Rechten nicht zu rechnen war und zudem die Wiederherstellung des politischen Systems der Vorkriegszeit weder eine erreichbare noch eine akzeptable politische Perspektive darstellte. »Der versuchte Staatsstreich von Kapp und Lüttwitz«, hieß es in einem Rundschreiben des Vorsitzenden des Deutschen Hochschulringes, Otto de la Chevallerie, vom Frühjahr 1920, »zeigt uns, daß ein militärisch wohl geglücktes Unternehmen sich nicht behaupten kann, wenn es nicht in politischer, wirtschaftlicher und kultureller Hinsicht neue Ziele weisen kann. Derartige Ziele lassen sich aber nicht von heute auf morgen stecken. Sie wachsen allmählich.«[15]

Schon im Frühjahr 1921 war an den Universitäten ein gewisser Generationswandel spürbar geworden – die Kriegsstudenten begannen die Hochschulen zu verlassen, während der Anteil der Studenten aus der »Kriegsjugend« anstieg und auch im Hochschulring bald überwog. Da die Zahl der Anhänger der studentischen Ringbewegung infolge der sich in dieser Zeit beständig zuspitzenden innen- und außenpolitischen Situation insgesamt stark zunahm und es jetzt »gewissermaßen zum guten Ton gehörte, Hochschulringmann zu sein«, wurde es zur vordringlichen Aufgabe, »durch Heranziehung eines geeigneten Führernachwuchses eine Tradition der Bewegung sicherzustellen« und damit der »Gefahr einer Parlamentarisierung der Bewegung und damit ihrer Verflachung« entgegenzuarbeiten, wie Walther Schulz, der zu den Gründern des DHR gehört hatte, betonte.[16] Neben die hochschulpolitische Arbeit des DHR trat damit mehr und mehr eine ausgedehnte Schulungstätigkeit und in deren Folge auch ein starker außeruniversitärer Aktivismus.

Die »Führer- und Schulungswochen« des DHR dienten vor allem der Vertiefung und Vereinheitlichung der weltanschaulichen Grundlagen des Hochschulrings und behandelten Themen wie »Völkisch und antisemitisch«, »Fichtes Gedanken vom Volkstum«, »Kritik des Internationalismus«, »Grenz- und Auslandsarbeit« oder »Die Rheinlandfrage«.[17] Über die weltanschauliche Schulung hinaus aber waren solche Klausurwochen, die der Hochschulring von nun an regelmäßig und mit wechselnden Schwerpunkten veranstaltete, dafür gedacht, die Kontakte der führenden Hochschulringstudenten untereinander sowie mit den Dozenten und Professoren, die das Programm der Tagungen bestritten, und den »Alten Herren«, die von Zeit zu Zeit ebenfalls teilnahmen, zu intensivieren, um so den Zusammenhang der »Bewegung« nicht allein auf politisch-programmatischer, sondern auch auf persönlicher Ebene zu stärken. Damit wurde jenes dichte und kaum entwirrbare Netz von persönlichen Beziehungen, institutionellen Kontakten und organisatorischen Verflechtungen geknüpft, das für die Ring-Bewegung insgesamt so kennzeichnend war und ihre über den unmittelbar nachweisbaren Einfluß hinaus reichende politische Bedeutung ausmachte.[18]

Die meisten Vortragenden auf den Schulungswochen des DHR entstammten dem Umkreis des Berliner Juni-Clubs um Moeller van den Bruck, Heinrich von Gleichen und Martin Spahn; und spätestens seit die Leitung des Hochschulrings ihr Domizil in der Berliner Motzstraße 22 aufschlug, also im Hause des Juni-Clubs, kann man von einer politischen und organisatorischen Symbiose beider Vereinigungen sprechen. Das bezog sich auf drei verschiedene Aspekte: Zum einen nahm der Kreis um Moeller und Spahn mittelbaren und unmittelbaren Einfluß auf die Politik und weltanschauliche Ausrichtung des Hochschulrings; das geschah vor allem während der Schulungswochen – hier »begegnen wir immer denselben Namen«, betonte Walther Schulz 1927, »die sich mit unermüdlicher Hingabe der Bewegung zur Verfügung stellten und es heute noch tun: die Hochschullehrer Seeberg, Martin Spahn, Ottmar Spann, Brunstäd, Max Wundt, Zische, Leut, Gerber, Karo, Haushofer, um nur die Meistbeteiligten zu nennen«.[19] Diese Schulungstätigkeit wurde seit dem Herbst 1921 intensiviert, als das im November 1922 von den Männern des Juni-Clubs gegründete »Politische Kolleg« in Berlin unter Martin Spahn seine Arbeit aufnahm und in Spandau »nationalpolitische Lehrkurse« abhielt; ein Jahr später wurde das Kolleg zur »Hochschule für nationale Politik« erweitert und begann mit einem regulären, aber privat organisierten, universitätsähnlichen Lehrbetrieb. Die Teilnehmer an diesen Kursen rekrutierten sich, entsprechenden Vereinbarungen gemäß, vorwiegend aus Mitgliedern der nationalen Gewerkschaften und des Hochschulrings, die sich jeweils für einige Wochen im Spandauer Johannisstift niederließen.[20]

Zum zweiten hatte sich schon im Juli 1921 ein altakademischer Förderkreis um den Berliner Senatspräsidenten Flügge gebildet, dem bald nicht nur führende Politiker der Rechtsparteien und der Umgebung des Juni-Clubs, sondern auch zahlreiche Unternehmer, vor allem aus der Schwerindustrie, beitraten, die zum Teil auch dem Förderkreis und Verwaltungsrat des Politischen Kollegs angehörten. Hauptaufgabe des Förderkreises, der später als »Altherrenschaft des Deutschen Hochschulrings« firmierte, war die »finanzielle Sicherstellung der Bewegung«.[21] Neben Vögler, Reusch, Klöckner, Stinnes und von Borsig war es vor allem Hugenberg, der den Hochschulring massiv subventionierte, wobei seine eigenen Zuschüsse und die der anderen schwerindustriellen Förderer über Flügge und die Altherrenschaft des DHR sowie über den ersten Vorsitzenden des Hochschulrings, Otto de la Chevallerie, flossen, der 1922 als leitender Angestellter in den Hugenberg-Konzern eintrat.[22] Insbesondere aber war es Martin Spahn, der sich um die Finanzierung des DHR kümmerte und sich selbst als »Vermittler zu den Geldgebern« bezeichnete.[23] Nach einer Vereinbarung innerhalb des engeren Kreises des Juni-Clubs und mit dem Kuratorium des Politischen Kollegs oblag Spahn die Betreuung sowohl des DHR wie des »Jungnationalen Bundes« und des »Deutschnationalen Jugendbundes«; das bezog sich zum einen auf die »nationalpolitische Erziehung«, zum anderen auf die Verteilung der Spendengelder aus Industrie und Landwirtschaft. Spahns Rolle als »Studentenvater«, auf dessen Einfluß der völkisch-radikale Kurs des Hochschulrings zu einem guten Teil zurückzuführen war, hatte gewisse Spannungen mit den deutschnationalen und rechtskatholischen Vertretern im Altherrenverband des DHR zur Folge; auf der anderen Seite besaß Spahn in der völkischen Studentenschaft beinahe bedingungslosen Rückhalt und große Autorität.[24]

Die umfangreiche Finanzierung machte die immer weiter ausgreifende politische Arbeit des Hochschulrings – die Schulungskurse, die Herausgabe von Zeitungen und Nachrichtendiensten, die Unterhaltung von Büros und Sekretariaten – erst möglich; sie zeigt aber auch, wie groß das Interesse und die Aufmerksamkeit von seiten der Industrie und der Rechtsparteien gegenüber dieser so erfolgreichen völkischen Sammlungsbewegung unter den Studenten war. Dabei spielten die im nachhinein relativ ausgeprägt wirkenden politischen Unterschiede zwischen altem und neuem Konservativismus eine offensichtlich geringere Rolle; vielmehr erfuhr das »Ring«-Konzept des Juni-Clubs hier eine eindrucksvolle praktische Bestätigung: die lockere, eher assoziative und stärker über Personen als über Organisationen geknüpfte Verbindung der verschiedenen Strömungen innerhalb der Rechten; die Hervorhebung der ideologischen Vielfalt, die nur über längere Zeit hinweg durch intensive Diskussion und Auseinandersetzung, vor allem aber durch die politische Praxis selbst zu stärkerer Klarheit und Einheitlichkeit geführt werden sollte, aber gleichzeitig die grundsätzliche Einheit des »nationalen Lagers« als gedanklicher Ausgangspunkt dieses Projekts.

Gerade dieser letzte Aspekt war für die politische Sozialisation der Hochschulring-Studenten von auch längerfristiger Bedeutung; denn zum einen erschlossen sich vor allem für die Aktivisten unter ihnen dadurch weitreichende und einflußreiche Kontakte sowohl in politischer wie in beruflicher Hinsicht, zum anderen bestärkten diese Kontakte und Beziehungen, die von den Völkisch-Radikalen bis zu DVP, DDP und Zentrum reichten, den Eindruck von der bei allen politischen und strategischen Meinungsverschiedenheiten zwischen den zahlreichen Gruppen und Zirkeln doch vorhandenen Einheit der Rechten im Grundsätzlichen. Zugleich wurde hier aber der außerordentlich bedenkliche Einfluß der »alten« Rechten auf die jungen nationalistischen Studenten im DHR deutlich, der nachgerade zum Instrument zunächst deutschnationaler und dann im allgemeineren Sinne rechtsradikaler Politik regredierte. Die Frankfurter Zeitung wies 1923 denn auch auf die »steigende Abhängigkeit des Hochschulrings« von den Geldgebern, dem »Förderkreis« hin: »Die politisierenden Generale und Professoren ... wurden Stammgäste der Hochschulringversammlungen und haben aus der völkischen Studentenbewegung ein Anhängsel der deutsch-völkischen Parteibestrebungen gemacht«; und als besonders verhängnisvoll habe es sich erwiesen, daß die nationalpolitische Schulungsarbeit des DHR »in den Händen politischer Phantasten wie Stadler und Martin Spahn« liege.[25]

Im Mittelpunkt des politischen Weltbilds der Hochschulringstudenten wie der Ring-Bewegung insgesamt stand die Berufung auf das »Volk«: »Der formale Begriff der Staatsangehörigkeit und der territoriale Staatsgedanke haben die Instinkte für die Volksgemeinschaft verschüttet«, schrieb de la Chevallerie über die Ziele der Hochschulringstudenten. »Für sie ist ein Volk, um mit Fichte zu reden, ›das Ganze der in Gesellschaft miteinander fortlebenden und sich aus sich selbst immerfort natürlich und geistig erzeugenden Menschen‹.«[26] Die präzise Füllung dieses Schlüsselbegriffs war jedoch Gegenstand heftiger Auseinandersetzungen in der Gründungsphase des Deutschen Hochschulrings. Während einige südwestdeutsche Vertreter den Hochschulring als »Zusammenschluß der gesamten deutsch empfindenden akademischen Jugend« ansahen, hieß es in der in Göttingen sich schließlich durchsetzenden Mehrheitsformel: »Wir bekennen uns zum deutschen Volkstum und erstreben die deutsche Volksgemeinschaft.(...) Wir erachten deshalb den Zusammenschluß aller Kräfte für erforderlich, welche aus gemeinsamer Abstammung, Geschichte und Kultur heraus die Volksgemeinschaft und damit die Wiedererstarkung unseres Volkes und Vaterlandes erstreben.«[27] Entscheidend für die Zugehörigkeit zum deutschen Volk sollte demnach nicht eine subjektive Kategorie, nämlich deutsch »zu empfinden« sein, sondern eine objektive: »Abstammung, Geschichte und Kultur.« Waren »Geschichte und Kultur« dabei als nationalkulturelle Faktoren zu verstehen, bedeutete »deutsche Abstammung« die Bejahung des Volks-Begriffs als einer biologischen Kategorie und, wie sich im Rahmen der sich zuspitzenden Kontroversen bald zeigte, des rassebiologischen Prinzips.

Diese Betonung des »Volkes« war allerdings weder originell noch gar etwas spezifisch Studentisches; vielmehr war »Volk«, wie Kurt Sontheimer feststellte, »der zentrale politische Begriff der antidemokratischen Geistesrichtung« der Weimarer Zeit.[28] Die Berufung auf Fichte und die Verwendung von Leitbegriffen wie »Volk«, »Volksgemeinschaft« usw. beschränkte sich jedoch durchaus nicht auf die Rechte, sondern war auch in republikanisch orientierten Jugendverbänden der Weimarer Zeit verbreitet. Hier wurde »Volk« in demokratischer Tradition als Gegenbegriff zur »Obrigkeit« gebraucht und stand so in direktem Gegensatz zur Verwendung des Begriffs als kulturell, mehr und mehr aber als biologisch verstandene Kategorie auf der Rechten. Aber diese weite Verbreitung des Volksbegriffs verweist doch auch auf das Bedürfnis und die Suche nach einer die Zerspaltung der Gesellschaft in »Klassen« überwindenden Kategorie vor allem bei der jüngeren Generation.

Nun war die Bezeichnung »völkisch« bereits zu Anfang der 20er Jahre nicht mehr präzise definierbar, weil sich verschiedene Gruppierungen der Rechten damit schmückten, die ansonsten in zahlreichen Punkten gegensätzlicher Auffassung waren; bis es sich etwas später einbürgerte, als »Völkische« die antisemitischen, vor allem die »radauantisemitischen« Gruppierungen zu bezeichnen – den »Deutschvölkischen Schutz- und Trutzbund« etwa, die »Deutschvölkische Freiheitspartei« oder die »völkische Bauernbewegung« in Hessen. Auf der anderen Seite sind solche Zuordnungen unscharf, zum Teil auch willkürlich; vor allem suggerieren sie eine eindeutige Fraktionierung der rechtsradikalen Bewegung der Nachkriegszeit, die aus dem Wunsch nach Übersichtlichkeit heraus verständlich ist, aber die programmatische Klarheit dieser Szenerie überschätzen und ihre eher an Leitfiguren als an Programmen orientierte Struktur vernachlässigen läßt. Zudem bezeichneten sich nämlich zeitgenössisch auch solche Gruppen oder Verbindungen als »völkisch«, die wie der DHR in enger Verbindung zu den Intellektuellen der »Konservativen Revolution« standen und im Rückblick – schon aus politischer Berührungsangst – nicht unter »Völkische«, sondern unter »Jungkonservative« rubriziert wurden.[29] Auch die Selbstbezeichnungen der einzelnen Mitglieder wechselten; wer sich 1922 zu den »Völkischen« gezählt hatte, konnte sich 1927 als Anhänger der »Konservativen Revolution« bezeichnen und 1930 zum »Neuen Nationalismus« rechnen, ohne die eigenen Positionen wesentlich geändert zu haben.

Im Kern meinte »völkisch« zunächst nur den Bezug auf die Kategorie des »Volkes« als zentralen Wertbegriff und Ausgangspunkt einer politischen Philosophie, in der die Zugehörigkeit zu einem »Volk« als der für das Leben des einzelnen Menschen wie für die Entwicklung von »Geschichte« insgesamt ausschlaggebende Faktor angesehen wird. Gegen die Auffassungen von Liberalismus und Sozialismus, die in der Tradition der Französischen Revolution den einzelnen nach horizontalem Prinzip »gesellschaftlichen« Klassen oder Schichten zuordnete und außer der sozialen keine weitere Ungleichheit zwischen den Menschen kannte, steht hier das vertikale Prinzip des »völkischen Denkens«, wonach innerhalb der Gemeinschaft eines Volkes soziale Unterschiede bedeutungslos wurden, während die einzelnen Völker zueinander in Konkurrenz stehen und eine Gleichwertigkeit oder -berechtigung aller Menschen unabhängig von ihrer Volkszugehörigkeit abgelehnt wird. Ausgehend von den europäischen Minderheitenproblemen nach dem Ersten Weltkrieg, insbesondere aber von der durch den Versailler Vertrag hervorgerufenen Inkongruenz von deutschem Nationalstaat und dem Siedlungsraum der deutschsprechenden Bevölkerung in Europa, war es neben Max H. Boehm vor allem Wilhelm Stapel, der mit seiner Zeitschrift »Deutsches Volkstum« und mit Schriften wie »Volksbürgerliche Erziehung« oder »Volk und Volkstum« aufbauend auf kulturkritisch-völkische Klassiker der Vorkriegszeit wie Langbehn und Lagarde erheblichen Einfluß auf die rechtsradikalen Intellektuellen der Nachkriegszeit insgesamt, auf die völkische Studentenbewegung im besonderen gewann und zudem über den Deutschnationalen Handlungsgehilfen-Verband, in dem er eine führende Position innehatte, auch in die Breite wirken konnte.[30]

Stapel stellte dabei der »individualistisch-liberalen« und der sozialistischen Anschauung, wonach der einzelne, respektive »die Menschheit« oder die »menschliche Gesellschaft« Träger des geschichtlichen Lebens seien, die »völkische« Anschauung entgegen, wonach die »Völker« als Subjekt der Geschichte anzusehen seien. Denn während es sich bei Staaten und Gesellschaften um Zweckverbände handele, die willkürlich entstanden und also aufhebbar seien, sei das »Volk« eine unaufhebbare, »natürliche« Gemeinschaft – vergleichbar etwa der Familie; denn »aus einem Staatsverband kann man ausscheiden, aus einem Volk nicht«. Das Volk als Subjekt der Geschichte sei mithin selbst ein lebendiges Wesen, der einzelne sei Teil dieses Wesens und »in seiner Art durch die Struktur des Ganzen bestimmt«; jedoch sei das Volk nicht lediglich die Summe seiner Teile, der einzelnen, sondern ein eigenständiges Ganzes; somit könne der Wille des Volkes »nicht durch zufällige Einzelne, auch nicht durch eine zufällige Summe von Einzelnen bekundet oder erkundet werden«. Der Volkswille stelle sich also nicht durch Mehrheitswillen, sondern durch die »Wesensart« des Volkes her und manifestiere sich in »genialen Führerpersönlichkeiten«; die Qualität der politischen Verfassung eines Volkes lasse sich entsprechend daran ablesen, ob geniale Persönlichkeiten an der Spitze eines Volkes bzw. eines Staates stehen oder »bloße Interessenten«. Die Einzelpersönlichkeit sei als »Glied in der Kette der Geschlechter« – der Generationen – Teil des Volkes, nicht als einzelner; denn während der Individualismus die Lebenserfüllung des einzelnen in den Vordergrund stelle, sei im völkischen Denken der Rhythmus des einzelnen Lebens durch denjenigen seines Volkes bestimmt. Mittelpunkt des Lebens und sittlicher Maßstab sei also nicht das Wohlergehen des einzelnen, sondern das des Volkes. Jedes Volk finde seinen kulturellen Ausdruck im »Volkstum«, von der Sprache über die Verfassung bis zu Recht und Wirtschaftsordnung; wo kulturelle Ausdrucksformen anderer Völker übernommen werden, ohne dem eigenen Wesen angepaßt zu sein, entstünden Schäden – »man denke an die Übernahme des römischen Rechts am Ausgang des Mittelalters, an die Übernahme des Manchestertums im vorigen Jahrhundert, an die Übernahme der westlichen Demokratie in der Gegenwart«. Im Laufe des »völkischen Lebensprozesses« komme es immer wieder zu Assimilationen von Teilen fremder Völker; aber nur wenn es sich dabei um »verwandte« Völker handele, könne dies gelingen. Werden Teile unassimilierbarer Völker aufgenommen, »so tritt nicht nur organische Veränderung, sondern organische Zerstörung und Auflösung ein. Ein gesundes Volk hat einen regen Instinkt für das, was assimilierbar ist und was nicht. Es ist wichtig, daß dieser Instinkt wach bleibt.«[31]

Diese Vorstellungen Stapels, die sich ähnlich, aber nicht so explizit auch bei Moeller van den Bruck, M. H. Boehm und später vor allem bei Edgar Jung finden, umreißen das Gerüst »völkischen« Denkens und fanden insbesondere in der jungdeutschen Bewegung, der Stapel selbst entstammte, und dann im Hochschulring rasche Verbreitung.[32] Nun kann man in bezug auf die jungen akademischen Rechtsradikalen dieser Zeit gewiß nicht von einem gefestigten oder gar geschlossenen Weltbild sprechen; vielmehr war das »nationale« Lager ebenso durch seine Buntheit wie durch Unklarheit und Widersprüchlichkeit gekennzeichnet. Aber das machte auch seine Stärke aus; indem es als weltanschaulich noch offenes, in Entwicklung befindliches Projekt begriffen wurde, das über die politische Aktivität und letztlich über den Erfolg und Mißerfolg auch zu ideologischer und organisatorischer Vereinheitlichung kommen werde, blieb es flexibel und auch für jene attraktiv, deren Weltbild eher durch ein Gefühlsgemisch aus Empörung und Ressentiment gekennzeichnet war als durch politische Kategorien. Gerade wegen dieser Vermischtheiten war der Rückbezug auf einen einzelnen Wertbegriff, der als Ansatzpunkt zu umfassenden und im Wortsinne totalitären Welterklärungen benutzt werden konnte, um so bedeutsamer.

Daß sich Stapel auf Fichte und insbesondere dessen achte »Rede an die deutsche Nation« bezog, war angesichts der Stilisierung Fichtes zum geistigen Schöpfer des »völkischen« Volksbegriffs durch die jungen rechtsradikalen Intellektuellen der Nachkriegszeit nichts Überraschendes. Als »Volk« bezeichnete Fichte hier »das Ganze der in Gesellschaft miteinander fortlebenden, sich aus sich selbst immerfort natürlich und geistig erzeugenden Menschen«; darauf gründe sich für den »edlen Menschen« die Hoffnung der ewigen Fortdauer des Volkes, aus dem er selber sich entwickelt hat, und der Eigentümlichkeit desselben nach jenem verborgenen Gesetze ohne Einmischung und Verderbung durch irgendein Fremdes und in das Ganze dieser Gesetzgebung nicht Gehöriges.(...) Das Leben bloß als Leben, als Fortsetzen des wechselnden Daseins, hat für ihn ohnehin nie Wert gehabt, er hat es nur gewollt als Quelle des Dauernden. Aber diese Dauer verspricht ihm allein die selbständige Fortdauer seiner Nation. Um diese zu retten, muß er sogar sterben wollen, damit diese lebe und er in ihr lebe, das einzige Leben, das er von je gemocht hat.«[33] Nun sind diese Sätze Fichtes, die bei fast keinem der völkischen und jungkonservativen Autoren der Zeit unzitiert bleiben und als historisch-philosophische Reliquie der Legitimierung des völkisch-radikalen Aktivismus der Nachkriegszeit dienten[34], bei Stapel nicht nur aus dem historisch-politischen Kontext der Zeit der Befreiungskriege gelöst, der Fichtes Berufung auf das Volk eine starke Tendenz sowohl gegen den dynastischen Landespatriotismus als auch gegen die ständische Hierarchisierung der Gesellschaft und den Ausschluß der unteren Volksschichten verlieh, sondern in ihrer biologistischen Verformung dem Denken Fichtes auch ganz entgegengesetzt.[35]

Gleichwohl war die Berufung auf Fichte, Arndt, auch auf den Freiherrn vom Stein ebenso wie die damit einhergehende Parallelisierung der historischen Situation von 1812 und der von 1922 geeignet, der »völkisch-organischen« Weltanschauung den Geruch von Gelehrsamkeit und philosophisch-geschichtlicher Tiefe zu verleihen und den völkischen Aktivismus der 20er Jahre als Fortsetzung und Konsequenz der Befreiungskriege zu interpretieren. Im Frühjahr 1921 war angesichts der deutschen Gebietsabtretungen, wie sie als Ergebnis des Krieges in den Bedingungen von Versailles festgeschrieben waren, die aktuell-politische Bedeutung einer solchen Hervorhebung des »Volks«-Begriffs offensichtlich: Da erstens Staaten und mithin auch Staatsangehörigkeit offenbar etwas Unstetes, politischen Wechselfällen Ausgesetztes darstellten und da »Nation« an den bestehenden Nationalstaat geknüpft war, ließ die Betonung des »Volkes« als handlungsleitender Kategorie die Zusammengehörigkeit der Deutschen jenseits der als willkürlich erachteten Versailler Grenzen und ungeachtet der Staatsangehörigkeit in den Vordergrund treten. Zweitens stellte die Berufung auf das »Volk« in dem Maße, in dem es als eine politischen Zugriffen und Veränderungen entzogene Kategorie begriffen wurde – als gegebene »organische« Einheit, nicht als Willensverband –, das Willkürliche, nachgerade Widernatürliche der innen- und außenpolitischen Lage Deutschlands seit Kriegsende heraus und eignete sich insofern wie kein zweiter Begriff als ideologische Plattform des Kampfes gegen »Versailles« und die »November-Republik«; zumal dies mit einer deutlich zum »Mutterland« tendierenden Bewegung bei den deutschen Minderheiten in den mitteleuropäischen Nachbarstaaten korrespondierte.[36]

Drittens bestand die praktische Konsequenz aus diesem »organischen« Volksbegriff in der Ablehnung des Staatsbürgerbegriffs; denn da das Staatsangehörigkeitsprinzip zwischen Staat und Volkstum unterschied und somit etwa die Gebietsabtretungen des Versailler Vertrages stützte, wurde dem »formalen« Prinzip der Verbundenheit durch gemeinsame Staatsangehörigkeit das »organische« als höherwertig, weil »naturgegeben« angesehene Prinzip der untrennbaren Verbundenheit durch gemeinsame Abstammung entgegengehalten. Demnach waren zum einen alle Menschen mit nichtdeutscher Staatsangehörigkeit, aber deutscher »Abstammung«, zum deutschen Volk zu zählen, somit auch alle »volksdeutschen« Minderheiten in Mittel- und Osteuropa und natürlich die Österreicher. Auf der anderen Seite waren aber jene deutschen Staatsbürger, die nicht »deutscher Abstammung« waren, als nicht zum deutschen Volke gehörig zu betrachten. Da die einzige quantitativ erhebliche Gruppe von Reichsbürgern »nichtdeutscher Abstammung« in dieser Perspektive die Juden waren, lag es in der Logik der Argumentation, sich politisch in besonderer Weise gegen die deutschen Juden zu wenden.

»Großdeutsch« und »antisemitisch« also waren zusammengefaßt die wesentlichen praktisch-politischen Merkmale »völkischen« Denkens. Vom herkömmlichen Antisemitismus, wie er im universitären Bereich schon seit den 80er Jahren des 19. Jahrhunderts anzutreffen war, ohne sich aber auf breiterer Grundlage wirklich durchgesetzt zu haben[37], unterschied sich in den Augen der Hochschulring-Studenten das »völkisch-organische« Denken jedoch durch das theoretische Gesamtkonzept, wie es von Stapel und den Seinen vertreten wurde. »Aus dieser besonderen Einschätzung des eigenen Volkstums«, hieß es in einer programmatischen Schrift des DHR aus dem Jahre 1921, »die man nicht erklären kann, sondern fühlen muß, entsprang naturgemäß eine mehr oder minder schroffe Ablehnung eines fremden Volkstums. Weil nun der Jude trotz seines fremden Volkstums, das er nie verleugnen kann, auch deutsches Volkstum für sich in Anspruch nimmt und dessen Begriff dadurch verwässert und seine Reinheit dadurch trübt, muß die Ablehnung völkischer Kreise Juden gegenüber besonders scharf sein. Was aber den Völkischen vom Nurantisemiten scheidet, ist, daß jener sein Volkstum auch in sich selbst zur Klarheit und Reinheit bringen will.(...) Der Antisemit bekämpft den Juden, weil er eben ein Jude ist, der Völkische lehnt den Juden wie jeden anderen Fremdstämmigen ab.(...) Wir hassen dann den Juden nicht, weil er Jude ist, sondern wir lehnen ihn ab als Volksgenossen, weil er uns innerlich fremd gegenübersteht. Man wird uns dann nie den Vorwurf machen können, daß es auch anständige Juden gäbe, denn das haben wir nie geleugnet, wohl aber leugnen wir, daß je ein Jude seinem inneren Wesen nach Deutscher geworden wäre, und das ist für unser Volkstum das Maßgebende.«[38]

Nun war diese »theoretische Grundlegung« eines, wie es hieß, »seriösen« Antisemitismus für viele wohl eher eine bedeutend klingende Verpackung der eigenen Judenfeindschaft – »die Sache war da, und die theoretische Begründung ist ihr gefolgt, und ihr gekünstelter Charakter ist nicht gerade ein Zeichen für innere Stärke«, wie Wilhelm Mommsen Ende 1921 treffend bemerkte.[39] Gleichwohl würde man die Bedeutung der »völkischen Weltanschauung« unterschätzen, wollte man sie allein auf ihre legitimatorische Funktion reduzieren. Der hier vertretene rassebiologische und kulturelle Antisemitismus war der zugespitzte Ausdruck, aber eben nur Teil dieses Gedankengebäudes, das für sich in Anspruch nahm, eine in sich schlüssige Erklärung der Entwicklung und Probleme der Gegenwart in Deutschland und darüber hinaus zu bieten.

Der radikale Antisemitismus fungierte dabei auch als offensiver Ausdruck der radikal-nationalistischen Gesinnung, als Symbol der Zugehörigkeit zum »völkischen« Lager.[40] Das schlug sich vor allem in den studentischen Verbindungen nieder, die sich seit der Gründung des DHR im Juli 1920 nach und nach dem Ring anschlossen und durch entsprechende Satzungsänderungen oder Erklärungen ihre Zugehörigkeit zu den »Völkischen« unter Beweis zu stellen trachteten. »Ein förmlicher Wettlauf der verschiedenen Studentenverbände setzte ein, einer suchte den anderen von Tagung zu Tagung an Beweisen für seine ›Rassereinheit‹ zu übertreffen«, hieß es sarkastisch in einer republikanischen Schrift von 1927, »überall steckte doch die Besorgnis dahinter, das ›Prestige‹ des eigenen Verbandes könne durch eine schlappe Haltung in der Judenfrage leiden.«[41] Der »Allgemeine Deutsche Burschenbund« etwa hatte schon im Oktober 1919 festgelegt, keine jüdischen Studenten mehr aufzunehmen; die Deutsche Burschenschaft beschloß im August 1920, unmittelbar nach der Gründung des DHR, daß man »in der Judenfrage auf dem Rassestandpunkt stehe, d. h. der Überzeugung ist, daß die ererbten Rasseeigenschaften der Juden durch die Taufe nicht berührt werden«; daher lehne man »die Aufnahme von Juden und Judenstämmigen grundsätzlich ab. Es bleibt der einzelnen Burschenschaft überlassen, in welcher Weise sie feststellt, inwieweit die Aufzunehmenden frei von jüdischem oder farbigem Blute sind«; zudem seien die Burschenschaftler »so zu erziehen, daß eine Heirat mit einem jüdischen oder farbigen Weib ausgeschlossen ist, oder daß bei solcher Heirat der Betreffende ausscheidet«, ebenso wie »Mitglieder, die internationale oder separatistische Parteien unterstützen, nicht mehr Angehörige der Burschenschaften sein können«.[42] Die Turnerschaften des VC bekannten sich 1920 zum »völkischen Gedanken« und damit »zu schärfstem, unerbittlichem Kampf gegen alle international gerichteten Strömungen und gegen die Machtgelüste des volksfremden Judentums, sowie zu einem nie verlöschenden Haß gegen unsere Feinde, der nicht auf Unversöhnlichkeit beruht, sondern auf dem Bewußtsein seiner geschichtlichen Notwendigkeit«.[43] Der Kösener SC beschloß 1921, keine Juden mehr aufzunehmen; als Kriterium wurde festgelegt: »Ein Mischling soll als Jude gelten, wenn ein Teil seiner vier Großeltern getaufter Jude war, oder sich sonst herausstellte, daß er jüdischer Abkunft ist.«[44] Auch die »Vereine Deutscher Studenten«, der sogenannte Kyffhäuser-Verband, verlangten seit 1921 von neuen Mitgliedern einen »Ahnennachweis«; und selbst der Cartellverband der katholischen farbentragenden deutschen Studentenverbindung (C. V.) legte 1920 fest: »Hinderungsgrund für die Aufnahme in den C. V. bildet semitische Abstammung, nachwirkbar bis auf die Großeltern.«[45]

Das politische Aktionsfeld des Hochschulrings war zunächst die Studentenschaft selbst; die beiden aus der »völkischen Weltanschauung« abgeleiteten vorrangigen Zielsetzungen lauteten hier: »Einheit von Volk und Reich«, also »Großdeutschland«, was im universitären Bereich die Forderung nach einer »großdeutschen Studentenschaft« unter Einbeziehung der »deutschblütigen« Studenten der Universitäten in Österreich, der Tschechoslowakei und anderen Ländern mit deutscher Minderheit beinhaltete; und zweitens: die »Einheit von Staatsbürgerschaft und Volkstum«, was zur Forderung nach Ausschluß der Nicht-»Deutschstämmigen« aus der deutschen Staatsbürgerschaft im allgemeinen und der deutsch-jüdischen Studenten aus der Deutschen Studentenschaft im besonderen führte. Ein »Studentenstaat auf völkischer Grundlage« als Modell für das zu schaffende »neue Reich« – das bezeichnet etwa die Perspektive der Hochschulringstudenten zu dieser Zeit.

Nun war die »großdeutsche« Zielsetzung von einem so breiten gesellschaftlichen und politischen Konsens im Weimarer Deutschland getragen, daß man damit nicht aneckte, solange man sich auf die staatliche Ebene – etwa die »Wiedervereinigung« mit Österreich – bezog. Die darüber hinausgehende Forderung nach Einbeziehung ausschließlich »deutschstämmiger« Studenten in die »großdeutsche Studentenschaft« aber war der Punkt, an dem republikanisches Prinzip und »völkische Weltanschauung« unmittelbar und frontal zusammenstießen. So bildete denn die Forderung nach Ausschluß der Juden aus der »großdeutschen Studentenschaft« nicht nur den Kernpunkt der hochschulpolitischen Arbeit des Deutschen Hochschulrings, sondern in den folgenden Jahren auch den Gegenstand der Auseinandersetzungen um die politische Hegemonie innerhalb der Studentenschaft.

Die »Deutsche Studentenschaft« (DSt) als verfaßte und staatlich anerkannte Vertretung der zu dieser Zeit etwa 110000 reichsdeutschen Studenten hatte sich auf der Grundlage der Allgemeinen Studentenausschüsse an den einzelnen Universitäten im Juli 1919 in Würzburg konstituiert. Daß von Beginn an auch Vertreter der österreichischen (später auch der sudetendeutschen) Studenten an den Verhandlungen teilnahmen, verdeutlicht die Selbstverständlichkeit und Verbreitung des »großdeutschen« Gedankens unter den deutschen Studenten der Kriegsteilnehmer-Generation.[46] Zugleich war aber durch die Teilnehmer aus Österreich auch die Frage nach den Kriterien der Mitgliedschaft in der DSt aufgeworfen, denn die österreichischen Delegierten bestanden ausschließlich aus Abgesandten der »deutsch-arischen« Studentenausschüsse, nicht aber der Studentenschaften der Universitäten in Österreich insgesamt, zu denen vor allem in Wien auch ein hoher Prozentsatz jüdischer Studenten gehört hätte. Zwar gelang es zunächst, mit Hilfe einer dehnbaren Mitgliedsformel – »Die Studierenden deutscher Abstammung und Muttersprache der Hochschulen des deutschen Sprachgebiets bilden die Deutsche Studentenschaft« – einen zunächst tragfähigen Kompromiß zustande zu bringen, der allgemein als Durchsetzung des national-kulturellen Prinzips angesehen wurde und die staatliche Anerkennung der DSt als Voraussetzung für eine finanzielle Bezuschussung ermöglichen sollte. Die heftigen Angriffe der österreichischen Vertreter gegen die Mitgliedschaft jüdischer Studenten hatten aber bereits in Würzburg deutlich gemacht, daß sich der »völkische« Flügel mit dem Staatsbürgerprinzip, wie es dann vom preußischen Kultusministerium als Voraussetzung für die staatliche Anerkennung der DSt gefordert wurde, nicht abfinden würde.

Ein Jahr später, auf dem Studententag in Göttingen, hatte sich der völkische Flügel mittlerweile im Deutschen Hochschulring organisiert und bei den AStA-Wahlen an verschiedenen Universitäten überwältigende Wahlsiege errungen, so daß er bereits in Göttingen die Mehrheit der Sitze innehatte.[47] Nun sagt das nichts über die tatsächliche Aktivierung der Studenten aus – »Von den 10000 Studenten«, bemerkte Friedrich Meinecke 1922 über die Situation an der Berliner Universität, »sitzen etwa 9600 ruhig und nur auf ihr Studium und Examen bedacht in den Hörsälen, Seminaren und Instituten. Etwa 600 sind in high spirits, von diesen sind 400 hypernationalistisch und ›völkisch‹; die übrigen 200 verteilen sich auf die Kommunisten, Sozialdemokraten und Demokraten«[48] –, sondern eher über die politische Stimmungslage der Mehrheit, die den Resonanzboden für die politischen Auseinandersetzungen der Aktivisten abgab. Eben das aber machte die politisch-kulturelle Hegemonie der Völkisch-Radikalen innerhalb der Studentenschaft in dieser Phase aus.

Um die staatliche Anerkennung nicht aufs Spiel zu setzen, auf der anderen Seite aber dem Drängen vor allem der deutsch-arischen Studentenvertreter aus Österreich nachzukommen, wurden nun für das Reich auf der einen, für Österreich und das Sudetenland auf der anderen Seite verschiedene Mitgliedsformeln festgelegt, so daß im Reich das Staatsbürgerprinzip galt, während die Studentenausschüsse in Österreich und dem Sudetenland allein von den Studierenden »deutscher Abstammung« zu wählen waren. Die Absicht des Hochschulrings bestand nunmehr darin, die Deutsche Studentenschaft zu einer unpolitischen Standesvertretung der Studenten zu machen, selbst aber »innerhalb der staatsbürgerlich organisierten Studentenschaft eine völkische Gruppe zu bilden, die bei der Einstellung des weitaus größten Teiles der deutschen Studenten zweifellos in kurzem die Mehrheit haben mußte und so jeden schädlichen Einfluß des Judentums, der dann etwa noch vorhanden sein könnte, zunichte machte«.[49] Als »völkisches Gewissen« sollte der Hochschulring wirken und die politischen Belange der Studentenschaft vertreten, während sich die DSt auf quasi gewerkschaftliche Interessenvertretung zu beschränken habe.

Tatsächlich aber erwies sich dieser Kompromiß in dem Maße als nicht tragfähig, als sich der Radikalismus innerhalb der deutschen Gesellschaft insgesamt und der Studentenschaft im besonderen noch verschärfte, vor allem seit dem Frühjahr 1921. Am 15. März waren Düsseldorf und Duisburg von den Franzosen besetzt worden; am 20. März hatte sich Oberschlesien in einer Abstimmung für die Zugehörigkeit zum Reich ausgesprochen. Als die Westmächte jedoch mit der Festlegung des Grenzverlaufs zögerten, fielen polnische Truppen in Oberschlesien ein; erneut nahmen zahlreiche Studentenbataillone der Freikorps an den Kämpfen in Polen teil. Und als schließlich die Londoner Konferenz von Deutschland ultimativ die Zahlung der Reparationen und die Aburteilung der Kriegsverbrecher forderte und der Reichstag sich am 11. Mai diesem Druck beugte, schien das Geschichtsbild der Völkischen erneut bestätigt – Zorn und Empörung über das Verhalten Polens, Frankreichs, des Völkerbundes und der »deutschen Erfüllungspolitiker« vergrößerten an den Universitäten den Zulauf zum Hochschulring und begünstigten eine weitere Radikalisierung. Dieser Zusammenhang zwischen äußerer Bedrohung und innerer Radikalisierung wurde auch von besonnenen Zeitgenossen als evident empfunden. Selbst die rechtsradikalen Studenten, bemerkte Friedrich Meinecke, würden sich »an die neuen Staatsverhältnisse allmählich ruhiger gewöhnen, wenn diese nicht immer wieder von außen belastet und diskreditiert würden durch die wachsende politische und wirtschaftliche Verelendung des deutschen Volkes, durch die Peitschenhiebe und Mißhandlungen, die uns Frankreich versetzt«.[50]

Der Hochschulring umfaßte mittlerweile alle wichtigen und großen studentischen Verbindungen, sogar die katholischen; er hatte an den großen Universitäten im Durchschnitt 60–70%, an den kleinen bis zu 90% der Stimmen erhalten und verfügte auf dem Erlanger Studententag 1921 über eine deutliche Zweidrittelmehrheit.[51] Seine politische Bedeutung war mittlerweile unübersehbar – nicht nur aktuell, sondern auch perspektivisch; denn daß die Studentengeneration der frühen 20er Jahre, die in den 30er Jahren in die Führungspositionen der deutschen Gesellschaft einrücken würde, zu über 70% der »völkischen Studentenbewegung« anhing, die ein radikal antirepublikanisches, großdeutsch-nationalistisches und antisemitisches Weltbild propagierte, ließ für die Zukunft der Weimarer Republik wenig Hoffnung.

In einem, dem entscheidenden Punkt aber bestanden innerhalb des Hochschulrings nach wie vor Meinungsunterschiede: Während die Völkisch-Radikalen einem unbedingten, biologisch verstandenen Rasseprinzip anhingen, dessen politischen Kern die »Judenfrage« bildete, kritisierten andere die »naturalistische Einseitigkeit« des Rasseprinzips und stellten ihm eine »idealistische Rassentheorie« gegenüber, die die »physiologische Unterschiedlichkeit der Rassen nicht mehr als Ursache, sondern als Begleit- oder Folgeerscheinung der psychischen Unterschiede« und die »Judenfrage« nicht als Hauptproblem, sondern als »Frage dritter Ordnung« begriff.[52] Trotz dieser Meinungsunterschiede, die letztlich auf einem entweder historisch-kulturellen oder aber rassebiologisch verstandenen »Volks«-Begriff beruhten, war die Mitgliedschaft im Hochschulring selbst nach »Rasseprinzip« geregelt, und jeder, der dem Hochschulring beizutreten wünschte, mußte zuvor ehrenwörtlich erklären, »daß sich unter seinen Eltern und Großeltern keine Juden befinden«.[53]

Die »kompromißlos völkische Linie« in bezug auf die Zulassung jüdischer Studenten in der Deutschen Studentenschaft hatte sich bis zum Frühjahr 1921 innerhalb des DHR noch nicht vollends durchgesetzt, so daß der Hochschulring beim Studententag in Erlangen zwar die weit überwiegende Mehrheit besaß, aber uneinheitlich auftrat und dadurch von der geschlossen auftretenden republikanischen Minderheit in der wiederum alles andere überstrahlenden »Mitgliedschaftsfrage« überstimmt wurde. Im Ergebnis war nun weiterhin für das Reichsgebiet das Staatsbürgerprinzip gültig, während für die Österreicher und Sudetendeutschen der rassebiologische Grundsatz galt, mithin die jüdischen Studenten ausgeschlossen blieben. Organisatorisch hatte diese Regelung die Gründung zweier selbständiger »Studentenschaften« – eine für das Reichsgebiet und eine für Österreich – zur Folge, um die Anerkennung und also die Finanzierung durch den Staat nicht zu gefährden, während die DSt als Dachverband und Klammer zwischen beiden Vertretungsorganen fungieren sollte.[54] Gegen diesen Kompromiß, der als Aufgabe des »großdeutschen« Prinzips zugunsten des »unvölkischen« Staatsbürgerprinzips im Reich angesehen wurde, liefen die Völkisch-Radikalen innerhalb des DHR Sturm; ein Teil der örtlichen Hochschulringe drohte gar mit Austritt. Daß sich nunmehr seit dem Herbst 1921 endgültig die radikale, rassebiologische Richtung innerhalb des Hochschulringes durchzusetzen begann, war jedoch wiederum vorrangig auf die allgemeine und fortwährende Radikalisierung der deutschen Rechten in diesen Monaten zurückzuführen, die am 21. August durch den von aus dem Umkreis des Hochschulrings stammenden studentischen Angehörigen der Organisation Consul verübten Mord an Matthias Erzberger ihren ersten Höhepunkt erfahren hatte und durch den Beschluß des Völkerbundes, Oberschlesien entgegen dem Abstimmungsergebnis zwischen Deutschland und Polen zu teilen, weitere

Nahrung erhielt. Die Stoßrichtung des Kampfes der radikalen Rechten und insbesondere der »völkischen« Studenten ging nun immer stärker gegen die Berliner Zentralregierung und ihre »Erfüllungspolitik«; denn, so die Überzeugung der jungen Rechtsradikalen, um den Kampf gegen die äußeren Feinde erfolgreich führen zu können, mußten zunächst dessen Verbündete im Inneren ausgeschaltet werden.

So konnte es nicht verwundern, daß im Hochschulring die Vertreter der radikalen – und das hieß vor allem: der rassebiologischen – Richtung die Oberhand gewannen; konnte doch jeder Kompromiß im Angesicht der »inneren und äußeren Bedrohung« des Reiches als Rückweichen vor dem Feinde und eine nationalkulturelle Definition von »Volkstum« als Aufweichen des völkischen Prinzips denunziert werden. Bereits auf dem 4. Studententag in Würzburg 1922 setzte der Hochschulring mit seiner Zweidrittelmehrheit eine Satzung durch, wonach das für Österreich und das Sudetenland geltende rassebiologische Prinzip akzeptiert und als solches in die Satzung des Gesamtverbandes einbezogen wurde.[55] Zwar blieb das Staatsbürgerprinzip für die Reichsuniversitäten bestehen, gleichwohl war die Symbolkraft dieses Vorgangs erheblich, weil hier in einer staatlich anerkannten Vertretungskörperschaft erstmals die Grundlage der staatsbürgerlichen Gleichheit aufgehoben und ein rassistisches Prinzip offen zur Geltung gebracht worden war – und dies ausgerechnet beim akademischen Nachwuchs, aus dem sich die Führungselite der kommenden Jahrzehnte rekrutierte. Dieser offene, provozierende Vorstoß gegen das Grundprinzip eines demokratischen Rechtsstaats konnte von seiten der demokratischen Regierungen des Reichs und der Länder, und hier vor allem der preußischen, nicht hingenommen werden. Der Kampf um die studentische Verfassung wurde daher zum Gegenstand lang andauernder, heftiger politischer und rechtlicher Auseinandersetzungen zwischen preußischem Kultusministerium und der Leitung der deutschen Studentenschaft; die Zuspitzung dieses Streits hatte im Endergebnis eine weitere politische Radikalisierung der Studentenschaft im Sinne der völkisch-antisemitischen Richtung zur Folge.

Seit den Würzburger Beschlüssen war die rechtliche Lage der Deutschen Studentenschaft in der Schwebe. Während vor allem das preußische Kultusministerium die Studentenvertreter aufforderte, die verfassungswidrige »Abstammungs-Klausel« für die inkorporierten »großdeutschen« Studenten zu streichen, blieb der Vorstand der DSt bei seiner Ablehnung und konnte sich dabei stets auf breite »völkische« Mehrheiten innerhalb der Studentenschaft stützen. Als schließlich Ende 1926 der Vorstand der DSt auch auf ein Ultimatum des preußischen Kultusministers Becker nicht reagierte, ließ Becker die Studenten per Urabstimmung darüber entscheiden, ob sie für Streichung der rassistischen Mitgliedsformel oder für ihre Beibehaltung seien, wobei das letztere zum Verlust der staatlichen Anerkennung und der Finanzierung der Deutschen Studentenschaft führen würde. Das Ergebnis war eindeutig und ließ keinen Zweifel am politischen Standort der deutschen Studenten: 77% der Studenten der preußischen Universitäten entschieden sich für die Würzburger Mitgliedschaftsformel – angesichts der jahrelangen scharfen Auseinandersetzungen und der publizistischen Zuspitzung dieses Streits konnte kein Zweifel daran bestehen, daß dieses Abstimmungsergebnis als unzweideutiges Votum für die vom Hochschulring propagierten Auffassungen im allgemeinen und für einen rassebiologisch begründeten, »völkischen« Antisemitismus im besonderen zu verstehen war.[56]

Seit Mitte der 20er Jahre verlor die »völkische Studentenbewegung« des deutschen Hochschulrings rasch an Bedeutung. In dem Maße, wie die Jahrgänge der »Kriegsjugendgeneration« die Universitäten verließen, schrumpfte auch der Hochschulring und ging zu größeren Teilen in den Nationalsozialistischen Deutschen Studentenbund über, der seit 1926/27 die Hochschulszenerie zu dominieren begann und dem vorwiegend die jüngeren Jahrgänge der »Nachkriegsgeneration« angehörten.[57] Die langfristige Bedeutung der völkisch-radikalen Hochschulringbewegung aber lag vor allem darin, daß sie die politische Wahrnehmung der Entwicklung im Deutschland der Nachkriegsjahre in ein ideologisch fixiertes Weltbild einband und zugleich zum exklusiven Erlebnis einer Generation stilisierte. Der »radikal völkische Standpunkt«, die damit verbundene fundamentale Absage an Republik und Demokratie und vor allem der rassebiologisch motivierte Antisemitismus erschienen auf diese Weise nicht als eine politische Meinung unter anderen, sondern wurden zugleich als Elemente eines Lebensgefühls, eines generationellen Stils empfunden, der den einzelnen die Gewißheit vermittelte, sich von der liberalen oder demokratischen Umwelt durch die »Weltanschauung«, von den älteren »national« oder konservativ Denkenden aber durch Radikalität, Härte und »Sachlichkeit« zu unterscheiden.

Betrachtet man die Altersentwicklung dieser Generation im Kontext der politischen Ereignisse der folgenden Jahrzehnte, so kann man die Brisanz der beschriebenen politischen Sozialisation der Nachkriegsjahre ermessen: wer 1921 mit 18 Jahren sein Studium aufnahm und es 1926 abschloß, war 1933 30, 1939 36, 1945 42 Jahre alt und erreichte 1968 die Pensionsgrenze. Ein Großteil des akademisch ausgebildeten Führungsnachwuchses der Nationalsozialisten rekrutierte sich aus diesen Jahrgängen. Alle leitenden Mitarbeiter des SD, des Nachrichtendienstes und intellektuellen »Brain-Trusts« der SS, gehörten dieser Generation an, ebenso der weit überwiegende Teil der – beinahe durchweg akademisch, meist juristisch ausgebildeten – Führungskräfte der Sicherheitspolizei (Amts-, Referats- und Stapostellenleiter sowie Einsatzgruppenführer). Daß es zwischen der politischen Sozialisation dieser Männer im Umkreis der »völkischen Studentenbewegung« der 20er Jahre und ihrer späteren Zugehörigkeit zum weltanschaulichen Elitekorps von SD und Gestapo eine enge Verbindung gibt, liegt auf der Hand.[58]

Zugleich aber bildeten die akademisch ausgebildeten Angehörigen der »Kriegsjugendgeneration« ja auch die Führungsgruppen in der deutschen Nachkriegsentwicklung bis Ende der 60er Jahre – das verweist zum einen auf die begrenzte Aussagekraft eines solchen generationellen Modells und stellt allzu kurzschlüssige Verknüpfungen in Frage. Zum anderen aber legt es nahe, die längerfristigen Auswirkungen der politischen Sozialisation und der generationellen Selbststilisierung in der »völkischen Studentenbewegung« der 20er Jahre insgesamt und nicht nur auf die NS-Zeit bezogen stärker ins Blickfeld zu rücken, um auf diese Weise neue Fragen an die Vorgeschichte unserer Gegenwart entwickeln zu können.

Vielleicht wird auf diese Weise auch eher erklärbar, warum am Ende der 60er Jahre eine andere, wenn auch politisch ganz gegensätzlich orientierte, generationell eng umgrenzte Studentenbewegung in Deutschland gerade bei den zu dieser Zeit an der Grenze zum Pensionsalter Stehenden eine solche Irritation auslöste – und zwar gerade bei jenen, die politisch eher liberal orientiert waren.

Von der »Reichskristallnacht« zum »Holocaust«

Der 9. November und das Ende des »Radauantisemitismus«

Schon in den ersten Jahren der NS-Diktatur hatte es sowohl in den Reden lokaler NS-Größen als auch in den Tagebüchern des Joseph Goebbels zu den immer wiederkehrenden Formeln gehört, daß man nun »endlich gegen die Juden loslegen und keine Rücksichten mehr nehmen werde«, nicht selten verknüpft mit der Klage, daß man sich bisher ja noch zurückgehalten habe.[1] Solche Klagen waren aus dieser Sicht nicht völlig grundlos; denn das erhebliche antisemitische Aktionspotential sowohl in der Führung wie in der Anhängerschaft der Partei und vor allem der SA hatte sich zunächst nicht in eine den Erwartungen entsprechende scharfe antijüdische Regierungspolitik übersetzen lassen. Rücksichtnahme auf die deutschnationalen Partner der NSDAP, die Furcht vor Reaktionen des Auslands, Warnungen vor Eingriffen in die Wirtschaft, nicht zuletzt auch die Feststellung, daß gewalttätige antijüdische Ausschreitungen beim überwiegenden Teil der deutschen Bevölkerung nicht auf Zustimmung stießen, verhinderten ein den radikalen und brutalen Ankündigungen vor der »Machtergreifung« entsprechendes einheitliches und scharfes Vorgehen der Regierung gegen die Juden mit Hilfe des staatlichen Behördenapparates. So schlug sich der lang aufgestaute antisemitische Handlungsdrang nach dem nationalsozialistischen Machtantritt zunächst vorwiegend in eruptiven, pogromartigen Straßenaktionen nieder, angeführt von wilden antisemitischen Hetzern wie Julius Streicher und durchgeführt von Parteiformationen und SA-Trupps, deren Vorgehen jedoch nicht nur in der deutschen Öffentlichkeit, sondern auch innerhalb des Staatsapparats und selbst bei höheren Parteifunktionären nicht selten auf indignierte Ablehnung stieß.

Auf der anderen Seite aber war ganz unklar, welche mittel- und langfristigen Ziele die Hitler-Regierung gegenüber den Juden anstrebte und mit welchen Methoden sie diese erreichen wollte. Statt dessen etablierte sich eine eigentümliche Kombination aus antisemitischen Straßenaktionen einerseits und nachträglicher Legitimierung solcher Exzesse durch die politische Führung andererseits. Eine neue Welle antijüdischer Straßenaktionen hatte von seiten der Behörden jeweils die Verkündung neuer gegen die Juden gerichteter Verordnungen und Verbote zur Folge, mit denen der Radauantisemitismus »diszipliniert« werden sollte. Tatsächlich aber wurde auf diese Weise – ungewollt, meist aber wohl gewollt – weiteren exzessiven Aktionen Vorschub geleistet. Jede gesetzliche Norm oder behördliche Anordnung, so beschrieb Justizminister Gürtner die Folgen dieses Vorgehens treffend, werde so lange wirkungslos bleiben, »als im Volk der Glauben genährt werde, daß die leitenden Stellen es nicht ungern sähen, wenn ihre einschränkenden Anordnungen übertreten würden, da sie nur aus politischen Rücksichten nicht so handeln könnten, wie sie es gern wollten«.[2]

Während die Straßenexzesse gegen Juden von den deutschnationalen Partnern Hitlers als »unzivilisiert« und nachgerade peinlich empfunden und kritisiert wurden, stießen sie in der Führung der SS und besonders bei den leitenden Funktionären von SD und Sipo deshalb auf Ablehnung, weil dieses Ausleben terroristischer Instinkte als kontraproduktiv im Sinne eines radikalen, und wie es immer wieder hieß, »seriösen« Antisemitismus angesehen wurde. Solche Unterschiede zwischen dem brutalen, öffentlichen, aber im Grunde ziellosen Antisemitismus der Straße einerseits und dem kühleren, aber zielbewußten Antisemitismus der sogenannten »Geistigen« andererseits war schon seit der Nachkriegszeit eines der Kennzeichen der verbreiteten Judenfeindschaft in Deutschland gewesen; und im Grunde spiegeln sich darin die beiden Hauptformen des modernen Antisemitismus – »Leidenschaft und Weltanschauung« (Sartre) – generell. Die differenzierte Betrachtung der sehr unterschiedlichen Ausdrucksformen und ideologischen Herleitungen der Judenfeindschaft im Deutschland der Zwischenkriegszeit ist daher keine nachträgliche Rationalisierung des Irrationalen, sie ist vielmehr konstitutiv für das Verständnis der von sehr heterogenen Triebkräften forcierten antijüdischen Politik im nationalsozialistischen Deutschland und ihres Wendepunktes im November 1938.

Vor allem unter den jungen, rechtsradikalen Akademikern, wie sie sich besonders häufig in der Führung und im Umfeld von SD und Sicherheitspolizei fanden, hatte sich eine Form der Judenfeindschaft herausgebildet, die – anknüpfend an die Diskussionen um eine von Gefühlen und Leidenschaft befreite, vermeintlich »seriöse« und »wissenschaftlich abgesicherte« Form des Antisemitismus in den völkisch-radikalen Zirkeln der Weimarer Jahre – rassenanthropologische Ansätze mit eugenischen und gesellschaftsbiologischen Vorstellungen zu einer einheitlichen »Weltsicht« verknüpfte, deren Ausgangspunkte man in zwei Hypothesen zusammenfassen kann: a) Subjekte der Geschichte seien nicht Individuen oder soziale Klassen, sondern Völker, und b) gesellschaftliche Entwicklungen und Probleme ließen sich nicht auf soziale, sondern, wenn nicht vollständig, so doch wesentlich, auf biologisch-genetische Konstellationen zurückführen.[3]

Das deutsche Volk sei nun in seiner »völkischen Substanz« durch zwei Entwicklungen gefährdet: zum einen von innen – denn der moderne Zivilisationsprozeß habe dazu geführt, daß innerhalb des deutschen Volkes die kränklichen, degenerativen Elemente nicht mehr, wie vordem, durch natürliche Selektion ausgemerzt, sondern infolge der Fortschritte des modernen Zivilisationsprozesses naturwidrig geschützt würden und sich entsprechend überproportional vermehrten; so daß, wer die beunruhigenden Erscheinungen der Moderne – von Kriminalität über Geisteskrankheit bis hin zur »Asozialität« – beseitigen wolle, die Träger der genetischen Veranlagung zu derartigen Verhaltensweisen aus dem eigenen »Volkskörper« entfernen und an einer erneuten Beeinflussung der erblichen Substanz des Volkes hindern müsse. Die zweite Gefährdung drohe von außen – durch die Vermischung des deutschen Volkes mit anderen Völkern, weil dadurch die Identität des Volkes als selbständiges geschichtliches Subjekt ins Wanken gerate; die größte Gefahr stelle dabei das Judentum dar, weil es unerkannt als fremdes und dem deutschen feindlich gegenüberstehendes Volk tief in das deutsche Volkstum und seine Erbsubstanz eingedrungen sei und damit die völkische Identität der Deutschen bedrohe. Ein weiterer, für die Begründung des Kampfes gegen die Juden nicht konstitutiver, aber bedeutsamer Faktor sei zudem, daß die Juden aufgrund ihrer Geschichte (als unter Anpassungszwang stehendes Volk ohne Land und Staat) besonders schlechte genetische Eigenschaften entwickelt und damit die biologische Substanz der Deutschen bereits schwer geschädigt hätten. Beides zusammen – innere und äußere Gefährdung des deutschen Volkstums – sei miteinander verknüpft und bereits relativ weit vorangeschritten. Die Folgen dessen könne man in der inneren und äußeren Lage des deutschen Volkes seit 1918 beobachten, die durch inneren Verfall und äußere Ohnmacht gekennzeichnet sei. Wolle das deutsche Volk einerseits mit den Problemen im Innern fertig werden und sich zum anderen einen seinen Anlagen und Möglichkeiten entsprechenden hervorragenden Platz in Europa und der Welt verschaffen, müsse es sowohl die degenerativen Elemente innerhalb des eigenen Volkstums als auch die »eingedrungenen« Elemente fremden, insbesondere des jüdischen, Volkstums ausschalten.[4]

Solchen Gedankenkonstruktionen folgend, setzte man sich vor allem in der Führungsgruppe des SD zum Ziel, eine in sich schlüssige nationalsozialistische Judenpolitik nicht auf der Basis von »Vorurteilen oder Mythen«, sondern auf gesicherter »Erkenntnis über das Wesen und das Ziel des Judentums« zu konzipieren, wie es Eichmann vor Gericht in Jerusalem ausdrückte.[5] »Zu dieser Erkenntnis«, hieß es im Bericht der Abteilung II. 112 – des Judenreferats des SD – vom August 1936, »ist eine sachliche Beurteilung Voraussetzung. Es mußte also in der Bekämpfung des Judentums zwangsläufig abgerückt werden von unsachlichen, abwegigen, oftmals geradezu phantastischen Ansichten bekannter sogenannter Antisemiten.«[6]

Im SD wurden daher seit 1936 in verstärktem Maße Untersuchungen und Analysen über die wirtschaftliche und soziale Lage der deutschen Juden, die Geschichte des Judentums und die politische Rolle der Juden in verschiedenen Ländern erstellt. Eine gründliche »wissenschaftliche« Beschäftigung mit der »Judenfrage« wurde zur gleichen Zeit aber auch von anderen gesellschaftlichen Institutionen gefördert; so fand Anfang Oktober 1936 unter Vorsitz von Carl Schmitt jene bekannte Tagung der Reichsgruppe Hochschullehrer im NS-Rechtswahrerbund statt, die sich ausschließlich mit dem »Judenproblem« beschäftigte und an der mehr als 100 Hochschullehrer teilnahmen. Dieser Kongreß war ausdrücklich dem Ziel gewidmet, dem Antisemitismus auch in der Rechtswissenschaft eine »wissenschaftliche« Grundierung zu geben. »Mit einem nur gefühlsmäßigen Antisemitismus«, hieß es in der Eröffnungsrede Carl Schmitts, »ist es nicht getan; es bedarf einer erkenntnismäßigen Sicherheit.«[7] Am 19. November 1936 wurde an der Universität München die »Forschungsabteilung zur Judenfrage« des Reichsinstituts für Geschichte des neuen Deutschlands eröffnet – es war offensichtlich, daß spätestens mit den Nürnberger Gesetzen die Judenfeindschaft auf breiter Ebene eine von den Straßenexzessen deutlich verschiedene, seriöse Reputation erhalten hatte.[8]

Die seit der Machtübernahme von den Nationalsozialisten betriebene Aufhebung der staatsbürgerlichen Gleichheit der jüdischen Bevölkerung in Deutschland war mit den Nürnberger Rassegesetzen im September 1935 jedenfalls juristisch und formal erreicht worden.[9] Nachdem es wegen der 1936 in Garmisch und Berlin stattfindenden Olympischen Spiele während dieser Zeit zu einer Atempause bei den antijüdischen Maßnahmen des Regimes gekommen war, setzte im Herbst 1936 und verstärkt dann im Verlaufe des Jahres 1937 erneut eine heftige antisemitische Kampagne ein, ausgehend insbesondere von der Parteikanzlei, dem Propagandaministerium und einigen Gauleitern; Schwerpunkt der von hier aus geforderten Maßnahmen sollte die »endgültige Eliminierung der Juden aus der Wirtschaft« sein. Zwar lebte in Wirklichkeit ein großer Teil der jüdischen Bevölkerung bereits von der Substanz, und die Mehrzahl der jüdischen Firmen war bereits »arisiert« – sei es durch behördliche Maßnahmen, sei es in Form der »wilden« Arisierungen lokaler und regionaler Behörden, die in enger Zusammenarbeit mit Banken und örtlichen Firmen die jüdischen Inhaber zum Aufgeben gezwungen hatten.[10] Bei den Versuchen, auch die übrigen Firmen, insbesondere die größeren Unternehmen, ihren jüdischen Inhabern zu entreißen, entstanden aber erhebliche Widerstände. Denn hier waren die Grundlagen geregelter Geschäftsbeziehungen in Gefahr, was zu Kritik von seiten der Wirtschaftsverbände und des Wirtschaftsministeriums unter Hjalmar Schacht führte, die derartigen illegalen und willkürlichen Maßnahmen nicht zustimmten.[11] Und als dann im Juli 1938 vom Reichsinnenministerium der Vorschlag gemacht wurde, ein Gesetz zur sofortigen, vollständigen und zwangsweisen Ausschaltung der Juden aus der Wirtschaft sowie der Konfiszierung ihres Vermögens zu verabschieden, protestierten der Reichsfinanzminister unter Hinweis auf zu erwartende Steuereinbußen, die Reichsbank unter Hinweis auf die Gefährdung des Kapitalmarkts, sowie der SD, der die Beschleunigung der Auswanderung der

Juden nach Palästina favorisierte und zur Finanzierung der Auswanderung ebenso wie zur Begleichung des Unterhalts der im Reich verbleibenden Juden das Vermögen der Juden heranzuziehen gedachte. Die Entwicklung im Verlaufe des Jahres 1938 hatte zudem bereits angedeutet, wie Sicherheitspolizei und SD sich eine radikale, aber ohne öffentliche Ausschreitungen und Exzesse betriebene Politik gegen die Juden vorstellten: In Wien betrieb der Leiter der dortigen »Zentralstelle für jüdische Auswanderung«, der SD-Mann Adolf Eichmann, mit Hilfe einer rabiaten Enteignungs- und Arisierungspolitik die Vertreibung der Juden aus Österreich.[12]

Im Sommer 1938 wurden auf Befehl der Sicherheitspolizei mehr als 10000 sogenannte »Asoziale« in Konzentrationslager eingeliefert.[13] Dabei hatte Heydrich in dem vorbereitenden Erlaß zwischen zwei Gruppen unterschieden: zum einen »männliche arbeitsfähige Personen (Asoziale)« ohne festes Arbeitsverhältnis, vor allem »Landstreicher, Bettler, Zigeuner, Zuhälter« sowie mehrfach erheblich Vorbestrafte; zum anderen »alle männlichen Juden (...), die mit mindestens einer Gefängnisstrafe von mehr als einem Monat bestraft sind«; bei den Juden jedoch war Arbeitsfähigkeit nicht Voraussetzung. Mit dieser Verhaftungswelle (unter den zehntausend Inhaftierten waren 1500 Juden) war nun die Verbindung von gesellschaftsbiologischer Prävention und Antijudaismus – allgemeiner: von eugenischem und anthropologischem Rassismus – in der Praxis erfolgt. Die Beweggründe für diesen Zugriff sind rekonstruierbar: Da der Anstoß für die »Juni-Aktion« von der »Vierjahresplanbehörde« ausgegangen war, die bei der wirtschaftlichen Vorbereitung des Krieges unter erheblichem Arbeitermangel litt, war die Nutzbarmachung der Arbeitskräfte der beschäftigungslosen »Asozialen« ein auslösender Faktor für diese Aktion gewesen. Hier wurden also »sozialhygienische« und wirtschaftliche Motive eng miteinander verknüpft – wenngleich der Anteil der Alten, Kranken und Versehrten unter diesen Häftlingen so groß war, daß nur ein kleiner Teil von ihnen tatsächlich zur »Arbeit« eingesetzt werden konnte. Wenn man aber »reichsdeutsche Asoziale« in die Lager einlieferte, so die Logik der Verantwortlichen, konnte man vorbestrafte Juden nicht in Freiheit lassen, da ihnen gegenüber aus Sicht der Sicherheitspolizeiführung gewissermaßen ein doppelter Verfolgungsgrund vorlag; die Nutzung ihrer Arbeitskraft war demgegenüber nachrangig.

Auch die Juni-Aktion stand in direktem Zusammenhang zur forcierten Auswanderungs- bzw. Austreibungspolitik des SD und war bereits in Österreich von Eichmann in diesem Sinne vorexerziert worden, der schon im Mai 1938 in einer umfangreichen Verhaftungsaktion 1900 »unliebsame, insbesondere vorbestrafte Juden« ins Konzentrationslager Dachau hatte bringen lassen, um auf diese Weise die »Auswanderungswilligkeit« der Juden zu erhöhen.[14] Der Terror, die Verbreitung von Schrecken, wurde also von SD und Sicherheitspolizei durchaus als funktionales Element des »seriösen Antisemitismus« angesehen und genutzt, wenn dadurch die Furcht in der jüdischen Bevölkerung erhöht und die Auswanderungsquoten hochgetrieben wurden.

Dies galt auch für die sich mehrenden antisemitischen Straßenkrawalle. Die Auffassung, man könne diese exzessiven antijüdischen Eruptionen zur Beschleunigung einer »seriösen« Politik gegen die Juden nutzen, hatte in der Diskussion über die zu beschreitenden Wege des Antisemitismus schon früh eine Rolle gespielt – der »Antisemitismus der Vernunft«, der »wissenschaftliche Antisemitismus« gebe die Zielrichtung an, sei aber von den breiten Massen nicht zu verstehen, hatte Adolf Hitler bereits in den unmittelbaren Nachkriegsjahren verkündet; zugleich aber komme es darauf an, »das Instinktmäßige gegen das Judentum in unserem Volke zu wecken und aufzupeitschen und aufzuwiegeln«.[15]

In der Tat wurde seit Beginn der NS-Herrschaft der sich in Pogromen entladende Radauantisemitismus, der politisch doch für schädlich und falsch gehalten wurde, durchaus für die Ziele der Sicherheitspolizei und des SD instrumentalisiert – »das wirksamste Mittel, um den Juden das Sicherheitsgefühl zu nehmen, ist der Volkszorn, der sich in Ausschreitungen ergeht«, hatte es in einem Bericht des SD-Judenreferats Ende 1936 über die möglichen Formen der Verstärkung des Auswanderungsdrucks geheißen. »Trotzdem diese Methode illegal ist, hat sie, wie der ›Kurfürstendamm-Krawall‹ zeigte, lang anhaltend gewirkt.«[16]

Am 27. und 28. Oktober 1938 schließlich verhaftete die Gestapo etwa 17000 Juden polnischer Staatsangehörigkeit und deportierte sie in Zügen an die polnische Grenze, wo sie von polnischen Soldaten empfangen wurden, die einen Übertritt auf polnisches Gebiet zu verhindern trachteten, so daß Tausende von polnischen Juden tagelang im Niemandsland zwischen Polen und Deutschland hin und her irrten. Diese Austreibungsaktion der Gestapo hatte die bis dahin gekannten Maßstäbe von Brutalität und Rechtlosigkeit gesprengt und auch in bezug auf die Größenordnung alle bisherigen Aktionen der Gestapo übertroffen. Gleichwohl war sie bei der deutschen Bevölkerung nahezu unbemerkt geblieben – handelte es sich hierbei doch um eine als rechtmäßig angesehene Behördenmaßnahme, die in Deutschland weder auf großes Interesse noch auf merkliche Empörung stieß.[17]

So war es im Herbst 1938 unsicher und ganz offen, in welche Richtung sich die antijüdische Politik des Regimes entwickeln würde: hin zu einer langsamen, über 10 bis 15 Jahre sich erstreckenden Ausschaltung der Juden aus dem deutschen Wirtschaftsleben und einer verstärkten Auswanderung – oder in Richtung auf eine schnelle, radikale Herausdrängung aus der Wirtschaft, selbst unter Hinnahme volkswirtschaftlicher Nachteile. Diese Frage war nicht entschieden, und es war keineswegs sicher, ob und wie Hitler hier entscheiden würde, dem die umständliche und an Gesetzen orientierte Politik der Ministerien zwar seit langem ein Dorn im Auge war, der aber andererseits auch die Auswanderungspolitik des SD gebilligt und zudem am außenpolitischen Renommee seines Regimes das größere Interesse hatte, zweifellos von der Art seines Denkens her aber eher schnellen und radikalen Lösungen zuneigte.

In diese Situation – massive antisemitische Kampagne einerseits, stockende antijüdische Maßnahmen andererseits – platzte am 7. November die Nachricht von dem Pariser Attentat auf den Legationsrat vom Rath durch einen 17jährigen polnischen Juden, und es war von Beginn an allen Beteiligten klar, daß dies angesichts der aufgeheizten Atmosphäre in Deutschland in jedem Falle zu scharfen Reaktionen führen würde. Es hat in der Wissenschaft längere Zeit eine Diskussion darüber gegeben, ob es sich bei den nun folgenden Mord-, Brandstiftungs- und Plünderungsaktionen tatsächlich um spontane Handlungen der Bevölkerung oder allein um das Werk der Partei und ihrer Gliederungen handelte und ob die Aktionen bereits vor dem Attentat geplant und die Tat Herschel Grynszpans nur ein gesuchter Anlaß gewesen seien oder nicht. Hier ist sich die Forschung mittlerweile ganz einzig: Die Aktionen des 9. und 10. November 1938 waren

1. von oben zentral angeordnet;

2. sie waren nicht längerfristig geplant oder vorbereitet, sondern kurzfristig nach dem Bekanntwerden des Attentats initiiert worden;
3. sie wurden von Parteistellen und Einheiten der SA, oft in Zusammenwirken mit anderen Parteigliederungen, insbesondere der HJ, sowie Behördenstellen wie der Polizei und Feuerwehr, durchgeführt; nach ihrer Ingangsetzung allerdings nahmen auch nichtorganisierte Menschen in fast allen Städten in nicht unerheblichem Ausmaß an den Ausschreitungen teil; dies gilt insbesondere für die Plünderungen jüdischer Geschäfte und Wohnhäuser.[18]

Es war Propagandaminister Goebbels, der die Möglichkeiten, die das Attentat für die Forcierung einer radikalen Judenpolitik bot, erkannt und am entschlossensten genutzt hatte. Als die Nachricht vom Tode vom Raths am Abend des 9. November während der Feierlichkeiten zum 15. Jahrestag des Hitler-Putsches im Alten Rathaus in München, wo sich die Spitzen »der Bewegung« um ihren Führer versammelt hatten, bekannt geworden war, hatte Goebbels nach kurzer Absprache mit Hitler, der die Versammlung dann verließ, eine flammende Rede gehalten, in der er auf judenfeindliche Kundgebungen, die in einigen Städten als Reaktion auf das Attentat bereits stattgefunden hätten, hinwies und die anwesenden Partei- und SA-Größen unverblümt aufforderte, in ihren Zuständigkeitsbereichen für entsprechende Reaktionen zu sorgen. Daraufhin eilten Gauleiter und SA-Führer nach kurzen Besprechungen untereinander zum Telefon und instruierten ihre heimatlichen Stellen, daß und wie sie gegen Synagogen, jüdische Häuser und Geschäfte vorzugehen hätten, wobei allerdings der Eindruck einer gelenkten Aktion unbedingt zu vermeiden sei.

Diese Anordnungen trafen insbesondere bei der SA auf lang aufgestaute Wünsche. Die Bürgerkriegsarmee der Nationalsozialisten, die seit der sogenannten »Röhm-Revolte« an Bedeutung innerhalb des Regimes stark verloren hatte, sah in dem Auftrag, gegen die Juden vorzugehen, nicht nur ein Betätigungsfeld, das ihren Traditionen entsprach, sondern auch eine seit langem erhoffte Gelegenheit, sich durch besondere Diensteifrigkeit und Radikalität vor ihrem Führer und der gesamten Bewegung zu rehabilitieren und insbesondere gegenüber der so mächtig gewordenen Konkurrenzorganisation, der SS, Einfluß zurückzugewinnen.

Die Aktionen selbst liefen überall im Reich gleich oder ähnlich ab. Zwischen 10 und 12.00 Uhr nachts erhielten die örtlichen Stellen, soweit sie erreichbar waren, von ihren in München weilenden Leitern die entsprechenden Anordnungen; dann wurde der örtliche Parteileiter bzw. der SA-Führer informiert, der seinerseits die entsprechenden Einheiten beauftragte. Das war organisatorisch schon deshalb so einfach, weil überall im Reich Mitglieder der SA-Stürme nach den Feiern zum »Marsch auf die Feldherrnhalle« in ihren Stammlokalen saßen und sich betranken. Entsprechend den Anordnungen zog man sich daraufhin oft – nicht immer – Zivilkleidung an, meist einfach einen Mantel über die Uniform, besorgte Werkzeug und ähnliche Instrumente, begab sich zum nächstgelegenen Haus oder Geschäft eines Juden oder zur Synagoge und begann – bald angefeuert von hinzueilenden Kameraden, HJ-Kindern oder Gaffern und in der Regel stark betrunken – mit dem Zerstörungswerk. Das Anzünden der Synagogen war offenbar nicht selten schwierig und gelang, wie in Essen, erst nach fachkundigem Einsatz der Feuerwehr, die ansonsten nur darauf achtete, daß die Feuer nicht auf die benachbarten Häuser übergriffen. Dort, wo in der Nacht telefonisch niemand hatte erreicht werden können oder wo die Funktionäre, wie es häufig geschah, zu stark alkoholisiert gewesen waren, um Anordnungen entgegenzunehmen, wurden die Aktionen am Morgen des darauf folgenden Donnerstags, des 10. November, verspätet durchgeführt, so etwa in Hohenlimburg, wo es erst am späten Vormittag zu Ausschreitungen von seiten mittlerweile ausgenüchterter SA-Männer unter Anleitung des Bürgermeisters kam.

In einer erst kürzlich aufgefundenen Rede hat Göring am 6. Dezember 1938 diese Entwicklung in der für ihn typischen Sprachweise geschildert: »Hier geht ein Befehl durch, kommt zunächst von München, allgemeine Sachen zu machen; geht dann, was weiß ich, ich kenne die Befehlswege nicht so genau, bei der SA ein, schließlich zu einem kleinen Telefonbeauftragten und landet beim Sturm bei der untersten Dienststelle. Der Vorletzte hat noch gesagt: Die jüdischen Geschäfte sind zu vernichten. Der Letzte hat schon durchgegeben: Die Juden sind zu vernichten. Nun bekommen diese SA-Leute den Befehl: Die Juden sind zu vernichten. Darauf haben sie sich unterhalten – also unter der Voraussetzung, daß es so gewesen ist – und haben gesagt: Ja, das ist eigentlich schlimm und scheußlich. Das kann man doch eigentlich nicht, die Juden so totzuschießen. Da haben andere gesagt: Na, es sind doch große Schweine. – Ja doch. – Aber es ist doch befohlen worden; die anderen tun es jetzt wahrscheinlich auch. Es ist doch durchgegeben worden. Es werden überall Juden vernichtet. Wir können uns doch nicht dem Befehl widersetzen. Sie gehen nun her, gehen also zum nächsten Juden rein und schießen den tot, seine Frau tot und ich glaube noch einen.«[19]

Durchweg versuchten die beteiligten Parteistellen, ebenso wie in den folgenden Tagen die Presse, den Eindruck zu erwecken, es habe sich bei den Aktionen um eine spontane Reaktion der Bevölkerung auf das Attentat gehandelt. Daß dies nicht gelang, sondern daß sowohl in Deutschland selbst wie im Ausland die Aktion als zentral koordiniertes Werk von Partei und SA erkannt wurde, wurde auch vom NS-Parteigericht, das die Ereignisse später untersuchte, bestätigt und kommt auch in dem spöttischen Begriff von der »Reichskristallnacht« zum Ausdruck, der im Volksmund den quasi behördlichen Charakter der Exzesse in ironischer Aufnahme der NS-Propagandasprache heraushob.

Die Führung von SS, Gestapo und SD wurde von der Entwicklung des 9. November überrascht; gleichwohl traf sie sie nicht unvorbereitet. Die Nachricht, daß die Synagogen brannten, erhielt sie abends in ihrem Münchener Hotel, und es dauerte geraume Zeit, bis sich Heydrich nach Rücksprache mit dem gleichfalls überraschten Himmler ein Bild von der Lage gemacht hatte und imstande war, das Vorgehen der Polizei durch entsprechende Befehle zu koordinieren – zunächst telefonisch, dann schriftlich; erst gegen Mitternacht ging ein kurzes Fernschreiben an die Stapo-Stellen heraus, in dem die Maßnahmen und das Verhalten der Polizei geregelt wurden: die Polizei habe die »Demonstrationen« nicht zu verhindern, aber gegen Plünderungen und das Übergreifen der Aktionen etwa auf »deutsche« Geschäfte vorzugehen. Ausländische Juden dürften nicht belästigt werden; das Archivmaterial der jüdischen Gemeinden sei zu beschlagnahmen.[20]

Im Mittelpunkt der antijüdischen Maßnahmen der Sicherheitspolizei in der Nacht und den darauf folgenden Tagen aber stand eine Aktion, die von der Durchführung her an die Ausweisungsrazzien gegen polnische Juden vierzehn Tage vorher anknüpfte – diese Austreibungsaktion, von der auch seine Eltern betroffen waren, bildete das Motiv für den Anschlag Herschel Grynszpans – diese aber in bezug auf Radikalität und Umfang bei weitem übertraf: »Sobald der Ablauf der Ereignisse dieser Nacht die Verwendung der eingesetzten Beamten hierfür zuläßt«, hieß es in dem erwähnten Runderlaß Heydrichs, »sind in allen Bezirken so viele Juden – insbesondere wohlhabende – festzunehmen, als in den vorhandenen Hafträumen untergebracht werden können. Es sind zunächst nur gesunde, männliche Juden nicht zu hohen Alters festzunehmen. Nach Durchführung der Festnahme ist unverzüglich mit den zuständigen Konzentrationslagern wegen schnellster Unterbringung der Juden in den Lagern Verbindung aufzunehmen.«

Daß die Führung von Gestapo und SD die von Goebbels in Gang gebrachten reichsweiten Pogrome mißbilligte, war nicht überraschend. Die in ihrem Ausmaß und ihrer Wucht bis dahin ungekannten antijüdischen Exzesse dieses Tages führten zurück auf die Ebene der Straße und drohten so, die Politik des »seriösen« Antisemitismus zu gefährden, die Spitzen von Militär, Verwaltung und Wirtschaft zu beunruhigen und die außenpolitische Isolation des Reiches zu verfestigen. Die Pogrome des 9. November verbanden die antijüdische Politik des Nationalsozialismus zudem auch in der öffentlichen Wahrnehmung erneut mit dem Bild betrunkener, grölender Horden von Plünderern und Schlägern. Gerade dies aber traf in der deutschen Bevölkerung auf Ablehnung, und zwar auch bei ansonsten pronationalsozialistisch und antisemitisch eingestellten Personen. Während die Deportation der polnischen Juden zwei Wochen zuvor kaum auf nennenswerte Reaktionen in der deutschen Bevölkerung gestoßen war, erhoben sich gegen die Exzesse der »Reichskristallnacht« überall scharfe Proteste, die sich aber vorwiegend auf die Art und Weise des Vorgehens gegen die Juden bezogen – und nicht auch auf radikale antijüdische Maßnahmen an sich.[21]

Zum zweiten war auffallend, daß über das schreckliche Ergebnis dieser Nacht, nämlich die beinahe 100 Morde an jüdischen Menschen, kaum gesprochen wurde, sondern über die Öffentlichkeit und »Ungeregeltheit« des Tuns – darüber, daß solche »an das Mittelalter gemahnenden Aktionen« als »einer modernen Kulturnation unwürdig« empfunden wurden; vor allem aber über die »unnötige Vernichtung von Werten«.

Der Regierungspräsident der Oberpfalz z. B. führte in seinem

Monatsbericht Anfang Dezember aus: »Die jüdische Mordtat an dem deutschen Gesandtschaftsrat in Paris löste in allen Kreisen der Bevölkerung helle Empörung aus: allgemein wurde ein Einschreiten der Reichsregierung erwartet. Die gegen das Judentum gerichteten gesetzlichen Maßnahmen fanden deshalb vollstes Verständnis. Um so weniger Verständnis brachte der Großteil der Bevölkerung für die Art der Durchführung der spontanen Aktion gegen die Juden auf; sie wurde vielmehr bis in weite Parteikreise hinein verurteilt. In der Zerstörung von Schaufenstern, von Ladeninhalten und Wohnungseinrichtungen sah man eine unnötige Vernichtung von Werten, die letzten Endes dem deutschen Volksvermögen verloren gehen und die im krassen Gegensatz stehen zu den Zielen des Vierjahresplanes, insbesondere auch zu den jetzt gerade durchgeführten Altmaterialsammlungen. Auch die Befürchtung wurde laut, daß bei den Massen auf solche Weise der Trieb zum Zerstören geweckt werden könnte. Außerdem ließen die Vorkommnisse unnötigerweise in Stadt und Land Mitleid mit den Juden aufkommen!«[22]

Das Kalkül, das von Goebbels mit der Ingangsetzung der Pogrome verfolgt worden war, nämlich die stockende antijüdische Wirtschaftspolitik zu forcieren, ging auf. Schon am 10. November befahl Hitler, »daß nunmehr auch die wirtschaftliche Lösung durchzuführen sei«; und zu diesem Zweck wurde auch die berüchtigte Konferenz am 12. November im Reichsluftfahrtministerium angesetzt, zu der Göring eingeladen hatte und an der Vertreter aller Ressorts, Behörden und NS-Organisationen teilnahmen, die auf irgendeine Weise mit der Judenpolitik des Regimes, insbesondere auf wirtschaftlichem Gebiet, beschäftigt waren. Während Göring auf der Grundlage der Daten, die ihm die Gestapo vorgelegt hatte, die durch die Aktionen hervorgerufenen Schäden in Millionenhöhe beklagte und bemerkte, es wäre besser gewesen, »200 Juden zu erschlagen« als »solche Werte zu vernichten«, verdeutlichten die Vorschläge und Attacken des Propagandaministers die Denkweise und Zielrichtung des Radauantisemitismus. Während die Diskussion zwischen Göring und den verschiedenen Ressortvertretern die Fragen der wirtschaftlichen »Entjudung« behandelte, forderte der Propagandaminister, die Synagogen zu »Parkplätzen« zu machen, den Juden den Besuch von Theatern, Kinos, Varietés, Zirkussen, Schlafwagenabteilen, Strandbädern und Erholungsstätten zu verbieten, jüdische Schüler vom Besuch deutscher Schulen auszuschließen und den Juden das Betreten des deutschen Waldes zu untersagen.[23]

Gegenüber solchen Vorschlägen, die in ihrer Verbindung aus kleinlicher Boshaftigkeit und politischer Perspektivlosigkeit von den meisten Anwesenden als ebenso wortradikal wie ineffektiv angesehen wurden, stachen die von Heydrich vorgestellten Pläne als kühlprofessionelle und politisch geradezu weitsichtige Konzeptionen ab. Er schlug vor, die forcierte Auswanderung nach Vorbild der Wiener Auswanderungszentrale zu verbinden mit einer »Isolierung« der in Deutschland noch verbleibenden Juden durch Gettoisierung und äußerliche Kennzeichnung mit Hilfe eines an der Kleidung zu tragenden Abzeichens, um sie so einerseits radikal von der »deutschen« Bevölkerung zu trennen, ihnen auf der anderen Seite eine wirtschaftliche Betätigung zu ermöglichen, um eine »Verproletarisierung« zu verhindern. Diese Position setzte sich gegenüber den Vorschlägen des Propagandaministers durch und traf auf ausdrückliche Zustimmung besonders bei den deutschnationalen Ressortministern; das jüdische »Gesellschaftsproletariat«, betonte Finanzminister Schwerin von Krosigk, könne man nicht hier behalten, »infolgedessen muß das Ziel sein, was Heydrich gesagt hatte: heraus, was herausgebracht werden kann!«

Die politischen Auswirkungen des 9. November kann man in drei Punkten zusammenfassen: Erstens durchschlugen die von oben inszenierten Pogrome die Verwicklungen und Stockungen der antijüdischen Politik des Regimes und führten zur Forcierung einer schnellen, radikaleren und rücksichtsloseren Linie gegenüber den Juden. Zweitens wurde als Reaktion auf die Proteste gegen die öffentlichen Exzesse des 9. November die Form der antijüdischen Politik geändert, die Politik selbst aber verschärft. Gegen die Ausschaltung der Juden aus der Wirtschaft wie generell gegen die nun rapide forcierte Diskriminierung und Entrechtung der jüdischen Bevölkerung erhob sich weder in den Ministerien noch aus der Wirtschaft noch von anderen gesellschaftlichen Eliten noch aus der deutschen Bevölkerung ein bemerkbarer Protest; denn die in den nun folgenden Monaten und Jahren praktizierten Maßnahmen gegen die Juden wurden von staatlichen Behörden, in rechtsförmigem Gewand, vor allem aber still, reibungslos und ohne Verletzung des Stilempfindens gerade der konservativen Führungsgruppen durchgeführt. Ausdruck dieser Entwicklung war insbesondere, daß die Verantwortung für die Koordination der Judenpolitik bei Sicherheitspolizei und SD konzentriert wurde. Dadurch entstand, drittens, gleichzeitig ein Radikalisierungsdruck; denn die Sicherheitspolizei stand nun unter dem Zwang, beweisen zu müssen, daß sie mit ihren stillen und gesetzförmigen Formen der Judenpolitik nicht weniger radikal und dabei dennoch effektiver war als die SA mit ihren Straßenexzessen.

In den bis Kriegsbeginn noch verbleibenden zehn Monaten seit dem 9. November 1938 wurden nun die beiden bis dahin konkurrierenden Ziele der wirtschaftlichen Ausschaltung der Juden und der Förderung der Auswanderung gleichzeitig und mit verschärfter Beschleunigung durchgeführt. Auf der einen Seite wurden in schneller Folge alle jene bis dahin umstritten gewesenen Maßnahmen zur »wirtschaftlichen Liquidierung des Judentums« im gesetzlichen Gewand oder auf dem Verordnungswege ergriffen; insbesondere die Konfiskation von einer Milliarde Reichsmark als »Sühneleistung« und die »Verordnung zur Ausschaltung der Juden aus dem deutschen Wirtschaftsleben«, das in kurzer Zeit zur »Arisierung« auch der großen jüdischen Unternehmen führte, sowie eine Unzahl von zum Teil einschneidenden Einzelmaßnahmen.[24] Auf der anderen Seite setzte sich die von Heydrich in der Konferenz am 12. November vorgestellte Linie – Vertreibung und Gettoisierung – durch.

Mit welchen Methoden dieses Konzept in Zukunft durchgeführt werden würde, war insbesondere durch die bereits in der Nacht vom 10. November befohlene und begonnene Verhaftungsaktion deutlich geworden. Um den Schrecken des 9. November für die Juden zu verlängern, die »Auswanderungswilligkeit« zu erhöhen – dies aber, ohne die deutsche Öffentlichkeit zu »beunruhigen« – und wohl auch, um die Effektivität des Apparats der Sicherheitspolizei zu demonstrieren, wurden allein in das Konzentrationslager Dachau bis zum 22. Dezember vorwiegend wohlhabende jüdische Männer gebracht, 9800 nach Buchenwald und zwischen 6000 und 10000 nach Sachsenhausen. Ihre Behandlung übertraf in bezug auf Grausamkeit und Brutalität alles selbst in den Lagern bis dahin Gekannte – allein in Dachau gab es in wenigen Wochen 185 Tote unter den seit November eingelieferten Juden. Auch den Zweiflern unter den deutschen Juden wurde vor Augen geführt, daß nicht nur ihre gesellschaftliche Position, sondern nun auch ihr Leben in Gefahr war; und dieser Schrekken war es, der in den Folgemonaten die Auswanderungszahlen hochschnellen ließ. Die Entlassung aus den Lagern war an die Vorlage von Auswanderungspapieren und die Bereitschaft zur »Arisierung« des Eigentums gebunden; diese Voraussetzungen erfüllten bis Kriegsbeginn in Dachau 10415 Häftlinge, in Buchenwald 8311.[25]

Mit der Inhaftierung von mehr als 25000 jüdischen Männern aber demonstrierten Sicherheitspolizei und SD, wie sie sich eine Fortführung der Judenpolitik unter Vermeidung von Straßenexzessen dachten: brutaler noch und radikaler als die plündernden und mordenden SA-Leute, aber stiller, in legalem Gewand, mit behördlichen Methoden und ohne Beunruhigung der deutschen Bevölkerung über die »unnötige Zerstörung von Werten«. In den Tagen und Wochen nach dem Pogrom und der darauf folgenden Übertragung der Federführung in der antijüdischen Politik des Regimes an Göring sowie an Sicherheitspolizei und SD wurden die politischen Richtlinien und die zu ergreifenden organisatorischen Maßnahmen in einer Reihe von Konferenzen festgelegt; insbesondere waren die geplanten Gesetze und Verordnungen zwischen Sicherheitspolizei und dem Innenministerium abzustimmen. Bereits am 17. November begann die organisatorische Vorbereitung der »Judenauswanderungsstelle«; am 6. Dezember unterrichteten Göring und Heydrich die in Berlin versammelten Gauleiter von der Entscheidung zugunsten des Konzepts der Sicherheitspolizei und bekräftigten das Verbot aller weiteren individuellen antijüdischen Ausschreitungen; am gleichen Tage wurden die weiteren Schritte mit den zuständigen Referenten des SD koordiniert, insbesondere mit Albert als dem Organisationschef und Eichmann als dem »Fachmann« für »Judenfragen«. Am 9. Dezember trugen Heydrich und Best die geplanten Maßnahmen den nach Berlin gerufenen Leitern der regionalen Staatspolizeistellen vor, am 16. Dezember den Regierungspräsidenten und Reichsstatthaltern. Um die Jahreswende war die Vorbereitung der antijüdischen Politik von Sicherheitspolizei und SD, wie sie bis Kriegsbeginn durchgeführt wurde, im einzelnen abgeschlossen. Die wichtigsten und folgenreichsten Maßnahmen waren dabei die Einrichtung der Reichszentrale für jüdische Auswanderung am 24. Januar, das »Gesetz über Mietverhältnisse mit Juden« – als Vorbereitung der Gettoisierung jüdischer Familien in »Judenhäusern« – vom 30. April und die Errichtung der

»Reichsvereinigung der Juden in Deutschland« als Zwangsverband unter Aufsicht der Gestapo.[26]

Die Auswirkungen dieser Maßnahmen waren bald abzusehen: zum einen stieg die Zahl der aus Deutschland auswandernden Juden, zum anderen wuchs die wirtschaftliche Notlage der im Reich verbleibenden. Unter den Auswanderern war der Anteil jüngerer Menschen überdurchschnittlich hoch: 1939 waren 75 % der zurückgebliebenen Juden älter als 40 Jahre. Die meisten von ihnen waren verarmt; aus ihren Stellungen, oft auch den Wohnungen vertrieben und in sogenannten Judenhäusern in den Städten untergebracht; nur 16 % von ihnen waren als Beschäftigte gemeldet.[27]

Die Behandlung dieser noch im Reich befindlichen Juden war nunmehr für die Behörden in erster Linie ein Polizeiproblem; denn nun entsprachen viele dieser verarmten, isolierten, beschäftigungslosen Juden tatsächlich den Vorstellungen der antisemitischen Propaganda von den schmutzigen, arbeitsscheuen und kriminellen Juden, mit denen dann entsprechend zu verfahren sei. Genau in diese Richtung argumentierte die SS-Zeitung »Das Schwarze Korps«, die in einem Artikel vom 24. November 1938 bemerkt hatte, daß die Isolierung und Pauperisierung die Juden in eine elende Existenz hinabstoßen würden, wodurch sie »allesamt in die Kriminalität absinken müßten. Im Stadium einer solchen Entwicklung ständen wir daher vor der harten Notwendigkeit, die jüdische Unterwelt genauso auszurotten, wie wir in unserem Ordnungsstaat Verbrecher eben auszurotten pflegen: mit Feuer und Schwert! Das Ergebnis wäre das tatsächliche und endgültige Ende des Judentums in Deutschland, seine restlose Vernichtung« – ein tödlicher Zirkelschluß, in dem »Kriminalbiologie« und anthropologischer Rassismus zur Deckung gebracht wurden: Durch die Maßnahmen der Behörden wurden die Juden zwangsweise in eine Lage gebracht, die als Begründung für eben diese Maßnahmen hergenommen wurde. Die Wirklichkeit wurde der Ideologie angepaßt und galt so als Beleg für deren Richtigkeit.[28]

Die Entwicklung im November 1938 markiert den Übergang von der zwischen Radikalität, Straßenexzessen, außenpolitischen Rücksichtnahmen und wirtschaftlichen Interessen schwankenden Judenpolitik des Regimes zu der einheitlichen Linie, wie sie von Sicherheitspolizei und SD vertreten worden war. War die Übergabe der

Federführung der Judenpolitik an Göring sowie an Sipo und SD dabei von seiten der deutschnationalen Teile der Ministerialbürokratie mit der Erwartung verbunden, daß dieses ihnen unangenehme Problem aus der eigenen Verantwortung entlassen und auf irgendeine stille Weise »gelöst« würde, ohne daß es zu weiteren Mißhelligkeiten wie im November 1938 käme, hatten die Pogrome bei der Partei und SA zu einer enormen Radikalisierung des Antisemitismus geführt, die wiederum einen entsprechenden Erwartungsdruck gegenüber Sicherheitspolizei und SD nach sich zog.

In rückwärtiger Sicht waren die Aktionen der sogenannten »Reichskristallnacht« insofern ein Wendepunkt, als die öffentliche Aufregung über die als barbarisch apostrophierten Methoden der SA und des Straßenmobs das Ende der tradierten Formen des Antisemitismus in Deutschland bedeutete und den Formenwandel hin zum Konzept des »wissenschaftlich fundierten«, weltanschaulich legitimierten, leidenschaftslosen, von staatlichen Stellen in rechtsförmigem, gesetzlichem Gewand exekutierten, »modernen« Antisemitismus, zur umfassenden »Säuberung des deutschen Volkskörpers« einleitete.

Das Ausmaß an Haß und Gewalt, an Zerstörung und Vernichtung, das in den antijüdischen Pogromen des 9. November zum Ausbruch kam, war in der jüngeren Geschichte Deutschlands und Westeuropas ohne Beispiel. Wenn die brennenden Synagogen vom November 1938 heute vielfach als Fanale, als Vorzeichen des drei Jahre später beginnenden Völkermordes angesehen werden, so geschieht dies gewiß zu Recht. Aber dennoch ist vor allzu engen Verbindungen zu warnen – ebenso wie vor allzu schnellen Analogien zu aktuellen Verhältnissen. Die Entwicklung von den Novemberpogromen bis zu den Gaskammern war keine automatische. Die betrunkenen Mordbanden und die ihnen applaudierenden Gaffer und Claqueure trugen dazu bei, die Voraussetzungen für den Völkermord zu schaffen, aber sie initiierten ihn nicht. Der Holocaust war ein Staatsverbrechen, durchgeführt nicht vom Straßenmob, sondern von ordentlichen deutschen Ämtern, Behörden und Ministerien, von Richtern, Polizeibeamten und Verwaltungsjuristen – vom geräuschlos und effizient funktionierenden deutschen Staatsapparat. Es bedurfte einer Unzahl von Entscheidungen einzelner, von Erlassen und Anordnungen, von Verwaltungsakten und Polizeiaktionen, um diesen

Prozeß zu vollziehen. Auch nach dem 9. November gab es keinen Automatismus des Völkermords. Aber indem der Staatsapparat und nicht mehr die Straße das Gesetz des Handelns an sich zog, wurde auch das Unfaßbare möglich, weil es in den Formen des legalen Verwaltungshandelns vollzogen wurde.

Die Exzesse des 9. November kann man womöglich als »irrational« bezeichnen; die seitdem erfolgte Entwicklung vermutlich nicht, denn sie beruhte gerade nicht auf Leidenschaften, Haß oder Mordlust, sondern auf einem Konzept vom völkischen Staat und politischer Biologie, von Kontinentalimperialismus und Rassenhygiene auf der Basis einer zu dieser Zeit für wissenschaftlich gehaltenen, im Gegensatz zu Metaphysik und Idealismus des 19. Jahrhunderts geradezu als materialistisch empfundenen Lehre, und auf den lautlos funktionierenden, rechtsförmigen Methoden des modernen Staates.

Insofern wirken die Ereignisse der Nacht vom 9. auf den 10. November vielleicht tatsächlich wie ein Rückfall in die Barbarei. Die nach dem 9. November eingetretene Entwicklung aber ist für das Gedenken sehr viel beunruhigender, weil wir darin das Gesicht der modernen Gesellschaft erkennen.

Arbeiterschaft im »Dritten Reich«

»Das eigentliche Rätsel in Deutschland« nannte im Dezember 1936 ein Korrespondent der Exil-SPD das Verhalten der Arbeiterschaft unter der Nazi-Diktatur.[1] Und tatsächlich war das in den Berichten der Sopade-Korrespondenten gezeichnete Bild von den deutschen Arbeitern so widersprüchlich und vielfältig, daß die Analytiker in Prag kaum in der Lage waren, klare Entwicklungen zu diagnostizieren. Die ihnen zugesandten Meldungen boten Belege für alles: Von Arbeitsniederlegungen und beinahe geschlossener Ablehnung des NS-Regimes durch die Arbeiter war hier ebenso die Rede wie von deprimierter Entmutigung, Entpolitisierung und Opportunismus bis hin zu heftigen Klagen über »Überläufertum«, Zustimmung und »Begeisterung« für das Hitler-Regime. Aber selbst wo die Berichte ein einheitlicheres Bild vermittelten, fiel eine angemessene Beurteilung doch schwer – denn wie und woran sollte man diese Vorgänge bemessen? Der Vergleich mit den Verhältnissen vor 1933 war offensichtlich unangebracht, weil er die Bedingungen der Diktatur vernachlässigte. Eine vergleichbare historische Situation, die Rückschlüsse zur Beurteilung der neuen Entwicklung zugelassen hätte, hatte es in der Geschichte der deutschen Arbeiterbewegung nicht gegeben, so daß der Spielraum für die Arbeiterschaft im NS-Staat von außen nicht abschätzbar war. So blieben den Exilfunktionären der Arbeiterbewegung als Bewertungsmaßstäbe für das berichtete Verhalten der Arbeiterschaft im »Dritten Reich« nur die eigenen Erwartungen, Hoffnungen oder Befürchtungen. Je nachdem, wie man die Geschlossenheit und politische Festigkeit der Arbeiterklasse einerseits, die Stärke und Durchsetzungsfähigkeit des Regimes andererseits aufgrund der eigenen Erfahrungen von vor 1933 einschätzte, beurteilte man die Meldungen der Berichterstatter über die Haltung der Arbeiterschaft als »besser« oder »schlechter« als erwartet. Insgesamt aber wurde die »Kampfbereitschaft« der Arbeiter in Nazi-Deutschland von den Herausgebern der Deutschland-Berichte eher überschätzt, die Festigkeit des NS-Regimes unterschätzt, und es überwog die Enttäuschung, ja Verbitterung darüber, »bis zu welchem Grade die klassenverräterische Einzelgängerei als Frucht der nationalsozialistischen Aufspaltungstaktik schon gediehen ist. Das Interesse am Klassenschicksal ist zum größten Teil völlig verschwunden, an seine Stelle ist der kleinlichste Einzel- und Familiensinn getreten.«[2]

Die offenkundige Überschätzung der politischen Einheitlichkeit und Stärke der in der sozialistischen Arbeiterbewegung geschulten Arbeiterklasse wurde von den Nationalsozialisten weitgehend geteilt. Das ausgedehnte Berichtswesen von Behörden und Partei war seit der Machtergreifung von der Erwartung durchzogen, daß, wenn es im Innern je zu größeren Widerständen gegen das NS-Regime käme, diese von der Arbeiterschaft ausgehen würden. Die ängstliche und penible Untersuchung jedes auch noch so kleinen Vorkommnisses, das nach Auflehnung der Arbeiterschaft roch, ist auf diese Erwartungshaltung zurückzuführen. Um so erleichterter zeigten sich die NS-Behörden, als nach einigen Jahren offenbar wurde, daß die eigenen Befürchtungen offenbar übertrieben gewesen waren; ganz sicher war man sich der Haltung der Arbeiterschaft allerdings nie.[3]

Nicht anders als die Zeitgenossen sind auch die Beurteilungen in der Historiographie von dieser Differenz zwischen dem, was »eigentlich« zu erwarten gewesen wäre, und der tatsächlichen Entwicklung geprägt. »Warum blieb es bei nur *vereinzelten* Widerstands- und Protesthandlungen?« fragte Tim Mason, »warum kamen nicht mehr *Massen*proteste aus der Arbeiterklasse?«, und implizierte damit, daß angesichts der politischen und sozialen Ausgangsbedingungen vor dem Machtantritt der Nationalsozialisten ein anderes, radikaleres Auftreten der Arbeiterschaft gegenüber der Diktatur hätte erwartet werden können.[4]

Gleichsam als Antwort darauf formuliert die neuere historische Wahlforschung (unter Rückgriff auf den Forschungsstand der frühen 70er Jahre) aus dem ermittelten Ergebnis, daß 1932 ein knappes Viertel der Arbeiterschaft NSDAP gewählt habe, die – schon sprachlich aufschlußreiche – »These von der weniger stark – als – erwarteten Resistenzwirkung des Arbeitermilieus«, um damit zu erklären, warum es »eine erheblich stärkere Integration der Arbeiterschaft in die nationalsozialistische ›Volksgemeinschaft‹, als gemeinhin angenommen wird«, gegeben habe.[5] Gäbe es diese auf der Wahrnehmung der Zeitgenossen basierende Erwartungshaltung gegenüber der Arbeiterschaft nicht, so könnte man das gleiche Ergebnis ja auch so interpretieren, daß 1933 drei Viertel der Arbeiterschaft gegen den Nationalsozialismus standen, während es im Rest der Bevölkerung nicht viel mehr als ein starkes Drittel war. So aber folgt auf die Phase der übertriebenen Erwartungen bei den Zeitgenossen wie bei den Zeitgeschichtlern die Phase der – je nach Temperament – Enttäuschung oder Erleichterung, in der nun gerade die Arbeiterschaft als die soziale Hauptstütze des »Dritten Reiches« gesehen wird – so etwa in dem zornigen Bericht eines Sopade-Korrespondenten vom März 1937 über die »Haltung der unpolitischen Masse, die kritik- und gedankenlos mitläuft und immer wieder Anlaß zu dem Urteil gibt, daß das Regime gerade in der Arbeiterschaft noch auf die meisten Anhänger zählen könne«, oder in Gunther Mais Überlegung, »die These, die Kleinbürger hätten Hitler an die Macht gebracht, die Arbeiterschaft habe ihn an derselben erhalten, wäre in dieser Zuspitzung zweifellos überzogen, sie ist jedoch nicht ohne einen bedenkenswerten Kern«.[6]

Damit aber ist die Forschung wieder in die Nähe der Ausgangsposition geraten, wie sie nach dem Zweiten Weltkrieg zum Überzeugungsgut im Bürgertum, aber auch in Teilen der sozialistischen Arbeiterbewegung gehört hatte, daß es nämlich gerade die Arbeiterschaft bzw. »die einfachen Leute« gewesen seien, die sich von den Verführungskünsten des »Anstreichers« hätten betören lassen. Diese These war seit Ende der 60er Jahre durch die Ergebnisse der zahlreichen Arbeiten über den Arbeiterwiderstand sowie durch Tim Masons und die in seinem Gefolge entstandenen empirischen Untersuchungen über Opposition und Resistenz der Arbeiterschaft erschüttert worden. Ohne Blick auf die ältere Position, auf die sie sich kritisch beziehen, werden diese Untersuchungen aber simplifiziert und ergeben erneut ein einseitiges Bild, das wiederum zu korrigieren ist – ein mühsamer Prozeß des Austarierens.

Die Unsicherheit bei der Beurteilung des »Verhaltens« der deutschen Arbeiterschaft nach 1933 hat ihren Grund auch darin, daß es nach wie vor schwierig ist, die umfassenden Rationalisierungs- und

Modernisierungsprozesse, die Ablösung überkommener, vielfach noch frühindustriell geprägter gesellschaftlicher Strukturen durch »moderne« Gesellschaftsformen während der NS-Zeit präzise auf einzelne Ursachen zurückzuführen und zu bestimmen, inwieweit solche Prozesse Ausdruck langfristiger und auch nicht auf Deutschland begrenzter Trends waren, die von den Nationalsozialisten nicht oder kaum beeinflußt werden konnten – oder ob und in welchem Maße diese »Modernisierung« durch das NS-Regime bewußt vorangetrieben wurde. Dies gilt in besonderem Maß für die Zeit nach 1939 – wobei festzustellen ist, daß die Forschungsliteratur sich bislang ganz überwiegend auf die Vorkriegszeit konzentriert hat.[7]

Das trifft allerdings mit wenigen Ausnahmen auf die gesamte sozialgeschichtliche NS-Forschung zu, und die vorliegenden Gesamtdarstellungen zum »Dritten Reich«, in denen die Zeit bis 1939 durchweg mehr als 80% des Seitenumfangs beansprucht, sind ein beredter Ausdruck dieses Zustands. Die Auswirkungen der rapiden und tiefgreifenden Veränderungen während des Krieges auf Struktur, »Haltung« und Bewußtsein der deutschen Arbeiterschaft werden durch diese Ausblendung der Kriegsjahre kaum berücksichtigt, was zu einer perspektivischen Verzerrung geführt hat. Dabei speist sich die besondere Aufmerksamkeit, die dem Verhalten der deutschen Arbeiterschaft während der deutschen Diktatur seit längerem gewidmet wird, aus dem Bild von Arbeiterklasse und Arbeiterbewegung der Zeit vor 1933. Dahinter steckt offenbar zum einen die Suche nach der genuinen Gegenkraft gegen das Regime und damit nach einem Quell historischer Legitimationsbildung, zum andern die Frage nach dem Funktionieren der nationalsozialistischen Politik der »Bändigung« und Integration, wobei dem zugespitzten Beispiel der Arbeiterschaft offenbar Aussagekraft, vielleicht auch eine gewisse Entlastungswirkung, für die ganze deutsche Gesellschaft zugesprochen wird.

Bei der Untersuchung der Prädispositionen der deutschen Arbeiterschaft am Ende der Weimarer Zeit, die ihre in den Augen der Zeitgenossen so erstaunlich schnelle und weitgehend widerstandslose »Unterwerfung« durch die Nationalsozialisten nach der Machtergreifung zu erklären vermögen, sind in den letzten Jahren drei Faktoren besonders hervorgehoben worden:

1. Die schrittweise Zerstörung der politischen und sozialen Fundamente der deutschen Arbeiterbewegung durch die Wirtschaftskrise und den konzentrierten Angriff der Rechten seit 1929/30 war bei Machtantritt der Nationalsozialisten offenbar weiter fortgeschritten als lange Zeit vermutet. Die allmähliche Entmachtung der Sozialdemokratie seit dem »Preußenschlag« und die darauf folgende »Säuberungswelle« im Verwaltungs- und Polizeiapparat, die Lähmung der Schlagkraft der Gewerkschaften durch die Massenarbeitslosigkeit, die politische Spaltung der sozialistischen Arbeiterbewegung, die Unterschätzung der Bedrohung durch eine nationalsozialistische Diktatur und daraus resultierend die mangelnde Vorbereitung auf die Illegalität sind hierbei ausschlaggebende Faktoren. Sie spiegeln aber auch die ausgeprägte und in der Tradition der deutschen Arbeiterbewegung wurzelnde Fixierung der Arbeiterschaft auf ihre Organisationen und ihre Organisationsführungen wider, die einem autonomen Massenwiderstand entgegenstand.[8]

Der lange Zeit vorherrschenden Konzentration auf die Arbeiterbewegung und ihre Organisation entspricht jedoch zum einen die Überschätzung der Bedeutung von »Politik« im Leben der Arbeiter selbst, zum anderen die Gleichsetzung von »Arbeiterschaft« mit Industriearbeitern oder gar den Anhängern der sozialistischen Arbeiterbewegung. Demgegenüber wecken lebensgeschichtliche Untersuchungen Zweifel daran, ob »Politik« im Sinne von »Parteipolitik«, Organisationsfragen, aktivem Engagement oder Diskussion über politische Themen eine so dominierende Rolle im Leben selbst von Wählern und Anhängern der Arbeiterparteien gespielt hat; vielmehr erscheint die Differenz zwischen politischen Aktivisten und der Masse der Arbeiterschaft deutlich größer, der Aktivierungsgrad der Arbeiterschaft geringer, als dies von einem politikgeschichtlichen Ansatz hätte vermutet werden können. Zum anderen belegen die neueren wahlhistorischen Untersuchungen, daß mindestens ein Drittel derjenigen, die aufgrund sozialer Kriterien als zur Arbeiterklasse gehörig zu bezeichnen sind, in Distanz oder gar Widerspruch zur sozialistischen bzw. katholischen Arbeiterbewegung standen. Das gilt insbesondere für Arbeiter auf dem Lande, in Kleinstädten sowie in Kleinbetrieben, aber auch in der jungen Generation. Hier lagen denn auch die größten Potentiale für die Wahlerfolge der Nationalsozialisten in der Arbeiterschaft.[9]

2. Die Auswirkungen der Arbeitslosigkeit auf die soziale Lage und die politische Orientierung der Arbeiterschaft in der Weimarer Zeit sind demgegenüber durch neuere Untersuchungen noch stärker herausgehoben worden, als dies bislang schon der Fall war. Dies wird zum einen deutlich, wenn man die aus den behördlichen Arbeitslosenstatistiken herausmanipulierten »unsichtbaren Arbeitslosen« und »Quasi-Arbeitslosen« bei der Analyse berücksichtigt. Es zeigt sich dann, daß von Arbeitslosigkeit nicht nur erheblich mehr Menschen betroffen waren, als bisher angenommen, der Höhepunkt der Arbeitslosigkeit wurde auch später, nämlich im ersten Vierteljahr 1933 mit 7,892 Mio. erreicht.[10] Auf der anderen Seite wurde deutlich gemacht, in welchem Maße auch die Phase der sogenannten Stabilisierung der Weimarer Republik zwischen 1924 und 1929 in der Arbeiterbevölkerung als Zeit der Armut, Instabilität und Unsicherheit erfahren wurde, so daß die Ausweitung der Struktur- zur Weltwirtschaftskrise im November 1929 von den Arbeitern oft gar nicht als Bruch, sondern als graduelle Verschärfung wahrgenommen wurde, weil die eigenen Erfahrungen auf eine kontinuierliche Verschlechterung mit mehreren kürzeren oder längeren Phasen der Arbeitslosigkeit schon vor 1929 verwies.[11] Die ohnehin bestehenden Differenzierungen innerhalb der Arbeiterschaft wurden infolge dieser Entwicklung noch erheblich vertieft; die Abstufungen zwischen denen, die Arbeit hatten, den Empfängern von Arbeitslosenunterstützung und dem »Bodensatz« derer, die von der »Wohlfahrt« lebten oder nicht einmal diese erhielten, waren einschneidend und wurden durch die politische Spaltung noch verstärkt, wobei die KPD als Partei der jungen Arbeitslosen, die SPD als Organisation der älteren, beschäftigten Facharbeiter angesehen wurde – was in dieser Zuspitzung nicht stimmte, aber als Eindruck wirkungsmächtig war. Die Massenerfahrung lang andauernder Arbeitslosigkeit hatte zur Folge, daß ein bedeutsamer, bei der jüngeren Generation womöglich der überwiegende Teil der Arbeiterschaft vor 1933 der Betriebssphäre weitgehend entfremdet war bzw. sie noch gar nicht kennengelernt hatte. Dies hatte nicht nur Folgen in bezug auf die mangelnde Gewöhnung an industrielle Arbeitsdisziplin, es grenzte diese Gruppen auch aus der primären Selbstdefinition der Arbeiterschaft, dem betrieblichen Alltag, aus. Wer hingegen einen Arbeitsplatz hatte, der konzentrierte sich darauf, ihn zu behalten – Betriebsorientierung,

Absage an kollektive Aktionen, Versuche des individuellen »Durchkommens« waren hier bereits häufig und sind durchaus nicht als Spezifika der Entwicklung nach 1933 anzusehen. »Die Geschwindigkeit«, so H. A. Winkler dazu zusammenfassend, »mit der viele Arbeiter sich 1933 auf den Boden des neuen Regimes stellten, kann auf dem Hintergrund der langen Krisenzeit kaum überraschen... Wer nach Jahren der Arbeitslosigkeit wieder einen Arbeitsplatz erhielt, war oft geneigt, über den Verlust der politischen Freiheit hinwegzusehen.«[12]

3. Demgegenüber ist aber die Bedeutung der Einbindung der einzelnen in das Geflecht der proletarischen Sozialmilieus zu betonen, die aus einem dichten Netz von Vereinen, Nachbarschaften, Presseorganen und Selbsthilfeorganisationen bestanden und trotz der politischen Spaltung der sozialistischen Arbeiterbewegung eng mit den Gewerkschaften und den Arbeiterparteien verknüpft waren. Gerade durch die Instabilität der eigenen Lage wurde diese Einbindung in den Zusammenhalt von Nachbarschaft und Kollegenkreis, von Sportverein und Jugendgruppe für die einzelnen um so bedeutsamer. Dies gilt in besonderem Maß für Frauen; das proletarische Sozialmilieu als Bezugspunkt eines kollektiven Lebenszusammenhangs, als Medium des Erfahrungsaustausches und der gegenseitigen Hilfe, das deutlich über die Familie hinausging, konnte Mangel, Armut und Elend nicht beseitigen, aber lindern und den Zusammenhalt stärken. Die hier angelegte Verbindung von Lebensweise und Werthaltung akzentuiert aber auch die spezifische Bedeutung der Arbeiterbewegung mit ihren weitverzweigten Organisationen jenseits der unmittelbar parteipolitischen Aktivität, weil sie die vielfältigen, verwirrenden und individuellen Erfahrungen der einzelnen in einen analytischen Zusammenhang stellte und so in einer erklärenden und integrierenden Perspektive aufhob. Die Desorientierung und Dissoziierung der Wahrnehmung nach 1933 macht im Vergleich dazu noch deutlicher, daß die Möglichkeit, die eigenen Erfahrungen und Haltungen in den Kontext einer kollektiven Erfahrungsverarbeitung zu integrieren, Voraussetzung für die Herausbildung politischer Identität als Klasse war. Fehlte diese Möglichkeit, so reduzierte sich die Wahrnehmung auf die eigene Erfahrung und Verarbeitungsmöglichkeit und verlor durch die Vereinzelung zunehmend ihren besonderen, »politischen« Charakter. Es wäre aber ganz verfehlt, die proleta-

rischen Sozialmilieus zu einer vermeintlich harmonischen Idylle der Arbeitersolidarität zu stilisieren: Sie waren Notbehelfe und Produkte des Mangels, die gerade bei Jugendlichen bereits an Attraktivität verloren, weil sie auf kollektive Lebensbewältigung orientierten, individuelles Fortkommen eher behinderten und so vielen als überlebter Traditionsüberhang erschienen. Aber auch bei den Älteren und zumal bei Fach- und Stammarbeitern stand die notgedrungene Einbindung in die Halböffentlichkeit des Milieus durchaus nicht im vollen Einklang mit den eigenen Vorstellungen und Wünschen – eine funktionierende Familie, ein ordentlicher Haushalt, das »Nichtangewiesen-Sein« auf andere waren vielmehr die Symbole der Respektabilität.[13]

Zweifellos stellten aber die in das proletarische – und sozialistisch oder katholisch orientierte – Arbeitermilieu Eingebundenen nur einen Teil der Arbeiterschaft insgesamt dar. Für die anderen, vor allem die Arbeiter auf dem Lande und in Kleinbetrieben sowie für die große Zahl derer, die sich als sozial Ausgemusterte weder politisch noch kulturell verorten konnten, war eine direkte Verbindung zwischen ihrer sozialen Lage und ihrem politischen Standort (wenn es den denn gab) gar nicht zwingend; hier waren weniger Programme oder Versprechungen bedeutsam als eine Art politisch-kultureller Hegemonie, ein verbreitetes Gefühl für Stärke und Dynamik, der sich anzuschließen vielversprechend erschien, ohne daß damit spezifischere politische Optionen verknüpft sein mußten. Die Anhänger oder Mitglieder der NSBO waren demgegenüber sehr viel entschiedener, weil sie sich als explizit politisch verstanden; unter ihnen waren besonders viele Jungarbeiter, uniformierte Arbeiter aus öffentlichen oder kommunalen Betrieben, Erwerbslose ohne lange Arbeitserfahrung, konservative Arbeiter aus der Provinz sowie »Fluktuierende« aus dem »nationalen«, weniger aus dem kommunistischen Lager. Gemeinsam war ihnen die sozialkulturelle Unverbundenheit, die soziale Entwurzelung und die Suche nach einer politischen Heimat. Damit wurde hier mit umgekehrten Vorzeichen widergespiegelt, was für das sozialistisch/katholische Arbeitermilieu konstitutiv war.[14]

Die Hoffnung vieler Kader der Arbeiterbewegung nach der Regierungsübernahme der Nationalsozialisten, daß der politische Zusammenhalt unter der Arbeiterschaft nach der Zerschlagung der Arbeiterorganisationen mit der Verfolgung ihrer Führer durch das halbprivate Geflecht von Sozialkontakten in den Arbeitersiedlungen und den Betrieben gewährleistet würde, daß also ähnlich wie unter Bismarcks Sozialistengesetz unterhalb der polizeilich erfahrbaren politischen Öffentlichkeit der Zusammenhalt als Klasse in den proletarischen Sozialmilieus gewahrt, wenn nicht gar gestärkt würde – diese Hoffnung trog. Denn durch die weitgehende Zerschlagung des direkten Geflechts des proletarischen Sozialmilieus bis hinunter zu den Freizeit- und Sportklubs wurden diese Elemente der sozialen Identitätsfindung zerstört. Der Zusammenhalt der Arbeiterschaft innerhalb der Sozialmilieus konnte von den Nationalsozialisten gewiß nicht völlig unterbunden werden, aber er wurde entpolitisiert. Gleichzeitig schwächte das Klima des Ausgeliefertseins das Selbstbewußtsein der Arbeiterschaft und auch das Ansehen der Arbeiterbewegung – vor allem das der KPD, die noch wenige Wochen zuvor die in Kürze zu erwartende proletarische Revolution vorausgesagt hatte; nun aber war man nicht einmal in der Lage, die Arbeiterwohnviertel gegen die Razzien der SA zu schützen. Die traditionelle, aber doch nur relative Trennung zwischen der Minderheit der politischen Aktivisten, die zum Widerstandskampf entschlossen waren und der Masse der Arbeiterschaft in den Betrieben und proletarischen Wohnbezirken wurde vertieft und begann, in unterschiedlichen Erfahrungswelten auseinanderzudriften. Zwar blieb es in der Regel dabei: »Die zum Adolf rübergingen, wurden nicht für voll genommen«; aber nicht zuletzt die Zunahme der Stimmen für die NSBO bei den Betriebsratswahlen Ende März 1933 (vor allem im Bergbau) signalisierten, daß hier doch ein gewisser Stimmungsumschwung stattfand. »In mancher Bergmannsfamilie betrachtete man Hitler und die Nationalsozialisten nun als endgültigen Sieger im Kampf um die politische Macht, mit denen man es nicht verderben wollte und von denen man sich Arbeit und Brot versprach«, schreibt Michael Zimmermann über die Situation im Bergbauort Hochlarmark, und dies kann man gewiß generalisieren.[15] Wenn aber Kurt Schumacher im Juli 1933 davon sprach, »daß der Faschisierungsprozeß (...) beim Arbeiter erst beginnt. Man höre nur auf die Gespräche, die in Arbeiterkreisen geführt werden«[16], so war dies für die ersten Jahre des NS-Regimes doch übertrieben. Denn zu der Erfahrung der eigenen Ohnmacht und des nationalsozialistischen Terrors trat hinzu, daß sich wirtschaftlich für die Arbeiterschaft aller großtönenden Propaganda zum Trotz zunächst gar nichts änderte; die Haltung der Arbeiter wird infolgedessen für diese Phase übereinstimmend als eher mürrisches und desillusioniertes Sichdreinfügen beschrieben. Erst seit etwa 1935 begannen zwei neue Aspekte in größerem Umfang auf das Leben der Arbeiterschaft einzuwirken: die für viele neuartige Erfahrung eines über Jahre hinweg stabilen Arbeitsplatzes und die sozialpolitische Offensive der Nationalsozialisten.

Der Rückgang der Arbeitslosigkeit 1934/35 entwickelte sich dabei sowohl strukturell als auch regional sehr unterschiedlich; durch Forcierung der Produktionsgüterindustrie und die relative Vernachlässigung des Konsumgüterbereichs als Folge der Aufrüstungspolitik des NS-Regimes sanken die Arbeitslosenzahlen in den Zentren von Schwerindustrie und Metallverarbeitung viel schneller als etwa in den von der Textilindustrie bestimmten Regionen. Zum zweiten ging die Arbeitslosigkeit bei Facharbeitern schneller und umfassender zurück als bei Hilfsarbeitern, so daß vereinzelt bereits 1934 über den Mangel an Facharbeitern geklagt wurde, während bei ungelernten Arbeitern noch bis Mitte 1938 eine relativ hohe Arbeitslosenquote bestand. Drittens konzentrierte sich der Rückgang der Arbeitslosigkeit in den ersten Jahren vor allem auf »Familienväter«; demgegenüber hatten Jugendliche und alte Arbeiter bis 1936 deutlich geringere Chancen, einen Arbeitsplatz zu bekommen – hier stieg die Arbeitslosenquote sogar noch bis Ende 1935.[17] Hingegen kann nach der nationalsozialistischen Machtergreifung von einer »Verdrängung« der Frauen aus dem Arbeitsmarkt nicht gesprochen werden. Vielmehr nahm die absolute Zahl der weiblichen Beschäftigten nach 1933 zu, die Zahl der beschäftigten Industriearbeiterinnen zwischen 1933 und 1936 sogar um mehr als ein Viertel; relativ jedoch sank die Zahl der Industriearbeiterinnen, weil die Zahl der neueingestellten Männer nach dem Ende der Krise überproportional hoch war. Diese Entwicklung ist also insgesamt eher als »›Bereinigung‹ krisenbedingter Verzerrungen« zu bezeichnen denn als Ergebnis politisch motivierter Steuerung.[18]

Der Rückgang der Arbeitslosigkeit war jedoch mit einem tiefgreifenden Strukturwandel verknüpft, wobei Entwicklungen aus der Vorkrisenzeit aufgegriffen und unter veränderten Rahmenbedingungen forciert wurden. Dies betraf vor allem den Wandel in der Beschäftigtenstruktur und die Durchsetzung neuer Produktionsmethoden. Infolge der starken Belebung der Investitionsmöglichkeit als Resultat der Aussichten auf eine stete und lang andauernde Rüstungskonjunktur, der Ausschaltung der Gewerkschaften und des Einfrierens der Löhne auf dem Tiefstand der Weltwirtschaftskrise setzten sich in der deutschen Industrie im verstärkten Umfang die Methoden der Fließfertigung und andere Maßnahmen der Rationalisierung durch, wobei die von seiten der staatlichen, vor allem der Rüstungsbehörde vorangetriebene Normierung und Standardisierung diesen Prozeß wesentlich beschleunigten.[19]

Schließlich aber hatte die Rationalisierungsbewegung nachhaltige Auswirkungen auf die Beschäftigungsstruktur; neue, branchenfremde Arbeiter konnten auf diese Weise nach relativ kurzer Ausbildungszeit in den Produktionsablauf integriert werden; dies wiederum stand in enger Verbindung mit der starken Fluktuation von Arbeitskräften vor allem aus der Konsumgüterindustrie sowie aus der Landwirtschaft in die rüstungsrelevanten Branchen mit besonders hohem Arbeitermangel. Gleichzeitig verlangte der beschleunigte technische Wandel ein verbessertes Ausbildungsniveau der Beschäftigten. Da eine verbesserte und den modernen Fertigungsmethoden entsprechende Facharbeiterausbildung sich erst langfristig würde auszahlen können, standen Umschulungs- und Anlernkurse hierbei im Vordergrund; in der Folge begannen die Grenzen zwischen »Facharbeitern« und qualifizierten »Angelernten« zu verschwimmen, während die Kluft zwischen Qualifizierten und ungelernten Hilfsarbeitern größer wurde. Zugleich gewannen innerbetriebliche Aufstiegsmöglichkeiten an Bedeutung und vermochten als »Ventil für gesellschaftliche Spannungen« zu dienen.[20]

Am deutlichsten schlug sich das bei den Löhnen nieder; das Einfrieren der Löhne auf dem Krisenniveau verbunden mit weitgehenden lohnpolitischen Spielräumen für die Arbeitgeber ergab die Grundlage für eine Lohnentwicklung, die durch vier Faktoren gekennzeichnet war: a) die Beibehaltung des Niveaus der Effektivlöhne auf dem Stand der Krisenzeit im gesamtindustriellen Durchschnitt als lohnpolitische Zielvorgabe; b) Individualisierung und Dezentralisierung als die wichtigsten Merkmale der tatsächlichen Lohnentwicklung; c) fortschreitende Durchsetzung des Leistungsprinzips vor allem durch Akkordlöhne bzw. entsprechende Abzüge bei Minderleistung, und d) Ausbau der betrieblichen Sozialleistungen als zusätzlicher Leistungsanreiz ohne tarifliche Verbindlichkeit. Insgesamt aber entsprach die Lohnentwicklung seit etwa 1936 im wesentlichen dem »normalen konjunkturtypischen Verlaufsschema«; allen Bemühungen zum Trotz – weder DAF noch Treuhänder der Arbeit vermochten hier Wesentliches zu bewirken – blieben die Einflußmöglichkeiten der Behörden relativ gering.[21]

Ähnlich wie im Lohnbereich bestand die wesentliche Neuerung nach 1933 auch bei der Arbeitszeit in der Vergrößerung des Spielraums für die Unternehmen – nicht aber in einer durchgehenden Erhöhung der effektiven durchschnittlichen Arbeitszeit. Während vor allem infolge von Rohstoff- oder Devisenknappheit »Arbeitsstreckung« und Kurzarbeit selbst in Rüstungsbetrieben durchaus nicht selten waren, kam es bei entsprechender Auftragslage zu Wochenarbeitszeiten von 60 Stunden und mehr. Diese extremen Arbeitsschwankungen wurden durch behördliche Verordnungen noch verstärkt, als bei formal beibehaltenem 8-Stundentag die Arbeitszeit-Bestimmungen weiter flexibilisiert wurden. Gleichzeitig waren aber die Möglichkeiten der Arbeitszeitverlängerung durch die physische Belastbarkeit der Arbeiter begrenzt, wie sich bald herausstellte. In der Folge führten vor allem Großbetriebe vermehrt das Drei-Schichten-System ein, so daß hier die Belastungen durch überlange Arbeitszeiten durch die (oftmals als noch schwerer empfundene) Belastung infolge von Nachtarbeit und Schichtwechsel abgelöst wurde. Die durchschnittliche Wochenarbeitszeit in der eisenschaffenden Industrie lag im März 1939 bei 51,8 Stunden; wobei allerdings die Arbeitszeiten im zweischichtigen System deutlich höher lagen als im dreischichtigen Betrieb.[22]

Insgesamt kann man, unter Beachtung der sehr unterschiedlichen Verhältnisse in den verschiedenen Branchen, über die wirtschaftliche Lage der Arbeiterschaft in den Jahren vor Kriegsbeginn zwei Tendenzen besonders hervorheben:

– Die realen Einkommen der Arbeiterschaft erhöhten sich im Gefolge der Rüstungskonjunktur erheblich und erreichten branchenspezifisch zwischen 1936 und 1939 das Vorkrisenniveau. Bezieht man die Wochenarbeitszeit und damit die hohen Überstundenzahlen mit ein, so kann man feststellen, daß vor Kriegsbeginn die deutsche Arbeiterschaft vermutlich die höchsten Reallöhne erhielt, die es bis dahin in Deutschland gegeben hatte; Ursachen dafür waren die Auswirkungen der konjunkturellen Entwicklung und die Verknappung der Arbeitskräfte, während lohnpolitische Dämpfungsversuche der Behörden durch Ausbau betrieblicher Sozialleistungen, nicht zuletzt in Geldform, umgangen wurden. Ebenso wurden die Versuche der Behörden, durch umfassende Bestimmungen die Freizügigkeit der Arbeiterschaft weitgehend zu behindern, durch Abwerbung und »wilden« Stellenwechsel auf breiter Ebene unterlaufen, wenn auch nicht unwirksam gemacht.

– Diese insgesamt für die Arbeiterschaft günstige Entwicklung wurde aber vor allem in den Jahren bis etwa 1936 durch Versorgungs- und Wohnraummängel konterkariert.[23] Im Vergleich zu den anderen gesellschaftlichen Schichten, die von der rüstungskonjunkturellen Aufwärtsentwicklung mehr und schneller profitierten, blieb die Arbeiterschaft sozial benachteiligt; ihre Lebensverhältnisse verblieben auf niedrigem Niveau. Dies aber war spätestens seit Mitte des Ersten Weltkriegs für die meisten Arbeiter eine gewohnte Erfahrung, während nun aber der stabile Arbeitsplatz den Hoffnungen auf eine auch langfristige Besserung Auftrieb gab. Der politisch ausschlaggebende Vergleich mit der Lage vor 1933 ließ die Verbesserungen in den Vordergrund treten.

Bei der Betrachtung der Auswirkungen dieser Entwicklung auf die Lage und politische Haltung der Arbeiterschaft ist jedoch das NS-Spezifische des hier beschriebenen Prozesses kaum präzise benennbar. Denn gewiß wären nach Überwindung der Krise Rationalisierung, Strukturwandel und Lohndifferenzierung durchschlagende Entwicklungen auch in einem nicht nationalsozialistischen Deutschland gewesen. Durch die Ausschaltung der Interessenvertretungen der Arbeiter konnte sich diese Entwicklung jedoch hemmungsloser durchsetzen, ohne daß auf die Belange der Arbeiterschaft Rücksicht genommen werden mußte. Hinzu kam aber, daß Lohndifferenzierung und Rationalisierung den politischen und weltanschaulichen Zielsetzungen der Nationalsozialisten entgegenkamen und entsprechend unterstützt wurden. Die Orientierung auf individuelle Leistung statt auf kollektives Verhalten war geeignet, das Solidaritätsgefühl der Arbeiter zu schwächen; auf längere Sicht versprachen die tatsächlichen oder jedenfalls scheinbaren Möglichkeiten eines begrenzten individuellen sozialen Aufstiegs dazu beizutragen, die Klassengrenzen zu sprengen und eine nach Leistung hierarchisierte

Volksgemeinschaft an Stelle der Klassengesellschaft entstehen zu lassen. Das aber sind Vermutungen – inwieweit sich solche Vorstellungen innerhalb der Arbeiterschaft tatsächlich in breiterem Umfang festsetzten, ist schwer feststellbar und kaum erforscht.

Bedeutsam aber war, daß die Differenzierung nach Leistung im Betrieb mit rassistischen bzw. »rassehygienischen« Perspektiven verknüpft werden konnte und auch wurde. Die Leistungshierarchie verwies ja nicht nur auf die besonders zu unterstützenden und zu belohnenden Leistungsstarken, sondern am unteren Ende der Skala auch auf den leistungsunfähigen oder -unwilligen »Ausschuß«, der nun aber nicht nur – wie bisher – mit sozialer Schlechterstellung, sondern mit Verfolgung und Aussonderung bestraft wurde. In der Verknüpfung der bis dahin durchweg getrennt voneinander untersuchten Bereiche von Arbeits- und Sozialpolitik einerseits, Rassismus und Vernichtungspolitik andererseits liegt denn auch einer der wichtigen konzeptionellen Fortschritte in der neueren Forschung.[24] Weltanschauliche Grundlage nationalsozialistischer Gesellschaftspolitik war die Überzeugung, daß mindestens ein großer Teil der sozialen Normabweichungen und als gesellschaftliche Fehlentwicklung angesehenen Erscheinungen auf biologische Ursachen zurückzuführen sei. Diese Biologisierung des Gesellschaftlichen als Kern rassistischen Denkens beruhte auf der Kategorie des »Volks« als selbständige, über den einzelnen Individuen stehende biologisch und kulturell zu definierende Einheit; und so, wie die verschiedenen Völker von ihrer biologischen Substanz her von unterschiedlichem Wert seien, sei auch die Binnenstruktur eines Volkes nach dem biologisch bestimmten Wert der einzelnen Mitglieder der Volksgemeinschaft gegliedert. Aus diesem Modell abgeleitet, konnten nun gesellschaftliche Normabweichungen aller Art auf die biologische, ererbte und vererbbare »Substanz« des einzelnen zurückgeführt werden – von Geisteskrankheiten über körperliche Mißbildungen bis hin zu Kriminalität, Trunksucht, »Asozialität« wurde die erbliche Konstitution als verursachender Faktor angesehen: »Biologisch ist für den Gemeinschaftsunfähigen kennzeichnend: 1. die Erblichkeit der entscheidenden körperlichen und geistigen Anlagen und Merkmale, welche die Gemeinschaftsunfähigkeit bedingen. Es liegen Untersuchungen vor, welche die Beständigkeit der Gemeinschaftsunfähigkeit über mehr als 10 Generationen hinweg dartun. Damit ist auch der geringe Erfolg erklärt, der den vielfachen Erziehungs-, Besserungs- und Fürsorgemaßnahmen des Liberalismus an diesen Menschen beschieden war; 2. die Gattenwahl erfolgt häufig aus dem gleichen, schlecht veranlagten Menschenkreis. Das hatte zur Folge, daß die Nachkommenschaft immer unbrauchbarer wird.«[25]

Ziel einer an diesem Denkmodell orientierten Arbeits- und Sozialpolitik mußte es sein, die ausweislich ihres sozialen Verhaltens, insbesondere aber ihrer Arbeitsleistung, »wertvollen« Mitglieder der Volksgemeinschaft zu fördern: ihre Lebens- und Arbeitsbedingungen zu verbessern, die Familien zu unterstützen und die Geburtenrate zu erhöhen, um den Anteil »wertvoller« Substanz im Volkskörper zu vergrößern. Zugleich aber mußten die »minderwertigen«, den Volkskörper belastenden Existenzen ausfindig gemacht und entsprechend den weltanschaulichen Vorgaben sozialpolitisch vernachlässigt, ausgesondert oder gar »ausgemerzt« werden. Beides – Förderung und Aussonderung, »Sozialpolitik« und »Ausmerze« – als untrennbare Bestandteile und Ausdruck ein und desselben weltanschaulichen Entwurfs zu begreifen, erschließt die spezifisch nationalsozialistische Komponente der arbeits- und sozialpolitischen Entwicklung während des »Dritten Reiches«.

Diese Verbindung von »positiver« und »negativer« Sozialpolitik wird etwa am Beispiel der Ehestandsdarlehen deutlich. Die zinslosen Darlehen für junge Ehepaare, die dann, statt zurückgezahlt, »abgekindert« werden konnten, waren an die Bedingungen einer vorherigen amtsärztlichen Untersuchung geknüpft, in der die ein Darlehen beantragenden Ehepaare auf »Erbkrankheiten« aller Art, darunter »Schwachsinn«, »Psychopathie« oder »schwerer Alkoholismus«, untersucht wurden, sowie auf »andere Umstände, die eine Verheiratung als im Interesse der Volksgemeinschaft nicht ratsam erscheinen lassen«. Fiel diese Überprüfung negativ aus, so konnte das für die Betroffenen Eheverbot oder gar Zwangssterilisation nach sich ziehen; wurden die Antragsteller als in »rassischer« und »rassenhygienischer« Hinsicht einwandfrei befunden, kamen sie in den Genuß des Darlehens.[26]

Von der »rassenhygienischen« Fundierung der nationalsozialistischen Sozialpolitik aber war die Arbeiterschaft insofern am meisten betroffen, als der größte Teil der Armen, Leistungsunfähigen, sozial Unangepaßten, aber auch der Prostituierten oder Landstreicher eben zur Arbeiterschaft gehörte oder ihr entstammte – will man nicht mit Hilfe des problematischen Begriffs vom »Lumpenproletariat« diese Gruppen aus der Arbeiterschaft herausdefinieren. Besonders augenfällig wurde dieser Zusammenhang in den Kampagnen von Gestapo und Vierjahresplanbehörde 1937/38 gegen »Arbeitsscheue«, worunter u. a. Landstreicher, Bettler, Zigeuner und Zuhälter verstanden wurden. Angesichts der angespannten Arbeitsmarktlage könne es nicht hingenommen werden, daß »asoziale Menschen sich der Arbeit entziehen«, hieß es in der Begründung für die Einweisung dieser »Gemeinschaftsunfähigen« in das Konzentrationslager Buchenwald im Herbst 1938.[27]

Durch solche Kampagnen wurde zum einen Druck auf die Beschäftigten in den Betrieben ausgeübt, zum anderen aber die »Säuberung« des »Volkskörpers« von den Elementen begonnen, die ausweislich ihres Verhaltens von »minderem Wert« waren. Das rabiate Vorgehen der Polizeibehörden und der Kriegswirtschaftsadministration gegen »Arbeitsbummelanten« und »Arbeitsscheue«, das nach Kriegsbeginn noch forciert wurde, zeigt die enge Verbindung zwischen sozialer Disziplinierung und »rassenhygienisch« motivierter »Ausmerze«. Über das »Asozialenproblem im Betrieb« schrieb etwa der Werksarzt der Firma Focke-Wulf im Februar 1942 an den Bremischen Senat: »Wir heute im Rüstungsbetrieb sind von dieser Asozialenplage in einem Ausmaße belastet, daß Menschenführung und Produktion heftig notleiden. Entweder es gelingt nun, die mit wissenschaftlich exakten Methoden erkennbaren Asozialen auszuscheiden, dann läßt sich mit dem verbleibenden körperlich und sittlich gesunden Menschenmaterial ein deutscher Sozialstaat nach nationalsozialistischen Idealen bauen und innerhalb dieses Staatsgebildes dann auch ein Betrieb sozialistisch, d. h. nach dem Ideal unserer rassisch-völkischen Gemeinschaft führen. Gelingt das nicht, so ist ein Gemeinschaftsstaat und innerhalb dieses Gemeinschaftsstaats ein sozial geleiteter Betrieb ein Unding... Die Häufung von Asozialen im Betrieb, bedingt durch Menschenmangel und die mit ihm verzahnte Arbeitsmarktlage, ist zweifellos ein Problem, dem mit erzieherischen Methoden nicht beizukommen ist, sondern wo ausschließlich eine drakonische Ausmerze, im Einzelfall die physische Vernichtung allein kausale Hilfe bringt.«[28] Neben die Verfolgung politischer Opposition in der Arbeiterschaft trat in den Jahren vor und verstärkt nach Kriegsbeginn also mehr und mehr die Verfolgung aus »rassischen« bzw. »rassenhygienischen« Gründen; zur Bedrohung durch Strafen wegen Leistungszurückhaltung trat die Angst vor der Aussonderung wegen Leistungsunfähigkeit.[29]

Den Maßnahmen zur Ausgrenzung und Vernichtung der »Minderwertigen« standen die verschiedenen Formen »positiver« Sozialpolitik für die »Wertvollen« gegenüber; wobei gerade gegenüber der Arbeiterschaft die sozialpolitischen Initiativen des Regimes auch als Versuche zu bewerten sind, die der Diktatur distanziert oder oppositionell Gegenüberstehenden nicht nur politisch zu neutralisieren, sondern darüber hinaus zumindest Teile von ihnen auch positiv für sich zu gewinnen.[30] In diesen Zusammenhang gehört vor allem die sozialegalitäre Phraseologie des Regimes: die propagandistische Kompensation der Unterdrückung der Arbeiterschaft durch die Stilisierung des »ehrlichen Arbeiters« und des »deutschen Sozialismus« sowie durch die Mobilisierung von Ressentiments gegen »Reaktion«, »Bonzen« und tatsächlich oder vermeintlich Privilegierte, nicht zuletzt gegen die Juden. Gerade der Antisemitismus ist auch in der Arbeiterschaft nicht ohne eine gewisse Resonanz geblieben[31]; es ist aber fraglich, ob eine bloß ideologische Kompensation der politischen Entrechtung ohne entsprechende soziale Verbesserungen bei der Arbeiterschaft auf Interesse stieß. Nicht wenige der sozialpolitischen Angebote entpuppten sich bei näherem Hinsehen bald als Schimäre, als »fürsorgliches Gehabe«, wie Tim Mason es treffend genannt hat. Die allgegenwärtige »Winterhilfe«, die Programme zur »Schönheit der Arbeit«, »Betriebsabende« mit Belegschaft und Betriebsleiter, auch die zahlreichen sozialpolitischen »Betreuungsmaßnahmen« durch die NS-Volkswohlfahrt waren oft nicht mehr als unablässige Aktivitätsnachweise, ohne daß sich dadurch die soziale Lage der Arbeiterschaft tatsächlich verändert hätte.

Auf der anderen Seite wird man hier zu generalisierbaren Aussagen kaum kommen können, weil die Berichte der NS-Behörden einerseits propagandistisch getönt sind, die Wirksamkeit solcher Maßnahmen sich andererseits aber in den Erinnerungen der Zeitgenossen nicht niederschlägt. Viel deutlicher tritt hingegen die positive Aufnahme der handfesteren sozialen Verbesserungen hervor, neben der Familienunterstützung vor allem die freizeitpolitischen Maßnahmen des Regimes – Einführung eines Mindestjahresurlaubs von im

Durchschnitt 6 Tagen, Aufbau einer Massentourismus-Organisation in Gestalt der »KdF« (= »Kraft durch Freude«), die 1938 immerhin 10,3 Mio. Urlaubsreisen organisierte.[32] Dabei waren die Dampferfahrten nach Madeira für die Arbeiterschaft gewiß unerreichbar – üblich waren vielmehr organisierte Kurzreisen in die nähere oder weitere Umgebung. Aber gleichwohl trat »Freizeit« hier als ganz neue Erfahrung auf, deutlich abgesetzt von den »Fahrten« während der Weltwirtschaftskrise, die nicht selten als Notlösung zur Überwindung der überflüssigen »freien Zeit« der Arbeitslosen gedient hatten. Aber die Madeira-Reisen markierten eine jetzt nicht mehr für unmöglich gehaltene Perspektive – ein greifbarer Beleg für die Hoffnung auf weitere Verbesserungen.

Die Entwicklung der betrieblichen Sozialpolitik ist demgegenüber als eher ambivalent zu beurteilen; wie weit die durch symbolische Akte (Jubilarfeiern, Betriebsfeste etc.) intendierte Integration in den betrieblichen Kosmos tatsächlich auch gegenüber den neu eingestellten angelernten Arbeitern erfolgreich war, ist schwer festzustellen. Im Mittelpunkt des Interesses jedenfalls standen auch hier die effektiv wirksamen Leistungen – Werksrente und Werkswohnung vor allem, sowie die leistungsbezogenen Lohnprämien. Zweifellos aber ist die Bindung der Arbeiter an den Betrieb seit Überwindung der Wirtschaftskrise gewachsen – Folge der Krise, der nationalsozialistischen ›Arbeitsverfassung‹ und des Fehlens überbetrieblicher Organisationen, wie Wolfgang Zollitsch zu Recht hervorhebt; aber auch Ausdruck langfristiger und nicht auf Deutschland beschränkter Entwicklungen, in deren Gefolge die früher typische hohe Fluktuation der Belegschaften der Industriebetriebe in einigen Bereichen zurückging.[33]

Ambivalent ist auch die Rolle der Deutschen Arbeitsfront (DAF). Es ist nicht zu übersehen, daß der »Verbandsimperialismus« der DAF-Funktionäre zu einer auswuchernden Aufgabenhäufung für die Arbeitsfront führte; daß besonders im Arbeitswissenschaftlichen Institut der DAF auch längerfristige Perspektiven einer spezifisch nationalsozialistischen Sozialpolitik debattiert wurden und daß in nicht seltenen Fällen die DAF-Funktionäre durch Engagement für Arbeiterinteressen eine Strategie der »Integration durch begrenzten Konflikt« verfolgten. Auf der anderen Seite blieb der Platz der DAF der zwischen allen Stühlen: in den Betrieben ohne Verankerung bei der

Arbeiterschaft, die die Arbeitsfront als ineffektive Zwangsorganisation erlebte; bei den Arbeitgebern, die die Anmaßung der DAF, auch die »Betriebsführer« zu vertreten, indigniert zurückwiesen und sich auf längere Sicht ein effektiveres Vertretungssystem für die Arbeitnehmer wünschten; schließlich innerhalb des Regimes selbst, wo die erst 1933 gegründete DAF weder auf Tradition noch auf eine Hausmacht verweisen konnte und im Kompetenzgerangel der NS-Institutionen immer wieder unterlag.[34]

Die Reaktion der Arbeiterschaft auf die wirtschaftlichen Entwicklungen und die sozialpolitischen Initiativen des Regimes wurden von den nationalsozialistischen Behörden ebenso wie von den Korrespondenten der Sopade aufmerksam registriert, waren aber schwer auf einen Nenner zu bringen; etwas vergröbert könnte man zusammenfassend sagen, daß die sozialdemokratischen Berichterstatter die Anpassung und die Nationalsozialisten die Opposition übertrieben. In der Erfahrungsperspektive hingegen tritt unabhängig von damit verbundenen politischen Optionen die tiefgreifende Veränderung, die das Leben seit dem Rückgang der Arbeitslosigkeit erfuhr, in den Vordergrund – als Ausgangspunkt einer Entwicklung, die durch die Kriegs- und Nachkriegsjahre nur »unterbrochen«, nicht beendet wurde und an die man in den 50er Jahren wieder anknüpfen konnte.[35]

Der Schwerpunkt des Lebens verlagerte sich: von der Straße in den Betrieb, vom Milieu in die Familie; wobei der Zusammenhalt innerhalb der proletarischen Sozialmilieus in zunehmendem Maße auch von innen gefährdet war. Angst und Mißtrauen zerstörten die Unbefangenheit des Umganges miteinander; zugleich aber standen die wirtschaftspolitischen Erfolge des Regimes, die Verbesserung auch der eigenen sozialen Lage und die wachsende und propagandistisch überhöhte Zustimmung in der Bevölkerung in eklatantem Widerspruch zu den Prophezeiungen der Arbeiterbewegung. Die eigene politische Überzeugung wurde desavouiert und vermittelte die Isoliertheit der eigenen Position. Der erzwungene Rückzug in die »Privatsphäre«, die Herauslösung der Individuen aus dem Kollektiv des klassenspezifischen Zusammenhalts brachte nun Tendenzen, die schon vor 1933 vor allem bei großbetrieblichen Industriearbeitern sichtbar geworden waren, über diese hinaus zum Durchbruch. Diesen Prozeß mit »Individualisierung« begrifflich zusammenzufassen, ist sicher richtig, wenn auch damit der widersprüchliche Charakter dieser Entwicklung nicht ausgedrückt wird. Die Konzentration auf das eigene Weiterkommen, die Herauslösung aus Kollektivzusammenhängen, die stärkere Hinwendung zum Familienleben, die als Tendenzen in den späten 30er Jahren festgestellt werden können, waren zum einen Ausdruck langfristiger, von den Nationalsozialisten nur unterstützter Prozesse, zum andern eben auch das Ergebnis von Zwang und Unterdrückung, weil diese »Individualisierung« der einzelnen sie ohne den schützenden Halt der Klassenbindung, den »Gesetzen« eines durch den Staat extrem zu ihren Ungunsten beeinflußten Arbeitsmarktes auslieferte. Die in der Erfahrungsanalyse häufig deutlich werdende Akzeptanz der »Marktgesetze« (»Ist ja überall dasselbe: kann man was, wird man in Ruhe gelassen, macht seine Arbeit, nimmt sein Geld in Empfang, hat sich der Fall«) drückt diese Ausgeliefertheit aus, aber ebenso auch den Versuch, sich den politischen Zumutungen in der NS-Zeit durch Rückzug auf das reine Geld-für-Arbeit-Verhältnis zu entziehen. Zugleich aber tritt die Bedeutung des Arbeitsethos hervor; die Betonung, man habe allen Widrigkeiten zum Trotz doch immer »gute Arbeit« abgeliefert, reflektiert gewiß die Auswirkungen industrieller Disziplinierung und zunehmender Qualifizierung; sie ist aber vor allem eine Profilierung der eigenen Identität und Würde, die zu bewahren angesichts politischer Unterdrückung und rapiden sozialen Wandels um so notwendiger erscheint. Daß die Hervorhebung der eigenen Qualifikation und der »guten Arbeit«, die man abgeliefert habe, auch und in zugespitzter Form während des Krieges bei sowjetischen Zwangsarbeitern anzutreffen ist, kann unter diesem Aspekt daher nur auf den ersten Blick verwundern.[36]

Die in den Berichten der NS-Behörden und in der Analyse Tim Masons so hervorstechenden kollektiven Formen der »Arbeiteropposition« treten demgegenüber in der rückblickenden Perspektive der Arbeiter nicht oder kaum am Rande auf.[37] Jene ausufernde Debatte um die »Arbeiteropposition« in der Forschungsliteratur, die zuweilen wie ein Streit um die politische Ehrbarkeit der deutschen Arbeiterschaft anmutet, leidet aber eben unter der Vermischung der verschiedenen Perspektiven. Wenn etwa die Gestapo für das Jahr 1936/37 356 »Streiks« erfaßt hat, so war das unter dem Blickwinkel der totalitären Selbststilisierung des Regimes gewiß ein skandalöses Alarmzeichen oder ist auf der andern Seite ein Argument gegen überzeichnende Vorstellungen von einem durch Terror erzwungenen Stillstand der sozialen Auseinandersetzungen in Deutschland nach 1933. Andererseits meint »Streik« im Jahre 1936/37 durchschnittlich eine dreistündige Arbeitsniederlegung von etwa 15 vorwiegend ungelernten Bauarbeitern wegen Unstimmigkeiten bei der Lohnabrechnung.[38] So wie der wirtschaftliche Aufschwung vor allem Ausdruck des allgemeinen wirtschaftlichen Trends und von der nationalsozialistischen Rüstungspolitik nur forciert worden war, so war auch die Zunahme der innerbetrieblichen Konflikte vornehmlich auf die konjunkturelle Entwicklung zurückzuführen und wurde durch die Politik des NS-Regimes in Umfang und Form beeinträchtigt und modifiziert. Über solche innerbetrieblichen sozialen Konflikte wurde gerade von den Arbeitern auf den Autobahnbaustellen und später dem Westwall, bei Dienstverpflichteten, Notstandsarbeitern und Reichsarbeitsdienstleuten häufig berichtet, insbesondere, wenn sie in Lagern untergebracht waren, aber auch vom Bergbau: Die für die Zeit vor dem Krieg feststellbare Zunahme von »Arbeitsbummelei« und der Anstieg der Krankenziffern hatte hier seine Ursachen vor allem in der Erschöpfung der Arbeiter durch die vorgenommenen Arbeitszeitverlängerungen, in der Überalterung der Belegschaften (weil Jüngere zuhauf in die besser bezahlende Rüstungsindustrie abwanderten) und dem hohen Prozentsatz neuer, »bergfremder« Arbeiter.

Die häufigen Berichte über Hilfsarbeiter und Dienstverpflichtete im Zusammenhang mit der »Arbeiteropposition« verweisen darauf, daß gerade dieser »frühindustrielle Typus« des Arbeiters, der noch weniger durch die betriebliche Disziplin geprägt und in sie eingepaßt war, auf unmittelbare Unrechtserfahrung spontan und ohne Rücksicht auf damit möglicherweise verbundene politische Risiken reagierte.[39] Auf der anderen Seite wurden solche Vorkommnisse oder Verhaltensweisen von anderen sozialen Gruppen als der Arbeiterschaft eben nicht berichtet – oder für politisch nicht bemerkenswert gehalten. Es war offenbar ein Unterschied, ob Arbeiter die Arbeit für ein paar Stunden niederlegten oder eine Gruppe bayrischer Bauern lautstark ihre Enttäuschung über den NS-Staat zum Ausdruck brachten, in den sie doch so große Hoffnungen gesetzt hatten. Beides mit dem gleichen Begriff, und sei es »Resistenz«, zu benennen, vernachlässigt offensichtlich die politische Perzeption und damit auch die unterschiedliche Bedeutung beider Vorgänge.

Das für die politische Stabilität des NS-Regimes Entscheidende am Verhalten der Arbeiterschaft war aber, daß die innerbetrieblichen sozialen Konflikte mit der politischen Herrschaftsform explizit gar nicht in direktem Zusammenhang zu stehen schienen – und darin lag der Erfolg der nationalsozialistischen Unterdrückungs- und Einschüchterungspolitik. Aber mehr als die Gestapo, die solche Entwicklungen genau zu beobachten versuchte und nicht selten die »Rädelsführer« verhaftete, waren innerbetriebliche Kontrollen, Refa-Ingenieure und werksärztliche Nachprüfungen für die Eindämmung solcher Entwicklungen zuständig. Durch regelmäßige Kontrollen der Krankfeiernden wurde der Krankenstand rapide gesenkt – »es muß erreicht werden, daß durch Selbsterziehung der Gefolgschaften Schädlinge ausgemerzt werden«, schrieb der Präsident der Knappschaft im Juni 1939 über Maßnahmen zur Senkung des Krankenstandes.[40] Zudem führten Fließbandproduktion und halbautomatische Fertigungssysteme dazu, daß das Arbeitstempo in steigendem Maße von den Maschinen und nicht von den Arbeitern selbst bestimmt wurde. Die zunehmend genaue Messung der industriellen Arbeitsleistung durch moderne arbeitswissenschaftliche Methoden und die Ausweitung der leistungsbezogenen Lohnformen trugen das ihre dazu bei, auch verdeckte Formen der »Arbeiteropposition«, wie Leistungszurückhaltung und »Krankfeiern«, die nicht sofort die Gestapo auf den Plan riefen, zu erschweren. Streitigkeiten im Betrieb wurden in der Regel aber weder über noch bestehende informelle Strukturen der Arbeiterbewegung noch gar über die DAF, sondern individuell und informell mit der Betriebsleitung über den Meister gelöst, wobei der einzelne Arbeiter seine Qualifikation und zunehmend deutlich gewordene Unentbehrlichkeit in die Waagschale warf. Nicht anders verhielt es sich bei Lohnfragen – der Leistungslohn zerstörte nicht selten das gewachsene Solidaritätsverhältnis unter den Arbeitskollegen; auch das kann man anhand des am besten untersuchten Industriezweigs, des Bergbaus, im einzelnen nachvollziehen.[41] Zudem boten sich für manche auch Aufstiegschancen: in der Regel innerhalb des Betriebes in Vorarbeiter- oder Spezialarbeiterstellungen – auch dies ließ das eigene Schicksal und das der Klasse, der man zugehörte, nicht mehr als so untrennbar verbunden erscheinen, wie dies traditionellerweise der Fall gewesen war. Sozialer Aufstieg als Realität galt jedoch nur für wenige – offen bleibt, ob aber nicht gerade die geweckten Hoffnungen, die nun nicht mehr ganz unmöglich erscheinenden Perspektiven von der »besseren Stellung« zur Durchbrechung der kleinräumigen und sozial homogenen Erfahrungsfelder in den Betrieben und Arbeiterwohnbezirken beitrugen. Von Bedeutung war dabei auch eine zunehmende Entgrenzung der lokal orientierten Öffentlichkeit in den neuen Medien, sowohl in bezug auf die Politik wie im kulturellen Bereich. Selbst die Lokalzeitungen waren auf das Geschehen in Berlin konzentriert; das Radio bot die Möglichkeit, Informationen und Unterhaltung aus dem ganzen Reich zu empfangen; die Herausbildung eines reichsweit organisierten und vereinheitlichten Sportbetriebs nach Zerschlagung der Arbeitersportbewegung oder die zunehmende Bedeutung des Kinos und der Wochenschauen sind Erscheinungsformen dieser Entwicklung moderner Massenkultur, die in den 30er Jahren ihren Durchbruch erlebte und als »Rebellion gegen bildungsbürgerliche Exklusivität« gerade bei Jugendlichen an Bedeutung gewann.[42]

Ein ähnlicher Geruch der Rebellion gegen die Welt der Elterngeneration haftete jedenfalls in den Vorkriegsjahren auch den Jugendorganisationen des Regimes an, die als Entlastung gegenüber der familiären Autoritätsstruktur wahrgenommen wurden und auch bei Arbeiterkindern an Attraktivität gewannen. Hier setzten sich die schon für die Zeit vor 1933 festgestellten Erosionserscheinungen der proletarischen Milieus fort; die Angebote des Regimes wurden offenbar dort besonders begrüßt, wo sie »modern« waren und etwa der Technik- und Sportbegeisterung der Jugendlichen entgegenkamen, zugleich aber keine aktive politische Haltung verlangten. Dies galt vermutlich für Mädchen aus der Arbeiterschaft in noch stärkerem Maße, weil für sie der BDM, mehr aber noch das »Landjahr«, ganz neue Möglichkeiten zur Erweiterung des sozialen Erfahrungsfelds eröffneten, so daß man geradezu von einem generationellen Bruch zwischen der Aufbaugeneration der Industriegesellschaft und den Jahrgängen nach der Jahrhundertwende sprechen kann.

Demgegenüber scheinen die explizit politischen Aspekte der nationalsozialistischen Jugendpolitik in den Hintergrund zu treten; als Ende der 30er Jahre aber eine Generation in die Betriebe einrückte, die ihre politische Sozialisation bereits vorwiegend im »Dritten Reich« erfahren hatte und die durch Hitlerjugend, Reichsarbeitsdienst und Militärdienst wesentlich geprägt war, die politische Schulung und das Erlebnis proletarischer Solidarität aber gar nicht mehr kennengelernt hatte, wurde deutlich, daß das politische und sozialkulturelle Selbstverständnis der Arbeiterbewegung nicht hatte tradiert werden können.[43] Gleichwohl blieb das Verhältnis des überwiegenden Teils der Arbeiterschaft gegenüber dem Nationalsozialismus insgesamt distanziert. Es hat jedoch den Anschein, als hätten die Erfolge der Nationalsozialisten in der Wirtschafts-, aber auch in der Außenpolitik diese grundsätzlich distanzierte und ablehnende Haltung nicht vor, sondern neben Elemente der Zustimmung zu einzelnen Aspekten der Politik des Regimes gesetzt. Insbesondere die Erfahrung der Stabilisierung der eigenen Existenz hatte zur Folge, daß sich politische Überzeugung und private Erfahrung nicht mehr deckten. Dies gilt in etwas abgeschwächter Weise auch für die »außenpolitischen Erfolge« der Hitler-Regierung in der Vorkriegszeit, die, den Sopade-Korrespondenten zufolge, bei der Arbeiterschaft eine Mischung aus Niedergeschlagenheit und Bewunderung für Hitler hinterließen; »selbst Kreise, die sich bisher gegen Hitler kühl oder ablehnend verhalten haben«, hieß es dort nach dem »Anschluß« Österreichs 1938, »gestanden nun ganz hingerissen ein, daß Hitler doch ein großer und kluger Staatsmann sei.«[44] Sich dem Sog solcher unablässiger Erfolge zu entziehen, war schwer und gelang nur wenigen vollständig, die auch politisch untereinander Kontakt hielten und den Zusammenhang zwischen der Gebietserweiterung des Jahres 1938 und einem unweigerlich kommenden Krieg deutlich sahen. Denn auch in der Arbeiterschaft gab es so etwas wie »Patriotismus«, und eine gegen »Versailles« gerichtete Revisionspolitik fand weithin positive Resonanz. Ebenso fällt auf, daß die Figur Hitlers auch in Arbeiterkreisen auf größere Zustimmung stieß als das NS-Regime insgesamt; der »Hitlermythos« verfing auch hier, wenn auch in geringerem Maße als in anderen Bevölkerungsgruppen – insgesamt trat in der Haltung der Arbeiterschaft an die Stelle expliziter Ablehnung oder Gleichgültigkeit gegenüber dem Regime und seiner Politik als ganzes mehr und mehr eine Gleichzeitigkeit von positiver Aufnahme von einigen und Ablehnung von anderen Maßnahmen der Regierung – eine »Dissoziierung des Bewußtseins«, wie es Mason treffend genannt hat.[45] Ebendies ist als Folge der Vereinzelung zu bewerten, die den Erfahrungsaustausch untereinander erstickte und die Analyse der einzelnen Phänomene und Erfahrungen im Zusammenhang verhinderte. Gerade darin hatte die authentische Leistung der Arbeiterbewegung vor 1933 bestanden; denn die Verknüpfung von individueller Erfahrung und politischer Orientierung entsprang ja nicht aus den Verhältnissen selbst, sondern war Ergebnis politischer Analyse und Überzeugungskraft. Ohne diese Verknüpfung aber waren die einzelnen gegenüber der suggestiven Wucht und der Dynamik der politischen und gesellschaftlichen Entwicklung um 1939 relativ wehrlos. Insofern war es vielleicht weniger die Heterogenisierung der Erfahrungsbereiche, die die Dissoziierung der Arbeiterschaft vorantrieb, sondern die Individualisierung der Verarbeitung.

Wenn es der Regimeführung bis 1939 gelungen war, die Arbeiterschaft politisch mindestens zu neutralisieren, Teile von ihr jedenfalls partiell auch zu integrieren, so war allen Verantwortlichen doch bewußt, daß dies vor allem auf das nationalsozialistische »Wirtschaftswunder« zurückzuführen war. Sollte nach Kriegsbeginn die »Ruhe an der Heimatfront« sichergestellt sein, reichten Drohungen und Terror nicht aus; eine Beibehaltung des sozialen Standards der Vorkriegszeit war hier unbedingte Voraussetzung. Auf der anderen Seite aber war nach den Erfahrungen des Ersten Weltkrieges eine Senkung des Lebenshaltungsniveaus zur Führung eines längeren Krieges notwendig und auch zu erwarten – dieser Widerspruch kennzeichnete die prekäre Ausgangssituation der Arbeits- und Sozialpolitik des Regimes bei Kriegsbeginn. Als die Behörden im September 1939 daher versuchten, den Erfordernissen des Krieges in wirtschaftlicher Hinsicht stärker Rechnung zu tragen und durch Lohnkürzungen, Dienstverpflichtungen, Arbeitszeitverlängerungen, Streichung der Überstundenzuschläge und vor allem des Urlaubsanspruchs dazu beizutragen, die Finanzierung des Krieges sicherzustellen, die durch Einziehungen zum Militär verschärfte Arbeitskräfteknappheit wenigstens zum Teil auszugleichen und die Überhitzung der Wirtschaft zu dämpfen, geschah dies in der Hoffnung, der Eindruck des Kriegsausbruches und die Appelle an den Patriotismus würden Unmutsreaktionen in der Arbeiterschaft dämpfen.[46] Das aber erwies sich schon nach kurzer Zeit als Fehlspekulation: der Krankenstand stieg an, Meldungen über »Bummelei« und zunehmende Unzufriedenheit in der Arbeiterschaft häuften sich. Ähnlich wie während der Vorkriegszeit ließen sich derartige Reaktionen politisch schwer einordnen;

überwiegend wurden sie als Ausdruck der physischen Erschöpfung und Überlastung der Arbeiter angesehen. Andererseits konzentrierten sich »Bummelei« und mangelnde Arbeitsdisziplin weiterhin auf die neueingestellten, ungelernten »Konjunkturarbeiter«: zum einen auf die weiblichen Arbeitskräfte und Jugendliche, zum anderen auf »zugewiesene auswärtige Arbeiter«, die, wie die Rüstungsinspektion Münster feststellte, besonders »renitent und unpünktlich« seien – im Gegensatz dazu zeige »die bodenständige männliche Arbeiterschaft (...) erfreulichen Arbeitsstolz« und sei »mit Eifer bei der Sache«.[47]

Gerade gegen diese fluktuierende Reservearmee der deutschen Arbeiterschaft richteten sich denn auch die verschärften polizeilichen und strafrechtlichen Maßnahmen, die das Regime nach Beginn des Krieges ergriffen hatte. Schon im Herbst 1939 hatte es die ersten Fälle »kurzfristiger Erziehungshaft« wegen »Arbeitsuntreue« in besonderen Polizeihaftlagern im Bereich des SS-Sonderlagers Hinzert gegeben, wohin Westwallarbeiter bei Arbeitsvergehen eingewiesen worden waren.[48] Aber in der Hauptsache reagierte das Regime doch verunsichert auf die anwachsende Unzufriedenheit in der Arbeiterschaft; »der Führer und wir alle mit ihm haben nicht zwei Jahrzehnte lang um das Vertrauen der Arbeiterschaft gerungen, damit dieses dann im kritischsten Augenblick aus mehr oder weniger theoretischen Gedankengängen heraus aufs Spiel gesetzt wird«, schrieb Heß an Göring noch im September 1939 und forderte die Rücknahme der Lohnkürzungen – die Erinnerung an die sozialpolitischen Auseinandersetzungen des Ersten Weltkrieges war noch sehr lebendig.[49] Durch die schnellen militärischen Erfolge ermöglicht, wurden die »Septembererlasse« bis zum Frühjahr, die Streichung der Überstundenzuschläge schließlich im Sommer 1940 rückgängig gemacht. Das Gegenteil der von den Kriegswirtschaftsbehörden eingeleiteten kriegsbedingten Lohndämpfung trat ein – die realen Wochenverdienste stiegen bis 1942 trotz Lohnstopps überdurchschnittlich an; in der eisenschaffenden Industrie zwischen 1938 und 1942 um 9 %, im Ruhrbergbau gar um 23 %; auch die Dienstverpflichteten wurden durch Trennungszuschläge und »Treugeld« finanziell besser gestellt, und vielen Arbeitern, besonders Jugendlichen, gelang es, durch Arbeitsplatzwechsel besser bezahlte Stellungen zu bekommen.[50] Trotz der massiven Defizite im Arbeitskräftebereich ging die Gesamtzahl der erwerbstätigen Frauen nach Kriegsbeginn um etwa

300000 zurück und erreichte erst 1943 wieder den Vorkriegsstand, während es nach der Berufszählung von 1939 ca. 6 Mio. erwerbsfähige deutsche Frauen ohne Anstellung gab. Durch die vergleichsweise hohen Unterhaltszahlungen an deutsche Soldatenfrauen entstand aber auch kein sozialer Druck, der zu vermehrter Erwerbstätigkeit von Frauen geführt hätte.[51]

Daß dem von seiten der NS-Behörden nicht entschiedener entgegengesteuert wurde, hatte seinen wichtigsten Grund in den Befürchtungen, der Unmut in der Arbeiterschaft über Dienstverpflichtungen der Frauen könne ebenso wie die Unzufriedenheit über niedrige Löhne und mangelnde Lebensmittelversorgung ähnlich wie im Ersten Weltkrieg politisch destabilisierende Auswirkungen nach sich ziehen. Entsprechend wurde bis in die letzte Kriegsphase hinein in der Presse und vor allem in der Wochenschau immer wieder anschaulich demonstriert, wie sehr sich die jetzige Situation doch von der des Jahres 1917 unterschied. Auf der anderen Seite verloren die Argumente der Kriegswirtschaftstechnokraten nach dem Sieg gegen Polen, vor allem aber nach dem Einmarsch in Frankreich, an Überzeugungskraft: Nun wurde vielmehr insbesondere von der Partei gefordert, daß die kriegsbedingten Zugeständnisse an wirtschaftliche Sachzwänge ein Ende haben und eine weitgehend an völkischen Prinzipien orientierte Arbeits- und Sozialpolitik gegenüber der deutschen Bevölkerung Vorrang haben müsse. Dazu aber paßte eine allen »rassenhygienischen« Postulaten widersprechende Dienstverpflichtung von Frauen zur Industriearbeit nicht; zudem hätte dies langfristig auch zu Lohnangleichungen an die sehr viel höher liegenden Männerlöhne geführt, was, wie das Reichsarbeitsministerium bereits früher festgestellt hatte, »höchst ungünstige psychologische Rückwirkungen nach sich ziehen« würde.[52] Andererseits wird man berücksichtigen müssen, daß die Zahl der erwerbstätigen Frauen in Deutschland in europäischem Maßstab bereits vor Kriegsbeginn relativ hoch war. Das Bild von einer »friedensähnlichen Kriegswirtschaft«, die die Phase der »Blitzkriege« zwischen 1939 und 1941 gekennzeichnet habe, ist kürzlich von Richard J. Overy etwas modifiziert worden. In der Tat hatten die Maßnahmen der Regimeführung, durch Steuererhöhungen, einschneidende Rationierung der Lebensmittel, Drosselung der Konsumgüterproduktion und Kaufkraftabschöpfung mit Hilfe umfangreicher Sparprogramme als indirekte Kriegsfinanzierung den wirtschafts- und finanzpolitischen Erfordernissen des Krieges zu entsprechen, erhebliche Auswirkungen auf den Lebensstandard der Bevölkerung; ein amerikanischer Beobachter empfand das Leben in Berlin im Winter 1939/40 als »spartanisch durch und durch« – aber das war es für die Arbeiterschaft auch vor Kriegsbeginn schon gewesen, so daß gerade für sie der Unterschied zwischen der Zeit vor und nach dem September 1939 weniger gravierend war als für andere Bevölkerungsgruppen. Hingegen blieb im Gegensatz zu den aus den Erfahrungen des Ersten Weltkriegs herrührenden Befürchtungen die Lebensmittelversorgung insgesamt auf hohem Niveau, wenn auch seit Beginn der Lebensmittelrationierungen bei Kriegsbeginn konzentriert auf die Grundnahrungsmittel; während die Rationen bei Fleisch relativ knapp waren. Die realen Wochenlöhne stiegen bis 1941 an, selbst die Versorgung mit Konsumgütern blieb intakt, wenn auch die Verbraucherausgaben bei Kriegsbeginn um etwa 10 % zurückgingen.[53] Große Teile der Bevölkerung und gerade der Arbeiterschaft waren in der ersten Kriegsphase offenbar vorwiegend damit beschäftigt, sich das in der Vorkriegszeit mühsam erreichte Niveau des Lebensstandards nicht wieder zerstören zu lassen.

Zu den sozialen und wirtschaftlichen kamen in zunehmendem Maße außenpolitische Faktoren, die zur weiteren Loyalitätssicherung des Regimes auch in der Arbeiterschaft beitrugen. Der Sieg über Frankreich kann dabei ohne Zweifel als Höhepunkt der Zustimmung, ja Begeisterung in fast allen Teilen der Bevölkerung betrachtet werden. Nicht zu Unrecht sprachen die Berichte des SD davon, »im Banne der militärischen Erfolge« habe sich »eine bisher noch nicht erreichte innere Geschlossenheit« in der Bevölkerung gebildet, während der »Tätigkeit der Gegnergruppen (...) überall der aufnahmefähige Boden entzogen« sei: Der politische Widerstand gegen den Nationalsozialismus war nahezu bedeutungslos geworden und hatte seinen Einfluß innerhalb der Arbeiterschaft weitgehend verloren.[54] Der Erfolg schien Hitler recht zu geben, und es waren nurmehr wenige, die nicht von einem deutschen Sieg überzeugt waren oder sich gar eine Niederlage Nazi-Deutschlands wünschten. Waren Bewunderung für die außenpolitischen Erfolge Hitlers und Zustimmung zum NS-Regime bis dahin zwei Dinge gewesen, so wurden diese Übergänge jetzt fließend, und die anhaltende Unzufriedenheit mit einzelnen Verhältnissen im Reich oder Maßnahmen der Behörden muß mehr und mehr auf dem Hintergrund einer jedenfalls grundsätzlichen Akzeptanz des Hitler-Regimes auch in der Arbeiterschaft verstanden werden – zumal eine realistische politische Alternative nirgendwo auch nur in Umrissen zu erkennen war – ganz besonders nachdem die Nachricht vom Hitler-Stalin-Pakt die Anhänger der Kommunisten desorientiert und nun auch bei den Hitler-Gegnern isoliert hatte.

Innenpolitisch lag der Hauptgrund für das Anwachsen der Zustimmung zum NS-Regime auch bei der Arbeiterschaft darin, daß es den Behörden gelungen war, den Widerspruch zwischen kriegswirtschaftlichen Erfordernissen und dem politisch motivierten Postulat der Stabilität des Lebensstandards nach außen abzulenken und die Lasten des Krieges auf die von der Wehrmacht besetzten Länder und ihre Bevölkerungen abzuwälzen. Erst die Wehrmacht, dann das deutsche Volk und zum Schluß die Einwohner der besetzten Gebiete, lautete die Devise, und in welchen Dimensionen dieses Prinzip in längerfristiger Perspektive durchschlagen sollte, zeigten dann vor allem die kriegswirtschaftlichen Vorbereitungen auf den Einmarsch in die Sowjetunion.[55] Dadurch aber gerieten die Unterprivilegierung der deutschen Arbeiterschaft im Innern und ihre Privilegierung als Deutsche auf Kosten der Einwohner der besetzten Länder zueinander in ein Spannungsverhältnis, das die »objektive« Lage der deutschen Arbeiterschaft bis in die letzte Kriegsphase kennzeichnete, wohl aber von den wenigsten auch so wahrgenommen wurde. Für die meisten blieb der Vergleich mit ihrer Lage vor Beginn des Krieges (oder gar der NS-Herrschaft) der Bewertungsmaßstab, während die Verhältnisse in Polen oder der Tschechoslowakei gar nicht auf die eigene Situation bezogen wurden.

Im Innern aber war das Prinzip der Abwälzung der Lasten des Krieges auf die Bewohner der eroberten Gebiete schon seit Kriegsbeginn in einer sehr handfesten und direkten Weise spürbar geworden. Als im Herbst 1939 das bedrohliche Ausmaß des Arbeitskräftemangels die deutschen Behörden vor die Alternative stellte, entweder deutsche Frauen dienstzuverpflichten oder ausländische Arbeitskräfte ins Reich zum »Arbeitseinsatz« zu bringen, machte die Entscheidung für den Ausländereinsatz trotz der damit verbundenen erheblichen ideologischen und sicherheitspolizeilichen Probleme deutlich, »wie sehr man das Wertopfer einer vorübergehenden Einfremdung bestimmter Berufe eher zu bringen bereit ist als das Wertopfer einer Gefährdung der volksbiologischen Kraft des deutschen Volkes durch stärkeren Einsatz der Frau«.[56] Damit war aber auch der grundlegende Widerspruch des Ausländereinsatzes angesprochen: Sosehr die überwiegend zwangsweise Rekrutierung ausländischer Hilfsarbeiter aus kriegswirtschaftlichen Motiven und zur Loyalitätssicherung gegenüber der deutschen Bevölkerung für die Führungsspitze des Regimes geboten schien, so sehr verstieß sie doch gegen das der nationalsozialistischen Gesellschaftspolitik zugrundeliegende Prinzip der »Blutreinheit«; dieser Konflikt zwischen ideologischer Identität und wirtschaftlichem Sachzwang war das bestimmende Element in der Ausländerpolitik des »Dritten Reiches«. Versuche, die Arbeits- und Lebensbedingungen der Zwangsarbeiter allein durch die Gewinninteressen der Unternehmen erklären zu wollen, greifen ebenso zu kurz wie Versuche, den Ausländereinsatz als Ergebnis der »Befehlswirtschaft« des NS-Regimes und den Unternehmen »aufgezwungene« Maßnahmen zu interpretieren.

Bereits im Sommer 1941 arbeiteten fast 3 Mio. Ausländer in Deutschland, überwiegend Polen und Franzosen; der Höhepunkt des Ausländereinsatzes wurde im Herbst 1944 mit 7,7 Mio. ausländischen Zivilarbeitern und Kriegsgefangenen erreicht; die größte Gruppe stellten nun die Arbeitskräfte aus der Sowjetunion mit 2,2 Mio. Zivilarbeitern, davon die Hälfte Frauen, und 630000 Kriegsgefangenen dar. Nachdem die Ausländer bis zum Herbst 1941 überwiegend in der Landwirtschaft beschäftigt waren, konzentrierte sich ihr Einsatz seit der Kriegswende im Winter 1941/42 auf die Industrie. 1944 stellten die Ausländer mehr als ein Viertel aller Beschäftigten in der deutschen Wirtschaft insgesamt – in den kriegswichtigen Rüstungsunternehmen, in der Bauindustrie, beim Bergbau und in der Landwirtschaft lag die Ausländerquote bei über 50 %, in vielen Betrieben waren im letzten Kriegsdrittel deutsche Arbeiter nurmehr als Vorarbeiter und Meister beschäftigt, und die Belegschaften bestanden zu 80 bis 90 % aus Ausländern. In gleichem Maße stieg die Zahl der zum Militär eingezogenen Deutschen – von 5,5 Mio. im Mai 1941 auf 7,6 Mio. im Frühjahr 1942 und etwa 11 Mio. bei Kriegsende. »Unabkömmlich« waren unter den deutschen Arbeitern vorwiegend Fach- und Spezialarbeiter, während die Einberufungen gerade die

Un- und Angelernten trafen, die in den Betrieben nun durch Ausländer ersetzt wurden. Die traditionelle und seit 1933 forcierte Spaltung zwischen gelernten Arbeitern und Hilfsarbeitern wurde durch den »Ausländereinsatz« modifiziert und radikalisiert.

So bildete sich unter den Belegschaften eine nach »rassischen« bzw. nationalen Kriterien strikt gestaffelte Hierarchie heraus, an deren Spitze die deutschen Arbeiter standen, gefolgt von den Arbeitskräften »germanischer« Abstammung, etwa aus Dänemark oder Holland, bis hinunter zu den Polen, den sowjetischen Zivilarbeitern und den sowjetischen Kriegsgefangenen. Nach der Stellung in dieser Hierarchie richteten sich die Arbeits- und Lebensbedingungen der einzelnen Arbeitergruppen – Bedingungen, die gerade bei den Polen und Russen außerordentlich schlecht waren und durch eine Unzahl bis in Kleinigkeiten reichende Vorschriften reglementiert wurden. Gegenüber den Arbeitskräften aus Osteuropa galten die deutschen Arbeiter generell als Vorgesetzte; gerade in Großbetrieben mit besonders hohem Anteil an Ausländern traten Deutsche in der Regel nur noch als Anlerner und Kontrolleure auf. Zwar wuchs auch der Druck auf die deutsche Arbeiterschaft, aber von den sich verschärfenden Strafmaßnahmen wegen »Arbeitsbummelei« und »Arbeitsvertragsbruch« waren Ausländer ungleich stärker betroffen als Deutsche. Von den 321 Einweisungen in die eigens zur Bekämpfung des »Bummelantenwesens« geschaffenen Arbeitserziehungslager im Februar und März 1944 in Westfalen-Nord beispielsweise entfielen 294 auf Ausländer (155 davon auf Polen und Russen) und 27 auf Deutsche; bei Einweisungen in Konzentrationslager betrug das Verhältnis 15 : 1; wobei unter den Deutschen wiederum Frauen und Jugendliche bei den Bestrafungen wegen »Bummelei« weit überrepräsentiert waren.[57]

Zwar gab es durchaus auch Potentiale für gemeinsame Interessen zwischen Deutschen und Ausländern im Betrieb, und die Zahl der berichteten Fälle von Hilfsbereitschaft gegenüber den »Fremdarbeitern« ist nicht gering. Bei der überwiegenden Zahl der überlieferten Fälle ist jedoch der Eindruck vorherrschend, daß es sich eher um Hilfe aus Mitleid als um den Ausdruck »internationaler Klassensolidarität« gehandelt hat. Das Verhältnis zwischen deutschen und ausländischen Arbeitern war in erster Linie durch die Nationalität bestimmt, nicht durch die gemeinsame Zugehörigkeit zur »Arbeiterklasse«. Das zeigte sich zum einen dort, wo sich Berichte über Mißhandlungen ausländischer, insbesondere sowjetischer Arbeiter durch deutsche Belegschaftsmitglieder häuften – etwa im Bergbau, wo auch die Todeszahlen unter den sowjetischen Arbeitern am höchsten waren. Kennzeichnend für die Haltung der deutschen Arbeiter wie generell der Deutschen gegenüber Ausländern waren insgesamt aber weder Hilfsbereitschaft noch aktive Beteiligung an Mißhandlungen, sondern eher Desinteresse und eine Art gleichgültiger Selbstverständlichkeit, und zwar um so mehr, je länger der Krieg dauerte und je größer damit die eigenen Sorgen der Deutschen wurden. Die Unterprivilegierung der Polen und Russen wurde ebensowenig als etwas Exzeptionelles wahrgenommen wie die eigenen Privilegien; bei allen notwendigen Differenzierungen und der sehr unterschiedlichen Situation in den einzelnen Industriezweigen und Betrieben bildete sich gegenüber den Ausländern eine Einstellung heraus, die rassische Ungleichheit stillschweigend voraussetzte und die Instrumentalisierung des einzelnen als aktiven Faktor rassistischer Politik gar nicht mehr als Besonderes wahrnahm.

Für die deutsche Arbeiterschaft hatte das auch langfristige Auswirkungen, denn durch den nationalsozialistischen Arbeitseinsatz veränderte sich ihr Platz innerhalb des gesellschaftlichen Gefüges, als unter ihnen eine diskriminierte Klasse ungelernter Zwangsarbeiter plaziert wurde, die von den deutschen Arbeitern zu beaufsichtigen, verwahren, reglementieren und anzulernen war. Unabhängig davon, wie sich die einzelnen gegenüber den Ausländern individuell verhielten, ermöglichte der durch die Anwesenheit der ausländischen Zwangsarbeiter in Gang gesetzte Umschichtungsprozeß soziale Aufstiegsmöglichkeiten in einem bis dahin unbekannten Ausmaß.

Ohne die Millionen ausländischer Zwangsarbeiter wäre der Krieg spätestens seit 1942 nicht mehr fortzuführen gewesen; ebenso wie ohne die massive Ausbeutung der eroberten Länder die Versorgung der deutschen Bevölkerung auf dem soziale und politische Stabilität gewährleistenden Niveau nicht hätte erreicht werden können.

Die Umstellung der deutschen Kriegswirtschaft vom »Blitzkrieg« auf einen lang andauernden »Abnutzungskrieg« als Folge des militärischen Rückschlags vor Moskau zog für die Lage der deutschen Arbeiterschaft gravierende Veränderungen nach sich; auch in rückblickender Perspektive wird hier der Wendepunkt gesehen, der die seit etwa 1935 andauernde positive Entwicklung beendete. In dem Maße, wie sich der Krieg verschärfte, veränderte sich auch die Zusammensetzung der deutschen Arbeiterschaft. Während außer Vor- und Facharbeitern vor allem die über 50jährigen Belegschaftsmitglieder in den Betrieben verblieben, stiegen die Einberufungsquoten auch in den bis dahin geschützten Rüstungsunternehmen. Die Entwicklung von mehr als der Hälfte der männlichen deutschen Arbeiter im wehrfähigen Alter, die als Soldaten oft für viele Jahre aus der gewohnten sozialen Umgebung heraus und in die klassenunspezifische Männergemeinschaft der Wehrmacht hineingesetzt wurden, ist unter sozialgeschichtlichen Gesichtspunkten bisher jedoch weitgehend unerforscht. In der Erfahrungsanalyse tritt die überragende Bedeutung der Soldatenzeit bei den Männern deutlich hervor; gleichwohl sind wir hier eher auf Vermutungen und Fragen angewiesen, als daß gesicherte Erkenntnisse vorlägen.[58] Welche soziale Orientierung besitzt nach der Kriegszeit, um nur ein Beispiel zu nennen, ein Arbeiter des Jahrgangs 1918, der nach vielleicht vierjähriger Erfahrung als Hüttenarbeiter im Jahre 1937 zum RAD kommt, dann den Wehrdienst ableistet, dann am Polenfeldzug teilnimmt, dort Gefreiter wird, dann als Besatzungssoldat ein Jahr in Frankreich liegt, dann nach Rußland marschieren muß, dort verwundet, befördert, wieder verwundet wird, ein knappes Jahr als Rekonvaleszent eine Gruppe sowjetischer Gefangener in Oberschlesien beaufsichtigt, wieder an die Ostfront kommt, dort Unteroffizier wird, Orden erhält, in einer Reparatureinheit Vorgesetzter für fast 40 Männer wird, wieder an die Westfront kommt, dort Ende 1944 gefangengenommen wird, 3 Jahre in englischer Gefangenschaft sitzt und Anfang 1948 in seine zerstörte Heimat zurückkommt, in der weder sein Wohnviertel noch die Fabrik mehr stehen, die er 10 Jahre zuvor als Neunzehnjähriger verlassen hatte und in die er jetzt als fast Dreißigjähriger zurückkehrt?

Gewiß ist, daß die je nach Glück oder Unglück ein paar Monate oder 15 Jahre dauernde Soldatenzeit nicht nur die bis dahin engen räumlichen und sozialen Erfahrungsbereiche gesprengt, sondern auch die politischen und moralischen Werthaltungen tiefgreifend beeinflußt hat – bei den meisten waren die Erlebnisse als Soldaten so prägend, daß sie noch heute bei weitem den größten Teil ihrer Erinnerungsberichte ausmachen. Im Vergleich dazu erscheinen Lohnstreitigkeiten im Betrieb, sozialpolitische Vergünstigungen oder die

Rolle der DAF, um nur einige der in der Literatur vieldiskutierten Aspekte zu nennen, geradezu als Marginalien.

Das vorrangige Interesse der Zuhausegebliebenen hingegen konzentrierte sich darauf, ihre uk-(=unabkömmlich)Stellung zu sichern. Hier lag denn auch eines der wirkungsvollsten Instrumente zur Disziplinierung der deutschen Arbeiter; gleichzeitig aber trafen sich hier auch die Interessen der Stammarbeiter, die die Einberufung fürchteten, und der Unternehmensleitungen, die um ihre qualifizierte Stammbelegschaft bangten. Zudem waren sich Arbeiter und Betriebsleiter nicht selten auch in ihren Ressentiments gegen die allzu leicht uk-Gestellten DAF-Funktionäre einig. Versorgungsengpässe und die Bombenangriffe stellten in der zweiten Kriegshälfte die zentralen Probleme für die Arbeiterbevölkerung dar; angesichts des zurückgehenden Verbrauchsgüterangebots verloren die Löhne an Bedeutung, und die Lebensmittelversorgung rückte in den Mittelpunkt des Interesses. Als im März 1942 zum ersten Mal merkbare Rationenkürzungen bekanntgegeben wurden, berichtete der SD (=Sicherheitsdienst), dies habe »auf einen großen Teil der Bevölkerung geradezu ›niederschmetternd‹ gewirkt, und zwar in einem Ausmaße wie kaum ein anderes Ereignis während des Krieges«, »insbesondere in Arbeiterkreisen«. Zwar wurden die Kürzungen schon im Herbst 1942 wieder rückgängig gemacht, die Besorgnis über die Versorgungslage blieb aber bestehen.[59]

Daneben standen in der Arbeiterschaft vor allem die Klagen über mangelnde »Gerechtigkeit« bei der Lebensmittelverteilung im Vordergrund, und die Regimeführung beeilte sich, diesen Klagen durch propagandistisch stilisierte Maßnahmen der »gerechten Verteilung« entgegenzuwirken. Insbesondere die Ausgabe von Zusatzkarten an Lang- und Schwerstarbeiter bekam jetzt zunehmende Bedeutung: Wer nur »Normalkarten« erhielt, mußte mit weniger als 2000 Kalorien auskommen, so daß die meist im Betrieb verteilten Zusatzkarten auch ein gezieltes sozialpolitisches Steuerungsinstrument darstellten. Die logische Folge der Verknappung und Rationierung war das Entstehen einer zweiten Ökonomie: Hamsterfahrten und Schwarzschlachtung, Tauschhandel, Hortung und Schwarzmarkt gewannen rasch an Bedeutung – eine zu erwartende, beinahe gesetzmäßige Entwicklung, die dem NS-Regime politisch sicherlich nicht gefährlich wurde. Aber sie stand in offenkundigem Gegensatz zu dem totalitären Anspruch des Regimes, weil hier der Glaube an die ungebrochene Effektivität der Verwaltung und damit des NS-Regimes insgesamt abzubröckeln drohte. Der Eindruck des Auf-sich-Gestellt-seins verstärkte sich noch angesichts der Gesetze des Schwarzmarktes; zumal für die Arbeiter, die in der Regel von der Zusatzversorgung durch eine zweite Ökonomie abgeschnitten waren, weil sie nichts besaßen, womit man hätte tauschen können. Trotz des brutalen Eingreifens der Gestapo war der Schwarzmarkt nicht zu beseitigen, aber es ist den Nationalsozialisten offenkundig gelungen, die gesellschaftliche Erinnerung daran auf die Nachkriegszeit zu begrenzen.[60]

Das entscheidende Element zur Desintegration des pronationalsozialistischen Konsensus aber war zweifellos der Bombenkrieg, durch den die Industriearbeiterschaft in den Großstädten aufgrund der hohen Wohndichte in den Arbeitervierteln stärker als andere Bevölkerungsgruppen betroffen war.[61] Die damit verbundenen Belastungen waren erheblich: Arbeitszeit und Arbeitsorte veränderten sich; in vielen Betrieben mußten die Belegschaften tagsüber arbeiten und nachts Luftschutzdienst leisten. Durch diese »Überbeanspruchung zahlreicher Gefolgschaftsmitglieder, und zwar gerade derjenigen, die überall ihren Dienst gewissenhaft ausfüllen«, sanken die Arbeitsleistungen der deutschen Arbeiter kontinuierlich und konnten durch die aufgrund verbesserter Anlernungen erzielten Leistungssteigerungen der ausländischen Zwangsarbeiter nicht wettgemacht werden. Zugleich schlug die »Stimmung« der deutschen Bevölkerung, vor allem in den bombengefährdeten Großstädten, allmählich in Resignation und Apathie um. Die Reduktion der sozialen Wahrnehmung auf den unmittelbaren Zusammenhang der eigenen Existenz, das wachsende Desinteresse an allen gesellschaftlichen und politischen Ereignissen waren Ausdrucksformen dieser Entwicklung. Aber es entstanden daraus keine Elemente verbreiteter politischer Opposition. Zwar nahm seit Stalingrad der Widerspruch gegen das NS-Regime zu, aber weder die oppositionellen Zirkel der Linken noch gar die Widerstandsbewegung des 20. Juli konnten sich auf breitere Zustimmung in der Arbeiterschaft stützen, und es gibt sogar Hinweise darauf, daß nach dem 20. Juli in der Arbeiterschaft die Sympathien für Hitler kurzzeitig gestiegen sind. Auch zu Kontakten zwischen der sich formenden Widerstandsbewegung unter den ausländischen Zwangsarbeitern, die für die deutschen Sicherheitsbehörden seit 1944 die größte Bedrohung im Innern darstellte, und der deutschen Arbeiterschaft ist es nur in wenigen, eher als Ausnahme anzusehenden Fällen gekommen.[62]

Zu dieser politischen Apathie trugen neben dem seit der Kriegswende wieder rapide angestiegenen Terror der Sicherheitspolizei und der wachsenden Regression auf das eigene Überleben auch die Luftangriffe selbst bei, die außer Hoffnungslosigkeit und Angst auch Wut und Verbitterung über den überlegenen Gegner auslösten, was von der nationalsozialistischen Führung politisch genutzt werden konnte. In weiten Teilen der Bevölkerung, auch der Arbeiterschaft, war darüber hinaus die Angst vor einer Niederlage Deutschlands insbesondere gegenüber der Sowjetunion immens und stellte den wichtigsten Anknüpfungspunkt für die nationalsozialistische Propaganda der letzten beiden Kriegsjahre dar.

Tatsächlich aber ist spätestens für das letzte Kriegsdrittel die Entwicklung der Arbeiterschaft kaum mehr von der Situation anderer Bevölkerungsgruppen präzise unterscheidbar; der Grund dafür liegt nicht nur in der Umwälzung der Belegschaften durch Einberufungen zum Militär und Ausländereinsatz. Vielmehr trennten sich durch die immer spürbarer werdenden Auswirkungen des Krieges die Erfahrungen der einzelnen in zunehmendem Maße von ihrer sozialen Prädisposition, und andere Kriterien gewannen an Bedeutung: Ob einer eingezogen oder uk-gestellt wurde, an die West- oder an die Ostfront kam, verwundet wurde oder nicht; ob eine Familie in einer Kleinstadt lebte oder in einer Industrieregion, am Stadtrand oder in bombengefährdeten Innenstädten, ob sie ausgebombt wurde oder nicht, ob die Kinder evakuiert wurden, ob man Ausgebombte oder Flüchtlinge aufnehmen oder selbst bei Fremden unterkommen mußte, ob man im Osten Deutschlands lebte und Flüchtling wurde oder im Westen – das waren die Kriterien, nach denen sich das Schicksal der einzelnen formte und sich ihre Erfahrungen prägten. Die Bindung an die kollektive Entwicklung der Klasse, der man zugehörte, verlor an Bedeutung; statt dessen formten sich Schicksalsgemeinschaften, deren Ergehen von geographischen, militärischen, politischen Faktoren abhängig war und nicht zuletzt vom Zufall. Für die deutsche Arbeiterschaft war dies insofern von besonderer Bedeutung, als ihr Leben stärker als das anderer gesellschaftlicher Klassen oder Gruppen auf die Einbindung in ein klassenspezifisches Kollektiv ausgerichtet gewesen war, selbst wenn die Bindekraft des proletarischen Milieus in den vergangenen Jahren bereits zurückgegangen war.

Durch die Zerstörung der einstmals homogenen Arbeiterviertel in den Industriestädten mit ihren gewachsenen sozialen Strukturen wurden auch die materiellen Grundlagen für ein mögliches Wiederaufleben der alten Sozialmilieus beeinträchtigt, oft sogar zerstört. Hinzu kamen Betriebsverlagerungen und in zunehmendem Maße Evakuierungen, die schließlich auch noch die Familien – oft für lange Zeit – von ihren Vätern trennten. Gerade an diese Evakuierungen banden sich heftige soziale Auseinandersetzungen – im Ruhrgebiet drohten Bergleute in aller Öffentlichkeit, daß sie ihre Arbeitsleistungen einschränken würden, wenn ihre Familien nicht bei ihnen bleiben durften. Dieser Widerstand gegen alle Umquartierungsmaßnahmen, so bemerkt Wolfgang F. Werner dazu, »zeigte die Entschlossenheit eines beträchtlichen Teils der Arbeiterschaft, den Familienzusammenhalt als letzte Bastion in dem zunehmend desintegrierenden Netz der Sozialbindungen ohne Rücksicht auf die Folgen zu erhalten. (...) Die Hartnäckigkeit, mit der die deutsche Arbeiterschaft, in zweiter Linie auch katholische Eltern verschiedener Schichten, die Familie als eine der letzten Institutionen mit intakter Sozialbindung zu erhalten suchten, deutet auf den verstärkten Ablösungsprozeß vom nationalsozialistischen Regime hin.« Diese Beobachtungen Werners korrespondieren mit den Hinweisen des Bayern-Projekts, daß Verweigerung und Opposition besonders dort entstanden, wo die Maßnahmen des Regimes in durchaus modernisierendem Sinne tradierte soziale Strukturen und Verhaltensgewohnheiten berührten oder in Frage stellten.[63]

In gleichem Maße verstärkten sich die Bindungen der Arbeiter an die Betriebe, nicht nur weil hier auch die Lebensmittelzusatzkarten ausgegeben wurden, sondern weil ähnlich wie die Familie der Betrieb noch die sicherste Stütze für das eigene Überleben darzustellen schien. In den meisten Fabriken wurde so bis zum letzten Kriegstag weitergearbeitet; doch dafür waren nicht nur die Zwangsmittel des Regimes verantwortlich. Vielmehr bedeutete die Fabrik in der letzten Kriegsphase Fluchtpunkt und Orientierung in einer ansonsten völlig chaotisch gewordenen Umwelt, einen »Abglanz an Normalität« (Werner) – und zudem war für die Arbeiterschaft eine Perspektive für die Zeit nach dem Kriege nur mit einem Arbeitsplatz denkbar.

Das eingangs skizzierte Problem der Relationen, in denen die Entwicklung der Arbeiterschaft während der NS-Herrschaft zu interpretieren wäre, hat dazu geführt, gegen die Thesen über Nichtanpassung, Opposition und Resistenz erneut die Elemente von Konsens, Integration und Zustimmung stärker zu betonen. Betrachtet man die Vorkriegsjahre insgesamt, so besteht angesichts der politischen Veränderungen seit dem Machtantritt der Nationalsozialisten das eigentlich Erstaunliche aber in der relativen Kontinuität der Entwicklung sowohl der Lebensbedingungen der Arbeiterschaft unter günstigen konjunkturellen Vorzeichen als auch der Formen des sozialen Konflikts. Neu ist die Veränderung der politischen Rahmenbedingungen zugunsten der Unternehmer durch die Zerschlagung der Arbeiterbewegung und die Terrorisierung der Arbeiterbevölkerung, nicht unbedingt das materielle Ergebnis für die Arbeiterschaft selbst. Der spezifische Beitrag der Nationalsozialisten zur Arbeiterpolitik in dieser Phase bestand darüber hinaus vor allem in der Durchsetzung »rassehygienischer« Prinzipien in der Sozialpolitik: der Ausgrenzung der »Leistungsunfähigen« bzw. der »biologisch Belasteten«. Vergleicht man diese Entwicklung mit der ständestaatlich ausgerichteten Sozialpolitik des italienischen Faschismus, so liegt der Unterschied vor allem darin, daß die modernere Konzeption des Nationalsozialismus die Arbeiterschaft nicht explizit aus der Teilhabe an der wirtschaftlichen Entwicklung ausschloß, sondern im Gegenteil auf der Grundlage des völkisch-rassistischen Gesellschaftskonzepts die Trennungslinie nicht vertikal, sondern horizontal zog und den »wertvollen« Teil der Arbeiterschaft in die »Volksgemeinschaft« zu integrieren versuchte. Angesichts der elenden sozialen und wirtschaftlichen Lage der deutschen Arbeiterschaft seit der Mitte des Ersten Weltkriegs war diese Konzeption erfolgreich, weil sie den Arbeitern soziale Stabilität, wenn auch auf sehr bescheidenem Niveau, verschaffte und gleichzeitig Hoffnungen auf einen langfristigen Aufstieg ermöglichte; sie reagierte damit auf die vorrangigen Bedürfnisse der Arbeiterschaft, denen gegenüber sich die politische Unterdrückung für die meisten Arbeiter als sekundär erwies, zumal sich der Terror nach der ersten Phase der massenhaften Razzien auf die bald außerordentlich kleine Gruppe der aktiven Widerstandskämpfer beschränkte; während der Terror gegen die »rassisch« bzw. biologisch »Minderwertigen« nicht unmittelbar mit der eigenen Lage in Verbindung gebracht wurde. In großen Teilen der jungen Arbeiterschaft, bei den Anhängern der bürgerlichen und rechten Gruppen und nicht zuletzt auch bei vielen Kommunisten hatte es zudem eine tiefer verwurzelte Verbindung zu demokratischen Freiheiten gar nicht gegeben, so daß die politische Kritik am NS-Regime mit der Verbesserung der eigenen sozialen Lage weithin verstummte, während die Fortdauer der sozialen Auseinandersetzungen in den Betrieben nicht in unmittelbarer Verbindung mit der politischen Herrschaft des Nationalsozialismus stand. Andersherum waren es nicht ein politischer Konsensus, sondern wirtschaftliche und soziale Verbesserungen, die zur Neutralisierung und partiellen Integration der Arbeiterschaft beitrugen, und das Regime unternahm bis ins letzte Kriegsjahr hinein alle Anstrengungen, um die soziale Befriedung der deutschen Arbeiter sicherzustellen.

Dies geschah vornehmlich durch entsprechende Belastung der Bevölkerung der eroberten Länder, wobei sich der bis dahin praktizierte innere Rassismus radikalisierte und gleichzeitig nach außen wandte. Während aber die aus der Mitte der deutschen Bevölkerung herausgerissenen Ausgegrenzten – Juden, Behinderte, Zigeuner, »Asoziale« – aus dem Blickfeld der Deutschen verschwanden, wurde mit der Hereinnahme von Millionen ausländischer Zwangsarbeiter die massive Bevorrechtigung auch der deutschen Arbeiterschaft aufgrund ihrer nationalen bzw. »rassischen« Zugehörigkeit explizit und täglich spürbar. Zugleich wurde ein erheblicher Teil der Arbeiterschaft während der Militärzeit für so lange Zeit zu einem Teil der nationalsozialistischen Kriegsmaschinerie, daß die Auswirkungen dieser Einflüsse auf die Selbsteinschätzung und die politische Haltung der Arbeiter vermutlich außerordentlich groß waren. Gleichwohl war beides – Bevorrechtigung als deutscher Arbeiter oder als deutscher Soldat – allein nach wie vor nicht politisch bindungsfähig; die Adhäsion der Arbeiterschaft an den Nationalsozialismus war an den Erfolg geknüpft. »Die Ideologie des Nationalsozialismus«, schrieb Franz Neumann vorausblickend schon im Dezember 1941, »steht und fällt mit seiner angeblichen Leistungskraft.«[64] Blieb der Erfolg aus, verlor das NS-Regime seine Attraktivität. Mit dem Bombenkrieg aber wurden die Voraussetzungen dieser Akzeptanz zerstört, ohne daß sich daraus freilich eine aktive politische Oppositionshaltung ergeben hätte.

Struktur, Selbstbewußtsein und Perspektive der deutschen Arbeiterschaft hatten sich während der zwölf Jahre der Diktatur tiefgreifend verändert. Soweit dies auf die Forcierung der längerfristigen Trends von Differenzierung, Individualisierung und sozialer Mobilität zurückzuführen ist, liegen mittlerweile zahlreiche Arbeiten vor, die diesen Prozeß für die Vorkriegsphase im einzelnen untersucht haben. Die politischen und sozialen Erfahrungen, die die deutsche Arbeiterschaft unter der Diktatur machte, und insbesondere die Auswirkungen der Entwicklung während der Kriegsjahre auf die soziale und politische Vorstellungswelt der Arbeiterschaft, auf Mentalität, Denk- und Lebensweise sind hingegen bislang kaum erforscht, und wir sind hier weithin auf Vermutungen und Extrapolationen angewiesen. In dem Maße aber, wie man die Perspektive der Fragestellung von 1933 auf 1945 verlagert und den Nationalsozialismus stärker in seinen Auswirkungen auf die Nachkriegszeit untersucht, kommt dieses Defizit zum Vorschein. Es verweist darauf, daß mit den herkömmlichen Fragestellungen der Arbeitergeschichtsschreibung – Lebensstandard, soziale Schichtung, Mobilität, betriebliche Konflikte etc. – zwar immer zahlreichere und differenziertere Ergebnisse zu diesen Aspekten produziert werden, deren Erkenntniswert aber immer geringer wird, weil sie sich von den kontingenten Erfahrungen der Zeitgenossen gelöst und auf die Diskussion von separierten Teilaspekten konzentriert haben. Die dahinter stehende Annahme, die Entwicklung der deutschen Arbeiterschaft während des »Dritten Reiches« und insbesondere während der Kriegsjahre ließen sich mit Hilfe der für die Zeit bis 1933 so bewährten Konzentration auf die Entwicklung der materiellen Lebensbedingungen in und außerhalb des Betriebes und die daraus hervorgehenden sozialen und politischen Konflikte hinreichend beschreiben, geht offensichtlich fehl – und reproduziert in gewisser Weise den Versuch der Zeitgenossen, das normale Leben fortzusetzen, so gut es ging, und die um sie herum einstürzende Welt nur insoweit wahrzunehmen, als sie selbst direkt und unmittelbar davon betroffen waren. Die tradierten Begrenzungen zwischen sozialen Erfahrungswelten einerseits und politischer, militärischer, wirtschaftlicher, ideologischer Entwicklung andererseits wurden um so stärker erschüttert, je länger der Krieg dauerte.

Hier liegen auch die interessantesten Ansatzpunkte und Herausforderungen für die Forschung; gilt es doch, diesem Prozeß der Enttypisierung und Entgrenzung folgend die tradierten Begrenzungen der Einzeldisziplinen gerade für die Behandlung der Kriegsjahre zu überwinden. Das aber setzt eine Erweiterung der Perspektiven und des methodischen Repertoires voraus.

Der »Ausländer-Einsatz« in der deutschen Kriegswirtschaft, 1939–1945

Der nationalsozialistische »Ausländer-Einsatz« zwischen 1939 und 1945 stellt den größten Fall der massenhaften, zwangsweisen Verwendung von ausländischen Arbeitskräften in der Geschichte seit dem Ende der Sklaverei im 19. Jahrhundert dar. Im August 1944 waren auf dem Gebiet des »Großdeutschen Reichs« 7,8 Mio. ausländische Zivilarbeiter und Kriegsgefangene als im Arbeitseinsatz beschäftigt gemeldet; hinzu kamen etwa 500000 überwiegend ausländische KZ-Häftlinge. Somit waren zu diesem Zeitpunkt knapp 30% aller in der gesamten Wirtschaft des Reiches beschäftigten Arbeiter und Angestellten Ausländer, die man größtenteils zwangsweise zum Arbeitseinsatz ins Reich gebracht hatte. Gleichwohl war der »Ausländer-Einsatz« von der nationalsozialistischen Führung vor Kriegsbeginn weder geplant noch vorbereitet worden.

In einem Memorandum des Wirtschafts- und Rüstungsamtes der deutschen Wehrmacht wurde kurz vor Kriegsbeginn festgestellt, daß es bei den rüstungswirtschaftlichen Vorbereitungen auf den Krieg drei große Engpässe gebe – Devisen, bestimmte Rohstoffe und Arbeitskräfte. Für Devisen und Rohstoffe gab es eine Lösung: Nach dem Konzept der »Blitzkriege« sollten die Ressourcen des Reiches sukzessive durch die Vorräte der zu erobernden Länder erweitert werden. Dieses Konzept hatte sich in den Fällen Österreich und Tschechoslowakei bereits bewährt und sollte sich in den Jahren 1939 bis 1941 erneut bestätigen. Die Frage der Beschaffung von Arbeitskräften war schwieriger zu bewältigen, denn hier spielten außer wirtschaftlichen auch sicherheitspolizeiliche und vor allem weltanschauliche Faktoren eine Rolle. Etwa 1,2 Mio. Arbeitskräfte fehlten im »Großdeutschen Reich«, ein weiterer Anstieg dieses Bedarfs nach Beginn des Krieges war zu erwarten.

Zwei Möglichkeiten standen zur Debatte: Entweder man beschäftigte – wie im Ersten Weltkrieg – deutsche Frauen in großem Umfang in der Wirtschaft, oder man importierte aus den zu erobernden Ländern in großer Zahl Arbeitskräfte. Beides aber stieß in der Regimeführung auf Ablehnung. Die Dienstverpflichtung deutscher Frauen während des Ersten Weltkriegs hatte zu erheblicher innenpolitischer Destabilisierung und Unzufriedenheit geführt; zudem hätte sie einen eklatanten Verstoß gegen das frauen- und sozialpolitische Konzept der Nationalsozialisten dargestellt. Millionen von ausländischen Arbeitern, insbesondere von Polen, ins Reich zur Arbeit zu bringen, kollidierte vehement mit den völkischen Prinzipien des Nationalsozialismus, wonach auch eine massenhafte Beschäftigung von »Fremdvölkischen« im Reich die »Blutreinheit« des deutschen Volkes bedroht hätte.

Die Entscheidung fiel erst nach Kriegsbeginn; im Vergleich zweier Übel schien der Ausländereinsatz gegenüber der Dienstverpflichtung deutscher Frauen das geringere zu sein, weil man hier die erwarteten Gefahren leichter repressiv eindämmen zu können glaubte.

Ausländische Arbeitskräfte in der deutschen Kriegswirtschaft [1]

		1939	1940	1941	1942	1943	1944
Landwirtschaft	Deutsche	10732000	9648000	8939000	8969000	8743000	8460000
	Zivile Ausl.	118000	412000	769000	1170000	1561000	1767000
	Kriegsgef.	–	249000	642000	759000	609000	635000
	Ausl. insg.	118000	661000	1411000	1929000	2230000	2402000
	Ausl. in % aller Beschäftigten	1,1 %	6,4 %	13,6 %	17,7 %	20,3 %	22,1 %
Alle nicht landwirtsch. Bereiche	Deutsche	28382000	25697000	24947000	23298000	22278000	21340000
	Zivile Ausl.	183000	391000	984000	1475000	3276000	3528000
	Kriegsgef.	–	99000	674000	730000	954000	1196000
	Ausl. insg.	183000	490000	1659000	2205000	4230000	4724000
	Ausl. in % aller Beschäftigten	0,6 %	1,9 %	6,4 %	8,9 %	16,5 %	19,8 %
Gesamtwirtschaft	Deutsche	39114000	35239000	34528000	33026000	31690000	30435000
	Zivile Ausl.	301000	803000	1753000	2645000	4837000	5295000
	Kriegsgef.	–	348000	1316000	1489000	1623000	1831000
	Ausl. insg.	301000	1151000	3069000	4134000	6460000	7126000
	Ausl. in % aller Beschäftigten	0,8 %	3,2 %	8,5 %	11,6 %	17,7 %	19,9 %

Die etwa 300000 in deutsche Hand gefallenen polnischen Kriegsgefangenen wurden nun sehr schnell vorwiegend in landwirtschaftliche Betriebe zur Arbeit gebracht; gleichzeitig begann eine massive Kampagne zur Anwerbung polnischer Arbeiter, die zunächst an die langen Traditionen der Beschäftigung polnischer Landarbeiter in Deutschland[2] anknüpfte, aber nach kurzer Zeit zu immer schärferen Rekrutierungsmaßnahmen überging und seit dem Frühjahr 1940 in eine regelrechte Menschenjagd im sogenannten Generalgouvernement mündete, wo mit jahrgangsweisen Dienstverpflichtungen, kollektiven Repressionen, Razzien, Umstellungen von Kinos, Schulen oder Kirchen Arbeitskräfte eingefangen wurden. Bis zum Mai 1940 waren auf diese Weise mehr als eine Mio. polnischer Arbeiter ins Reich gebracht worden.[3]

Gleichwohl empfand man den sogenannten Poleneinsatz in der Regimeführung nach wie vor als Verstoß gegen die »rassischen« Prinzipien des Nationalsozialismus; den daraus erwachsenden »volkspolitischen Gefahren«, so Himmler im Februar 1940, sei mit entsprechend scharfen Maßnahmen entgegenzuwirken. Daraufhin wurde gegenüber den Polen ein umfangreiches System von repressiven Bestimmungen entwickelt: Sie mußten in Barackenlagern wohnen, was sich allerdings auf dem Lande in der Praxis bald als undurchführbar erwies; sie erhielten geringere Löhne, durften öffentliche Einrichtungen (vom Schnellzug bis zur Badeanstalt) nicht benutzen, den deutschen Gottesdienst nicht besuchen; sie mußten länger arbeiten als Deutsche und waren verpflichtet, an der Kleidung ein Abzeichen – das »Polen-P« – befestigt zu tragen. Kontakt zu Deutschen außerhalb der Arbeit war verboten, geschlechtlicher Umgang mit deutschen Frauen wurde mit öffentlicher Hinrichtung des beteiligten Polen geahndet. Um »das deutsche Blut zu schützen«, war zudem bestimmt worden, daß mindestens die Hälfte der zu rekrutierenden polnischen Zivilarbeiter Frauen zu sein hatten.

Für die deutschen Behörden war der Modellversuch »Poleneinsatz« insgesamt ein Erfolg: Es gelang sowohl, binnen kurzer Zeit eine große Zahl von polnischen Arbeitern gegen ihren Willen nach Deutschland zu bringen, als auch, im Deutschen Reich eine nach »rassischen« Kriterien hierarchisierte Zweiklassengesellschaft zu installieren.

Bereits im Mai 1940 aber war unübersehbar, daß auch die Rekrutierung der Polen den Arbeitskräftebedarf der deutschen Wirtschaft nicht zu befriedigen vermochte. So wurden denn schon während und alsbald nach dem »Frankreichfeldzug« etwas mehr als 1 Mio. französischer Kriegsgefangener als Arbeitskräfte ins Reich gebracht. Darüber hinaus begann in den verbündeten Ländern und besetzten Gebieten des Westens und Nordens eine verstärkte Arbeiter-Werbung. Auch für diese Gruppen wurden je besondere, allerdings im Vergleich zu den Polen deutlich günstigere Vorschriften für Behandlung, Lohn, Unterkunft etc. erlassen, so daß ein vielfach gestaffeltes System der nationalen Hierarchisierung entstand, eine Stufenleiter, auf der die damals bereits so genannten »Gastarbeitnehmer« aus dem verbündeten Italien zusammen mit den Arbeitern aus Nord- und Westeuropa oben und die Polen unten plaziert wurden.

Der weit überwiegende Teil der ausländischen Zivilarbeiter und Kriegsgefangenen der »Blitzkriegsphase« bis Sommer 1941 wurde in der Landwirtschaft beschäftigt. Bei den Industrieunternehmen spielten Ausländer zu dieser Zeit keine bedeutende Rolle; die Industrie setzte vielmehr darauf, bald nach Abschluß der »Blitzkriege« ihre deutschen Arbeiter vom Militär zurückzuerhalten. Zugleich waren die ideologischen Vorbehalte gegen eine Ausweitung des Ausländereinsatzes bei Partei und Behörden so groß, daß festgelegt wurde, die Zahl der Ausländer auf dem Stand vom Frühjahr 1941 – knapp 3 Mio. – einzufrieren. Dieses Konzept ging so lange auf, wie die Strategie kurzer, umfassender Feldzüge eine Umstellung auf einen langen Abnutzungskrieg nicht erforderte.

Seit dem Herbst 1941 aber entstand hier eine ganz neue Situation. Die deutschen Armeen hatten vor Moskau ihren ersten Rückschlag erlebt, von einem »Blitzkrieg« konnte nicht mehr die Rede sein. Vielmehr mußte sich nun die deutsche Rüstungswirtschaft auf einen länger andauernden Abnutzungskrieg einstellen und ihre Kapazitäten erheblich vergrößern. Auch mit heimkehrenden Soldaten war nicht mehr zu rechnen – im Gegenteil: Eine massive Einberufungswelle erfaßte jetzt die Belegschaften der bis dahin geschützten Rüstungsbetriebe. Durch die nun einsetzenden intensiven Bemühungen um Arbeitskräfte aus den westeuropäischen Ländern allein aber waren diese Lücken nicht mehr zu schließen. Nur der Einsatz von Arbeitskräften aus der Sowjetunion konnte eine weitere, wirksame Entlastung bringen.

Der Arbeitseinsatz sowjetischer Kriegsgefangener oder Zivilarbeiter im Reich aber war vor Beginn des Krieges explizit ausgeschlossen worden. Dabei hatten sich nicht nur Parteiführung, Reichssicherheitshauptamt und SS aus »rassischen« und sicherheitspolitischen Gründen gegen jede Beschäftigung von Russen in Deutschland ausgesprochen. Vielmehr war die Siegesgewißheit im überwiegenden Teil der an der Vorbereitung des Krieges beteiligten Stellen der Regimeführung und der Wirtschaft so groß, daß ein solcher Einsatz von vornherein als nicht notwendig angesehen wurde, so daß anders als bei der Beschäftigung von Polen diesmal die ideologischen Prinzipien des Regimes durchschlugen. Darüber hinaus gab es auch in der deutschen Bevölkerung starke, durch die ersten Wochenschaubilder vom Krieg in der Sowjetunion noch verschärfte Vorbehalte gegen einen »Russeneinsatz«, wie der SD berichtete: »Es würde mit Sorge gefragt, was wir mit diesen ›Tieren‹ in Zukunft anfangen wollten. Viele Volksgenossen stellten sich vor, daß sie radikal ausgerottet werden müßten. Zusammen mit Gewalttaten entflohener russischer Kriegsgefangener bildete sich eine gewisse Angst davor heraus, daß diese Gestalten und Typen in größerer Zahl in das Reichsgebiet kommen könnten und gar als Arbeitskräfte Verwendung finden sollten.«[4]

Die Folgen dieser weitgehenden Übereinstimmung zwischen Volk und Führung in der Ablehnung des »Russeneinsatzes« waren entsetzlich. Da keine kriegswirtschaftliche Notwendigkeit ihrer Beschäftigung im Reich zu bestehen schien, wurden die Millionen sowjetischen Kriegsgefangenen in den Massenlagern im Hinterland der deutschen Ostfront ihrem Schicksal überlassen. Mehr als die Hälfte der 3,3 Mio. bis Ende des Jahres 1941 in deutsche Hand geratenen sowjetischen Kriegsgefangenen verhungerten, erfroren, starben vor Erschöpfung oder wurden umgebracht. Insgesamt kamen bis Kriegsende von den etwa 5,7 Mio. sowjetischen Kriegsgefangenen 3,5 Mio. in deutschem Gewahrsam ums Leben.[5]

Als sich aber im Spätsommer 1941 und verstärkt dann im Herbst des Jahres die militärische und damit auch die kriegswirtschaftliche Lage Deutschlands rapide wandelte, entstand erneut ein ökonomischer Druck zur Beschäftigung auch der sowjetischen Gefangenen, der sich im November in entsprechenden Befehlen äußerte. Die Initiative dazu ging diesmal von der Industrie, insbesondere vom Bergbau, aus, wo der Arbeitermangel bereits bedrohliche Formen angenommen hatte.

Die überwiegende Mehrzahl der sowjetischen Gefangenen aber stand für einen Arbeitseinsatz gar nicht mehr zur Verfügung. Von den bis dahin mehr als 3 Mio. Gefangenen kamen bis März 1942 nur 160000 zum Arbeitseinsatz ins Reich. Daher mußte nun auch hier in großem Stile auf die Rekrutierung sowjetischer Zivilarbeiter umgeschaltet werden. Die Beschaffung von so vielen Arbeitskräften in so kurzer Zeit wie möglich wurde zur vordringlichen Frage und zur Hauptaufgabe des im März neu eingesetzten »Generalbevollmächtigten für den Arbeitseinsatz«, Sauckel, der seine Aufgabe mit ebensoviel Effizienz wie schrankenloser Brutalität erfüllte. In knapp 2½ Jahren wurden von den Einsatzstäben der Wehrmacht und der deutschen Arbeitsämter 2,5 Mio. Zivilisten aus der Sowjetunion als Zwangsarbeiter ins Reich deportiert – 20000 Menschen pro Woche.[6]

Parallel zu der Entwicklung bei Beginn des »Poleneinsatzes« wurde auch dieser kriegswirtschaftlich motivierte Verstoß gegen die ideologischen Prinzipien des Nationalsozialismus durch ein System umfassender Repression und Diskriminierung der sowjetischen Zivilarbeiter kompensiert, das die Bestimmungen gegenüber den Polen an Radikalität allerdings noch weit übertraf. Wenn es durch den Kriegsverlauf schon unumgänglich wurde, Russen im Reich zur Arbeit einzusetzen, so könnte man die Logik der Behörden umschreiben, dann mußte man sie wenigstens schlecht behandeln.

Innerhalb des Reiches hatte sich mittlerweile ein regelrechter Lagerkosmos herausgebildet; an jeder Ecke in den großen Städten wie auf dem Lande fanden sich Ausländerlager. Allein in einer Stadt wie Berlin gab es etwa 500, insgesamt mögen es im Reich über 20000 gewesen sein, und etwa 500000 Deutsche waren in verschiedenen Funktionen, vom Lagerleiter bis zum »Ausländerbeauftragten« einer Fabrik, direkt in die Organisation des »Ausländer-Einsatzes« einbezogen. Die Lebensbedingungen der einzelnen Ausländergruppen wurden durch eine strikte, bis in Kleinigkeiten reglementierte nationale Hierarchie differenziert. Während die Arbeiter aus den besetzten Westgebieten und den sogenannten befreundeten Ländern zwar überwiegend in Lagern leben mußten, aber etwa dieselben Löhne und Lebensmittelrationen wie die Deutschen in vergleichbaren Stellungen erhielten und auch denselben Arbeitsbedingungen unterlagen, waren die Arbeiter aus dem Osten, vor allem die Russen, ganz erheblich schlechter gestellt. Die Rationen für die offiziell »Ostarbeiter« genannten sowjetischen Zivilarbeiter fielen so gering aus, daß sie oft schon wenige Wochen nach ihrer Ankunft völlig unterernährt und arbeitsunfähig waren.

Schon im Frühsommer 1942 berichteten zahlreiche Unternehmen, daß der »Russeneinsatz« ganz unwirtschaftlich sei, weil eine effektive Beschäftigung nicht nur eine bessere Verpflegung und ausreichende Ruhepausen, sondern auch dem Arbeitsvorgang entsprechende Anlernmaßnahmen für die Zwangsarbeiter voraussetze. Solche Maßnahmen hatten bei den französischen Kriegsgefangenen dazu geführt, daß die Arbeitsleistungen nach relativ kurzer Zeit beinahe das Niveau der deutschen Arbeiter erreichten. Die Lage vor allem der sowjetischen Zwangsarbeiter war allerdings von Betrieb zu Betrieb, von Lager zu Lager sehr unterschiedlich; in der Landwirtschaft ging es ihnen in der Regel erheblich besser als in der Industrie, und auch dort waren die Unterschiede in der Behandlung und der Ernährung eklatant, vor allem seit Ende 1942. Das aber verweist darauf, wie groß der Handlungs- und Ermessensspielraum des einzelnen Unternehmens war. Es kann überhaupt keine Rede davon sein, daß die schlechten Arbeits- und Lebensbedingungen der Arbeiter aus dem Osten allein auf die bindenden Vorschriften der Behörden zurückzuführen gewesen seien.

Zu wirksamen Verbesserungen der Lebensverhältnisse der »Ostarbeiter« in breitem Maße kam es allerdings erst nach der Niederlage von Stalingrad Anfang 1943; eine umfassende Leistungssteigerungskampagne setzte ein, verbunden mit einer Bindung der Höhe der Lebensmittelration an die Arbeitsleistung, zugleich begannen umfangreiche Qualifizierungsmaßnahmen. Dadurch gelang es tatsächlich, die Arbeitsleistungen beträchtlich zu erhöhen. Eine qualifizierte Beschäftigung mußte aber auch zwangsläufig Auswirkungen auf das Verhältnis der deutschen zu den ausländischen Arbeitern haben. So war denn schon in den entsprechenden Vorschriften der Behörden alles getan worden, um die bevorzugte Stellung der deutschen Arbeiter gegenüber den Ausländern, insbesondere aber den Russen, in allen Bereichen durchzusetzen. Gegenüber den »Ostarbeitern« hatten die Deutschen prinzipiell eine Vorgesetztenstellung, in manchen Betrieben erhielten die deutschen Arbeiter, die die Ostarbeiter anlernen sollten, sogar die Funktion von Hilfspolizisten.

Um nur an einem Beispiel zu illustrieren, wie nun die tatsächliche Lage der Zwangsarbeiter aus der Sowjetunion in Deutschland war, sei hier kurz aus dem Bericht eines Berliner Ministerialbeamten vom Sommer 1943 zitiert, der bei dem Besuch verschiedener Ostarbeiterlager in Berlin folgende, durchaus exemplarische Beobachtungen machte:

»Trotz der den Ostarbeitern offiziell zustehenden Rationen ist einwandfrei festgestellt worden, daß die Ernährung in den Lagern folgendermaßen aussieht: Morgens einen halben Liter Kohlrübensuppe. Mittags, im Betrieb, einen Liter Kohlrübensuppe. Abends einen Liter Kohlrübensuppe. Zugleich erhält der Ostarbeiter 300 g Brot täglich. Hinzu kommen wöchentlich 50–75 g Margarine, 25 g Fleisch oder Fleischwaren, die je nach Willkür der Lagerführer verteilt oder vorenthalten werden. Große Mengen von Lebensmitteln werden verschoben. Die größte Geißel der Lager aber bildet die Tuberkulose, die sich auch unter den Minderjährigen sehr stark ausbreitet. Im Rahmen der sanitären und gesundheitlichen Lage, in der sich die Ostarbeiter befinden, muß unterstrichen werden, daß es den deutschen und russischen Ärzten von den Betriebskrankenkassen verboten wird, irgendwelche Medikamente den Ostarbeitern zu verabfolgen. Die an Tuberkulose Erkrankten werden nicht einmal isoliert. Die Erkrankten werden mit Schlägen gezwungen, ihrer Arbeit nachzugehen, weil die Lagerbehörden die Zuständigkeit der behandelnden Ärzte anzweifeln. Es entzieht sich meiner Kenntnis, aus welchen Gründen die deutschen Stellen eine große Anzahl Kinder aus den besetzten Ostgebieten nach Deutschland ›importierten‹. Es steht jedoch fest, daß sich zahlreiche Kinder von 4–15 Jahren in den Lagern befinden, und daß sie in Deutschland weder Eltern noch sonstige Verwandte besitzen. Der größte Teil der Kinder ist erkrankt und erhält als einzige Aufbauernährung dieselbe Kohlrübenwassersuppe wie die älteren Ostarbeiter.«[7]

Der Ausländereinsatz gehörte in Deutschland mittlerweile wie selbstverständlich zum Kriegsalltag, und angesichts der eigenen Sorgen war für die meisten Deutschen das Schicksal der ausländischen Arbeiter von durchaus geringem Interesse. Im Sommer 1944 befanden sich 7,8 Mio. ausländische Arbeitskräfte auf Arbeitsstellen im

Ausländische Zivilarbeiter und Kriegsgefangene nach Staatsangehörigkeit und Wirtschaftszweigen, August 1944[8]

»Staats-angehörig-keit«	Land-wirt-schaft	Berg-bau	Metall	Chemie	Bau	Verkehr	insge-samt
Belgier							
insgesamt	28652	5146	95872	14029	20906	12576	253648
Zivilarbeiter	3948	2787	86441	13533	19349	11585	203262
Kriegsgefangene	24704	2629	9431	496	1557	991	50386
in % aller Belgier	11,2%	2,0%	37,8%	5,5%	8,2%	4,9%	100%
Franzosen							
insgesamt	405987	21844	370766	48319	59440	48700	1254749
Zivilarbeiter	54590	7780	292800	39417	36237	34905	654782
Kriegsgefangene	351307	14064	77966	8902	23203	13795	599967
in % aller Franzosen	32,3%	1,7%	29,5%	3,9%	4,7%	3,9%	100%
Italiener							
insgesamt	45288	50325	221304	35276	80814	35319	585337
Zivilarbeiter	15372	6641	41316	10791	35271	5507	158099
Kriegsgefangene	29916	43684	179988	24485	45543	29812	427238
in % aller Italiener	7,7%	8,6%	37,8%	6,0%	13,8%	6,0%	100%
Niederländer							
Zivilarbeiter	22092	4745	87482	9658	32025	18356	270304
in % aller Niederländer	8,2%	1,8%	32,4%	3,5%	11,9%	6,8%	100%
Sowjetbürger							
insgesamt	862062	252848	883419	92952	110289	205325	2758312
Zivilarbeiter	723646	92950	752714	84974	77991	158024	2126753
Kriegsgefangene	138416	159898	130705	7978	32298	47301	631559
in % aller Sowjets	28,5%	8,3%	29,2%	3,7%	3,6%	6,8%	100%
Polen							
insgesamt	1125632	55672	130905	23871	68428	35746	1688080
Zivilarbeiter	1105719	55005	128556	22911	67601	35484	1659764
Kriegsgefangene	19913	667	2349	960	827	262	28316
in % aller Polen	66,7%	3,3%	7,5%	1,4%	4,1%	2,1%	100%
»Protektorats-angehörige«							
Zivilarbeiter	10289	13413	80349	10192	44870	18566	280273
in % aller »Protektorats-angehörigen«	3,7%	4,8%	28,7%	3,6%	16,0%	6,6%	100%
Insgesamt	2747238	433790	1691329	252068	478057	378027	7615970
Zivilarbeiter	2061066	196782	1397920	206741	349079	277579	5721883
Kriegsgefangene	686172	237008	293409	45327	128978	100448	1930087
in %	36,1%	5,7%	22,2%	3,3%	6,3%	5,0%	100%

Reich: 5,7 Mio. Zivilarbeiter und knapp 2 Mio. Kriegsgefangene. 2,8 Mio. von ihnen stammten aus der Sowjetunion, 1,7 Mio. aus Polen, 1,3 Mio. aus Frankreich – insgesamt wurden zu dieser Zeit Menschen aus fast 20 europäischen Ländern im Reich zur Arbeit eingesetzt. Mehr als die Hälfte der polnischen und sowjetischen Zivilarbeiter waren Frauen, im Durchschnitt unter 20 Jahre alt – der durchschnittliche Zwangsarbeiter in Deutschland 1943 war eine 18jährige Schülerin aus Kiew. 26,5 % aller Beschäftigten im Reich waren damit Ausländer: in der Landwirtschaft 46 %, in der Industrie knapp 40 %, in der engeren Rüstungsindustrie etwa 50 %, in einzelnen Betrieben mit hohem Anteil an Ungelernten bis zu 80 und 90 %.

Die Beschäftigung von ausländischen Zwangsarbeitern beschränkte sich durchaus nicht allein auf Großbetriebe, sondern erstreckte sich, von der Verwaltung abgesehen, auf die gesamte Wirtschaft – vom Kleinbauernhof über die Schlosserei mit sechs Arbeitern bis zur Reichsbahn, den Kommunen und den großen Rüstungsbetrieben, aber auch vielen privaten Haushalten, die eines der mehr als 200000 überaus begehrten, weil billigen russischen Dienstmädchen im Haushalt einsetzten.

Seit Anfang 1944 aber zeigte sich, daß selbst solche in der Tat erheblichen Zahlen für den Arbeiterbedarf insbesondere der großen Rüstungsprojekte des Reiches nicht mehr ausreichend waren, zumal infolge der militärischen Entwicklung die Arbeiterrekrutierung vor allem in der Sowjetunion zurückging und so die durch weitere Einberufungen immer größer werdenden Arbeitskräftelücken nicht mehr ausgefüllt werden konnten. Daraufhin wandte sich das Interesse zunehmend der einzigen Organisation zu, die noch über ein erhebliches Potential an Arbeitskräften verfügte: der SS und den ihr unterstellten Konzentrationslagern. In den ersten Kriegsjahren hatte der Arbeitseinsatz von KZ-Häftlingen eine kriegswirtschaftliche Bedeutung nicht besessen. Zwar gab es bereits seit 1938 SS-eigene Wirtschaftsunternehmen – vor allem Steinbrüche, Ziegeleien und Ausbesserungswerkstätten –, und nahezu alle Häftlinge wurden in irgendeiner Form zur Zwangsarbeit herangezogen; der Charakter der Arbeit als Strafe, »Erziehung« oder »Rache« blieb aber auch hier erhalten und nahm gegenüber den in der politischen und »rassischen« Hierarchie der Nazis besonders tief stehenden Gruppen bereits vor 1939 und verstärkt danach die Form der Vernichtung an. Erst im Frühjahr 1942 begann die SS in größerem Maße, Häftlinge für Rüstungszwecke einzusetzen. Der Wert der KZ-Rüstungsproduktion blieb aber verschwindend gering, die Produktivität lag bei 17 % im Verhältnis zur übrigen Wirtschaft. Bei den Auseinandersetzungen zwischen den verschiedenen Interessengruppen innerhalb der SS setzte sich der Gedanke der Strafe und Vernichtung gegenüber dem von Arbeit und Produktivität weiterhin durch – vor allem deshalb, weil durch die Massendeportationen sowjetischer Arbeitskräfte nach Deutschland, die zu dieser Zeit einsetzten, ein kriegswirtschaftlicher Druck zur Beschäftigung von Konzentrationslager-Häftlingen nicht entstanden war.[9]

Erst seit dem Spätherbst 1942 wurde hier auf Veranlassung des Reichsministers für Bewaffnung und Munition, Albert Speer, ein neues System eingeführt. Nunmehr wurden KZ-Häftlinge auf Anforderung der Betriebe in Gruppen von je 500 Häftlingen den privaten Unternehmen leihweise und gegen Gebühr zur Verfügung gestellt und dazu in eigens zu errichtenden KZ-Außenlagern in den jeweiligen Städten untergebracht. Dieses System aber entwickelte sich nur langsam; die Widerstände in der Industrie gegen einen direkten Einfluß der SS in den Betrieben waren relativ stark, zumal zu dieser Zeit der Zustrom von vorwiegend sowjetischen Zwangsarbeitern einen Höhepunkt erreichte. Hinzu kam, daß auch in der SS-Führung der Vorrang wirtschaftlicher Ziele vor der »Bestrafung« und Vernichtung der Häftlinge nicht eindeutig geklärt war. Im Sommer 1943 waren von den 160000 registrierten Gefangenen der KZ-Lager etwa 100000 zur Arbeit außerhalb der Lager eingesetzt; aber noch für das Frühjahr 1944 ging das Rüstungsministerium lediglich von 32000 tatsächlich eingesetzten KZ-Häftlingen in der privaten Rüstungsindustrie des Reiches aus.

Gegenüber den Juden hingegen hatte es bis 1944 eine Politik des systematischen Arbeitseinsatzes nicht gegeben – im Gegenteil. Trotz erheblicher Einwände und Proteste der verschiedenen Behörden und Unternehmen waren die Juden sowohl im Reich als auch in den besetzten Gebieten selbst aus kriegswirtschaftlich hochwichtigen Arbeitsplätzen deportiert und in die Vernichtungslager gebracht worden. Von wenigen Ausnahmen abgesehen, deren bekanntestes der Aufbau des IG-Farben-Werkes Auschwitz ist, bei dem etwa 25000 Häftlinge umkamen, hat es nach der Deportation einen längerfristigen Einsatz von Juden in der Rüstungsindustrie bis 1944 nicht gegeben. Seit Ende 1941 war das politische Ziel der NS-Führung gegenüber den europäischen Juden die Vernichtung, nicht der Arbeitseinsatz. Die Juden wurden aufgrund ihrer »rassischen« Veranlagung als schärfster Feind des nationalsozialistischen Deutschlands, ja Europas betrachtet, den zu vernichten eines der herausragenden Ziele des Krieges darstellte; nur auf Grundlage der Beseitigung des Judentums waren nach der Überzeugung der nationalsozialistischen Regimeführung die anderen Kriegsziele wie die Errichtung eines nach völkischen Prinzipien aufgebauten, deutsch dominierten Europas zu erreichen. Dagegen war die kurzfristige – und »rassepolitisch« gefährliche – Verwendung von Juden als Arbeitskräfte ein zu vernachlässigender Faktor.

Erst seit Anfang 1944, als gegenüber den Juden das politische Hauptziel des Nationalsozialismus – ihre Vernichtung – nahezu erreicht war, kam es hier aufgrund des sich dramatisch verschärfenden Arbeitskräftemangels in der letzten Kriegsphase zu einer Änderung, und jüdische Häftlinge wurden auch im Reichsgebiet als Arbeitskräfte in SS-eigenen Betrieben, bei unterirdischen Betriebsverlagerungen und in Privatunternehmen, vor allem in der Großindustrie, eingesetzt. Bereits im August 1943 war in der Führungsspitze des Regimes die Entscheidung gefallen, die Herstellung der Raketenwaffe A 4, eine der sogenannten V-Waffen, mit Hilfe von KZ-Häftlingen in unterirdischer Produktion durchführen zu lassen. Dieses unter enormem Zeitdruck vorangetriebene Projekt hatte schreckliche Auswirkungen für die hierbei eingesetzten KZ-Häftlinge. Gerade in der Aufbauphase im Herbst und Winter 1943/44 waren die Todeszahlen immens. Leichte Ersetzbarkeit der Häftlinge bei überwiegend einfachen, aber körperlich schweren Arbeiten, hoher Zeitdruck, mangelnde Ernährung und denkbar schlechte Lebensbedingungen waren die Ursachen für die hohen Todesraten, die erst zu sinken begannen, als das Wohnlager fertiggestellt und die Produktion aufgenommen worden waren. Bis dahin jedoch waren die Häftlinge schon wenige Wochen nach ihrem Eintreffen »abgearbeitet«.

Projekte dieser Art, zu der Zehntausende, ja Hunderttausende von Arbeitskräften in drei Tagesschichten gebraucht wurden, waren nur noch mit KZ-Häftlingen durchführbar, denn allein die SS besaß noch Arbeitskraftreserven in solchen Größenordnungen. Aber auch die reichten zur Erfüllung der gestellten Aufgaben bald nicht mehr aus, so daß im Frühjahr 1944 der Arbeitseinsatz auch von Juden diskutiert wurde. Bis dahin war die Beschäftigung von Juden innerhalb des Reiches explizit verboten, schließlich galt es als Erfolg des Reichssicherheitshauptamtes der SS, das Reich »judenfrei« gemacht zu haben. Nun aber änderte sich dies: Offenbar ausgehend von einer Anfrage der besonders im militärischen Bauwesen eingesetzten Organisation Todt bestimmte Hitler im April 1944, für Rüstungsverlagerung und Großbunkerbau seien »aus Ungarn die erforderlichen etwa 100000 Mann durch Bereitstellung entsprechender Judenkontingente aufzubringen«.[10]

Die Zahl der Arbeitskommandos der KZ-Außenlager wuchs nun seit dem Frühjahr 1944 rapide auf etwa 1600 an, die Liste der deutschen Unternehmen, die KZ-Häftlinge und Juden beschäftigten, wurde immer länger und umfaßte schließlich Hunderte von renommierten Firmen.

Am Ende des Jahres 1944 lag die Gesamtzahl der KZ-Häftlinge – jüdische und nichtjüdische – bei etwa 600000, von denen 480000 tatsächlich als »arbeitsfähig« gemeldet waren. Nach Schätzungen des Wirtschafts- und Verwaltungshauptamts der SS wurden davon etwa 140000 bei den unterirdischen Verlagerungen eingesetzt, etwa 130000 weitere bei den Bauvorhaben der Organisation Todt und ca. 230000 in der Privatindustrie.

Die Arbeits- und Lebensbedingungen der KZ-Häftlinge waren bei den verschiedenen Firmen sehr unterschiedlich und abhängig von der Art der Beschäftigung, der Stellung des einzelnen in der rassistischen Hierarchie der SS, nicht zuletzt aber auch vom Verhalten der Betriebsleitungen sowie der Lagerführer, Bewacher, Vorarbeiter und Meister. Vor allem die jüdischen Häftlinge, die in besonderen Kolonnen separiert waren, hatten dabei unter besonders schlechten Bedingungen zu leiden. Insgesamt aber kann man – mit aller Vorsicht – davon ausgehen, daß diejenigen, die in der Produktion der Rüstungsstammbetriebe selbst beschäftigt wurden, größere Überlebenschancen hatten als diejenigen Häftlinge, die in den SS-eigenen Betrieben, bei den großen Bauvorhaben und insbesondere beim Ausbau unterirdischer Produktionsstätten sowie bei der Fertigung in den Höhlen und Stollen nach der Betriebsverlagerung eingesetzt wurden. Bei den Bauprojekten und dem sogenannten Höhlenprojekt war

Schnelligkeit der oberste Grundsatz; entsprechend unmenschlich waren die Verhältnisse für die Häftlinge. Die völlig unzureichende Ernährung, die gesundheitsschädliche Unterbringung in den Höhlen, das mörderische Arbeitstempo und vor allem der unablässige Zustrom neuer Häftlinge in die oftmals bereits überbelegten Lager verstärkten sich gegenseitig. In den Lagern der Bauprojekte wie in den Konzentrationslagern selbst herrschte gegen Ende des Jahres 1944 ein wahres Inferno – mit Todesraten, die die Überlebenszeit des einzelnen Häftlings durchschnittlich auf wenige Monate begrenzten. Der Wert eines Menschen war nicht höher, als seine Körperkraft für einige Wochen hergab. Hier waren Arbeit und Vernichtung für Hunderttausende von Menschen zu Synonymen geworden.

Betrachtet man nun die historische Bedeutung des »Ausländer-Einsatzes« insgesamt, so wird deutlich, daß die deutsche Kriegswirtschaft spätestens seit Anfang 1942 alternativlos auf die ausländischen Zwangsarbeiter angewiesen war; ohne Ausländer wäre in der Landwirtschaft seit Ende 1940, in der Rüstungsindustrie seit Ende 1941 eine Produktion im geforderten Umfang nicht mehr möglich gewesen. Nur durch den »Ausländer-Einsatz« war es zudem möglich, die Lebensmittelversorgung der deutschen Bevölkerung bis Ende 1944 auf dem höchsten Stand aller kriegführenden europäischen Mächte zu halten. Nicht zuletzt aber trugen die ausländischen Zwangsarbeiter zu jenem gigantischen Wachstums- und Modernisierungsschub bei, den die deutsche Wirtschaft in den Jahren der Kriegs- und Rüstungskonjunktur erlebte und der eine der Grundlagen der so rapiden wirtschaftlichen Aufwärtsentwicklung nach 1948 darstellte.

Gleichwohl ist die Behandlung der Zwangsarbeiter nicht allein von wirtschaftlichen, sondern durchgehend ebenso von weltanschaulichen Faktoren bestimmt worden. Darauf ging die Art und Weise ihrer Behandlung zurück; je besser die militärische Lage des Reiches, desto brutaler die nach »rassischen« Leitlinien differenzierten Behandlungsvorschriften. Nur in dem Maße, wie unter dem Druck der militärischen Ereignisse die Produktivität gesteigert werden mußte, kam es hier zu Verbesserungen.

Insbesondere aber wurde dabei bereits vorweggenommen, was nach siegreicher Beendigung des Krieges für ganz Europa hätte Wirklichkeit werden sollen: die Installierung einer nach »rassischen« Kriterien hierarchisierten nationalsozialistischen Gesellschaft in Europa. Dabei kam der deutschen Bevölkerung eine besondere Rolle zu. Denn die Zwangsarbeit von Millionen von ausländischen Arbeitern und in der letzten Kriegsphase auch von KZ-Häftlingen geschah nicht in isolierten Lagern außerhalb des Wahrnehmungskreises der Deutschen, sondern buchstäblich vor der eigenen Tür; daß der nationalsozialistische Ausländereinsatz im wesentlichen als Erfolg im Sinne der Machthaber bezeichnet werden kann, liegt vor allem daran, daß ein erheblicher Teil der Deutschen die ihnen zugemutete Rolle annahm. Dabei kann man feststellen, daß sich an Mißhandlungen der Zwangsarbeiter nur wenige beteiligten, ebenso wie es nur wenige waren, die sich für die Zwangsarbeiter einsetzten. Für die meisten aber waren die Ausländer einfach da und gehörten zum Kriegsalltag wie Lebensmittelkarten oder Luftschutzbunker, und die Diskriminierung der Russen oder der Polen wurde dabei ebenso als gegeben hingenommen wie die eigene bevorrechtigte Stellung ihnen gegenüber. Eben das aber machte das Funktionieren des Rassismus aus: daß seine Praktizierung zur täglichen Gewohnheit, zum Alltag wurde, ohne daß sich der einzelne daran notwendig in Form von Diskriminierung oder Unterdrückung beteiligen mußte.

Die meisten der nach Kriegsende als »Displaced Persons«[11] bezeichneten ausländischen Zwangsarbeiter kehrten sogleich in ihre Heimatländer zurück; für die zwangsweise »repatriierten« zivilen und kriegsgefangenen Zwangsarbeiter aus der Sowjetunion aber war ihr Leidensweg nach dem Mai 1945 noch nicht zu Ende. Nach ihrer »Repatriierung« in die Heimat standen sie vielmehr bei den stalinistischen Behörden unter pauschalem Kollaborationsverdacht, unterlagen heftigen Repressionen, und nicht wenige von ihnen wurden erneut und oft für Jahre in die Gefängnisse oder die Lager des »Gulag« eingesperrt.

Von der »Arbeitsbummelei« zum »Bandenkampf«

Opposition und Widerstand der ausländischen Zwangsarbeiter in Deutschland, 1939–1945

Als die Verschwörer des 20. Juli 1944 im Sommer 1943 ihre Vorbereitungen für eine Machtübernahme nach einem erfolgreichen Attentat gegen Hitler zu planen begannen, entwarfen sie zur Mobilisierung aller im Reich befindlichen beweglichen militärischen Kräfte, mit deren Hilfe Partei und SS entmachtet werden sollten, ein Szenario, das Truppenbewegungen und entsprechende logistische Vorbereitungen ermöglichen sollte, ohne daß Regimeführung und Sicherheitspolizei Verdacht schöpften. Ausgangspunkt war dabei die Annahme innerer Unruhen im Reich, hervorgerufen durch einen Aufstand der zu diesem Zeitpunkt etwa 6 Mio. ausländischen Zivilarbeiter und Kriegsgefangenen. Umfangreiche Vorbereitungen für etwaige Ausländerrevolten entsprachen so sehr den verbreiteten Erwartungen der politischen und militärischen Führung des Regimes, daß sich unter diesem Deckmantel relativ gefahrlos die Vorbereitungen für den geplanten Staatsstreich organisieren ließen. Das ging so weit, daß in den einzelnen Wehrkreiskommandos Übungen des Ersatzheeres für den Einsatz bei der Machtübernahme der Verschwörer unter dem Vorwand stattfanden, die Bekämpfung von Ausländerunruhen müsse trainiert werden.[1]

Mit nichts rechneten die Nationalsozialisten seit Beginn des »Ausländereinsatzes« nach Kriegsbeginn so fest wie mit organisierten Aufstandsversuchen der ausländischen »Fremdarbeiter« und Kriegsgefangenen. Jeder größere Erlaß zu diesem Komplex wies einleitend auf die Gefahr »bolschewistischen Aufruhrs« unter den Ausländern hin, und seit dem Frühjahr 1943 wurden präventive militärische und sicherheitspolizeiliche Maßnahmen im Hinblick auf zu erwartende Ausländerrevolten getroffen. Wenn in der zweiten Kriegshälfte in den Augen der nationalsozialistischen Machthaber ernsthafter und bedrohlicher Widerstand im Inneren überhaupt zu erwarten war, dann von dieser Seite; denn das Millionenheer der zum ganz überwiegenden Teil zwangsweise nach Deutschland deportierten und entrechteten ausländischen Zivilarbeiter und Kriegsgefangenen schien ja wie keine andere Gruppe dafür prädestiniert zu sein, im Moment einer inneren Krise in Deutschland gegen ihre Unterdrücker aufzustehen, die Wirtschaft lahmzulegen und in Verbindung mit den alliierten Armeen eine »innere Front« zu eröffnen.[2]

Es steht in auffälligem Kontrast zu der überragenden Bedeutung, die die Nationalsozialisten selbst dem Widerstandspotential der Ausländer während des Krieges beimaßen, daß die westdeutsche, ja die westeuropäische Widerstandsforschung, die doch seit Ende der 70er Jahre quantitativ wie qualitativ einen enormen Aufschwung genommen hat, diesem Komplex nur wenig bzw. gar keine Aufmerksamkeit gewidmet hat. Die gegen Ende des Krieges etwa 8 Mio. Fremdarbeiter und Kriegsgefangenen waren nicht im Blickfeld, wenn über den Widerstand gegen den Nationalsozialismus in Deutschland geforscht wurde – und das hatte seinen Grund nicht darin, daß es keinen Widerstand gegeben hätte, wie im folgenden zu zeigen sein wird. Vielmehr standen und stehen die Zwangsarbeiter abseits von der auf die deutsche Gesellschaft konzentrierten wissenschaftlichen und politischen Diskussion um den Widerstand, die um das Problem des »anderen Deutschland« und die davon ausgehenden historisch-politischen Legitimationsfragen kreist, sei es in bezug auf die nationalkonservative Opposition, die Kirchen oder den Arbeiterwiderstand.[3] Das zeigt sich aber beispielhaft auch an einem in den letzten Jahren sehr bekannt gewordenen Fall von Jugendopposition gegen den NS-Staat – den sogenannten »Edelweißpiraten« in Köln. Die Hinrichtung von 13 Jugendlichen im Oktober 1944, unter ihnen der 16jährige Bartholomäus Schink, hat in der Bundesrepublik seit Mitte der 80er Jahre einige Aufmerksamkeit gefunden – daß es sich dabei um eine insgesamt eher marginale Episode im Kontext monatelanger, verlustreicher und erbittert geführter Kämpfe zwischen bewaffneten sowjetischen Zwangsarbeitern und der Kölner Gestapo handelte, die Ende November in den Ruinen von Köln-Ehrenfeld in regelrechten Gefechten mit einer Unzahl von Toten kulminierten, ist hingegen kaum zur Kenntnis genommen worden.[4]

Diese auffällige Wahrnehmungslücke hängt gewiß auch damit

zusammen, daß die Geschichte des nationalsozialistischen »Ausländereinsatzes« während des Zweiten Weltkrieges insgesamt in der NS-Forschung über lange Jahre hinweg kaum mehr denn als Randphänomen betrachtet und nicht im Kontext der großen Fragestellungen zur Geschichte des Nationalsozialismus bearbeitet wurde. Von ausschlaggebender Bedeutung ist aber dabei, daß der der Widerstandsforschung zugrundeliegende Konflikt zwischen NS-Regime und seinen innenpolitischen Gegnern als Auseinandersetzung zwischen Deutschen begriffen wird – hier aber wird er überlagert von dem Gegensatz zwischen Deutschen einerseits und den nach Deutschland gebrachten ausländischen Zwangsarbeitern andererseits, der die Kategorie vom »anderen Deutschland« tendenziell sprengt.

Auf der anderen Seite wurde von der DDR-Geschichtsforschung der Widerstandskampf der ausländischen Zwangsarbeiter stark herausgehoben. Dieser Widerstandskampf, so hieß es dort, habe eine hohe Verbreitung erreicht und sei überall dort auch erfolgreich gewesen, wo er »internationalistisch organisiert« und auf die führende Rolle der Kommunisten abgestellt gewesen sei: »Die von der KPD geführte antifaschistische Volksfront« habe daher »während des Zweiten Weltkrieges ein festes Kampfbündnis mit den ausländischen Kriegsgefangenen und Zwangsarbeitern« geschmiedet. Eine empirische Grundlage für dieses Postulat hingegen gibt es nicht, die Herausstellung des Kampfes der ausländischen Arbeiter diente eher der historisch-politischen Unterstützung für die These vom »richtigen«, weil umfassenden und internationalistischen Kurs der KPD im Widerstand, während tatsächlich bestehende Kontakte zwischen deutschen Antifaschisten und ausländischen Zwangsarbeitern im Widerstandskampf eher selten und die Widerstandsgruppen der Zwangsarbeiter selbst in aller Regel national organisiert waren.[5]

Im folgenden soll nun ein – notwendigerweise sehr knapper – Überblick über die verschiedenen Etappen und Erscheinungsformen des Widerstandes der ausländischen Zwangsarbeiter gegen ihre Unterdrückung und gegen die nationalsozialistische Herrschaft skizziert werden, wobei die hier vorgenommene Differenzierung schon darauf hinweist, welche Spannbreite zu beachten sein wird. Ich unterscheide dabei zwischen vier Etappen während des Krieges, wobei ein solches chronologisches Raster wie immer zu grob ist, um die in der Regel fließenden Übergänge hinreichend zu beschreiben, aber hilfreich, um die verschiedenen Stufen der Entwicklung herauszuarbeiten.

1. Die Entscheidung der nationalsozialistischen Regimeführung für den massenhaften Ausländereinsatz im Spätherbst 1939 geschah aus unabweisbaren kriegswirtschaftlichen und sozialpolitischen Sachzwängen. Sie war gleichwohl eine »Notlösung«, weil sie den fundamentalen weltanschaulichen Prinzipien der Nationalsozialisten von der »Rassereinheit« des deutschen Volkes ebenso widersprach wie den sicherheitspolizeilichen Bedenken vor der Hereinholung einer so großen Anzahl von Arbeitskräften aus Feindländern. Entsprechend brutal und umfassend waren die Vorschriften über die Reglementierung vor allem der polnischen Arbeiter; jede »Widersetzlichkeit« sollte im Keime erstickt und die den rassistischen Postulaten des Regimes entsprechende Diskriminierung der polnischen Zwangsarbeiter festgeschrieben werden.[6]

Da aber gleichzeitig in den vorwiegend landwirtschaftlich geprägten Regionen im Osten des Reiches seit vielen Jahrzehnten traditionell polnische Saisonarbeiter beschäftigt worden waren und die dabei eingeübten Gewohnheiten sich häufig auch nach Kriegsbeginn fortsetzten, kam es zu Reibungsflächen zwischen der intendierten Reglementierung und der tradierten Praxis. Einem polnischen Landarbeiter, der sich über das schlechte Essen beschwerte, konnte dies nun als bestrafungswürdige Widersetzlichkeit ausgelegt werden, die der Gestapo zu melden war; eine Wirtshausschlägerei mit einem deutschen Knecht konnte seither vor dem Sondergericht zum Todesurteil für den Polen führen; die gewohnheitsrechtliche Mittagspause auf dem Feld konnte als »Bummelei« gewertet und bestraft werden. Viele bis dahin nicht oder informell reglementierte Verhaltensweisen waren nun strafwürdige Delikte – und entsprechend stieg die Zahl der Verstöße, was den deutschen Sicherheitsbehörden zum einen Beweis für die Richtigkeit ihrer Befürchtungen, zum anderen gesuchter Anlaß zur Disziplinierung und Unterdrückung der Polen war, um die Reglementierungen auch in der Praxis durchzusetzen. So ist von der hohen Zahl der »Verstöße gegen die Arbeitsmoral«, worunter »unentschuldigtes Fehlen, unberechtigte Arbeitsaufgabe, Bummelei usw.« verstanden wurde, nicht unmittelbar auf den Widerstands- und Oppositionsgeist der ausländischen Arbeitskräfte zurückzuschließen. Im Jahre 1941 wurden insgesamt 73000 solcher Verstöße registriert, davon betrafen 56000 (77 %) Ausländer, von diesen wiederum mehr als die Hälfte (30000) Polen.[7] Aber diese von der Gestapo gemeldeten Zahlen waren auch politische Daten, mit denen die Gefährlichkeit der Ausländer bewiesen, ihre – »rassisch« oder politisch begründete – Ablehnung oder Unfähigkeit zu regelmäßiger Arbeit belegt und ein sich immer weiter verschärfendes Repressionssystem der Sicherheitsbehörden gerechtfertigt wurde. Insofern haben diese Zahlen auch etwas von einer self fulfilling prophecy: Ausländer sind faul und arbeitsscheu, deswegen werden sie verhaftet, woran man sehen kann, wie faul und arbeitsscheu sie sind.

Die weitaus größte Zahl der »Arbeitsvertragsbrüche« ausländischer Zivilarbeiter war auf die Unzufriedenheit mit den Lebensbedingungen, vor allem mit den Löhnen zurückzuführen; dies galt ebenso für Polen wie für die seit 1940 in zunehmendem Maße beschäftigten Arbeitskräfte aus Westeuropa, insbesondere die Franzosen. Der Grund für die häufigen »Arbeitsverweigerungen« der ausländischen Arbeiter, analysierte der SD im April 1941, liege »in unrichtigen Vorstellungen der Ausländer über die Arbeits- und Lebensverhältnisse in Deutschland (...) Man habe über die Löhne, Urlaub, Familienheimfahrten, Versorgung der Familie in der Heimat, Beschäftigung in bestimmten Berufszweigen usw. Angaben gemacht, die nachher nicht eingehalten wurden (...) Weitere Klagen beziehen sich darauf, daß man weder Rücksicht auf ihre fachliche Eignung, noch auf ihren körperlichen bzw. gesundheitlichen Zustand (...) genommen habe.«[8]

Dabei zeigte sich, daß sich die größten Probleme für die deutschen Behörden und Betriebe nicht mit den besonders streng behandelten polnischen Arbeitskräften, sondern mit den relativ privilegierten Zivilarbeitern aus Holland, Belgien oder Frankreich ergaben, die in den ersten Kriegsjahren – aufgrund zum Teil falscher Versprechungen – mehr oder minder freiwillig nach Deutschland gekommen waren, die ihre Lage an der der deutschen Arbeiter maßen und sich statt dessen ihrer Unterbringung in Lagern, dem Urlaubs- und Rückkehrverbot und oft schlechteren Löhnen und Arbeitsbedingungen gegenübersahen.[9]

Bei allen Gruppen der ausländischen Arbeiter aber zeigte sich, daß ihr Aufbegehren in dieser Phase des Krieges bis etwa 1941, als die

Stärke des Deutschen Reiches unüberwindlich und jedes Aufbegehren aussichtslos schien, in der Regel nicht prinzipielle oder gar politische Einwände gegen die Arbeit in Deutschland signalisierte, sondern sich auf »Ungerechtigkeiten« innerhalb der Relationen des nationalsozialistischen Ausländereinsatzes selbst bezog: willkürliche Verschärfung des Ausgehverbots, zusätzliche Lohnverschlechterung durch die Abzüge für die Verpflegung etwa. Das markiert sowohl die sich aus der politischen Stabilität des Regimes ergebenden engen Grenzen der politischen Vorstellungskraft von dem, was gegenüber den Deutschen durchsetzbar war, wie den Spielraum, der sich hier für die Ausländer etwa zwischen Versprechen bei der Anwerbung und tatsächlicher Lage zu bieten schien. In dem Maße aber, wie es den Polizeibehörden gelang, diesen Spielraum zwischen vermeintlicher Rechtsnorm und sozialer Wirklichkeit zu schließen – durch die Verhaftung von Beschwerdeführern zum Beispiel –, verlor dieser Bezug auf die Relationen des Regimes selbst an Bedeutung und geriet in den Hintergrund, während Verhaltensweisen, die unterhalb der Wahrnehmungsmöglichkeiten der Repressionsorgane lagen, stärker ins Blickfeld rückten.

2. Wir können auch in der zweiten Kriegsphase (1942/43) noch Formen des Aufbegehrens und der Opposition gerade unter westeuropäischen Arbeitern feststellen, die sich auf nicht eingehaltene Versprechungen oder enttäuschte Hoffnungen und Erwartungen oder vermeintliche »Rechte« bezogen. Mit der beginnenden Deportation von Millionen von Zwangsarbeitern aus der Sowjetunion – mehr als die Hälfte von ihnen Frauen – und mit der Schwerpunktverlagerung des Ausländereinsatzes auf die Industrie seit Anfang 1942 aber änderte sich dies, denn sowohl die Art und Weise ihrer Verschleppung nach Deutschland als auch die hier erfahrene Behandlung von seiten der Behörden und Betriebe ließen bei den meisten der offiziell »Ostarbeiter« genannten sowjetischen Zivilarbeiter und der sowjetischen Kriegsgefangenen, denen es noch schlechter erging als den zivilen Zwangsarbeitern, keinerlei Hoffnung auf Verbesserung gegen »Ungerechtigkeiten« aufkommen.

Auf der anderen Seite hatte der Ausländereinsatz mittlerweile so riesige Ausmaße angenommen und die Reglementierung und Disziplinierung gerade der sowjetischen Arbeitskräfte war derartig umfassend geworden, daß sich für die einzelnen je nach den spezifischen Verhältnissen im Lager und im Betrieb häufige oder seltene Möglichkeiten ergaben, die eigenen Lebens- und Arbeitsbedingungen unterhalb oder neben der Repressions- und Reglementierungsmaschine der Nationalsozialisten in beschränktem Umfang zu verbessern. In dem Maße also, in dem die Differenz zwischen dem Anspruch der nationalsozialistischen Behörden auf totale Reglementierung und Kontrolle des Lebens der Ausländer und der sich einer vollständigen Kontrolle notwendig entziehenden Praxis des Einsatzes von Millionen ausländischen Arbeitskräften immer größer wurde, entwickelte sich vor allem in den Wohnlagern eine Art informeller sozialer Substruktur unter den Fremdarbeitern und Kriegsgefangenen, ein sich stetig ausweitender Bereich von Schwarzmarkt und Illegalität, von Arbeitsflucht und informeller Solidarität, aber auch von Gewalt und Unterdrückung – in manchem eher ein Spiegel- als ein Gegenbild zum nationalsozialistischen Unterdrückungssystem, aber für viele ausländische Arbeiter oft auch die einzige Möglichkeit zu überleben.

Am verbreitetsten waren dabei Formen der individuellen Versorgung – Versuche, durch Tausch- und Schwarzhandel, Verkäufe kleiner, selbst hergestellter Gebrauchsgegenstände oder auch durch Lebensmitteldiebstähle die unzureichende Ernährung in den Lagern auf eigene Faust aufzubessern. Ausgangspunkt war dabei in vielen Fällen die überall festzustellende und sich immer stärker ausbreitende Korruption, vor allem bei den Lagerführern und anderen Deutschen, die mit der Lebensmittelversorgung der Ausländer zu tun hatten. Die unterschiedliche Versorgungslage der einzelnen Ausländergruppen war ein weiterer Grund dafür, daß der Schwarzhandel in den Lagern blühte. »Die schlechte Ernährung der Ostarbeiter trüge zur Entwicklung des Schwarzhandels wesentlich bei«, wurde den Reichsbehörden im März 1943 berichtet, »da namentlich Franzosen und andere Personen aus dem Westen einen schwunghaften Brothandel mit den Ostarbeitern unterhielten. Das Pfund Brot wurde an die Ostarbeiter durchschnittlich zum Preise von RM 10,- gehandelt.«[10] Der Schwarzmarkt ebenso wie die verbreitete Korruption bei den Lagerleitern hatten zwar in einzelnen Fällen Vergrößerungen des Handlungsspielraums für die Ausländer zur Folge, aber die soziale Hierarchie unter den einzelnen nationalen Ausländer-Gruppen wurde durch die Ausweitung der Substrukturen auf die Versorgung eher noch rigoroser. Denn die ganze, von den deutschen Behörden kaum mehr übersehbare oder kontrollierbare Unterwelt der ausländischen Arbeiter funktionierte nicht nach den Prinzipien von politischer Widerständigkeit und Solidarität, sondern nach den Gesetzen des Marktes, der nationalen und sozialen Hierarchien und der Gewalt. Die ohnehin schon Unterprivilegierten waren auch hier bis auf wenige Ausnahmen die Benachteiligten. Schon wer Tauschbares überhaupt besaß, war im Vorteil; die meisten sowjetischen Arbeiter hatten nichts, was sich zum Tauschen eignete – weder Geld noch Waren, um etwas Eßbares organisieren zu können. »Sie alle versuchen, sich gegenseitig nach allen Regeln der Kunst übers Ohr zu hauen«, bemerkte der SD dazu in spöttischer Distanz, »wobei der von allen am meisten Übervorteilte fast stets der Ostarbeiter ist.«[11]

Dennoch war diese Substruktur gefährlich für die Nazis, weil sie ihren Totalitätsanspruch so offensichtlich negierte. Andererseits war sie aber gerade die Konsequenz dieses Totalitätsanspruchs; wurde hier doch offenbar, daß eine Gesellschaft, die ausschließlich auf Reglementierung und nicht auch auf der kollektiven Internalisierung eines sozialen Konsensus beruht, sich die Gegenwelt zur Reglementierung selbst produziert.

Das wird auch deutlich an jenen von den NS-Behörden und Betrieben mit den Begriffen »Arbeitsvertragsbruch« oder »Arbeitsbummelei« bezeichneten Handlungen oder Haltungen der ausländischen Arbeiter im Betrieb, worunter vom Zuspätkommen über tatsächliches oder vermeintliches »Langsamarbeiten« bis hin zum Fernbleiben von der Arbeit alle möglichen und unmöglichen »Delikte« subsumiert wurden. Meist handelte es sich um die Fälle häufigeren Zuspätkommens oder längerer Fehlzeiten, um Streitigkeiten zwischen dem deutschen Vorarbeiter oder Wachmann und einem ausländischen Arbeiter, häufig aber auch um Fälle, bei denen nach einem Bombenangriff ausländische Arbeiter mehrere Tage nicht zur Arbeit kamen oder bei denen eine Krankheit vom Lagerarzt nicht anerkannt wurde.

Um eine Vorstellung von der Größenordnung dieses »Delikts« zu geben: Von den ca. 388000 Verhaftungen, die die Gestapo in den ersten 9 Monaten des Jahres 1943 aus politischen Gründen insgesamt im ganzen Reichsgebiet vornahm, betrafen allein 260000 das Delikt »Arbeitsvertragsbruch von Ausländern«. Zwei Drittel aller Aktivitäten der Gestapobeamten in Deutschland bezogen sich zu dieser Zeit allein auf »bummelnde, langsam arbeitende, renitente« Fremdarbeiter. Das Regime mußte also ganz erhebliche Teile seines Repressionsapparates aufbieten, um die Arbeitsleistung der zu diesem Zeitpunkt etwa 6 Mio. ausländischen Arbeitskräfte in Deutschland sicherzustellen. Wie sehr dabei politische und »rassische« Gesichtspunkte im Vordergrund standen, zeigt die Tatsache, daß von Juli bis September 1943 von jeweils 10000 beschäftigten Deutschen durchschnittlich einer wegen »Arbeitsvertragsbruch« verhaftet wurde, aber 83 Polen und 95 »Ostarbeiter«.[12] Das Regime begegnete dieser Entwicklung mit massivem Terror, deren wichtigstes Element die bereits 1940 eingerichteten Arbeitserziehungslager waren, die seit 1943 mehr und mehr in den Betrieben selbst errichtet wurden und in denen wahrhaft fürchterliche Bedingungen herrschten.[13]

Im Verlaufe der zweiten Kriegshälfte wurde jedoch deutlich, daß auch der Terror dann aufhörte, ein wirksames Instrument in der Hand der Nazi-Behörden zu sein, wenn es möglich war, sich ihm dauerhaft zu entziehen. Je größer aber die Zahl der ausländischen Arbeiter, je stärker ihre Integration in den Arbeitsalltag in den Betrieben, desto größer waren für die Ausländer die Möglichkeiten zu flüchten. Seit dem Sommer 1942 nahm diese Entwicklung rapide zu, die Fluchtzahlen stiegen kontinuierlich an und stabilisierten sich Ende 1943 bei etwa 45000 pro Monat. Nun wurde der größte Teil der »Geflüchteten« bald wieder aufgegriffen – auch deshalb, weil sich unter diesem Sammelbegriff ganz unterschiedliche Verhaltensweisen verbergen. Ein großer Teil der als »geflüchtet« gemeldeten Westarbeiter bestand aus solchen, denen vertragsgemäß Heimaturlaub gewährt worden war und die davon nicht zurückkehrten. Dort aber, wo als Reaktion darauf der Urlaub tatsächlich gestrichen wurde, stiegen die Fluchtzahlen dennoch bzw. nun gerade. Eine weitere Gruppe von »Arbeitsflüchtigen« bestand aus solchen ausländischen Arbeitern, die ihre Arbeitsstellen und Lager verließen, um sich illegal in die Heimat durchzuschlagen. Für Arbeitskräfte aus weit entfernten Ländern, vor allem für die »Ostarbeiter« aus der Sowjetunion, war derartiges jedoch kaum durchführbar. Nur Arbeiter aus grenznahen Regionen wie die in Westdeutschland arbeitenden Holländer und Belgier oder die polnischen Landarbeiter im Osten konnten versuchen, in die Heimat zu flüchten.[14]

Die weitaus meisten »Arbeitsflüchtigen« aber waren gleichwohl

»Ostarbeiter« – seit dem Frühjahr 1943 mehr als die Hälfte aller als geflohen gemeldeten ausländischen Arbeitskräfte. Da jedoch eine Heimkehr für sie nahezu ausgeschlossen war, versuchten sie innerhalb Deutschlands einen besseren Arbeitsplatz oder ein anderes Lager zu finden; naturgemäß war dies vor allem bei solchen ausländischen Arbeitskräften der Fall, die unter besonders schlechten Verhältnissen zu leiden hatten wie die im Bergbau oder bei Großbauprojekten eingesetzten. Für viele war die in der Landwirtschaft in der Regel erheblich bessere Verpflegung das Hauptmotiv der Flucht aus der Stadt auf das Land; vor allem aber war es die Angst vor den Bombenangriffen, die zu regelrechten Massenfluchten führte. Die Strafen für entwichene und wieder ergriffene Zwangsarbeiter waren drakonisch, »Ostarbeiter« und Polen, in zunehmendem Maße aber auch Arbeiter aus dem Westen, mußten mit Einweisung ins Arbeitserziehungslager, oft auch ins KZ rechnen.[15]

Daß die Zahlen von Arbeitsvertragsbruch und Flucht dennoch solche Größenordnungen annahmen, zeigt, daß die Abschreckung durch Terror dort an Wirksamkeit verlor, wo die Arbeits- und Lebensverhältnisse so schlecht waren, daß die Zwangsarbeiter auch solche Risiken einzugehen bereit waren, um ihre Lage zu verbessern. Immerhin aber erreichte das Regime, daß die Fälle von »Arbeitsvertragsbruch« und Flucht auf individuelle Formen des Arbeitsentzuges beschränkt blieben. Insoweit erreichte die Prävention ihr Ziel, als der Spielraum für gemeinsames oppositionelles Handeln der ausländischen Arbeiter äußerst beschränkt blieb. Eine ernsthafte politische Gefährdung des NS-Regimes ergab sich auch aus den 500000 oder mehr Fluchtbewegungen im Jahr nicht, wohl aber eine Zunahme der Desorganisation des Ausländereinsatzes und eine nicht unerhebliche Schwächung des Rüstungspotentials.

»Arbeitsbummelei« und Flucht waren die wichtigsten Formen des Aufbegehrens ausländischer Arbeiter gegen ihre Unterdrückung und Ausbeutung. Sie entsprachen der politischen und sozialen Lage der Fremdarbeiter im Reich und verbanden relativ geringe Risiken für die einzelnen mit vergleichsweise großer Effektivität – kein politischer Widerstand, sondern ungelenkter und unorganisierter Ausdruck des Aufbegehrens der ausländischen Zwangsarbeiter gegen ihre desolate, ja oft verzweifelte Lage im nationalsozialistischen Deutschland.

3. Bis Anfang 1943 können wir politischen Widerstand im engeren Sinne bei den Fremdarbeitern und Kriegsgefangenen nur in Einzelfällen nachweisen. Dies gilt auch für die in diesem Zusammenhang häufig angesprochene Sabotagetätigkeit in den Betrieben, die nach allen uns zur Verfügung stehenden Unterlagen sehr viel seltener vorkam als häufig vermutet und von den NS-Behörden befürchtet wurde. Der Begriff »Sabotage« war zudem ebenfalls nicht eindeutig; als häufig verwendete Propagandaformel fand er in der deutschen Öffentlichkeit auf nahezu alles Anwendung, was nach Auflehnung roch. Auch die Selbstverstümmelungen der Fremdarbeiter etwa wurden bei der Gestapo unter dieser Rubrik geführt. Nun gehört es zum Wesen der Sabotage, daß sie unbemerkt bleiben und aussehen soll wie eine normale Produktionsstörung durch Materialverschleiß – deshalb ist von einer relativ hohen Dunkelziffer in diesem Bereich auszugehen. Gleichwohl ist es vermutlich zutreffend, wenn der Ausländerreferent im Reichssicherheitshauptamt Hässler dazu rückblikkend bemerkte, »daß im Jahresdurchschnitt etwa 6800 Fälle von Einzelsabotage von kleiner Bedeutung zu verzeichnen waren, die nach dem Ergebnis der Ermittlungen fast ausnahmslos auf persönliche Verärgerung oder Vernachlässigung zurückzuführen waren. Zu großen oder Gruppensabotagen kam es nie.«[16]

Die Organisation von Sabotage in größerem Stil hätte ebenso wie die Herausbildung von politischen Widerstandsgruppen das Bestehen eines gewissen organisatorischen Zusammenhalts unter den ausländischen Arbeitskräften vorausgesetzt. Organisierter politischer Widerstand der Ausländer aber hatte so lange keine Aussicht auf Erfolg, wie die Stärke und Schlagkraft der Gestapo und der betrieblichen Unterdrückungsorgane einerseits, die Loyalität der deutschen Bevölkerung zur Regimeführung andererseits so groß waren, wie dies mindestens bis etwa zum Frühjahr 1943 der Fall war. Erst seitdem gibt es – in Parallele zur Entwicklung etwa des deutschen Arbeiterwiderstandes gegen den Nationalsozialismus – erste Hinweise auf organisierte und explizit politische Widerstandstätigkeit unter den ausländischen und hier vor allem unter den sowjetischen Arbeitskräften. Vor diesem Zeitpunkt können wir eine Reihe von Zusammenschlüssen sowjetischer Antifaschisten in den Kriegsgefangenenlagern nachweisen – das früheste ist 1942 das sogenannte »Hannoveraner Komitee« im Lager Bergen-Belsen, dessen praktische Arbeit in erster Linie darin bestand, Fluchten zu organisieren, Hilfe für kranke Kriegsgefangene zu leisten, Informationen über die Kriegslage zu verbreiten und den Zusammenhalt untereinander zu stärken. Ähnliche Organisationen sind für Berlin, Leipzig und Süddeutschland nachgewiesen und haben offenbar in vielen weiteren Kriegsgefangenenlagern bestanden. Ihr Wirkungskreis war dabei eng, die Zahl der Mitwisser klein, und die durchgeführten Aktionen standen in direktem Zusammenhang zur Lebenssituation der Betroffenen. In dem Moment aber, wo über den Kreis der Vertrauten hinaus für den Zusammenschluß geworben wurde, vervielfachte sich die Gefahr, von der Gestapo entdeckt und aufgerollt zu werden; tatsächlich ist ein überregionaler Zusammenschluß vor 1943 auch nicht nachweisbar.[17]

Erst die deutschen Niederlagen im Osten im Winter 1942/43 waren das Signal für verschiedene Gruppen von sowjetischen Kriegsgefangenen, nunmehr an den Aufbau regelrechter Widerstandsgruppen zu gehen. Die wichtigste von ihnen war die »Brüderliche Zusammenarbeit der Kriegsgefangenen« (BSW) – die größte und am besten organisierte Widerstandsbewegung von Ausländern überhaupt, die die Gestapo während des Krieges aufgedeckt hat. Ausgehend von einer kleinen Gruppe im illegalen Kampf geschulter sowjetischer kriegsgefangener Offiziere weitete sich die BSW bis zum Mai 1943 vor allem in Süddeutschland aus und verfügte in vielen Lagern für sowjetische Kriegsgefangene und Zivilarbeiter über Kontaktleute. Nach dem klassischen Typus illegaler kommunistischer Parteiorganisationen von oben gegründet, zentralistisch von Offizieren und politischen Kommissaren geführt und programmatisch linientreu, mit Statuten, Beitragszahlungen und Vertretersystem, orientierte sie propagandistisch auf den Massenaufstand der Ausländer, um das NS-Regime von innen zu stürzen. Ihre Praxis hingegen bestand vor allem aus Fluchthilfe und Ausübung von Druck auf deutsche Lagerleiter und Betriebsführer zur Verbesserung der Lebenssituation der Gefangenen und Zivilarbeiter. Ihre zentralistische Organisationsstruktur ermöglichte es den NS-Behörden jedoch schon im Frühjahr 1943, nachdem sie einmal eine Spur aufgenommen hatten, die gesamte Organisation in relativ kurzer Zeit aufzurollen und zu zerschlagen.

Dies war bei dezentral arbeitenden Gruppen viel schwieriger, vor allem wenn sie in die informelle Substruktur unter den Ausländern integriert waren. Solche Gruppen sind seit Anfang 1944 in zunehmendem Maße feststellbar. Der Sicherheitsdienst (SD) der SS meldete dazu im Frühjahr 1944: »Das Vordringen der sowjetischen Armeen, die Ereignisse in Italien und nicht zuletzt die Terrorangriffe auf deutsche Städte bewirken bei den im Reich befindlichen Ostarbeitern(innen) eine Stärkung ihres Selbstbewußtseins. Dieser sich immer mehr vollziehende Stimmungsumschwung erweckte bei den Ostarbeitern die Hoffnung auf eine baldige Rückkehr in ihre Heimat und löst in steigendem Maße Gedanken an einen aktiven Kampf gegen die Deutschen aus.«[18]

Seit dieser Zeit stellte die Gestapo in fast allen größeren Städten des Reichs organisierte Widerstandsgruppen vorwiegend unter den sowjetischen Arbeitern fest, deren Zahl zum Sommer hin stark anwuchs. Der Kern der Aktivitäten solcher Gruppen lag in erster Linie in der Vorbereitung und Hilfe zur Flucht, der Beschaffung illegaler Papiere, der Versorgung der Kranken, der Organisation von Lebensmitteln, der Unschädlichmachung von Spitzeln usw. Zwar wurde in vielen der von der Gestapo aufgefundenen Programme auch die Beschaffung von Waffen genannt. Tatsächlich aber wurden bei diesen Organisationen und Komitees Waffen nicht gefunden – Indiz dafür, daß sie in Programmatik und Vorbereitung der Organisationen nicht im Vordergrund standen.

Über die meisten dieser Organisationen wissen wir aber nur wenig: Die Berichte der Gestapo nach der Aufdeckung der Gruppen und der Verhaftung der Mitglieder sagen über den tatsächlichen Umfang der Tätigkeiten der Widerstandskämpfer nur selten etwas aus. Bemerkenswert aber ist, daß solche Zusammenschlüsse sowjetischer Arbeiter im gesamten Reichsgebiet zu verzeichnen sind. Insgesamt liegen für die Zeit vom März bis September 1944 Berichte über derartige Widerstandsgruppen vorwiegend sowjetischer Kriegsgefangener und Zivilarbeiter aus 38 Städten vor, mit insgesamt 2700 Beteiligten bzw. Festgenommenen:

Mißt man den Wirkungsgrad dieser Gruppen nicht an den programmatischen Fernzielen eines Massenaufstands, sondern an den bestehenden Bedingungen und Möglichkeiten, so ist die erhebliche Zunahme und Ausweitung des Widerstands der sowjetischen Arbeitskräfte im letzten Kriegsjahr unübersehbar, vor allem dort, wo er sich aus den unmittelbaren Lebens- und Arbeitsverhältnissen der

Widerstandsgruppen ausländischer Arbeiter und Kriegsgefangener, nach Gestapo-Meldungen zwischen März und September 1944[19]

Gebiet der Gestapoleitstelle	Datum	Bezeichnung der Organisation	beteiligt / festgenommen
Weimar	Februar	Kommunistische Organisation	16 Festnahmen
Karlsbad	März		20 kgf. sowj. Offiziere
Münster	März	»komm. Zelle«	5 Ostarbeiter
Wien	März	»Anti-Hitler-Bewegung«	49 Ostarbeiter
Karlsruhe	März–Juli	BSW	über 300 Festnahmen
Innsbruck	April	»Illegale Gruppe«	79 Festnahmen
Nürnberg	April		49 Ostarbeiter und sowj. Kgf.
Düsseldorf	Mai	»Komitee Kampf gegen den Faschismus«	67 Ostarbeiter
Braunschweig	Mai	»Sowjetruss. komm. Sabotagegruppe«	21 Ostarbeiter
Bromberg	Mai	»Komm. Ostarbeitergruppe«	211 Ostarbeiter
Köln	Mai	»Sowjetruss. Propagandaorganisation«	26 Ostarbeiter
Nürnberg	Juni	»Komm. Organisation«	65 kgf. sowj. Offziere, 27 Ostarbeiter, 13 Ostarbeiterinnen
Hannover	Juni	»Komm. Widerstandsbewegung«	123 Ostarbeiter
Halle	Juni	»Komm. Organisation unter Ostarbeitern«	46 Ostarbeiter
Hamburg	Juni	»Sowjetruss. Zentral-Komitee gegen den Faschismus«	138 Ostarbeiter und Kgf.
Karlsbad	Juni	»Bolschew. Partisanenorganisation«	107 Festnahmen
Kassel	Juni		4 kgf. sowj. Offiziere
Leipzig	Juni	»Internationales antifaschistisches Komitee«	33 Ausländer, 12 deutsche Komm.
München	bis Juni	BSW	314 Ostarbeiter und sowj. Kgf.
Ebelsbach	Juni	»Revolutionskomitee« im Lazarett Ebelsbach	305 sowj. Kgf. und Ostarbeiter
Reichenberg	Juni		21 Festnahmen
Leipzig	Juli	»Komm.-antifaschistische Organisation«	39 Ostarbeiter, 5 Deutsche

Gebiet der Gestapo-leitstelle	Datum	Bezeichnung der Organisation	beteiligt / festgenommen
Chemnitz	Juli	»Sowjetruss. Arbeiter-komitee«	59 Ostarbeiter (132 Festnahmen)
Metz	Juli	»Illegale Kommunist. Partei der russischen Kgf. und Ostarbeiter an der Saar«	16 sowj. Kgf. und Ost-arbeiter
Nürnberg	August	»Komitee der Roten Fahne«	28 sowj. Kgf. und Ost-arbeiter
Innsbruck	August	Komm. Organisation	14 Ostarbeiter
Wien	August	Komm. Organisation	Ostarbeiter, Kgf., Ver-bindung zur KPÖ
Königsberg	August	Illegale Organisation	20 sowj. Kgf. und Ost-arbeiter
Berlin	September	Terrororganisation unter Ostarbeitern	?
Frankfurt/M.	September	Spionageorganisation	2 Ostarbeiter
Saarbrücken	September	Komm. Organisation	40 sowj. Kgf. und Ost-arbeiter
Chemnitz	September	Tschechische Wider-standsgruppe und »Sowj. Arbeiter-komitee«	27 Tschechen 2 Deutsche
Dresden	September	Komm. Gruppe	9 Ostarbeiter
Dortmund	September	»Volkskomitee des Kampfes gegen den Faschismus«	155 Ostarbeiter
Darmstadt	September	Bolschew. Propagan-dagruppe	9 Ostarbeiter
Salzburg	September		30 sowj. Kgf.
Danzig	September	Komm. Organisation	Sowj. Kgf.
Salzburg	September		24 sowj. Kgf.

ausländischen Arbeiter heraus entwickelte. Das bedeutete zwar eine Beschränkung auf kleinräumige Organisation und einen zumindest vorläufigen Verzicht auf überregionale Verflechtung, sicherte aber stärker gegen frühzeitige Entdeckung und Zerschlagung. Die Verbindung zu deutschen Widerstandsgruppen, auf die die deutschen Sicherheitsorgane besonders argwöhnisch achteten, war zwar von vielen Gruppen beabsichtigt, ist aber nur in wenigen Fällen nachzuweisen. Insgesamt deuten Umfang und Verbreitung der Widerstandsaktivitäten unter den ausländischen, vor allem den sowjetischen Arbeitern im letzten Kriegsjahr darauf hin, daß in dieser Phase des Krieges hier das quantitativ größte aktive Widerstandspotential gegen die nationalsozialistische Herrschaft in Deutschland überhaupt bestand. Für die deutschen Sicherheitsbehörden stellten darüber hinaus diese Gruppen insofern eine besondere Bedrohung dar, als zu Recht angenommen werden mußte, daß diese bei der Masse der Fremdarbeiter und Kriegsgefangenen auf ein erheblich größeres Maß an Sympathie oder Unterstützung rechnen konnten, als es bei den in der Bevölkerung weitgehend isolierten deutschen Widerstandsgruppen kommunistischer oder sozialdemokratischer Ausprägung der Fall war.

4. Entsprechend groß waren die eingangs geschilderten Befürchtungen innerhalb der Regimeführung vor einem bewaffneten Aufstand der in der Jahresmitte 1944 fast 8 Millionen ausländischen Fremdarbeiter und Kriegsgefangenen. Über Propaganda und wilde Gerüchte schlugen sich diese Befürchtungen auch in der deutschen Bevölkerung nieder. So wurden von seiten der Behörden, besonders aber der Betriebe, umfangreiche Vorkehrungen getroffen, um für Aufstandsversuche der ausländischen Arbeiter vorbereitet zu sein, die in den Großbetrieben bis hin zu regelrechten Manövern des Werkschutzes mit Flakeinsatz gegen befürchtete Aufstandsversuche der Zwangsarbeiter reichten.

Besonders für den Tag der alliierten Invasion rechnete man mit der Errichtung einer »inneren Front« durch eine Revolte der Zwangsarbeiter. Tatsächlich aber führte die zunehmende Zerstörung der deutschen Städte in der letzten Kriegsphase zu einer anderen Entwicklung, auf die hier abschließend eingegangen werden soll: Die Verstärkung der alliierten Luftangriffe auf deutsche Industriezentren seit dem Frühjahr 1944 hatte für die dort lebenden ausländischen Arbeiter und die in Fabriknähe gelegenen Ausländerlager die Unterbrechung der Lebensmittelversorgung und den Zusammenbruch der betrieblichen Infrastruktur des Ausländereinsatzes zur Folge. Seit dem Sommer 1944 war diese Situation zu einer Massenerscheinung geworden, die Anzahl der obdachlos und ohne Versorgung in den Städten umherirrenden Fremdarbeiter stieg in den Industriemetropolen in die Hunderte und Tausende, denen nur noch übrigblieb, sich irgendwie durchzuschlagen, was auf »legalem« Wege oft gar nicht mehr möglich war. So wurde die soziale Substruktur für viele ausländische Arbeiter mehr und mehr der einzige Weg des Überlebens, und es bildeten sich gerade in den am meisten zerstörten Städten Zusammenschlüsse von »illegal« gewordenen Ausländern, die meisten von ihnen Ostarbeiter – regelrechte »Banden«, wie sie von der Gestapo bezeichnet wurden.

Diese »Banden« lebten in den Ruinen der zerstörten Stadtteile, besorgten sich Lebensmittel durch Diebstähle oder Plünderungen – und viele von ihnen bewaffneten sich, was übrigens erstaunlich einfach vor sich ging. Hinzu kamen in vielen Fällen auch Deutsche, die aus irgendeinem Grund in der Illegalität lebten. Die Motive der einzelnen waren verschieden: Dominant war der schlichte Überlebenswille, daneben waren Wut und Erbitterung über die deutschen Unterdrücker ebenso ausschlaggebend wie politisch motivierter Widerstand und nicht selten auch kriminelle Energie – bei manchen sicherlich auch alles gleichermaßen. Insgesamt aber überwiegt der Eindruck, daß explizit politische Motive nur selten waren, daß hier eine aus Not, Wut und wilder Entschlossenheit zusammengesetzte, sich selbst und anderen gegenüber rücksichtslose Haltung Platz griff, die von den im engeren Sinne politischen Widerstandskämpfern unter Ausländern und Deutschen abgelehnt wurde, zu denen offenbar auch nicht viele Berührungspunkte bestanden. Das Zentrum der »Banden« lag vermutlich im westdeutschen Raum, vor allem in Köln und im Ruhrgebiet; mittlerweile gibt es jedoch Hinweise auf ähnliche Entwicklungen auch in anderen, von Zerstörungen besonders betroffenen Industrieregionen. Über die Größenordnungen besitzen wir nur ungefähre Vorstellungen – in Köln berichtete die Gestapo allein im November 1944 von über 80 Festnahmen im Rahmen der Bekämpfung der ausländischen »Terrorbanden«.[20]

Die Frage, ob man die Aktivitäten der »Banden« als »politischen Widerstand« bezeichnen könne, führt dabei jedoch am Problem vorbei. Sich in »Banden« zusammenzuschließen, durch Diebstähle zu ernähren, sich zu bewaffnen und einer drohenden Verhaftung auch mit Waffengewalt zu entziehen, war die nur folgerichtige Konsequenz aus der Zerstörung aller Zusammenhänge, die bis dahin noch wenigstens in Ansätzen für Unterkunft und Verpflegung gesorgt hatten – Betteln, Flüchten oder Kämpfen waren hier gerade für die Ostarbeiter die Alternativen zum Verhungern. Insofern war der Überlebenskampf der illegal lebenden Fremdarbeiter sicherlich Widerstand im ursprünglichen, existentiellen Sinn. Aber wer hier nach den organisatorischen Formen und programmatischen Zielsetzungen etwa kommunistischer Widerstandsgruppen sucht, verkennt die Logik des Untergrunds. Nichts lag den »Banden« ferner als etwa politische Zielsetzungen zu formulieren oder ein Statut zu entwerfen. Insofern sind Verbindungen der Ostarbeiter-»Banden« zu deutschen »Kriminellen« nur logisch, weil sie mit diesen den existentiellen Zwang zur Illegalität und die Beschränkung der Aktivitäten auf die Beschaffung von Lebensmitteln, Geld, Autos, Unterkünften und Waffen teilten. Gemeinsam war ihnen auch, daß sie die politischen Perspektiven eines nicht-nationalsozialistischen Nachkriegsdeutschlands in der Regel nicht kümmerten.

Für große Teile der deutschen Bevölkerung, vor allem aber für die staatlichen Unterdrückungsorgane, stellten die Ostarbeiter-»Banden« jedoch die Erfüllung jener rassistischen Ängste dar, die vor allem gegenüber den sowjetischen Arbeitern seit Beginn des Ausländereinsatzes gehegt worden waren – nun schien sich zu verwirklichen, was bis dahin von der Propaganda immer und immer wieder behauptet worden war: der »Russe« als plündernder und mordender Bandit. So gerieten die Gestapo-Beamten in den letzten Wochen des Krieges gegenüber den ausländischen, vorwiegend aber den sowjetischen Arbeitern in einen wahren Blutrausch. Die Polizeigefängnisse füllten sich mit tatsächlichen oder vermeintlichen ausländischen Plünderern und »Terroristen« – und es war zumeist die letzte Handlung der Gestapo-Leute vor dem Zusammenbruch des Regimes, in buchstäblich letzter Minute die gefangenen ausländischen Arbeiter zu Hunderten zu ermorden, bevor sie sich mit vorbereiteten falschen Pässen absetzten. Allein im Ruhrgebiet, wo dies im einzelnen nachweisbar ist, zieht sich in der Karwoche 1945 eine Blutspur von Westen nach Osten, immer kurz vor den Panzerspitzen der Alliierten. In diesen Tagen ermordeten die Gestapo-Beamten im Ruhrgebiet mehr als tausend ausländische, vorwiegend sowjetische Arbeiter.[21]

Versucht man ein Fazit zu ziehen aus der hier skizzierten Entwicklung von Opposition und Widerstand der ausländischen Zwangsarbeiter in Deutschland, so wird zunächst deutlich, in welch eklatantem Widerspruch Ausmaß und Bedeutung dieses Widerstands zu seiner Behandlung vor allem in der westlichen Widerstandsforschung stehen. Mehr als mit allen anderen Formen der Opposition hatte es die deutsche Sicherheitspolizei mit der Haltung und den Handlungen der ausländischen Arbeiter zu tun. Viele dieser Handlungen waren dabei von den einzelnen gar nicht als politisch oppositionell intendiert worden, sondern wurden erst durch die Definition der Staatsorgane dazu. Aber dies galt auch für die soziale Opposition der deutschen Arbeiterschaft in der Vorkriegszeit und mindert nicht deren Bedeutung.

Auf der anderen Seite wird man sehen müssen, wie weitgehend und wie lange es den deutschen Behörden gelang, das Aufbegehren der Ausländer auf die Ebene individueller Einzelaktionen zu beschränken – dafür war neben der Präsenz der Sicherheitsorgane vor allem die relative Geschlossenheit von politischer Führung und deutscher Bevölkerung gegenüber den Ausländern ausschlaggebend. Sicherlich kann man darüber spekulieren, ob es den Deutschen bei besserer Behandlung gerade der Ostarbeiter und der Polen nicht hätte gelingen können, einen größeren Teil von ihnen zu größerer Sympathie für Deutschland und die Deutschen zu bewegen. Aber das verkennt den Charakter und die Möglichkeiten der NS-Diktatur, die sich 8 Mio. ausländische Zwangsarbeiter ins Land geholt hatte und ihrer rassistischen Weltanschauung folgend den größten Teil von ihnen schlecht, weithin sogar fürchterlich behandelte, und die seit der Mitte des Krieges mehr als die Hälfte der Kapazitäten ihres Terrorapparates im Innern dafür aufwenden mußte, diese Millionen unterdrückter Menschen im Zaum zu halten. Auf der anderen Seite geht eine Reduktion von Opposition und Widerstand der Zwangsarbeiter auf einen »proletarisch-internationalistischen Widerstandskampf« im kommunistischen Sinne an der historischen Wirklichkeit kraß vorbei. Es kommt vielmehr darauf an, die besonderen Bedingungen der Formen von Opposition und Widerstand der Ausländer während des Krieges herauszuarbeiten und in den Kontext der gesamten Entwicklung des »Ausländereinsatzes« wie der inneren Situation in Deutschland während des Krieges überhaupt zu stellen.

Dann aber wird deutlich, daß die ausländischen Zwangsarbeiter neben den Verschwörern des 20. Juli und der deutschen Arbeiterbewegung als dritte Säule des Widerstandes gegen das nationalsozialistische Regime in Deutschland anzusehen sind.

Nicht entschädigungsfähig?

Die Wiedergutmachungsansprüche der Ausländer

Wer aus rassischen, politischen, weltanschaulichen oder religiösen Gründen von den Nationalsozialisten geschädigt worden ist, hat einen Anspruch auf Entschädigung – dieser Grundsatz des westdeutschen Wiedergutmachungsrechts ist jedoch insofern eingeschränkt, als es sich um innerdeutsches Recht handelt und sich auf Deutsche beschränkt bzw. auf solche Menschen, die eine »räumliche Beziehung« zur Bundesrepublik oder dem Deutschen Reich haben oder doch hatten.[1] Dem steht aber gegenüber, daß die überwiegende Mehrzahl der Opfer nationalsozialistischer Verfolgung eben nicht Deutsche, sondern Ausländer waren, die nicht unter die Bestimmungen der verschiedenen Bundesentschädigungsgesetze fallen – die Angehörigen der Länder also, die während des Krieges von Deutschland besetzt waren. Dieser Widerspruch und die daraus entstandenen politischen und juristischen Auseinandersetzungen stehen im Mittelpunkt der folgenden Überlegungen.

Während des Krieges wurden etwa 10–12 Mio. Menschen aus ihrer von den Deutschen besetzten Heimat deportiert und in eines der mehr als 20000 Lager der unterschiedlichsten Art im »Reich« oder in den von Deutschland besetzten Gebieten gebracht. Die überwiegende Mehrzahl von ihnen befand sich bei Kriegsende auf deutschem Gebiet, von den Alliierten mit dem Sammelbegriff »Displaced Persons« (DPs) bezeichnet.[2] Dabei handelt es sich jedoch um ganz unterschiedliche Gruppen von Menschen, die aus ebenso unterschiedlichen Gründen deportiert worden waren. Hier sind zunächst zwei große Gruppen voneinander zu unterscheiden:

– Die etwa 6 Mio. ausländischen Zivilarbeiter, umgangssprachlich »Fremdarbeiter« genannt, die im Rahmen des nationalsozialistischen

»Ausländereinsatzes« seit Ende 1939 überwiegend zwangsweise nach Deutschland zur Arbeit gebracht worden waren; davon waren Bewohner fast aller von Deutschland besetzten Länder betroffen, mehr als die Hälfte der »Fremdarbeiter« waren jedoch Polen und Russen, die zudem am untersten Ende der rassistischen Hierarchie der Nationalsozialisten standen und ganz besonders schlecht behandelt wurden. In einer ähnlichen Lage, was die Behandlung und den Arbeitseinsatz anbetraf, aber statusrechtlich von den Zivilarbeitern unterschieden, waren die etwa 2 Mio. Kriegsgefangenen, unter denen Russen und Franzosen sowie später die italienischen Militärinternierten die größten Gruppen darstellten; während die polnischen Kriegsgefangenen bald nach ihrer Gefangennahme zwangsweise in den Zivilarbeiterstatus überführt worden waren.[3]

– Sowohl was die Art der Behandlung als auch den juristischen Status betrifft, sind die bei Kriegsende etwa 750000 KZ-Häftlinge von Fremdarbeitern und Kriegsgefangenen deutlich zu unterscheiden.[4] Sie unterstanden der Gewalt der SS und setzten sich wiederum aus einer Vielzahl von verschiedenen Gruppen zusammen. Für den hier zu behandelnden Zusammenhang sind dabei die folgenden Unterscheidungen von Bedeutung: die weitaus meisten KZ-Häftlinge, die bei Kriegsende von den Alliierten befreit wurden, waren Ausländer, wobei die Zahl der »Nichtjuden« um ein Vielfaches höher war als die der jüdischen Häftlinge, die den Holocaust überlebt hatten; der Anteil der deutschen KZ-Häftlinge hingegen war mit weniger als 10 Prozent relativ gering. Nahezu alle KZ-Häftlinge waren – jedenfalls in der letzten Kriegsphase – zur Zwangsarbeit unter wahrhaft fürchterlichen Bedingungen eingesetzt worden, vorwiegend in der Rüstungsindustrie. Die nichtjüdischen ausländischen Häftlinge waren von den deutschen Besatzungsbehörden und der Gestapo aus den unterschiedlichsten Gründen in die Konzentrationslager gesperrt worden – wegen Vergehens gegen eine Anordnung der deutschen Organe, wegen tatsächlichen oder vermeintlichen Widerstands, weil sie der polnischen Intelligenz angehörten, weil sie als Geiseln genommen waren und aus vielen anderen Gründen. Eine im Verlaufe des Krieges immer größer werdende Gruppe von ausländischen KZ-Häftlingen, bei Kriegsende vermutlich die größte, bestand wiederum aus »Fremdarbeitern« und Kriegsgefangenen, die wegen irgendeines »Vergehens« bei ihrem Arbeitseinsatz in der Privatwirtschaft von der Gestapo ins KZ eingeliefert worden waren.[5]

Bei den Nürnberger Prozessen standen die nationalsozialistische Ausländerpolitik und die Verhältnisse in den Konzentrationslagern im Mittelpunkt sowohl des Hauptverfahrens als auch der Nachfolgeprozesse gegen führende Industrievertreter, SS-Offiziere und Ministerialbürokraten; das »Sklavenarbeiterprogramm«, wie es in den Anklageschriften hieß, war einer der vier Hauptanklagepunkte. Sauckel und Speer, die Industriemanager von Flick, IG-Farben und Krupp sowie die Leiter des SS-Wirtschafts- und Verwaltungshauptamtes sind vor allem wegen dieses Anklagepunktes verurteilt worden. Gleichwohl ist der Zwangsarbeitereinsatz in der Bundesrepublik nie Gegenstand öffentlicher Auseinandersetzungen gewesen. Zum einen verblaßte die Beschäftigung von 8 Mio. Zwangsarbeitern hinter den Berichten über den Völkermord in den nationalsozialistischen Vernichtungslagern; zum zweiten wurde der »Ausländereinsatz« gar nicht als spezifisch nationalsozialistisches Phänomen, ja nicht einmal als ein Unrecht angesehen; vielmehr standen in der Nachkriegszeit die Plünderungen der »DPs« nach der Befreiung im Vordergrund der Beschäftigung mit diesem Komplex.[6] Drittens war, anders als bei den Massenmorden im Osten, die deutsche Bevölkerung beim »Ausländereinsatz« selbst aktiver Faktor nationalsozialistischer Rassenpolitik und mit den ausländischen Zivilarbeitern und Kriegsgefangenen, in der letzten Kriegsphase an vielen Orten auch mit den zur Zwangsarbeit eingesetzten KZ-Häftlingen, täglich und unmittelbar konfrontiert, was die Tendenzen zum Vergessen noch bestärkte. In der internationalen Öffentlichkeit hingegen standen Massendeportation und Zwangsarbeit im Vordergrund der Aufmerksamkeit – schon deshalb, weil es sich bei den davon Betroffenen eben um Landsleute, nicht um Deutsche handelte.

Der Ruf nach »Wiedergutmachung«, der in der Weltöffentlichkeit nach Kriegsende erscholl, bezog sich daher in besonderer Weise auf die »Displaced Persons«. Diese Erwartung ist gegenüber den jüdischen Verfolgten durch die Abkommen der Bundesregierung mit dem Staat Israel und der Jewish Claims Conference vom Jahre 1952[7] sowie durch die bundesdeutschen Entschädigungsgesetze bis zu einem bestimmten Grad erfüllt worden. Ähnliches gilt auch für einen

Teil der deutschen KZ-Häftlinge, soweit sie aus Gründen verfolgt worden waren, die die Gerichte als spezifisch nationalsozialistisches Unrecht anerkannten.

Von den Vereinbarungen mit Israel und der Claims Conference sowie den Bestimmungen der Bundesentschädigungsgesetze aber waren weder die ausländischen zivilen Zwangsarbeiter erfaßt noch die ausländischen KZ-Häftlinge, darunter diejenigen Juden, die nach 1945 in eines der Ostblockländer zurückgekehrt waren; während eine Entschädigung für Kriegsgefangene nach internationalem Recht von vornherein nicht zur Diskussion stand.

Welche finanziellen Größenordnungen bei der Frage einer möglichen Entschädigung der ausländischen NS-Verfolgten im Spiel waren, verdeutlicht ein – hier beliebig gewähltes – Beispiel: die Gewährung einer monatlichen Rente von 100 DM für 5 Mio. Menschen bei einer durchschnittlichen Laufzeit von 20 Jahren würde zu einer Gesamtbelastung von 120 Mrd. DM führen – eine für die Verhältnisse in der Nachkriegszeit vollkommen unvorstellbare Summe.

Die zentrale Frage bei der Behandlung von Entschädigungsforderungen ehemaliger KZ-Häftlinge und Fremdarbeiter bestand nun darin, ob sie als individuelle Forderungen von Privatpersonen oder als Teil der Reparationsforderungen der ehemaligen Feindmächte einzustufen waren. Schon wegen der zu erwartenden finanziellen Größenordnungen wurde von westdeutscher Seite aus hier von vorneherein nur an eine pauschale Regelung im Rahmen von Reparationszahlungen gedacht, da nach internationalem Recht Ansprüche aus Kriegs- und Besatzungshandlungen nur von Staat zu Staat, nicht aber von einzelnen Individuen gegen den ehemaligen Feindstaat zu erheben seien; dabei wurde auf das Vorbild des Versailler Vertrages, in dem ebenso verfahren worden sei, verwiesen.[8] Als Rechtsgrundlage für diese Auffassung dienten vor allem die Reparationsbestimmungen der internationalen Vereinbarungen aus der unmittelbaren Nachkriegszeit, insbesondere das Potsdamer Abkommen. Dort war das für Reparationszwecke vorgesehene deutsche Vermögen in eine »Ostmasse« und eine »Westmasse« geteilt worden; die Sowjetunion sollte demnach durch Entnahmen aus der sowjetischen Besatzungszone ihre Reparationsansprüche befriedigen und außerdem aus den Westzonen gewisse zusätzliche Leistungen erhalten. Darüber hinaus sollte die UdSSR aus ihrer Zone auch die Ansprüche Polens befriedigen – eine Regelung, mit der sich die Provisorische Polnische Regierung am 16. August 1945 einverstanden erklärte.[9]

Nach dieser Rechtsauffassung also waren Staatsangehörige eines ehemaligen Feindlandes von direkter Entschädigung ausgeschlossen und auf Leistungen ihres eigenen Staates angewiesen, die dieser wiederum aus den zu vereinbarenden deutschen Reparationsleistungen zu begleichen hatte.

Dieser Auffassung widersprach jedoch vor allem die polnische Seite, die seit Kriegsende immer zwischen »individueller Wiedergutmachung« und »staatlichen Reparationen« unterschieden hatte – bereits im ersten Dokument der Provisorischen Polnischen Regierung Anfang 1945 war davon die Rede gewesen; auf der Konferenz der Außenminister-Stellvertreter in London am 23. Januar 1945 betonte die polnische Regierung diese Forderungen erneut und hob dabei vor allem auf die ehemaligen polnischen Zwangsarbeiter ab.[10] Polen hat diese Ansprüche auf individuelle Wiedergutmachung neben der zwischenstaatlichen Reparationsregelung bis heute nicht aufgegeben.

Was nun mögliche Forderungen von Angehörigen der ehemaligen Feindmächte anbetraf, die laut Potsdamer Abkommen aus der Westmasse der Reparationen zu bedienen waren, so bezog sich die Argumentation der Bundesregierung seit 1949 auf die Bestimmungen des »Pariser Reparationsabkommens« vom 14. Januar 1946, in dem die beteiligten Staaten die Verteilung der Reparationsleistungen untereinander geregelt und dies ausdrücklich als »Abgeltung aller ihrer Forderungen ihrer Staatsangehörigen gegen die ehemalige deutsche Regierung oder gegen deutsche Regierungsstellen« bezeichnet hatten, gültig für »Forderungen öffentlicher oder privater Natur, die aus den Kriegsverhältnissen entstanden sind«.[11] Dieser Passus hatte dazu gedient, die Verteilung der während der Besatzungszeit aus den Westzonen entnommenen Werte zu regeln, ohne daß einer der Vertragspartner weitere Forderungen aus der zu verteilenden Masse sollte erheben können. Ausdrücklich war bestimmt worden, daß den Ergebnissen von Verhandlungen mit Deutschland über zu leistende Reparationen dadurch nicht vorgegriffen werden sollte. Gleichwohl spielte das Pariser Reparationsabkommen in den einschlägigen juristischen Kommentaren und Urteilen bei der Abwehr von Ansprüchen ausländischer ehemaliger Zwangsarbeiter und KZ-Häftlinge eine bedeutsame Rolle.[12]

In der historischen Situation der Nachkriegszeit aber waren solche juristischen Gedankengänge politisch nur von untergeordneter Bedeutung und eher ein Arbeitsgebiet für Spezialisten, das die Öffentlichkeit nicht berührte. Denn im Zuge des sich verschärfenden Ost-West-Konflikts war an eine Berücksichtigung von Forderungen polnischer und sowjetischer Staatsangehöriger durch die Bundesrepublik nicht zu denken. Die ungeklärte Frage der deutschen Teilung verhinderte den Abschluß eines Friedensvertrages – und damit eines endgültigen Reparationsabkommens – auf nicht absehbare Zeit; und die schwierige wirtschaftliche Lage in Westdeutschland ließ, schon angesichts der Erfahrungen nach dem Ersten Weltkrieg und mit den Versailler Vertragsbestimmungen, weitere deutsche Reparationsleistungen in den Augen der Westdeutschen und der an einem Erstarken der Bundesrepublik interessierten Westalliierten als wirtschaftlich und politisch widersinnig erscheinen. Demgegenüber entnahm die Sowjetunion aus der SBZ/DDR weiterhin Reparationen in erheblichem Ausmaß.

Zudem hielt die Bundesregierung östlichen Forderungen, die sich aus der Verfolgung der Zivilbevölkerung durch die Deutschen während des Krieges herleiteten, die Unrechtshandlungen gegenüber der deutschen Bevölkerung bei der Vertreibung aus den Ostgebieten entgegen. Es sei »politisch wohl kaum zu verantworten«, bemerkte ein Vertreter des Bundesfinanzministeriums im Juli 1950 bei einer interministeriellen Besprechung zu diesem Komplex, »Wiedergutmachungsansprüche für Angehörige solcher Staaten anzuerkennen, die selbst durch Ausraubung und Vertreibung das Völkerrecht schwer verletzt hätten«.[13]

War also der politische Wille zur Ablehnung solcher Forderungen auf westdeutscher Seite eindeutig, so stand die juristische Position der Bundesregierung hier doch auf wackeligem Fundament, solange nicht durch eindeutigere Abkommen, an denen die deutschen Nachfolgestaaten beteiligt waren, das Reparationsproblem insgesamt und besonders die Einbeziehung der Forderungen ehemaliger KZ-Häftlinge und Fremdarbeiter darin geregelt waren. Die Lösung für dieses Problem im deutschen Sinne kam gewissermaßen durch die Hintertür – in Form des »Londoner Schuldenabkommens« vom 27. Februar 1953.[14] Dieses Abkommen, das wie nebenher »die wichtigste Reparationsregelung, an der eine deutsche Regierung nach dem Zweiten Weltkrieg beteiligt war«[15], enthielt, ist ein recht kompliziertes Vertragswerk, das in der historischen Forschung bislang kaum und nur am Rande behandelt wurde, obwohl man es geradezu als das wirtschaftliche Pendant des Deutschlandvertrages bezeichnen könnte.[16]

Zu Beginn der 50er Jahre stand einer vollständigen Reintegration der westdeutschen in die internationale Wirtschaft die noch ungeregelte Frage der Schulden des Deutschen Reiches entgegen; dabei handelte es sich sowohl um Vorkriegsschulden als auch um die aus der Nachkriegs-Wirtschaftshilfe entstandenen Verbindlichkeiten gegenüber den Westmächten, vor allem den USA. Mit der Regelung dieser Frage verband sich die Kreditwürdigkeit und damit die Voraussetzung für einen wirtschaftlichen Wiederaufstieg der Bundesrepublik insgesamt. Bereits im März 1951 hatte sich die Bundesregierung zur Anerkennung dieser Verpflichtungen bereit erklärt – und dabei sogleich auf die schwachen finanziellen Kräfte und die außerordentlichen Belastungen, die die junge Republik zu tragen habe, hingewiesen.[17] In den Verhandlungen selbst verpflichtete sich die Bundesrepublik, die Schulden des Reichs durch eine vertraglich festgelegte und durch jährliche Zahlungen abzutragende Pauschalsumme zu begleichen und so die internationalen Gläubiger zu befriedigen. Die Gesamthöhe von 7,3 Mrd. DM, verteilt auf zwölf Jahre[18], konnte zwar im Verhältnis zu den weit höheren Ausgangsforderungen der Verhandlungspartner als außerordentlicher Erfolg gewertet werden, stellte aber gleichwohl für die Finanzkraft der Bundesrepublik Anfang der 50er Jahre eine merkliche Belastung dar, was auch von der deutschen Delegation immer wieder betont wurde. Ihr Leiter, Hermann Josef Abs, hatte noch auf der Schlußsitzung der Schuldenkonferenz am 8. August 1952 darauf hingewiesen, daß die Bundesrepublik nicht in der Lage sei, die Vereinbarungen des Abkommens zu erfüllen, wenn weitere Forderungen, insbesondere nach Reparationszahlungen, an sie gestellt würden.[19] Dieses Argument wurde vor allem dadurch bekräftigt, daß zur gleichen Zeit wie die Londoner Verhandlungen in Wassenaar die Vereinbarungen zwischen der Bundesrepublik und Israel bzw. der Claims Conference über die Wiedergutmachung gegenüber den Juden ausgehandelt wurden. Auf die hierzu entstehenden zusätzlichen finanziellen Lasten wies Abs gegenüber den Israelis eindringlich hin, denn »wenn die

Londoner Verhandlungen scheiterten, sei die Bundesrepublik zu keiner Leistung, an wen auch immer, fähig«. Ebenso betonte Abs zu den Forderungen der Londoner Verhandlungspartner, »Zahlungen an Israel würden nur dann möglich sein, wenn die Vereinigten Staaten darauf ganz oder teilweise verzichteten«.[20] Da die USA als Hauptgläubiger das Londoner Abkommen mittrugen, war mit bilateralen Zahlungen über den hier vereinbarten Schuldendienst hinaus nicht zu rechnen, so daß nahezu alle westlichen und einige östliche Gläubigerstaaten dem Vertrag beitraten.

Die in dem hier untersuchten Zusammenhang entscheidende Vereinbarung des Londoner Schuldenabkommens lehnte sich an die Bestimmungen des Überleitungsvertrages vom 26. Mai 1952[21] sowie des Pariser Reparationsabkommens an und lautete in Art. 5 (2): »Eine Prüfung der aus dem Zweiten Weltkrieg herrührenden Forderungen von Staaten, die sich mit Deutschland im Kriegszustand befanden oder deren Gebiet von Deutschland besetzt war und von Staatsangehörigen dieser Staaten gegen das Reich und im Auftrage des Reichs handelnde Stellen oder Personen (...) wird bis zu der endgültigen Regelung der Reparationsfrage zurückgestellt.« Dieser Artikel war die unmittelbare Folge der von seiten der deutschen Delegation immer wieder vorgebrachten Hinweise auf die Zahlungsunfähigkeit der Bundesrepublik, wenn weitere Reparationsforderungen gestellt würden.[22] Aber auch die Westalliierten drängten darauf, die Priorität des Schuldendienstes vor allen anderen Forderungen festzulegen. Der Leiter der amerikanischen Delegation bei den »Informellen Besprechungen« zum Londoner Abkommen betonte am 4. Februar 1953 noch einmal ausdrücklich, »die drei Regierungen seien nicht bereit, zuzusehen, wie die Mittel der Bundesrepublik zersplittert würden, um Reparationsforderungen zu erfüllen, wenn diese Mittel aus Zugeständnissen stammten, die von den drei Regierungen bei der Regelung ihrer früheren Forderungen gewährt worden seien«.[23] Von seiten der holländischen Delegation allerdings waren gegen diese Bestimmungen des Art. 5 (2) Einwände erhoben worden. Denn durch eine so weitgehende Bestimmung seien auch individuelle Wiedergutmachungsforderungen holländischer Staatsbürger betroffen; als Beispiel nannte der niederländische Delegationsleiter »die Frage der Lohnforderungen ehemaliger niederländischer Konzentrationslager-Häftlinge gegen deutsche Arbeitgeber, wie z. B. die IG-

Farbenindustrie, über welche die niederländische Regierung gerne zu einer Vereinbarung in (r.: mit, U. H.) Deutschland gelangen würde und die sie nicht bis zur endgültigen Reparationsregelung aufgrund der in dem Londoner Schuldenabkommen gebrauchten Fassung zurückstellen möchte«.[24] Gegen diesen Vorstoß bezogen die Delegationsleiter der drei Westalliierten und der Bundesrepublik entschieden Stellung – wiederum unter Hinweis auf die Finanzkraft der Bundesrepublik und die Priorität der alliierten Schuldenforderungen vor allen Reparationsfragen: »Es ist dem Dreimächteausschuß und der Deutschen Delegation gelungen«, heißt es in der Denkschrift der Bundesregierung zu dem Abkommen, »diesen Versuch abzuwehren. Was erreicht worden ist, enthält der Artikel 5 des Schuldenabkommens.«[25] Dieser Vorstoß der niederländischen Delegation ist deshalb so bedeutsam, weil er zeigt, daß den Beteiligten, insbesondere den Deutschen, klar war, worum es hierbei ging: um die Abwehr der Ansprüche aller ehemaligen KZ-Häftlinge und zivilen Zwangsarbeiter an deutsche Stellen; lediglich ein interpretierender Zusatz wurde in das Vertragswerk aufgenommen, wonach Art. 5 (2) nicht so ausgelegt werden dürfe, »als würden dadurch Rechte gemäß den in der Bundesrepublik geltenden Rechtsvorschriften oder solche Rechte beeinträchtigt, die aus Abkommen hergeleitet werden können, welche vor der Unterzeichung des Abkommens über deutsche Auslandsschulden zwischen der Bundesrepublik Deutschland und einer Partei dieses Abkommens unterzeichnet wurden«.[26] Das war eine ganz unverbindliche Bestimmung, die in den Augen der westdeutschen Delegation zu nichts verpflichtete.

Die Regelung der Schuldenbegleichung selbst als eigentlicher Kern des Londoner Abkommens ist mittlerweile längst abgeschlossen; bereits nach wenigen Jahren war klar, daß die daraus erwachsenden finanziellen Verpflichtungen der Bundesrepublik angesichts der gesamtwirtschaftlichen Entwicklung viel weniger schwerwiegend waren, als befürchtet oder zumindest gegenüber den Vertragspartnern betont worden war – im Gegenteil, »nach einigen Jahren war die Bundesrepublik bereits froh«, resümiert Hans-Peter Schwarz, »durch vorzeitige Tilgungszahlungen ihren gefährlich hohen Devisenbestand etwas abtragen und damit zugleich einen Beitrag zur Erleichterung der angelsächsischen Stationierungskosten leisten zu können«.[27]

Aus der unverdächtig klingenden Formulierug des Art. 5 (2) aber, der einstweiligen Zurückstellung der Prüfung von Reparationsforderungen, ist durch das Ausbleiben eines Friedensvertrages eine Dauerregelung geworden – mithin nichts anderes als die Erledigung sämtlicher aus dem Zweiten Weltkrieg herrührenden Reparationsforderungen und zugleich die politisch-juristische Grundlage für die Abwehr aller Wiedergutmachungsansprüche ehemaliger ausländischer KZ-Häftlinge und Fremdarbeiter, also des überwiegenden Teils der Opfer der nationalsozialistischen Verfolgung.

Die Bedeutung dieses Aspekts wurde in der westdeutschen Öffentlichkeit zeitgenössisch aber gar nicht wahrgenommen, vielmehr standen die aus dem Abkommen erwachsenden finanziellen Belastungen im Vordergrund der Berichterstattung in der Presse, wo zusätzlich auf den Zusammenhang mit den »Reparationsleistungen an Israel« hingewiesen wurde.[28] Inwieweit von seiten der beteiligten Delegationen, insbesondere der deutschen, die Tragweite des Art. 5 (2) erkannt worden ist, ist ohne Kenntnis der – im Archiv des Auswärtigen Amtes gesperrten – Akten nicht zu entscheiden. Der Kommentator des Londoner Schuldenabkommens, Gurski, meint dazu, die an der Konferenz beteiligten Regierungen seien sich der allgemeinen Tragweite der Bestimmung in diesem Artikel wohl bewußt gewesen, »die letzten Auswirkungen der Bestimmungen dürften allerdings nicht immer voll erkannt worden sein«.[29]

Die aus dem Londoner Abkommen hergeleitete Abwehr aller Entschädigungsforderungen ausländischer NS-Verfolgter bezieht sich jedoch nicht allein auf Ansprüche, die aus erlittener Verfolgung hergeleitet wurden, sondern auch auf alle Lohnnachforderungen der ehemaligen Zwangsarbeiter. Nach den Bestimmungen der Haager Landkriegsordnung ist die Besatzungsmacht verpflichtet, Leistungen der Einwohner besetzter Gebiete sofort in barem Geld zu vergüten.[30] Da den KZ-Häftlingen durchweg kein Arbeitslohn gezahlt worden war, den zivilen Zwangsarbeitern, insbesondere denen aus Polen und der Sowjetunion, erheblich weniger als den deutschen Arbeitern (und in der Praxis häufig gar nichts), hatte sich der Einwand des niederländischen Vertreters genau auf diesen heiklen Punkt der Vereinbarung bezogen. In einer juristischen Analyse dieser Bestimmungen aus dem Jahre 1979 heißt es dazu: »Man ging bei den Verhandlungen davon aus, daß die Lohnansprüche der Fremd- und Zwangsarbeiter die Zahlungsfähigkeit des Schuldnerstaats wesentlich beeinträchtigen könnten; aus diesem Grunde – und wohl allein aus diesem Grunde – wich das Londoner Abkommen von der allgemeinen Regel des Völkerrechts ab.«[31]

Schließlich ist noch auf eine weitere in diesem Zusammenhang bedeutsame Vereinbarung zu verweisen. Am 22. August 1953 erklärte die Sowjetunion ihren Entschluß, auf weitere Reparationsentnahmen aus ihrer Zone, der SBZ/DDR, fürderhin zu verzichten und »im Einverständnis mit der Regierung der Volksrepublik Polen (in Bezug auf den sie betreffenden Anteil an den Reparationen) ab 1. Januar 1954 die Entnahme der Reparationen aus der Deutschen Demokratischen Republik sowohl in Form von Warenlieferungen als auch in jeder anderen Form vollständig zu beenden«. Damit, so die Rechtsauffassung in der Bundesrepublik, hatten Polen und die Sowjetunion auf alle Reparationsforderungen gegenüber ganz Deutschland verzichtet, worunter eben auch individuelle Ansprüche einzelner Staatsangehöriger fielen.[32]

Mit diesen Abkommen im Rücken wurden in der Folgezeit alle Forderungen nach Entschädigung, die von ehemaligen KZ-Häftlingen und Fremdarbeitern aus dem Ausland an die Bundesrepublik gestellt wurden, durchweg abgelehnt: es handle sich dabei um Reparationsforderungen – und die seien nach dem Londoner Schuldenabkommen zurückgestellt bzw. nach dem Reparationsverzicht Polens und der Sowjetunion hinfällig.[33] Darüber hinaus waren im Bundesentschädigungsrecht Ansprüche von Angehörigen solcher Staaten, mit denen die Bundesrepublik keine diplomatischen Beziehungen unterhielt, bis zum Jahre 1965 explizit ausgeschlossen worden.[34]

Neben dieser prinzipiellen Rechtsposition, die bis heute von seiten der Bundesregierung eingehalten wird, gab es jedoch einige Streitfälle, die das Problem der Lohnerstattung, die Haftung von Privatunternehmen und die Gültigkeit der Bestimmungen des Londoner Abkommens nach der Erfüllung der Verbindlichkeiten betrafen.

Die Frage des vorenthaltenen Lohns wurde vom Bundesgerichtshof (BGH) abschließend am 26. Februar 1963 entschieden: der Antrag eines polnischen KZ-Häftlings auf Rückerstattung des nicht gezahlten Lohnes für die von ihm geleistete Zwangsarbeit wurde unter Hinweis auf das Londoner Schuldenabkommen abgelehnt. Aus der Zurückweisung der Forderungen des niederländischen Vertreters bei den Londoner Verhandlungen ergebe sich, »daß durch Art. 5 nicht nur die Bundesrepublik als Staat, sondern auch Wirtschaft und Währung der Bundesrepublik geschützt werden sollten«.[35]

Inwieweit aber waren davon private Unternehmen betroffen? Denn es war – und ist – ja denkbar, daß ausländische KZ-Häftlinge und Fremdarbeiter sich direkt und zivilrechtlich gegen die Rüstungsbetriebe wenden, bei denen sie als Zwangsarbeiter eingesetzt waren. Auch diese Forderungen wurden abgelehnt – die Unternehmen seien im Sinne des Art. 5 als »im Auftrage« des Reiches (»agency of the Reich«) handelnde Personen anzusehen, denn: »Mit der Zuweisung von Zwangsarbeitern hat der Staat die ›Quasi-Arbeitgeber‹ mehr oder minder stark... mit der Durchführung und Gestaltung des Zwangs-Gewaltverhältnisses betraut, das zwischen den Arbeitern und dem Staat bestand... Die ›Quasi-Arbeitgeber‹ waren Hilfsorgane der staatlichen Gefangenenverwaltung.«[36] Diese Auffassung ist im Lichte der historischen Forschung sicherlich sehr angreifbar[37]; entscheidend ist aber hier, daß sie sich durchsetzte. Die Folge dieser Rechtsauffassung war und ist, daß ehemalige zivile Zwangsarbeiter oder KZ-Häftlinge gegenüber den deutschen Firmen, bei denen sie während des Krieges beschäftigt worden waren, weder Entschädigungsforderungen noch Lohnnachzahlungen geltend machen können. Wenn man berücksichtigt, daß 1944 etwa ein Drittel aller in der deutschen Rüstungsindustrie Beschäftigten ausländische Zivilarbeiter und Kriegsgefangene waren und in vielen Unternehmen der Ausländeranteil bei weit über 50 % lag, tritt die Bedeutung dieser herrschenden Rechtsauffassung vor Augen.

Lediglich der Claims Conference gelang es, durch erheblichen politischen Druck von einigen Großunternehmen pauschale und ausdrücklich als freiwillig und rechtlich unverbindlich deklarierte Zahlungen zur Entschädigung für dort eingesetzt gewesene jüdische KZ-Häftlinge zu erhalten. Dabei waren jedoch Forderungen nichtjüdischer KZ-Häftlinge (mit Ausnahme des Abkommens mit der I. G. Farben in Liquidation im Jahr 1958) sowie ziviler und kriegsgefangener Zwangsarbeiter von seiten der Firmen explizit ausgeschlossen worden.[38]

Was aber nun, wenn der Gegenstand des Londoner Schuldenabkommens – die Schuldenregelung – durch Befriedigung der Gläubigerforderungen hinfällig wurde? Dies war seit Anfang der 60er

Jahre absehbar – da eine Regelung der Reparationsforderungen mangels Friedensvertrag nicht vorgenommen war, hätte man schlußfolgern können, daß die entsprechende Zurückstellungsklausel des Art. 5 ihre Begründung und somit ihre Gültigkeit verlöre. Aber auch dies wurde bestritten. Die »Antwort« an die, »die immer wieder versuchen, Klagen wegen Kriegsschulden – insbesondere aus Zwangsarbeitsverhältnissen – zu erheben«, lautete, »daß die Bestimmungen über die Kriegsforderungen auch nach Erledigung aller Verpflichtungen aus dem Schuldenabkommen (...) ihre Bedeutung noch behalten werden«[39]. Die Begründung für diese Auffassung des führenden Kommentators des Londoner Abkommens, Gurski, eines Beamten aus dem Bundesfinanzministerium, ist aufschlußreich. Ziel des Londoner Schuldenabkommens sei es laut Präambel gewesen, »›einen Beitrag zur Entwicklung einer blühenden Völkergemeinschaft zu leisten‹ (...) Normale Wirtschaftsbeziehungen der Bundesrepublik Deutschland innerhalb einer ›blühenden Völkergemeinschaft‹ sind nur bei einem gesicherten Lebens- und Sozialstandard im Innern denkbar«; allein die Abschaltung der Forderungen nach Art. 5 des Schuldenabkommens habe es ermöglicht, »daß sich die Bundesrepublik Deutschland an den Verteidigungsanstrengungen der freien Welt, später an der Entwicklungshilfe beteiligen konnte«. Gleiches gelte für die Leistungen durch das Bundesentschädigungsgesetz (BEG) und die Abkommen mit Israel und der Claims Conference. Würde man nun die Forderungen der ehemaligen Zwangsarbeiter berücksichtigen, so würde das Ziel der »blühenden Völkergemeinschaft« als Voraussetzung dieser Leistungen gefährdet. Ein gleiches gelte für Forderungen an die privaten Unternehmer, denn diese würden dann so sehr belastet, daß ein Steuerausfall entstünde und somit wiederum der Staat, mithin die »blühende Völkergemeinschaft« geschädigt würde.[40] Diese Argumentation mag absonderlich klingen; sie ist aber doch nur eine juristische Hilfskonstruktion zur auch formalen Ablehnung von Forderungen, die angesichts der historisch-politischen Entwicklung insgesamt für die Bundesregierung zu dieser Zeit gar nicht auf der Tagesordnung standen – allerdings nur, was die Ostblockstaaten betraf, denn gegenüber den westeuropäischen Staaten war es nach dem Londoner Abkommen zu einer anderen, für die Bundesregierung überraschenden Entwicklung gekommen.

Kurz nachdem das erste bundesdeutsche Entschädigungsgesetz in Kraft getreten war – worauf hier später eingegangen wird –, monierte die Alliierte Hohe Kommission (AHK) am 10. Dezember 1953 bei der Bundesregierung, daß nach den Bestimmungen dieses Gesetzes die von den Nationalsozialisten verfolgten Staatsangehörigen der westeuropäischen Länder von allen Leistungen ausgeschlossen seien.[41] »Hauptbeispiel« dafür, so wurde bei Verhandlungen auf Sachverständigenebene ein Jahr später dazu von alliierter Seite erklärt, seien die »aus Frankreich deportierten, im Reich unmenschlich behandelten Zwangsarbeiter oder KZ-Häftlinge französischer Staatsangehörigkeit«.[42] Während die Vertreter der Bundesregierung unter Hinweis auf das Londoner Schuldenabkommen erklärten, es handele sich dabei eindeutig um ein Problem des Reparationsrechts, zudem seien die daraus erwachsenden finanziellen Folgen für die Bundesrepublik untragbar, erklärten die Vertreter der drei Westmächte, es handele sich bei den hier in Rede stehenden Unrechtshandlungen des NS-Regimes nicht um Kriegsmaßnahmen, also auch nicht um die Regelung von Reparationsforderungen.

Als im zweiten Entschädigungsgesetz 1956 erneut keine Berücksichtigung der NS-Verfolgten aus Westeuropa enthalten war, sah sich die Bundesregierung, die die Bedeutung dieser Frage für die westeuropäischen Staaten offensichtlich unterschätzt hatte, am 21. Juni 1956 gleichlautenden Noten von acht westeuropäischen Regierungen gegenüber, in denen die Entschädigung der bisher nicht berücksichtigten, von Deutschland während des Krieges verfolgten Angehörigen dieser Länder, im Juristenjargon »Westverfolgte« genannt, gefordert wurde.[43] Diese Forderungen stießen sowohl in der westdeutschen Öffentlichkeit wie bei der Bundesregierung auf strikte Ablehnung; um aber kein politisches Porzellan gegenüber den befreundeten bzw. verbündeten westeuropäischen Staaten zu zerschlagen, andererseits aber durch die Anerkennung der westlichen Forderungen keinen im Hinblick auf die osteuropäischen Staaten gefährlichen Präzedenzfall zu schaffen, bot auf Initiative Außenminister von Brentanos die Bundesregierung Anfang Februar 1957 eine »karitative Lösung« im Umfang von etwa 100 Millionen DM an; dabei sollten – den Bestimmungen des Bundesentschädigungsrechts entsprechend – Widerstandskämpfer und Zwangsarbeiter jedoch von allen Leistungen ausgeschlossen werden, um auch hier weitergehende Forderungen nicht zu präjudizieren.[44] Dies stieß bei den westeuropäischen Regierungen jedoch auf Ablehnung, so daß sich die Bundesregierung, »um die Möglichkeiten von Störungen der bilateralen Beziehungen zu verringern«, die, wie der Völkerrechtler Rumpf formuliert, von »einflußreichen Gruppen jüdischer und anderer Verfolgter…, besonders durch ihren Einfluß in den Massenmedien, ausgehen konnten«[45], bereit erklärte, in Einzelverhandlungen mit den intervenierenden Mächten über diese Forderungen einzutreten, jedoch unter dem Vorbehalt, angesichts der eindeutigen Rechtslage könne es sich allein um Verhandlungen über freiwillige Leistungen der Bundesrepublik, nicht aber um völkerrechtliche Verpflichtungen handeln.[46] In den nun folgenden Verhandlungen wurde zudem von seiten der Bundesregierung strikt darauf geachtet, daß bei den zu vereinbarenden Pauschalleistungen nur solche Fälle berücksichtigt wurden, die nach bundesdeutscher Rechtsauffassung analog zu den Bestimmungen des BEG auch tatsächlich als »Verfolgung« durch das NS-Regime angesehen wurden; Zwangsarbeiter sowie »Kriminelle (Asoziale), Saboteure und Widerstandskämpfer wie auch Kommunisten«, sollten ausgenommen bleiben, wie etwa bei den Verhandlungen mit Dänemark betont wurde.[47] Insbesondere in den deutsch-französischen Verhandlungen war der Ausschluß von Widerstandskämpfern und Zwangsarbeitern jedoch ein schwieriges Problem, hatte doch die französische Nationalversammlung am 20. November 1956 ihre Regierung ausdrücklich aufgefordert, sich für eine Entschädigung für *alle* französischen Deportierten gegenüber der Bundesregierung einzusetzen.[48] Bei den Verhandlungen kam erschwerend hinzu, daß die französische Seite von mehr als 8 Mio. Geschädigten ausging, davon allein 6 Mio. Zwangsarbeiter, die sich zum geringeren Teil aus den nach Deutschland verbrachten Zivilarbeitern, zum größeren Teil aus den innerhalb des besetzten Frankreichs Zwangsverpflichteten zusammensetzten. Um angesichts so weit auseinander liegender Ausgangsvorstellungen überhaupt zu einem Ergebnis zu gelangen, stellte die Bundesregierung bei Vertragsabschluß fest, daß die vereinbarten Zahlungen nur »typisch NS-Verfolgte« berücksichtigten und die Ansprüche aller anderen während des Krieges von Deutschland geschädigten französischen Staatsangehörigen unter das Londoner Schuldenabkommen fielen.[49] Auf der anderen Seite war die Verteilung der von der Bundesrepublik gezahlten Gelder ausschließlich Sache der französischen Behörden, so daß die französische Rechtsauffassung in der Praxis dennoch wirksam werden konnte.

Die Verhandlungen mit den anderen westeuropäischen Staaten kamen in der Sache zu ähnlichen Übereinkünften, wobei im Falle Italiens die etwa 600000 italienischen Militärinternierten, die seit dem September 1943 in Deutschland unter besonders schlechten Bedingungen zur Zwangsarbeit eingesetzt worden waren[50], ebenso von den deutschen Zahlungen ausgeschlossen wurden wie die Angehörigen der italienischen Widerstandsgruppen – in der westdeutschen Öffentlichkeit war erheblicher Protest dagegen laut geworden, daß den Partisanen, den »Meuchelmördern deutscher Väter und Söhne«, von deutscher Seite aus Entschädigung gezahlt werden sollte.[51] Insgesamt wurden bei diesen globalen Wiedergutmachungsabkommen mit elf westeuropäischen Staaten Pauschalleistungen der Bundesrepublik in Höhe von 876 Mio. DM vereinbart, wovon die Zahlungen an Frankreich mit 400 Mio. DM beinahe die Hälfte ausmachten.[52]

Es war klar, daß durch diese Verträge Präjudizien im Hinblick auf gleichlautende Ansprüche von Ostblockstaaten, insbesondere Polens, nicht auszuschließen waren. In der juristischen Kommentierung dieser Abkommen wurde daher auf den rechtlich unverbindlichen Charakter der Leistungsgewährung durch die Bundesrepublik abgehoben: »Derartige Abkommen«, bemerkte etwa Gurski, »werden von Art. 5 [LSchA, U. H.] nicht berührt, da es sich bei der Wiedergutmachung an die NS-Verfolgten um eine moralische Pflicht des deutschen Volkes handelt, die mit Billigung der freien Welt am Schuldenabkommen nicht zu messen ist.«[53]

Solange allerdings mit Polen keine diplomatischen Beziehungen bestanden und keine Veränderungen im Klima des Ost-West-Verhältnisses eintraten, war dieses Thema nicht aktuell. Erst als sich diese Situation zu verändern begann, bekamen auch die seit langem erhobenen Forderungen Polens nach Entschädigung für polnische KZ-Häftlinge und Zwangsarbeiter wieder politische Bedeutung. Noch im Februar 1965 hatte der polnische Delegierte auf der 21. Sitzung der UN-Menschenrechtskommission das Problem der Zwangsarbeiter-Entschädigung erneut vorgebracht und die westdeutsche Rechtsauffassung kritisiert, wonach die Ansprüche ausländischer NS-Verfolgter abzuweisen seien. Nach den Abkommen mit Israel und mit den Westmächten empfand die polnische Seite nicht zu Unrecht diese Haltung als nahezu ausschließlich gegen Polen gerichtete Diskriminierung.[54] Zwei Jahre später wiederholte der polnische Außenminister in London diese Forderungen und wies darüber hinaus auf das Schicksal von mehr als 200000 polnischen Kindern hin, die von der SS während des Krieges entführt und im »Reich« »eingedeutscht« worden waren.[55] Der polnische Völkerrechtler Klafkowski untermauerte im Jahre 1969 diese Forderungen mit einer Untersuchung der historischen und juristischen Grundlagen der polnischen Forderungen und betonte, »daß unter den polnischen Ansprüchen auf Kriegsentschädigung der Anspruch auf Entschädigung für die Opfer von Konzentrationslagern oder für die zur Zwangsarbeit ins Deutsche Reich Deportierten einen hervorgehobenen Platz einnehmen muß«.[56] Am 27. September 1969 konkretisierte Polen diese Forderungen gegenüber den Vereinten Nationen und nannte acht Gruppen von polnischen NS-Verfolgten, die gegenüber der Bundesrepublik Anspruch auf individuelle Entschädigung erhöben; darunter Angehörige der von den Organen des NS-Staats Ermordeten; Menschen, die durch Terrorakte der Besatzungsmacht gesundheitlich geschädigt worden waren und – als größte Gruppen – »ehemalige KZ-Häftlinge und andere politische Gefangene« sowie »Personen, die zu Zwangsarbeit ins Reich deportiert wurden oder als Kriegsgefangene Sklavenarbeit verrichten mußten, ohne für diese Arbeit einen angemessenen Lohn zu erhalten«.[57]

Juristische Grundlage für diese Ansprüche war der von der polnischen Seite seit jeher betonte Unterschied zwischen Reparationsregelungen zwischen Staaten und individuellen Ansprüchen einzelner Geschädigter, die durch staatliche Vereinbarungen wie das Londoner Abkommen oder die polnische Verzichterklärung bezüglich Reparationsleistungen aus der DDR vom 22. August 1953 nicht berührt seien.[58] Kurze Zeit vor der Aufnahme der Verhandlungen zwischen der Bundesrepublik und Polen, die schließlich zum Warschauer Vertrag führten, hatte Polen in einer Note vom 22. Dezember 1969 noch einmal auf diese Forderungen verwiesen[59], bei den Verhandlungen selbst aber blieben sie, jedenfalls nach den regierungsamtlichen Verlautbarungen, außen vor.[60] Bei Brandts Besuch in Polen im Dezember 1970 hatte der polnische Parteichef Gomulka diesen Punkt allerdings angesprochen – der Reparationsverzicht von 1953 gelte nach wie vor, und »das Thema Entschädigungen wolle er nicht vertiefen, weil die Zeit dafür vielleicht noch nicht reif sei«. Er wies aber darauf hin, daß, legte man die Bestimmungen des westdeutschen Entschädigungsgesetzes zugrunde, etwa 10 Mio. Polen entschädigungsberechtigt seien und man dabei auf eine Gesamtsumme von 180 Mrd. DM käme – »notwendig sei jedoch eine politische Lösung«, etwa in Form eines größeren zinsgünstigen Kredits. Brandt wies demgegenüber auf das Londoner Schuldenabkommen hin und hielt den polnischen Forderungen die Westerweiterung Polens auf ehemals deutsches Gebiet sowie das von Polen übernommene Eigentum der deutschen Flüchtlinge entgegen.[61]

Bis zur Ratifizierung des Warschauer Vertrages berührte die polnische Regierung diesen Komplex daraufhin nicht mehr, schon um die Verabschiedung des Vertrages im Bundestag nicht zu gefährden. Vielmehr bestätigte sie gegenüber der Bundesregierung und auf deren Wunsch am 20. Oktober 1970 die Gültigkeit der Erklärung zum Reparationsverzicht vom August 1953.[62] Während aber die Bundesregierung der Meinung war, dieses Problem sei nun endgültig erledigt, wurden die Entschädigungsforderungen von polnischer Seite nach Inkrafttreten des Warschauer Vertrages erneut vorgetragen. Bereits eine Woche nach der Verabschiedung im Bundestag wies ein Abgeordneter bei der Ratifizierungsdebatte vor dem Sejm darauf hin, »daß die riesigen Verluste unter der Zivilbevölkerung Polens während der Besatzung durch die Deutschen bisher in keiner Weise entschädigt« worden seien; dies sei Aufgabe des durch den Warschauer Vertrag erst eingeleiteten Normalisierungsprozesses: »Eine der Angelegenheiten, die im Rahmen dieser Normalisierung erledigt werden müssen, ist die Entschädigung für die Opfer der hitlerischen Verbrechen, für jene, die in Konzentrationslagern waren, und für jene, die zur Zwangsarbeit genötigt wurden.«[63] Im gleichen Sinne äußerte sich in einer Parteiversammlung wenig später der polnische Ministerpräsident Jaroszewicz, der als vordringliches Problem »die Frage der Entschädigung, insbesondere im Zusammenhang mit Zwangsarbeit und Einkerkerung in den hitlerischen Konzentrationslagern« ansprach.[64] Als dann der polnische Außenminister Olschowski im September 1972 in seinem Antrittsbesuch nach Bonn kam, machte er gegenüber der Bundesregierung nun auch offiziell die polnischen Entschädigungsforderungen geltend.[65].

Damit war ein Streitpunkt entstanden, der die deutsch-polnischen Beziehungen in der Folgezeit stark belastete. Die polnische Seite wollte bei den vereinbarten Verhandlungen zu »humanitären Fragen« vor allem diesen Punkt erörtern, während die Bundesregierung darunter ausschließlich Fragen der »Familienzusammenführung« und der Ausreise von Deutschen aus Polen verstand und es weiterhin ablehnte, über die polnischen Forderungen auch nur zu diskutieren.[66] Daraufhin drosselte die polnische Seite die Ausreisegenehmigungen für deutschstämmige Polen in die Bundesrepublik, was in der westdeutschen Öffentlichkeit zu scharfen Reaktionen und bei den parlamentarischen Beratungen zu dem Vorwurf des »Menschenhandels« – Geld gegen Ausreisegewährung – führte.[67] In der Bundesrepublik wurde den polnischen Forderungen außer mit juristischen auch mit politischen Argumenten begegnet: zum einen wurde unter Hinweis auf die an Deutschen begangenen Verbrechen während der Vertreibung aus den Ostgebieten eine Gegenrechnung aufgemacht; zweitens wurde kritisiert, daß lediglich an die Bundesrepublik, nicht aber an die DDR Forderungen gestellt würden und damit, wie Bundeskanzler Schmidt formulierte, so getan werde, »als ob die heute in der DDR lebenden Deutschen im Gegensatz zu uns damit überhaupt nichts zu tun hätten«.[68] Schließlich und drittens wurde vor allem von der Opposition gerügt, daß die Bundesregierung nicht als Gegenleistung zur Anerkennung der polnischen Westgrenze die Aufrechnung der Entschädigungsforderungen gegen die »Landnahme« verlangt habe.[69] So argumentiert auch der Völkerrechtler Rumpf, der moniert, »daß das Verschweigen der vermögensrechtlichen Kriegsfolgeprobleme in den Ostverträgen politisch zu Lasten der Bundesrepublik geht, die den territorialen Kriegsgewinn ihrer östlichen Vertragspartner anerkannt hat, ohne dafür eine Abschlußquittung über die anderen, insbesondere die finanziellen Kriegsfolgen zu erhalten«.[70]

Auch hier wurde von bundesdeutscher Seite schließlich ein Kompromiß gesucht, durch den dieser für das Werk der deutsch-polnischen Aussöhnung belastende Faktor ausgeschaltet werden konnte, ohne daß die Bundesregierung juristisch die polnischen Forderungen anerkannte. Am Rande der Helsinki-Konferenz vereinbarte Schmidt am 1. August 1975 mit Gierek eine Regelung, die diese Bedingungen erfüllte: die Bundesrepublik räumte Polen einen Wirtschaftskredit von 1 Mrd. DM zu günstigen Bedingungen ein. Gleichzeitig wurde ein Abkommen zur wechselseitigen Abgeltung von Rentenansprüchen geschlossen, wodurch Polen weitere 1,3 Mrd. DM erhielt. Im Gegenzug verpflichtete sich Polen, binnen vier Jahren 120000 bis 125000 Deutschen das Überwechseln von Polen in die Bundesrepublik zu gestatten.[71]

Ist die Einräumung des Kredits durchaus als Form der »indirekten Wiedergutmachung« anzusehen, so liegen die Verhältnisse im Fall des Rentenabkommens anders. Denn durch die Rentenbeiträge der polnischen Zwangsarbeiter während des Krieges in Deutschland wäre eine individuelle Begleichung von Rentenansprüchen – womöglich auf deutschem Rentenniveau – erheblich teurer gekommen. Das betonte in der Bundestagsdebatte über die Vereinbarungen mit Polen auch Außenminister Genscher gegenüber der Kritik der Opposition, die eine individuelle Rentenversorgung befürwortete und das Rentenabkommen als Ergebnis polnischer Erpressung wertete.[72] Unmittelbar nach Verabschiedung des Abkommens wurden von polnischer Seite die Renten ehemaliger KZ-Häftlinge erhöht, um so demonstrativ die Verwendung der Mittel vor Augen zu führen; denn auch in Polen waren die Abkommen nicht unumstritten. Radio Warschau wies am 10. Oktober 1975 darauf hin, daß die Millionen ehemaligen polnischen KZ-Häftlinge und Zwangsarbeiter »in ihrem Bewußtsein ein tiefes Trauma gegenüber den Schuldigen ihres Schicksals« bewahrt hätten und in dem Abkommen »den Verlust des Rechtes auf persönlichen Anspruch für eine Wiedergutmachung ihrer Leiden, für den Lohnverlust usw.« erblickten.[73]

Von seiten der Sowjetunion hingegen waren Forderungen nach Entschädigung nicht erhoben worden, obwohl doch ihre Staatsbürger mehr als alle anderen unter Deportation, Zwangsarbeit und Terrormaßnahmen der Deutschen hatten leiden müssen. Die Gründe dafür liegen sicherlich zuerst in der Entwicklung der deutsch-sowjetischen Beziehungen selbst. Zudem aber ist von Bedeutung, daß die DDR auf direktem und indirektem Wege sehr erhebliche Anstrengungen für die Reparationsleistungen an die Sowjetunion hat unternehmen müssen. Darüber hinausgehende Forderungen hätten – wie von seiten Polens – auf individuellen, privatrechtlichen Ansprüchen der ehemaligen Verfolgten gegenüber der Bundesrepublik basieren müssen. Das aber wäre einer offiziellen Rehabilitierung der sowjetischen Zivilarbeiter und Kriegsgefangenen gleichgekommen, von denen jedoch ein großer Teil nach ihrer Repatriierung aus Deutschland unter dem Verdacht der »Kollaboration« erheblichen Repressionen von seiten der sowjetischen Behörden ausgesetzt war.[74] Von daher ist das Ausbleiben sowjetischer Forderungen in diesem Zusammenhang erklärlich.

Insgesamt also hat die Bundesrepublik an ausländische Staaten im Zusammenhang mit Entschädigungsforderungen von KZ-Häftlingen und Zwangsarbeitern 876 Mio. DM an die westeuropäischen Länder sowie – neben dem für die Bundesrepublik finanziell eher vorteilhaften Rentenabkommen – einen zinsgünstigen Kredit an Polen in Höhe von 1 Mrd. DM gezahlt.[75] Im Vergleich zu den Zahlungen an deutsche Opfer der nationalsozialistischen Verfolgung sind dies verhältnismäßig geringe Summen – blieb doch die Ablehnung aller individuellen Entschädigungsansprüche von Ausländern unter Hinweis auf das Londoner Schuldenabkommen als juristische Grundposition aller Bundesregierungen unverändert bestehen, insbesondere soweit sie aus Verfolgung durch Deportation und Zwangsarbeit herrührten. Vergleicht man diese Entwicklung nun mit den nach 1945 angesichts des Elends der überwiegend ausländischen KZ-Häftlinge und der Fremdarbeiter gegenüber den Deutschen einhellig geäußerten Erwartungen, das an diesen Menschen begangene Unrecht wiedergutzumachen, so kann dieses Ergebnis nicht befriedigen.

Nun war von seiten der Bundesregierung schon das Abkommen mit Israel und der Claims Conference nur gegen erheblichen Widerstand in der westdeutschen Öffentlichkeit und auch in den eigenen Reihen der Regierungskoalition Adenauers abgeschlossen worden; die Berücksichtigung von KZ-Häftlingen und Zwangsarbeitern etwa aus Polen oder der Sowjetunion wäre zu dieser Zeit in der Bundesrepublik vermutlich politisch nur sehr schwer durchsetzbar gewesen, weil – anders als gegenüber den Juden – gegenüber diesen Menschen in weiten Teilen der Bevölkerung ein Unrechtsbewußtsein gar nicht bestand, oder doch durch den Bombenkrieg der Alliierten, durch Flucht und Vertreibung aus den Ostgebieten, aber auch durch die vielzitierten »Plündererbanden« ehemaliger Zwangsarbeiter in der Nachkriegszeit dieses Unrecht als beglichen angesehen wurde.[76]

Diese ablehnende Haltung gegenüber Entschädigungsansprüchen ehemaliger ausländischer KZ-Häftlinge und Zwangsarbeiter, insbesondere, wenn sie von Polen gestellt wurden, blieb auch bis in die 70er und 80er Jahre unverändert. Auffällig ist dabei aber, daß es weder in der Öffentlichkeit noch im Bundestag bis 1985 je eine Debatte darum gegeben hat, welches Schicksal die Fremdarbeiter und die zur Arbeit eingesetzten KZ-Häftlinge während des Krieges in Deutschland erlitten hatten. Die Beschäftigung mit diesem Komplex war, wenn sie denn stattfand, nahezu ausschließlich durch die Abwehr möglicher finanzieller Forderungen geprägt. Problematisch erscheint in dieser Frage also nicht allein oder in erster Linie, wieviel oder ob genug gezahlt worden war, sondern die dahinter aufscheinende Haltung ist beunruhigend: zu zahlen, damit endlich Ruhe gegeben wird, ohne den Gegenstand der Forderungen selbst öffentlich und nachdenklich zu debattieren.

Nach der Rechtsauffassung der westdeutschen Behörden fielen also die Ansprüche ausländischer Geschädigter unter Reparationsvorbehalt, während die der deutschen NS-Verfolgten[77] über die bundesdeutschen Entschädigungs- und Rückerstattungsgesetze befriedigt werden sollten. Weder von der einen noch von der anderen Regelung waren hingegen diejenigen »Displaced Persons« erfaßt, die sich einer Repatriierung entzogen hatten und nicht in ihre – in der Regel osteuropäischen – Heimatländer zurückgekehrt waren, darunter ein großer Teil gerade solcher Menschen, die in Deutschland nach dem Kriege unter besonders schlechten Bedingungen lebten; darunter viele Kranke und Nichtarbeitsfähige, die nicht wie viele ihrer Schicksalsgenossen in ein anderes westeuropäisches Land oder nach Übersee auswandern wollten oder konnten – »Hard Core«, wie sie von den alliierten Behörden in Westdeutschland daher genannt wurden. Ihre Zahl wurde bei Gründung der Bundesrepublik auf etwa 130000 geschätzt und sank bis Mitte der 50er Jahre auf etwa 50000.[78] Diese Menschen befanden sich auch im Hinblick auf die Frage ihrer Entschädigung »in einer wenig beneidenswerten Lage«, wie ein Autor 1951 bemerkte, denn sie wurden weder von einem der ehemaligen Feindstaaten Deutschlands unterstützt noch von seiten der westdeutschen Regierungen der Länder bzw. des Bundes. Bei den westdeutschen Behörden und in der Bevölkerung waren sie ausgesprochen unbeliebt; selbst bei den Linken fanden sie keine Unterstützung; für die KPD etwa handelte es sich bei den rückkehrunwilligen DPs, die vorwiegend aus Polen und der Sowjetunion stammten, »im wesentlichen um solche (...), die im Dienst des Nationalsozialismus gegen ihre eigenen früheren Länder gekämpft hatten«, und deren Aufenthalt in Deutschland »wegen ihres zu einem großen Teil asozialen Verhaltens« sowie »wegen ihres politischen Auftretens (...) alles andere als wünschenswert und tragbar« sei.[79]

Das Wiedergutmachungsrecht, das – uneinheitlich und mit starken Abweichungen im einzelnen – in den Ländern der Westzonen entstanden war, hatte einen Begriff des zu entschädigenden NS-Unrechts entwickelt, der sich auf Verfolgung aus rassischen, politischen, weltanschaulichen oder religiösen Gründen bezog.[80] Diese Definition trennte also solche Verfolgungsmotive von jenen, die nicht als spezifisch nationalsozialistisches Unrecht angesehen wurden, sondern entweder als »normale« staatliche Verfolgung – wie z. B. gegenüber Kriminellen und »Asozialen« – oder als Folge der besonderen Umstände des (bzw. jedes) Krieges. Unter diese letzte Kategorie fiel nach diesem Verständnis auch ein Großteil der DPs, deren Verfolgung nach der sich im westdeutschen Wiedergutmachungsrecht entwickelnden Auffassung nicht auf spezifisch nationalsozialistische Unrechtshandlungen zurückzuführen, sondern als Begleiterscheinung von Krieg und Besatzungsherrschaft anzusehen sei. Ihre Verfolgung beruhe auf »Gründen der Nationalität«, wie der unscharfe Sammelbegriff lautete, der sich nach Kriegsende durchzusetzen begann – also nicht auf rassischen bzw. politischen Gründen. Unter diese Kategorie fielen auch und vor allem Anhänger einer nationalen Widerstandsorganisation sowie die Zwangsarbeiter, mithin die überwiegende Mehrzahl der 1951 noch etwa 60000 »Displaced Persons« in der Bundesrepublik. Im Verständnis der westdeutschen Behörden handelte es sich bei diesen Gruppen gar nicht um Verfolgte des NS-Regimes, entsprechend waren sie auch nicht entschädigungsfähig. In den Wiedergutmachungsgesetzen der Länder tauchten die »Nationalverfolgten« folgerichtig auch nicht auf.[81]

Nun ist dieser Begriff der »Verfolgung aus nationalen Gründen« unter historischen Gesichtspunkten sehr zweifelhaft; er gründet sich auf die Auffassung, daß bei Ausländern von einer Verfolgung aus politischen, rassischen, religiösen und weltanschaulichen Gründen in der Regel überhaupt nicht gesprochen werden könne. In dem juristischen Kommentar zum BEG von 1956 ist ausgeführt, warum zum Beispiel ein polnischer Widerstandskämpfer, der ins KZ eingeliefert wurde, kein »politischer Gegner« des Nationalsozialismus gewesen sei und daher keine Entschädigung erhalten könne: »Die geforderte politische Gegnerschaft kann sich nur auf die Einstellung zur Innenpolitik beziehen. Richtig ist zwar, daß das Wort ›politisch‹ auch die Außenpolitik des eigenen Staates umfaßt, doch bezeichnet man die Einstellung zur Außenpolitik eines fremden Landes als Nationalbewußtsein. (...) Wer daher als Angehöriger einer fremden Nation verfolgt wurde, erlitt dies fast ausnahmslos aus nationalen Gründen und nicht wegen seiner dem NS-Staat häufig gleichgültigen Einstellungen zur deutschen Innenpolitik.«[82] Ebenso wurde eine Verfolgung aus rassischen Gründen verneint, weil hier der Begriff von »Rassismus« aus der nationalsozialistischen Rassenlehre zur Grundlage genommen und als nahezu identisch mit »Antisemitismus« aufgefaßt wurde; daraus ergebe sich, »daß die Angehörigen slawischer Völker (Polen, Ukrainer, Serben, Tschechen, Russen usw.) nicht aus Gründen der Rasse verfolgt wurden, weil sie nach der natsoz. Rassenlehre einer dem deutschen Blute artverwandten Rasse angehörten«. Auch wenn in der Verordnung über Strafrechtspflege gegenüber Polen und Juden von 1941 beide Gruppen gleichermaßen diskriminiert worden seien, so seien doch »die Gründe für die Juden in der Rassenlehre«, für die Polen jedoch in politischen Erwägungen (Terrormaßnahmen) zu suchen.[83]

Abgesehen von den hier verwendeten, historisch schwerlich haltbaren Begriffen von Widerstand und Rassismus wird an dieser Stelle ein allgemeineres Problem sichtbar: Während die Verfolgung der Juden als spezifisch nationalsozialistisches Unrecht verstanden wird, werden die Maßnahmen etwa gegen Polen oder Russen in Zusammenhang mit der deutschen Besatzungspolitik gesehen, mithin nicht als spezifisch nationalsozialistische Verfolgungshandlung. Diese Einengung, die man etwa bei Zwangssterilisierten, »Asozialen« oder Homosexuellen ebenfalls feststellen kann, verweist darauf, wie sehr die Frage der Wiedergutmachung abhängig ist von dem Prozeß der sich verändernden Wahrnehmung der Geschichte des Nationalsozialismus und seiner Verbrechen. Gerade dadurch, daß das Wiedergutmachungsrecht unterschiedliche Verfolgungstatbestände juristisch definiert und daß die zugesprochenen finanziellen Entschädigungsleistungen signalisieren, für wie schwerwiegend, verwerflich und außergewöhnlich Richter, Gesetzgeber und letztlich die westdeutsche Öffentlichkeit die einzelne Verfolgungsmaßnahme der NS-Behörden erachten, wird der dabei angenommene Standpunkt zum

Rechts- bzw. Unrechtscharakter der Maßnahmen der NS-Behörden und damit zur Geschichte des »Dritten Reiches« insgesamt deutlich. Der Begriff des »Nationalverfolgten« signalisiert, daß die Verfolgung von Einwohnern der von der deutschen Wehrmacht während des Krieges besetzten Gebiete in Westdeutschland nach dem Kriege und bis in die 60er Jahre hinein mehr als kriegsbedingte Maßnahme, wie sie in Kriegszeiten generell üblich sind, empfunden wurde, denn als nationalsozialistisches Unrecht und Verbrechen.

Für die Entwicklung des Entschädigungsrechts gegenüber heimatlosen Ausländern in der Bundesrepublik aber war dieser Begriff der »Verfolgung aus nationalen Gründen« folgenschwer, denn durch seine mangelnde historische und juristische Präzision lud er zu einer politischen Weisungen und fiskalischen Interessen folgenden Rechtsprechung geradezu ein.

Bereits im Pariser Reparationsabkommen vom Januar 1946 hatten daher die Westalliierten vereinbart, einen Sonderfonds aus Reparationsmitteln »für die Wiedergutmachung und Wiederansiedlung von nicht repatriierungsfähigen Opfern deutscher Maßnahmen« zu bilden, da diese Gruppe von Menschen »schwer durch die Nazis gelitten hat und jetzt Hilfe dringend benötigt, um ihre Wiedergutmachung durchzusetzen, aber nicht in der Lage ist, den Beistand irgendeiner Regierung zur Erlangung von Reparation von Deutschland zu verlangen«.[84] Die westdeutschen Behörden aber weigerten sich beharrlich, »Nationalverfolgte« als entschädigungsberechtigt anzuerkennen, obwohl sich in- und ausländische Interessenverbände dafür einsetzten. Diese starre Haltung der Bundesregierung war vor allem fiskalisch motiviert und stützte sich auf den in der Bundesrepublik verbreiteten Mangel an Unrechtsbewußtsein gegenüber den DPs, die zudem keine durchsetzungsstarke Interessenvertretung besaßen: »Daß die Staatenlosen bei der Wiedergutmachung ihrer von Deutschland erlittenen Schäden schutzlos seien«, formulierte etwa das Bundesjustizministerium im Juni 1950, »liege an ihrer allgemeinen Schutzlosigkeit und habe mit den hier vorliegenden Problemen nichts zu tun.«[85] Auch gegenüber der »International Refugee Organization« (IRO), die sich Anfang 1951 mit einer größeren Denkschrift über die Benachteiligung der DPs an die Bundesregierung wandte[86], bestätigte das Bundesfinanzministerium, daß die Wiedergutmachung gegenüber Ausländern eine Reparationsfrage sei und heimatlose Ausländer im Wiedergutmachungsrecht nach Auffassung der Bundesregierung nicht diskriminiert würden.[87] Erst als der Hohe Flüchtlingskommissar (UNHCR) im September 1952 in Bonn eine Zweigstelle eröffnet hatte und sich für die Interessen der DPs vor allem gegenüber der Alliierten Hohen Kommission einzusetzen begann, wurde der Druck auch auf die Bundesregierung in dieser Frage stärker.[88] Nun waren seit dem »Gesetz über die Rechtstellung heimatloser Ausländer« vom 25. April 1951[89] die nichtrepatriierten DPs beim Wiedergutmachungsrecht tatsächlich juristisch den Deutschen gleichgestellt, d. h. sie durften wie Bundesbürger Anträge auf Entschädigung stellen. Der SPD-Abgeordnete Brill hatte bei der parlamentarischen Beratung sogar sehr deutliche Worte gefunden, warum die Bundesrepublik hier aktiv geworden sei; dieses Gesetz diene dazu, »eine der schrecklichsten Erscheinungen des Zweiten Weltkrieges zu liquidieren. Diese Erscheinung bestand in der Deportation von rund 9 Millionen ausländischer Arbeiter nach Deutschland und ihrer völkerrechtswidrigen Verwendung in der deutschen Kriegsindustrie. Man greift im Ausdruck gewiß nicht zu hoch, wenn man sagt, daß diese Maßnahme der Nationalsozialisten ein Versuch zur Wiedereinführung der Sklaverei gewesen ist; denn die Bedingungen, unter denen diese ausländischen Arbeiter in Deutschland tätig gewesen sind, liegen so sehr unter dem niedrigsten Sozialniveau, das man sich überhaupt vorstellen kann, daß man diese Maßnahmen nicht scharf genug verurteilen kann. (...) In Deutschland sitzengeblieben sind 50- bis 60000 heimatlose Ausländer aus den Ländern, die zwischen der Sowjetunion und Deutschland liegen. Diesen eine Rechtsstellung zu geben, die den Grundsätzen der Menschlichkeit und des Rechts entspricht, ist der Zweck dieses Grundentwurfs«; das Gesetz sei politisch »eine der Handlungen, auf die die Welt sehen wird, um die Sinneswandlung des deutschen Volkes seit 1945 zu beurteilen«.[90] Die postulierte Sinneswandlung gegenüber den DPs bezog sich im Hinblick auf die Entschädigung allerdings nur auf die Rechtstellung als Antragsberechtigte; materiell galt die so eindrucksvoll beschriebene Lage der Zwangsarbeiter hingegen weiterhin als »Nationalverfolgung« und mithin nicht als Entschädigungsgrund.

Von seiten der Alliierten allerdings wurde zu dieser Zeit gegen den hinhaltenden Widerstand der Bundesregierung darauf gedrängt, ein einheitliches Bundesentschädigungsrecht zu schaffen und darin die »nationalverfolgten« DPs zu berücksichtigen.[91] Die britischen Vertreter der AHK gingen dabei sogar so weit, daß sie von dieser Frage die Aufgabe von Vorbehaltsrechten aus dem Besatzungsstatut abhängig machten.[92] In den Verhandlungen zum Überleitungsvertrag spielte das Problem eine bedeutsame Rolle; in dem für Wiedergutmachung zuständigen Unterausschuß verlangten die alliierten Vertreter kategorisch eine Einbeziehung der »Verfolgten aus Gründen der Nationalität« in die Entschädigungspflicht, was die westdeutschen Vertreter mit dem Hinweis ablehnten, dies sei eine Hereinnahme reparationsrechtlicher Elemente in die Wiedergutmachung. Gegenüber dem beharrlichen Druck der Alliierten in dieser Frage konnte sich die Bundesregierung, schon um die Verhandlungen über den Überleitungsvertrag insgesamt nicht zu gefährden, aber nicht durchsetzen und mußte die Hereinnahme der »Nationalverfolgten« in den Katalog der Entschädigungsberechtigten akzeptieren. Die deutschen Vertreter versuchten nun im Verlaufe der weiteren Verhandlungen, den Kreis der entschädigungsberechtigten »Nationalverfolgten« durch einengende Bestimmungen so zu begrenzen, daß nur wenige DPs überhaupt für eine Entschädigung in Betracht kamen. Diese Taktik hatte Erfolg. Am 27. Februar 1952 wurde vereinbart, die »Verfolgung aus Gründen der Nationalität« als Entschädigungsgrund anzuerkennen – allerdings unter drei Voraussetzungen: die einzelnen mußten a) anerkannte politische Flüchtlinge sein, b) sie mußten »unter Mißachtung der Menschenrechte« verfolgt worden sein und c) dadurch einen dauernden Gesundheitsschaden erlitten haben.[93]

Mit diesen Einschränkungen wurde die Bundesrepublik im vierten Teil des Überleitungsvertrages auch explizit zur Entschädigung von »Nationalverfolgten« verpflichtet.[94] Damit war diese Gruppe zwar erstmals als entschädigungsberechtigt anerkannt, aber als Sonderfall von den anderen Gruppen »echter Verfolgter« getrennt. Trotz dieser vertraglichen Verpflichtung jedoch enthielt der Entwurf des Sonderausschusses des Bundesrates für ein Bundesentschädigungsgesetz vom 15. Dezember 1952 die Nationalverfolgten nicht – erst durch erneute Intervention des UNHCR und der Alliierten wurde der Passus schließlich doch in das Gesetz mit hineingenommen.[95] Danach mußten »Nationalverfolgte« aufgrund der während des Krieges erlittenen Schäden eine mindestens 50prozentige Erwerbsminderung – alle anderen Verfolgtengruppen 25 % – nachweisen, um Anspruch auf eine Rente von 100 DM zu besitzen. Schaden »am Leben«, an Freiheit, an Eigentum und Vermögen, im beruflichen und wirtschaftlichen Fortkommen und in der Ausbildung, die bei den anderen Verfolgtengruppen berücksichtigt wurden, fielen bei den »Nationalverfolgten« nicht ins Gewicht.[96] Diese offenbare Diskriminierung der »Nationalverfolgten« – die in der westdeutschen Rechtsauslegung jedoch nicht als »Verfolgte« angesehen und daher nunmehr »Nationalgeschädigte« genannt wurden[97] – kritisierte die AHK unmittelbar nach Verabschiedung des Gesetzes und verlangte von der Bundesregierung, den Ausschluß der »Nationalgeschädigten« von den genannten Leistungen in einer Gesetzesnovellierung rückgängig zu machen.[98] In der novellierten Fassung von 1956 jedoch wurde lediglich die Voraussetzung des Gesundheitsschadens von 50 auf 25 % herabgesenkt.[99] Die zunächst geplante Einbeziehung der »Anhänger einer nationalen Widerstandsbewegung« in den Kreis der Anspruchsberechtigten hingegen wurde verworfen und die Anerkennung der »Nationalgeschädigten« ausdrücklich als »Härteregelung« bezeichnet, die auf »Wünsche« der Allierten Hohen Kommission zurückginge: »Die Bundesregierung hat geglaubt, sich den Wünschen nicht verschließen zu können«, hieß es in der Begründung der Regierungsvorlage zu § 167 BEG, allerdings müsse diese Regelung, »sowohl was den Schadensbestand wie auch den in Frage kommenden Personenkreis anbelangt, sich in engsten Grenzen halten«.[100]

Das war eine eindeutige politische Vorgabe, die in der Praxis erhebliche Folgen nach sich zog. Denn nicht so sehr das Gesetz selbst als seine gerichtliche Auslegung stellte für die Betroffenen in der Folgezeit das Hauptproblem dar. Sollte sich der Kreis der zu entschädigenden heimatlosen Ausländer in »engen Grenzen« halten, wie es die Bundesregierung intendierte, mußte sich dies vornehmlich auf die beiden größten Gruppen beziehen: die Zwangsarbeiter – sowohl Zivilarbeiter als auch KZ-Häftlinge – und die Widerstandskämpfer.

Die die Zwangsarbeiter betreffende abschließende Rechtsauslegung wurde vom Bundesgerichtshof am 7. Dezember 1960 vorgenommen.[101] Ein polnischer Arbeiter hatte während des Krieges »Feindsender« gehört, war verhaftet und als Fremdarbeiter nach Deutschland geschickt worden, wo er zunächst im Allgäu bei einem Bauern arbeiten mußte; später wurde er in die Konzentrationslager

Dachau, Buchenwald und »Dora« eingeliefert und mußte dort Zwangsarbeit leisten; er hatte dadurch einen dauernden Gesundheitsschaden erlitten. Der BGH lehnte seine Entschädigungsforderung ab, weil nicht die Nationalität des Polen der Grund für seine Verschickung gewesen sei, sondern der »Arbeitskräftemangel« im nationalsozialistischen Reich: »Die Nationalität dieser Zwangsarbeiter war den deutschen Arbeitseinsatzbehörden hierbei gleichgültig. Es kam ihnen vielmehr ausschließlich darauf an, neue Arbeitskräfte zur Stärkung der deutschen Volkswirtschaft, insbes. der Rüstungsindustrie« zuzuweisen. Auch seine Einweisung in ein KZ sei nicht als Verfolgung aus nationalen Gründen anzusehen: »Es spreche vielmehr alles dafür, daß der Kl(äger) deshalb als Zwangsarbeiter in einem dem KZ Dachau angegliederten Rüstungsbetrieb und später im V-Waffenwerk ›Dora‹ bei Nordhausen bei der Montage der V1-Waffen eingesetzt worden sei, weil er als Schlosser ein wertvoller Facharbeiter gewesen sei, der für die Rüstung benötigt worden sei.«

Mit dieser Grundsatzentscheidung, der bereits in den Jahren zuvor entsprechende Urteile vorausgegangen waren[102], war die von den Alliierten gegen den Widerstand der Bundesregierung erzwungene Entschädigungspflicht für »Nationalgeschädigte« inhaltlich weitgehend unterlaufen worden, weil die Zwangsarbeiter als größte Gruppe dieser Kategorie aus dem Kreis der Entschädigungsberechtigten hinausdefiniert wurden. Ein gleiches widerfuhr den Widerstandskämpfern: nach höchstrichterlichem Urteil waren diese ebenfalls nicht aus »nationalen« Gründen von den Nationalsozialisten verfolgt worden, »sondern – wie von jeder Besatzungsmacht – wegen ihres Angriffs auf die militärische Sicherheit der Besatzungsmacht«[103]. – Ein Circulus vitiosus: Politischen Widerstand gegen den Nationalsozialismus hatte es nach dieser Auffassung nur von Deutschen geben können, bei Ausländern hingegen handelte es sich um »nationalen Widerstand« gegen die deutsche Besatzungsmacht; der Grund der Verfolgung aber lag nicht in der Nationalität des Widerstandskämpfers, sondern in notwendigen Sicherheitsmaßnahmen der Besatzungsbehörden. Mit dieser Rechtsauffassung war nun die Basis gelegt, um Entschädigungsanträge von »Nationalgeschädigten« nur noch in besonders gelagerten Einzelfällen positiv zu bescheiden, im Regelfall aber abzulehnen. Der Prozentsatz der abgelehnten Anträge spielte sich in den 60er Jahren bei etwa 85 % ein. Da der Antragsteller selbst beweispflichtig war und – etwa bei den Zwangsarbeitern – nachweisen mußte, daß er eine *besonders* schlechte Behandlung erfahren hatte, vom »Normalfall« also abwich, waren schon die Ausgangsbedingungen für die Kläger äußerst ungünstig. Die Rechtsprechung gegenüber »Nationalgeschädigten« führte aber nicht nur zu einer rigiden Ablehnungspraxis insgesamt, sondern auch zu Einzelurteilen, die über die juristische Begründung hinaus Aufschlüsse auf das dahinterstehende Geschichtsverständnis zulassen – einige Beispiele:

– Im Frühjahr 1942 hatte ein 1901 geborener Pole als aktives Mitglied des polnischen Katholischen Männervereins in seiner von den Deutschen besetzten Heimatstadt Flugblätter in Umlauf gebracht, auf denen die Deportation polnischer Männer und Frauen zur Zwangsarbeit nach Deutschland angeprangert wurde. Er wurde von der Gestapo verhaftet und zunächst in ein Gefängnis, anschließend nacheinander in die Konzentrationslager Groß-Rosen, Neckargerach und Dachau gesperrt und als KZ-Häftling zur Zwangsarbeit herangezogen. In Neckargerach zog er sich eine beiderseitige Lungen-TBC zu, die ihn körperlich dauerhaft schädigte. Am 29. April 1945 wurde er befreit; aus politischen Gründen zog er es vor, nicht in das mittlerweile kommunistisch regierte Polen zurückzukehren, sondern als DP, später als »Heimatloser Ausländer« und anerkannter Flüchtling in Westdeutschland zu bleiben. Im Jahre 1948 stellte er erstmals einen Antrag auf Entschädigung, der alle Instanzen durchlief und im Februar 1959 vom Oberlandesgericht München ablehnend beschieden wurde.[104] Das Gericht begründete seinen Entscheid damit, daß »ursächlich« für die Deportation des Klägers seine Widerstandshandlung gewesen sei, nicht sein katholischer Glaube: »Da aber auch der Inhalt der Flugblätter zeigte, daß der Verein sich nicht nur auf rein glaubensmäßige Tätigkeit beschränkte, sondern auch die sogenannte Anwerbung von Ostarbeitern erschweren wollte, mußte die nach den Grundsätzen der ns. Machthaber arbeitende Polizei im besetzten Polen ein solches Verhalten des Kl. und der anderen ehemaligen Vereinsangehörigen als grundsätzliche Mißachtung der von der Besatzungsmacht erlassenen Vorschriften und als planmäßige Erschwerung der den Besatzungsbehörden aufgetragenen Tätigkeit ansehen. Eine solche grundsätzliche Widersetzlichkeit gegen die Anordnung der Besatzungsmacht (...) wurde in den besetzten Gebieten durchweg mit polizeilicher Freiheitsentziehung geahndet. (...) Es liegt deshalb weder eine Verfolgung aus Gründen politischer Gegnerschaft gegen den Nat.soz. noch eine solche aus Gründen des Glaubens vor.« Die »politische Gegnerschaft« wurde deshalb ausgeschlossen, weil der Flugblattprotest des Polen gegen die Massendeportationen zur Zwangsarbeit keine Opposition gegen eine »Mißachtung der Menschenwürde« gewesen sei: »Die Heranziehung zur Arbeit ist aber an sich noch kein Eingriff in die Sphäre der der Menschenwürde zugrundeliegenden Persönlichkeitsrechte. Sie wird es auch nicht dadurch, daß in diesem Fall zur Arbeit nicht Staatsangehörige des betreffenden Landes, sondern Angehörige eines eroberten Landes herangezogen worden sind, um für Zwecke der Besatzungsmacht eingesetzt zu werden. Auch die Verwendung außerhalb des Heimatgebiets, die aus kriegsbedingten Gründen erfolgt, ist eine noch zu rechtfertigende Einschränkung der persönlichen Freiheit, wenn sie nur aus diesen Gründen erfolgt.«

– Ein 15jähriges Mädchen war von den Deutschen jahrelang in ein Konzentrationslager gesperrt worden, weil die Gestapo vermutete, daß ihre Brüder in der Sowjetunion als Partisanen gegen die Deutschen kämpften. Der Antrag der Polin auf Entschädigung wurde abgelehnt, weil sie nicht aus »nationalen« Gründen verfolgt worden sei; ihre Verbringung in ein KZ sei vielmehr eine »Sicherheitsmaßnahme der deutschen Behörden gegen eine Familienangehörige gefährlicher Partisanen« gewesen.[105]

– Eine polnische Frau hatte in ihrer Wohnung während des Krieges einen Juden vor der Verfolgung durch die Deutschen versteckt; sie wurde ergriffen und in ein KZ eingeliefert. Das Urteil des OLG Köln: entscheidend seien die Motive der Verfolger gewesen; die Frau sei nicht aus nationalen Gründen verfolgt worden, sondern weil sie sich gegen die nationalsozialistische Politik der Ausrottung der Juden aufgelehnt habe: »Wer Juden versteckt hielt und damit der Ausrottungspolitik gegen die Juden entgegentrat, ist von dem NS-Regime ohne Rücksicht auf seine Staats- und Volkszugehörigkeit verfolgt worden.« Der Entschädigungsantrag wurde abgelehnt.[106]

– Einer Polin, die der Polnischen Sozialistischen Partei (PPS) angehört hatte und von den deutschen Besatzungsbehörden verfolgt worden war, wurde Entschädigung mit der Begründung verwehrt, »daß als ideologischer Gegner im allgemeinen nur ein Deutscher ernstgenommen worden sei, nicht dagegen ein Ausländer. Dies gelte in besonderem Maße für Polen, die vom Nationalsozialismus als minderrassiges Volk angesehen wurden und von denen nicht erwartet wurde, daß sie eine gegnerische Einstellung zum Nationalsozialismus als einer innerdeutschen Lebensform besaßen. In aller Regel hätten Maßnahmen deutscher Stellen in Polen nicht den Zweck verfolgt, einen ideologischen Gegner zu bekämpfen.«[107]

– Eine ganze polnische Schulklasse in Kielçe war von den deutschen Behörden wegen illegalen Schulbesuchs zunächst in ein Gefängnis, dann in ein Konzentrationslager eingeliefert worden. Nach Entscheid des Bundesverwaltungsamtes (BVA) wurden die Anträge der Betroffenen auf Entschädigung verworfen, weil der Grund für ihre Verfolgung in sicherheitspolizeilichen Maßnahmen der Besatzungsbehörden, nicht in der Nationalität der Schulkinder gelegen habe.[108]

– Eine polnische Frau war 1942 als Zwangsarbeiterin nach Österreich deportiert worden und hatte sich durch die schwere Arbeit bei jeder Witterung und ohne zureichende Ernährung einen dauernden Gesundheitsschaden zugezogen. Die Entschädigungsklage wurde abgelehnt, weil »als Beweggrund des Schädigers die Gewinnung und Ausnutzung der Arbeitskraft der Kl. im Vordergrund gestanden und die Nationalität keine Rolle gespielt« habe. Im übrigen müsse bei den Bedingungen während der Zwangsarbeit »die damals schwierige Arbeits- und Versorgungslage« berücksichtigt werden; die Lage der polnischen Zwangsarbeiterin während des Krieges entspräche den »typisch harten, manchmal armseligen Lebens- und Arbeitsverhältnissen der Gebirgsbauern. Daß sie sich diesem Leben nicht freiwillig unterworfen habe, sei ihr nicht aus Gründen der Nationalität widerfahren, sondern die Folge der rücksichtslosen Beschaffung von Arbeitskräften gewesen.«[109]

Angesichts dieser Entwicklung in der westdeutschen Entschädigungsrechtsprechung hatte der Hohe Flüchtlingskommissar schon seit 1958 gegenüber der Bundesregierung auf eine Verbesserung der Lage der »Nationalgeschädigten« hingewirkt und war dabei von seiten der britischen und amerikanischen Regierung unterstützt worden.[110] Der United Nations High Commissioner for Refugees (UNHCR) regte dabei die Gründung eines Sonderfonds an, der nach langen Verhandlungen mit Vertretern des Auswärtigen Amtes und des Bundesfinanzministeriums, darunter Ernst Féaux de la Croix, auch zustande kam und 45 Mio. DM umfaßte, die die Bundesregierung dem UNHCR zur Verfügung stellte.[111] Diese Übereinkunft stellte zweifellos einen Erfolg für die »Nationalgeschädigten« dar; problematisch war sie aber insofern, als im Anhang zu diesem Abkommen die Rechtsauffassung der Bundesregierung über den Kreis der Empfangsberechtigten festgeschrieben wurde; als »Nationalgeschädigter« wurde definiert, »wer nicht geschädigt worden wäre, wenn er nicht Angehöriger eines fremden Staates oder nichtdeutschen Volkstums gewesen wäre« – damit waren Zwangsarbeiter und Widerstandskämpfer wiederum ausgeschlossen, zumal das Bundesverwaltungsamt die Verteilung der Gelder zu organisieren hatte und dabei die Praxis der bundesdeutschen Rechtsprechung zur Grundlage nahm.

Der letzte Versuch, die ehemaligen Zwangsarbeiter unter den heimatlosen Ausländern in der Bundesrepublik in das Entschädigungsrecht mit einzubeziehen, ging im Jahre 1965 bei den Beratungen zum BEG-Schlußgesetz vom Wiedergutmachungsausschuß des Bundestages aus, der in seinem Gesetzentwurf vom 13. Mai 1965 eine Sonderregelung für Zwangsarbeiter vorschlug, da nach den bisherigen Regelungen und dem Abkommen mit dem UNHCR »Zwangsarbeiter nicht ohne weiteres als aus Gründen ihrer Nationalität Geschädigte anzusehen seien«. Nunmehr sollten Zwangsarbeiter, die »unter besonders diskriminierenden Bedingungen haben arbeiten müssen«, eine Entschädigung erhalten – allerdings erst ab 50 % Erwerbsminderung.[112] Von seiten der Bundestagsmehrheit wurde jedoch dieser Vorstoß abgelehnt – es blieb bei den bisherigen Regelungen auch im dritten Bundesentschädigungsgesetz, in dem zugleich als Stichtag für einen Antrag auf Entschädigung für »Nationalgeschädigte« der 30. September 1966 festgelegt wurde, um den Komplex möglichst bald zum Abschluß bringen zu können.[113]

Damit war die bisherige Rechtspraxis nun zementiert, was durch Richtlinien des Bundesministers der Finanzen zur Handhabung des Art. VI BEG-Schlußgesetz auch nach außen dokumentiert wurde.[114] Die explizite Ablehnung des Vorschlags des Bundestags-Ausschusses vom Mai 1965 wirkte sich darüber hinaus noch verschärfend auf die Bekämpfung der Anträge ehemaliger Zwangsarbeiter aus: »Die Mehrheit des Bundestages hat sich dazu entschlossen«, urteilte das Landgericht Köln im Mai 1968, »daß die nur allgemein diskriminierten Zwangsarbeiter die vom Ausschuß vorgesehene Entschädigung nicht erhalten«. Diskriminierende Bestimmungen gegen Polen, »wie die Verpflichtung zu Sonderabgaben (›Polensteuer‹), Verbot des Besuchs von deutschen Gottesdiensten und deutschen Vergnügungsstätten, Verbot der Benutzung von öffentlichen Verkehrsmitteln und Fahrrädern sowie ähnliche Anordnungen begründen als solche aber noch keinen Entsch(ädigungs-)Anspruch.«[115] Es mußten vielmehr besondere Umstände hinzukommen; nach den Richtlinien des Bundesministeriums der Finanzen waren darunter zu verstehen: KZ oder Arbeitserziehungslager für Polen aufgrund der Polenerlasse; KZ für Polen und Ostarbeiter wegen Geschlechtsverkehrs mit deutschen Frauen[116]; Übergabe aus der Strafhaft in ein KZ[117]; KZ wegen objektiv unbegründeten Verdachts von Widerstandshandlungen; KZ im Zuge von Kollektivmaßnahmen; KZ für Kriegsgefangene; Zwangsarbeit von Jugendlichen unter 17 Jahren; KZ in Zusammenhang mit dem Warschauer Aufstand; Zwangsarbeit für kranke oder ältere Menschen; dauernde Arbeitsunfähigkeit infolge des Zwangsarbeitseinsatzes; Verfolgung wegen Weigerung von Polen, sich in die deutsche Volksliste eintragen zu lassen.

Der »normale« Fremdarbeiter aber, der als Flüchtling anerkannt worden war und einen Gesundheitsschaden erlitten hatte, erhielt in aller Regel nach seinem Antrag vom Bundesverwaltungsamt einen vorgedruckten Bescheid wie den folgenden: »Seine Verbringung zum Arbeitseinsatz erfolgte nicht wegen seiner Zugehörigkeit zu einem fremden Staat oder zu einem nichtdeutschen Volkstum. Sie war vielmehr eine Maßnahme zur Beseitigung des kriegsbedingten Mangels an Arbeitskräften, von der Personen aller Nationalitäten betroffen wurden. Die von dem Antragsteller vorgetragenen Umstände des Arbeitseinsatzes sind nach eingehender Würdigung auf die allgemeine Verschlechterung der Lebensbedingungen im Verlaufe des Krieges zurückzuführen. Der Antrag war daher abzulehnen.«[118]

Insgesamt wurden bis November 1986 beim Bundesverwaltungsamt 36812 Anträge auf Entschädigung für »Nationalgeschädigte« gestellt, davon wurden 6355 in irgendeiner Weise positiv entschieden, der Rest wurde abgelehnt: 83 %.[119] Die Gesamtaufwendungen für Nationalgeschädigte betrugen bis 30. Juni 1986 553,2 Mio. DM sowie 57 Mio. DM an den UNHCR.[120] Die Zahlungen an die westeuropäischen Staaten (ca. 1 Mrd. DM) hinzugerechnet, kommt man auf einen Gesamtbetrag von etwa 1,6 Mrd. DM, verteilt über 32 Jahre. Nimmt man nun auch die Zahlungen an Israel und die Claims Conference noch hinzu, so belaufen sich die Aufwendungen für ausländische NS-Verfolgte im weitesten Sinne auf etwa 5 Mrd. DM. Insgesamt kann man also feststellen, daß mehr als 90 % des Gesamtaufwandes für Wiedergutmachung (77 Mrd. DM bis 1. Januar 1986) auf Verfolgte entfallen sind, die die deutsche Staatsangehörigkeit besitzen oder doch eine »räumliche Beziehung« zur Bundesrepublik oder dem Deutschen Reich nachweisen konnten.

Durch diese Bilanz soll die Bedeutung der von der Bundesrepublik geleisteten Entschädigung für die Opfer von NS-Verbrechen insgesamt nicht herabgesetzt werden, sie wird aber relativiert. Zweifellos ist eine vollständige »Wiedergutmachung« für die Verbrechen, die während der NS-Diktatur von Deutschen begangen worden sind, nicht möglich, wie die verschiedenen Bundesregierungen immer wieder betont haben. Die hier beschriebene Politik jedoch, ausländische Verfolgte durch reparations- und entschädigungsrechtliche Argumentationen von Entschädigungsleistungen soweit wie möglich auszuschließen und nur dann Zugeständnisse zu machen, wenn der internationale Druck so stark wurde, daß die Gefahr einer politischen Isolierung der Bundesrepublik entstand, verweist auf eine politische Haltung, die die Wiedergutmachung vor allem als Instrument der internationalen Reputationsgewinnung begreift. Das beschränkt sich nicht allein auf Behörden und Politiker; die deutsche Wirtschaft – nicht allein die Industrie, sondern auch die Landwirtschaft – hat in einem historisch beispiellosen Ausmaß Millionen von Zwangsarbeitern beschäftigt, ohne die spätestens seit 1942 die Produktion gar nicht mehr möglich gewesen wäre. Durch die Rechtspositionen der Bundesregierungen und die entsprechenden Gerichtsurteile sind die privaten Unternehmen von jeder Entschädigungspflicht, ja sogar von Lohnnachzahlungen vollständig befreit worden. Gleichzeitig ist in der westdeutschen Öffentlichkeit 40 Jahre lang dem Schicksal der ausländischen NS-Verfolgten, vor allem dem der Zwangsarbeiter, mit Schweigen und Desinteresse begegnet worden. Von seiten der Behörden und der Justiz wurde – dieser Haltung in der Öffentlichkeit entsprechend – sogar bestritten, daß es sich überhaupt um »Verfolgte« des Nationalsozialismus handele. Sicherlich sind bei der Entschädigung finanzielle Grenzen auch für die reiche Bundesrepublik einmal erreicht; sicherlich können nicht alle Forderungen erfüllt werden. Daß die Verteilung der Wiedergutmachungsleistungen jedoch ausländische Verfolgte in so eklatanter Weise benachteiligte und dabei den Betroffenen schließlich in juristischer Diktion sogar ihre Würde, nämlich ihre Eigenschaft als Verfolgte, abgesprochen wurde – dies sind politische und moralische Hypotheken, die fortwirken und nicht mit dem Tod der direkt Betroffenen erlöschen werden.

Zweierlei Bewältigung

Als der israelische Ministerpräsident Schamir im Frühjahr 1990 öffentlich die Befürchtung äußerte, in einem wiedervereinigten Deutschland könne es unter Umständen erneut zu einer Verfolgung der Juden kommen, stieß er damit weltweit, und auch in Israel selbst, auf Kritik. Zugleich wurde aber (in einigen Ländern wie England, Polen und Dänemark mehr als in anderen) deutlich, daß sich in den Jubel über den Fall der Mauer als Symbol für das Ende des kalten Krieges fast überall auch erhebliche Besorgnisse und Ängste über die zukünftige Rolle des wiedervereinigten Deutschlands mischten, die von der englischen Premierministerin Thatcher in der bösen Parole vom »Vierten Reich« zugespitzt wurden.

Im Zusammenhang mit dem Golfkrieg sind diese Befürchtungen, vor allem in den USA und in Großbritannien, erneut – diesmal aber gleichsam spiegelverkehrt – aufgetaucht: Das mangelnde Engagement der Deutschen am Golf sei wiederum Ausdruck der mangelnden Bereitschaft, sich aktiv für die Einhaltung der Freiheit einzusetzen, und bestätige Befürchtungen, daß sich das wiedervereinigte Deutschland seinen Platz nicht an der Seite des Westens, sondern zwischen den Welten suchen werde.

Man kann diese Befürchtungen in zwei Punkten zusammenfassen:

– Das geeinte Deutschland sei wirtschaftlich und politisch so stark, daß die damit einhergehende politische Verantwortung die demokratische Reife der deutschen Bevölkerung und ihrer Eliten überfordere.

– Während aber der Nobelpreisträger Elie Wiesel davon sprach, die Deutschen seien »noch« nicht reif für eine Wiederherstellung der staatlichen Einheit (erst wenn die Generation der Kriegsteilnehmer und im Nationalsozialismus politisch Sozialisierten ganz ausgestorben sei, könne man davon ausgehen, daß der demokratische Reifeprozeß in der deutschen Bevölkerung stabil und unumkehrbar sei), argumentieren einige amerikanische Publizisten (ebenso wie Teile der westdeutschen orthodoxen Linken) mit der Vorstellung von der »German Soul« – Aggressivität, Militarismus, Rassismus seien Bestandteile der »Deutschen Seele«, eine Art kollektiver Erbsubstanz, und nicht durch politische Sozialisationsprozesse veränderbar; die Deutschen seien also gewissermaßen von Natur aus romantisch, irrational, aggressiv, undemokratisch und chauvinistisch.

Nun kann man gegen die Vorstellung von der »German Soul« nicht wirklich argumentieren, weil sie sich auf den Entwurf eines kulturbiologisch begründeten Sonderwegs stützt, der sich einer rationalen Diskussion in Wahrheit verschließt, was seiner Wirksamkeit im übrigen keinen Abbruch tut. So bleibt als Haupteinwand gegen die deutsche Einigung das Argument der fehlenden politischen »Reife«. Es zielt vor allem auf die Traditionen und Folgewirkungen der deutschen Geschichte der letzten hundert Jahre, insbesondere aber der nationalsozialistischen Diktatur, auf die personellen und politischen Kontinuitäten, auf die aus dieser Sicht nach wie vor nicht oder noch nicht abgeschlossene »Bewältigung der Vergangenheit«.

Sehen wir dabei von dem moralischen Verdikt ab, daß eine Gesellschaft, deren Väter und Großväter derartige, in der Geschichte bis dahin ungekannte Verbrechen begangen haben, bestraft werden müsse, so daß die Teilung etwa als »Sühne für Auschwitz« anzusehen sei, dann beruht das Argument der »mangelnden Reife« im wesentlichen auf dem Eindruck oder der Überzeugung, daß größere Teile der westdeutschen Bevölkerung, insbesondere der älteren Generation, die Einpassung in den Westen nicht aus Überzeugung, sondern auf Druck der Siegermächte akzeptiert hätten. Die Akzeptanz der Niederlage von 1945, die Anerkenntnis deutscher Schuld, die Verurteilung des NS-Regimes als verbrecherisch, die Integration in den Westen, der Aufbau einer demokratischen Gesellschaft nach westlichem Muster entsprächen nicht innerer Bejahung und Einsicht, sondern seien mehr oder weniger oberflächliche Lippenbekenntnisse; hinter der äußeren Fassade seien vielmehr die Traditionen von Nationalismus, Militarismus und Rassismus in einer Art von Latenzzustand erhalten geblieben und drohten nun, nach dem Wegfall der an die deutsche Schuld gemahnenden Teilung und in einem wirtschaftlich und politisch überaus starken Gesamtdeutschland, erneut zum Ausdruck zu kommen.

Gegenüber der Bevölkerung der ehemaligen DDR allerdings sind solche Befürchtungen nicht laut geworden; und selbst die schärfsten Kritiker des SED-Regimes in Deutschland wie im Ausland hatten vor 1989 nie einen Vorwurf erhoben, die DDR habe die juristische und politische Auseinandersetzung mit der NS-Vergangenheit nicht scharf und entschieden genug geführt. Die »antifaschistische Tradition« gehörte vielmehr zum Kernbestand der politischen Legitimation des sozialistischen deutschen Staates und wurde in und außerhalb der DDR auch als solche angesehen. Zu diesem verbreiteten Urteil stehen nun aber die seit Öffnung der Mauer sichtbar werdenden und ausgeprägten Erscheinungsformen von Rechtsradikalismus und veritabler Ausländerfeindlichkeit in (offenbar nicht unerheblichen) Teilen auch der ostdeutschen Bevölkerung in denkbar scharfem Kontrast – während verbreiteten Erwartungen zum Trotz in Westdeutschland nach der »Wende« nationalistische Eruptionen in größerem Umfang nicht zu verzeichnen waren. Enttäuschte Erwartungen deuten auf falsche Wahrnehmungen, und hier setzen nun also die Fragen ein: nach dem historischen Prozeß der sogenannten »Vergangenheitsbewältigung« in den beiden deutschen Staaten und nach den Auswirkungen dieses Prozesses auf das Selbstverständnis und die politische Befindlichkeit dieser beiden Gesellschaften. Ich beginne in Westdeutschland.

Das von den Westalliierten unter amerikanischer Führung nach 1945 in den Westzonen Deutschlands durchgeführte Experiment der Entnazifizierung (nämlich eine Gesellschaft von mehr als 50 Mio. Einwohnern individuell im Hinblick auf ihre politischen Aktivitäten während der NS-Herrschaft zu untersuchen und gegebenenfalls zu bestrafen) gilt aus verschiedenen Gründen als gescheitert: Zum einen blieb der Versuch schon angesichts des schieren Umfangs der Aufgabe auf halbem Wege stecken, so daß die vorgezogenen »leichten« Fälle zwar erledigt wurden, die zurückgestellten Fälle der Schwer- und Schwerstbelasteten aber nicht mehr zur Verhandlung kamen; mit der Folge, daß ausgerechnet die besonders stark belasteten NS-Funktionäre im Zuge des kalten Krieges einer allgemeinen de-facto-Amnestie unterlagen und weitgehend unbehelligt davonkamen. Zum zweiten wurden die im Gefolge des Nürnberger Hauptkriegsverbrecherprozesses eingeleiteten Verfahren gegen die deutschen Eliten – führende Vertreter der Großindustrie, des Militärs, der Bürokratie, der Ärzteschaft, weniger hingegen der nationalsozialistischen Parteiformationen – im Zuge des sich verändernden politischen Gesamtklimas schon 1948 abgebrochen. Das Gros der politischen und gesellschaftlichen Eliten aus der Zeit des Nationalsozialismus blieb unangetastet und konnte nach wenigen Jahren die berufliche Karriere fortsetzen.

Die Kritik in Westdeutschland an der Praxis der Entnazifizierung war mittlerweile so stark, daß es zu einer auffälligen Solidarisierung der sogenannten Leichtbelasteten mit den Schwerbelasteten kam, und im April 1948 beklagte ein Intelligence Report des amerikanischen Geheimdienstes die Kampagne vor allem der beiden westdeutschen Kirchen, wonach »die Entnazifizierung eine grausame Verfolgung sei, die selbst naziähnliche Methoden anwende, indem sie Menschen den Prozeß mache und sie in ›Konzentrationslagern‹ gefangen halte«. Der Begriff der Entnazifizierung selbst habe »eine seltsame Bedeutungsveränderung erfahren. Während er zunächst die Entfernung der Nazis aus dem politischen, ökonomischen und kulturellen Leben bedeutete, bezeichnet er inzwischen die Prozedur, durch die Nazis das Stigma ihrer früheren Verbindungen oder Aktivitäten loswerden.«

Neben diese Kampagne gegen die Entnazifizierung trat seit 1950, als zum ersten Mal von einem deutschen Wehrbeitrag gesprochen wurde, eine Kampagne zur Freilassung der deutschen Kriegsverbrecher aus den alliierten Gefängnissen, die unter anderem im Umkreis der nordrhein-westfälischen FDP von ehemaligen Führungspersonen aus dem Reichssicherheitshauptamt und der SS organisiert wurde, auf breite Unterstützung in der Öffentlichkeit und bei allen Bundestagsfraktionen außer der KPD stieß und einigen Erfolg hatte. Insbesondere die Freilassung beinahe aller in den Nürnberger Prozessen verurteilten und in Landsberg einsitzenden Angehörigen der NS-Führungsgruppen und die frühzeitige Entlassung von Schwer- und Schwerstbelasteten aus Gefängnissen in den westeuropäischen Ländern waren auf diese konzertierten Bemühungen zurückzuführen, denen der amerikanische Hohe Kommissar McCloy schließlich nachgeben mußte. Es gelang für eine Weile sogar, den Begriff »Kriegsverbrecher« in der westdeutschen Öffentlichkeit durch »Kriegsverurteilte« zu ersetzen und mit den »Kriegsgefangenen« gleichzusetzen. An eine Fortsetzung der Prozeßserie unter deutscher Führung war danach nicht mehr zu denken, obwohl das deutsche Hauptargument gegen die Entnazifizierung doch darin bestanden hatte, daß nur strafrechtliche Verfahren, nicht aber Gesinnungsprüfungen rechtsstaatlichen Prinzipien entsprächen. Vielmehr bestand in Westdeutschland zu Beginn der 50er Jahre die feste und weithin geteilte Überzeugung, es seien bereits weit mehr als die tatsächlich Schuldigen verurteilt worden. So wurden Entnazifizierung und Nürnberger Prozesse als Ausweis bereits empfangener Strafe und Sühne genommen, wobei die offenbaren Ungerechtigkeiten, vor allem des Entnazifizierungsverfahrens, als Beleg für die Verfehltheit des gesamten Vorhabens dienten und das dabei begangene »Unrecht« mit den Verbrechen des Nationalsozialismus gewissermaßen verrechnet wurde.

Solche pauschalen Exkulpationsversuche waren zudem stets verbunden mit einer grundsätzlichen Absage an »den Nationalsozialismus«, wobei der Bedeutungsgehalt dieses Begriffes im Verlaufe dieses Prozesses bis zur Unkenntlichkeit schrumpfte und schließlich auf eine Handvoll SS-Führer sowie auf die unmittelbare Beteiligung am Mord an den Juden regrediert war. Aber es entstand auf diese Weise und in dem Maße, wie sich die neue Republik als politisch und wirtschaftlich stabil erwies, doch auch ein Klima der jedenfalls nach außen gewandten opportunistischen Anpassung an die neuen Verhältnisse. Das galt einerseits für die ehemaligen nationalsozialistischen Führungsgruppen selbst; zwar waren sie durch Entnazifizierung und Nürnberger Prozesse zumeist glimpflich hindurchgekommen, aber doch nur durch Glück, Verschwiegenheit und Täuschung. Die eigene Vergangenheit abzutarnen, ja möglichst ganz vergessen zu machen, um die neue berufliche Zukunft nicht zu gefährden, war daher ihr vordringliches Interesse; ein möglichst unauffälliges, angepaßtes, normales Leben zu führen und sich jeder politisch verdächtigen Äußerung zu enthalten, war die Konsequenz. Daß sie noch einmal eine zweite Chance erhalten würden, hatten die meisten von ihnen bei Kriegsende oder im Internierungslager nie für möglich gehalten. Also taten sie alles, um diese unverhoffte und unverdiente Gunst der Stunde zu nutzen. Dieser Mechanismus führte im Ergebnis zu einer moralisch gewiß zweifelhaften, aber durchaus effektiven Einpassung großer Teile der NS-Eliten in den neuen Staat, wobei der Besatzungsstatus Westdeutschlands und vereinzelte Aktionen der Besatzungsarmeen (wie die Inhaftierung des sogenannten Düsseldorfer Gauleiter-Kreises Anfang 1953 durch die Engländer) an das Damoklesschwert der immer wach gehaltenen Interventionsdrohung der Westalliierten erinnerten.

Dieser Mechanismus war in abgeschwächtem Maße wohl auch für die westdeutsche Bevölkerung insgesamt wirksam; bedeutsamer aber waren hier andere Entwicklungen: Zum einen hatten die meisten Deutschen von den Massenverbrechen in den deutschen Vernichtungslagern ja nur gehört, die an Deutschen begangenen oder als solche begriffenen Untaten aber selbst erlebt – von den alliierten Bombenangriffen über Flucht und Vertreibung bis hin zu Hungersnot und Demontagen. Ein Großteil der Deutschen fühlte sich als Opfer des Krieges, nicht als Schuldiger. Dementsprechend scharf war die Kritik an symbolischen Gesten des kollektiven Schuldeingeständnisses durch die Regierung, so etwa 1953 am Luxemburger Abkommen über Wiedergutmachungszahlungen an Israel, die zwar mit insgesamt 3,5 Mrd. DM im Vergleich zu den an Deutsche ausgezahlten Entschädigungsleistungen eine vergleichsweise niedrige Summe ausmachten, gleichwohl von Adenauer gegen die Mehrheit der Bevölkerung und seiner eigenen Fraktion nur mit großer Mühe durchgesetzt werden konnten.

Hinzu kam, daß der kalte Krieg die Beibehaltung der Feindbilder Sowjetunion und Kommunismus ermöglichte – nun aber unter dem Vorzeichen des Totalitarismus. Dadurch wurde zum einen die Ohnmacht des einzelnen unter dem Nationalsozialismus betont, zum anderen der deutsche Vernichtungsfeldzug gegen die Sowjetunion als Kampf gegen die bolschewistische Bedrohung uminterpretiert und so ein Kontinuitätselement zwischen dem heißen Krieg Deutschlands gegen die UdSSR vor 1945 und dem kalten Krieg der westlichen Demokratien gegen das expandierende Sowjetimperium seit 1947/48 postuliert. Der Kampf der Demokraten Deutschlands und des Westens gegen die stalinistische Diktatur wurde so zur Rechtfertigung des deutschen Ausrottungsfeldzuges gegen die Sowjetunion instrumentalisiert.

Andererseits aber hatten bei den meisten Deutschen die eigenen

Erfahrungen und die Aufklärungskampagnen der Alliierten wenn nicht eine Verdammung, so doch eine Tabuisierung des Nationalsozialismus als Herrschaftssystem zur Folge; was nicht bedeutete, daß Teile der ideologischen und politischen Hinterlassenschaft der Diktatur nicht weiterwirkten, sie wurden aber nicht mehr als spezifisch nationalsozialistisch apostrophiert oder begriffen. Mit dieser Tabuisierung ging ein Prozeß der Abstrahierung und Entwirklichung der NS-Vergangenheit einher, der die Geschichte gewissermaßen ihres Personals und ihrer Orte beraubte, so daß man sich in der Öffentlichkeit mit einigem Pathos gegen die vergangene Gewaltherrschaft aussprechen konnte, ohne sich mit konkreten Orten und wirklichen Menschen zu befassen.

Dieser Prozeß der Abstrahierung und des Schweigens kennzeichnet jene »gewisse Stille in den 50er Jahren«, von der der Zürcher Philosoph Hermann Lübbe gesprochen hat und die vom Getöse des kalten Krieges überdröhnt wurde, die aber doch auch hörbar gemacht wurde – durch die lauter werdende Kritik von seiten der jungen Schriftsteller etwa, die während der 50er Jahre in ihren Kurzgeschichten, Essays und Romanen der Erinnerung einen Platz zum Überwintern gaben. Die Abstrahierung und Entwirklichung der Vergangenheit hingegen wirkten distanzierend, legten Zeit zwischen die Ereignisse und die Individuen. Sie hatten aber bei Opfern wie bei Tätern wie bei den meisten, die ja weder das eine noch das andere waren, zur Folge, daß die einzelnen mit ihrer eigenen Geschichte nun auch allein fertig werden mußten; weil es keine Öffentlichkeit gab, die die individuellen Erfahrungen von HJ-Aufmarsch und Bombennächten, von Heimatfront und Kriegsgefangenschaft einband in eine gesellschaftliche Diskussion über Nazismus und Krieg und in eine Perspektive oder gar ein Sinnangebot integrierte. So verblieben die Erlebnisse und Erfahrungen der einzelnen in einer Art von Rohzustand und zudem im privaten Dunstkreis von Verklärung, Rechtfertigung und Verdacht.

Aber es kamen doch auch neue Aspekte hinzu. Denn zum einen war anders als nach dem Ersten Weltkrieg in bezug auf den Zweiten an der Schuld der Deutschen an diesem Krieg ebensowenig zu zweifeln wie an der Vollständigkeit der Niederlage, und so kamen im weit überwiegenden Teil der westdeutschen Bevölkerung weder Dolchstoßlegenden noch realistische Revanchegelüste auf. Daß in der Bundesrepublik rechtsradikale Gruppierungen marginal blieben und sich die Parteienlandschaft als stabil erwies, wurde seit 1957 zunehmend zur Gewißheit, und daß »Bonn nicht Weimar« sei, fand hier seine Begründung.

Zum anderen wuchs im Laufe der Jahre auch die Bereitschaft, sich auf die neuen demokratischen Verhältnisse in der Bundesrepublik ernsthaft einzulassen, denn diese besaßen im Unterschied zu dem in den 40 Jahren zuvor Erfahrenen den unübersehbaren Vorteil, daß sie funktionierten und einen bis dahin nicht gekannten wirtschaftlichen Aufschwung mit sich brachten. Hier, so hat Lübbe Anfang der 80er Jahre argumentiert, liege der Grund für die allmähliche Stabilisierung der westdeutschen Demokratie: daß die Vergangenheit für ein Jahrzehnt ausgeblendet wurde und sich die westdeutsche Bevölkerung unbehelligt und sukzessive aus dem Konsens mit dem NS-Staat lösen und in das Staatsvolk der Bundesrepublik verwandeln konnte – ein stiller Opportunismus als Akt der inneren Demokratiegründung.

Das mag so gewesen sein, aber die Kosten dieses mit »Verdrängung der Vergangenheit« nur unzureichend beschriebenen Prozesses waren außerordentlich hoch und langwirkend. Denn daß angesichts der Millionen von Opfern der nationalsozialistischen Politik die Mehrzahl der Täter – der Mörder in den Konzentrationslagern und den Einsatzgruppen der SS wie der Eliten in Bürokratie, Wirtschaft, Militär, Wissenschaft – in der Bundesrepublik beinahe ungeschoren davonkommen sollten, war ein allen Vorstellungen von Moral so grundlegend widersprechender Vorgang, daß dies unmöglich ohne schwerwiegende Folgen für diese Gesellschaft, ihre innere Struktur wie ihr außenpolitisches Ansehen, bleiben konnte.

Der Zeitpunkt, an dem diese Folgen innenpolitisch spürbar wurden, liegt etwa Anfang der 60er Jahre. Bis dahin hatte es in Westdeutschland bis auf wenige Ausnahmen keine Strafprozesse gegen die NS-Mörder gegeben – weder gegen die unmittelbaren Täter noch gegen die eigentlich Verantwortlichen in den Führungsstäben von Partei und Staat, die sogenannten »Schreibtischtäter«. Durch den großen Prozeß gegen den Judenreferenten im Reichssicherheitshauptamt, Eichmann, in Jerusalem 1961 und den zwei Jahre später beginnenden und von der neuen Ludwigsburger Zentralstelle vorbereiteten Prozeß gegen die Lagerführung des Konzentrationslagers Auschwitz in Frankfurt am Main wurde das Schweigen der 50er Jahre durchbrochen, und insbesondere der jüngeren Generation wurde das Ausmaß der Verbrechen und die Verstrickung von so vielen Deutschen in diese Verbrechen allmählich deutlich. In der westdeutschen Öffentlichkeit entstand durch die Berichterstattung über diese Prozesse und die sich anschließenden wissenschaftlichen Veröffentlichungen (wie etwa des Instituts für Zeitgeschichte) nun eine Ahnung von dem, was in den Jahren zuvor so strikt beschwiegen worden war. Nicht, daß in den 50er Jahren dazu nicht bereits wichtige Bücher erschienen wären; aber es hatte die Öffentlichkeit gefehlt, die die darin enthaltenen Informationen verarbeitete und ihnen politische, nicht nur moralische Relevanz zuwies.

So begann ein Prozeß der an Heftigkeit immer weiter zunehmenden Auseinandersetzung um diese Vergangenheit, der durch immer neue – nicht zuletzt aus der DDR beförderte – Entdeckungen über die NS-Vorgeschichte führender westdeutscher Politiker, mehr aber außerstaatlicher Führungsgruppen, zugespitzt wurde, der während der Studentenrevolte einen ersten Höhepunkt erreichte und im Grunde bis heute anhält.

Nun war die Jugend- und Studentenrevolte von 1968 ja kein spezifisch deutsches, sondern ein internationales Phänomen von Prag bis San Francisco, bei dem in generationeller Konfrontation die Auseinandersetzung mit dem jeweiligen Erbe der Väter – vom Stalinismus über den Gaullismus bis hin zum Amerika der Rassendiskriminierung – geführt wurde. Daß in Westdeutschland die Debatte über die NS-Vergangenheit in den Strudel der Studentenbewegung geriet, war mithin unvermeidlich und hat zur Forcierung, Radikalisierung und Politisierung der NS-Debatte beigetragen, sie zugleich aber erneut entkonkretisiert und schnell auf die Ebene der politischen Systeme und Theorie geschoben, teilweise sogar in den Kontext des SED-offiziellen Antifaschismus und damit in die Frontreihen des kalten Krieges. Auf der anderen Seite aber wäre die öffentliche Diskussion über die deutsche Vergangenheit ohne den internationalen Rückenwind des kulturellen Modernisierungsschubs, den die Studentenbewegung ausmachte, vermutlich nicht oder erst sehr viel später durchsetzbar gewesen – das Beispiel Japans, wo eine solche Auseinandersetzung mit der Vergangenheit bis heute vermieden wurde, gibt Hinweise auf diese eben auch mögliche Alternative.

So stellt die Auseinandersetzung über die NS-Vergangenheit seit etwa 25 Jahren eines der beherrschenden Themen der innenpolitischen Debatte in der Bundesrepublik dar, die seither mit für Außenstehende oft unverständlich scheinender Härte und Intensität geführt wurde und wird. Die einzelnen Etappen dieser Auseinandersetzung sollen hier nur angedeutet werden: Die Betonung der über den Nationalsozialismus hinausreichenden antidemokratischen Traditionen in Deutschland, insbesondere die Kriegsschuldfrage des Ersten Weltkrieges, die Aufdeckung personeller und institutioneller Kontinuitäten über die Jahre 1933 und 1945 hinweg waren in den 60er Jahren bestimmend. Die Hervorhebung des kapitalistischen Charakters des NS-Regimes, die Betonung der Tradition des antifaschistischen Widerstands, die Diskussion über die Rolle Hitlers und der gesellschaftlichen Eliten im Nationalsozialismus prägten die 70er Jahre. Die Diskussion um Konsens und Zustimmung in der deutschen Bevölkerung gegenüber dem NS-Regime, die Aufdeckung der Beteiligung auch bis dahin unverdächtig erschienener Institutionen (wie der Gesundheitsämter, Arbeitsverwaltungen, der medizinischen Wissenschaft, der Universitäten insgesamt) an den Massenverbrechen des Nationalsozialismus und ihrer Vorbereitung standen in den 80er Jahren im Mittelpunkt – um nur einige der Konfliktpunkte zu nennen. Diese öffentliche Diskussion war zum einen begleitet von umfangreichen wissenschaftlichen Forschungen, die übrigens aber die Kriegszeit und die nationalsozialistischen Massenverbrechen weniger berührt haben, als dies allgemein angenommen wird. Sie hatte zum anderen vor allem in dem gerade vergangenen Jahrzehnt zur Folge, daß die Differenz zwischen der öffentlichen, politischen Geschichte und den Erfahrungen der einzelnen zumindest erkannt, wenn auch nicht völlig überwunden wurde, so daß individuelle Erfahrung und historischer Befund zueinander in Bezug gesetzt werden und so die NS-Vergangenheit aus ihrer Polarisierung von »Widerstand und Verfolgung« gelöst und rekonkretisiert werden konnte – ein Prozeß, der sich sowohl im kulturellen und politischen wie im wissenschaftlichen Sinne als notwendig und fruchtbar erwiesen hat.

Die Dauer und Intensität dieser Debatte mag übertrieben, ja nachgerade manisch erscheinen. Daß noch 1988 der Bundestagspräsident, der zweithöchste Amtsträger im Staate, entlassen wurde, weil die Art (nicht der Inhalt) einer Gedenkrede für die jüdischen Opfer des Nationalsozialismus auf Bedenken stieß, verweist darauf, welche

Ritualisierungen sich mittlerweile hierbei herausgebildet haben – wenngleich nicht nur bei den deutschen, sondern, wie sich herausstellte, bei den ausländischen Beobachtern ebenso. Auch daß der Bezug auf die NS-Vergangenheit mittlerweile zum allfällig nutzbaren Legitimationsmuster für die Durchsetzung von Einzelinteressen dient und daß in Erscheinungen wie der kenntnis- und risikolosen Richterpose gegenüber der Vergangenheit, den Betroffenheitsbekundungen und dem allfälligen Aufruf zum »Widerstand« deutliche Tendenzen der Trivialisierung zum Ausdruck kommen, ist unübersehbar. Im ganzen aber sind dies Marginalien; wichtiger ist, daß sich in diesem langen, schmerzhaften und in der Regel doch ernsthaften Prozeß einer öffentlichen Dauerdebatte um die Ursachen und Folgen des »Dritten Reiches« allmählich eine ausgeprägte Sensibilität in der Öffentlichkeit Westdeutschlands in bezug auf die NS-Vergangenheit und aktuelle Erscheinungsformen von Nationalismus und Rassismus entwickelt und das politische wie individuelle Selbstverständnis der Westdeutschen stark geprägt hat; und zwar in zunehmendem Maße unabhängig von der parteipolitischen Option der einzelnen. Nicht also die »Bewältigung« der Vergangenheit, die ja einen abschließbaren Vorgang suggeriert, sondern die scharfe, auf Personen wie auf Strukturen und Institutionen hin geführte und eminent politische Debatte über die Schuld an den Verbrechen der NS-Zeit, in der die westdeutsche Gesellschaft sich und ihre Vorgeschichte selbst zum Gegenstand gemacht hat, hat dazu geführt, daß sich ein antinationalsozialistischer und, ins Positive gewendet, demokratischer Konsensus jedenfalls in großen Teilen der westdeutschen Bevölkerung und in ihren Eliten herausbilden konnte. Dieser Konsensus ist nicht ungefährdet, aber er ist stabil; und dies gerade deshalb, weil er nicht aus akklamativen Gesinnungsbekundungen resultiert ist, sondern aus einer langen, aggressiven, vor allem aber öffentlichen Debatte, die das Handeln der Eliten während der NS-Zeit ebenso einbezog wie das Verhalten der einzelnen.

Die Bedeutung dieses Prozesses wird offenbar, wenn man sich die parallele Entwicklung in Ostdeutschland näher anschaut. Unter dem bestimmenden Einfluß der sowjetischen Besatzungsmacht wurde nach dem Kriege die »Entnazifizierung« in der sowjetischen Besatzungszone, der späteren DDR, wesentlich gründlicher durchgeführt als im Westen. Alle durch die NS-Zeit belasteten höheren Funktionsträger in Staat, Wirtschaft, Militär und Wissenschaft sowie auch Lehrer und Polizisten wurden entlassen und durch eilig und oft notdürftig geschulte Unbelastete ersetzt. Zugleich war dieser Prozeß aber von einer dunklen Aura der Gerüchte und des Schweigens überdeckt; denn in den ersten Monaten nach Kriegsende wurden unter dem Titel »Entnazifizierung« Zehntausende von Menschen ziemlich wahllos in die jetzt der Besatzungsmacht unterstehenden ehemaligen Konzentrationslager eingesperrt, wo viele Tausende von ihnen an Hunger und Seuchen umkamen. Eine bisher unbekannte Zahl von tatsächlich oder vermeintlich »Belasteten« wurde zudem in die Sowjetunion deportiert, deren Schicksale sich verlieren; ebenso wie diejenigen der deutschen Kriegsgefangenen in sowjetischen Lagern, die zu den Opfern der pauschalen 25-Jahre-Aburteilungen gehörten.

Aber es waren nicht nur die mangelnde Öffentlichkeit und die Unüberprüfbarkeit der einzelnen Vorwürfe und Urteile, die diese Phase der »wilden Entnazifizierung« kennzeichnete, sondern auch die Instrumentalisierung der »Entnazifizierung« bei der Durchsetzung des kommunistischen Machtanspruches, die sich bis in die 50er Jahre fortsetzte, wobei die Entmachtung der Eliten des NS-Staates mit der Etablierung einer neuen Elite aus den Kadern der KPD bzw. der neugebildeten SED verquickt wurde und durch den antifaschistischen Monopolanspruch der Kommunisten auch bürgerliche Demokraten und Sozialdemokraten in die Mühlen der (»Entnazifizierung« ja nur noch genannten) »Säuberungen« gerieten. Die Benutzung der Entnazifizierung als Instrument des kalten Krieges, ist zu betonen, ging von seiten der sowjetischen und deutschen Kommunisten aus, nicht von den Westalliierten.

Zwar sind die Zahlen der ostdeutschen Entnazifizierungsverfahren und auch der angestrengten Strafprozesse gegen ehemalige Nationalsozialisten hoch und durchaus eindrucksvoll; es ist dabei aber zu berücksichtigen, daß der überwiegende Teil der Führungsgruppen des NS-Staates und natürlich alle hochrangigen Vertreter von Partei und SS vor oder nach Kriegsende nach Westdeutschland geflohen waren. Im Gegensatz zu der massenhaften Individual-Entnazifizierung im Westen wurde jedoch dem Großteil der ehemaligen einfachen Mitglieder der NSDAP und anderen »Mitläufern« das Angebot unterbreitet, daß ihre Vergangenheit vergessen würde, wenn sie sich in den neuen sozialistischen Staat aktiv integrierten – das Wort von der »SED, dem großen Freund der kleinen Nazis«, das damals aufkam, bezog sich auf diese Vorgänge.

Der »Antifaschismus«, wie er sich im Verständnis der illegalen kommunistischen Partei und im Exil herausgebildet hatte, wurde nun zu einer Art von Staatsraison der DDR, die sich in ihrer Existenz direkt auf das »Vermächtnis« der politischen Häftlinge in den Konzentrationslagern berief und ihren Fortbestand zu einem guten Teil mit der Kontinuität der NS-Eliten im westdeutschen Staat legitimierte.

Dadurch, daß nahezu alle Spitzenfunktionäre in Regierung und Staatspartei der DDR Gegner des Nationalsozialismus gewesen und nicht wenige von ihnen von den Nazis verfolgt worden waren, wurde dieser Antifaschismus auch durchaus glaubwürdig; und hieraus resultierte zu einem erheblichen Teil auch der zukunftsgewisse Idealismus der Aufbaugeneration der SED, die angesichts der vielen Ex-Nationalsozialisten in den Führungsgruppen der Bundesrepublik von der festen Überzeugung ausging, das auch moralisch »bessere Deutschland« zu schaffen und die Lehren aus der Geschichte zu berücksichtigen – wie dies besonders eindrucksvoll etwa in den Äußerungen der aus dem Exil in die DDR zurückgekehrten linken Schriftsteller um Brecht und Anna Seghers zum Ausdruck kam und in den frühen Büchern Hermann Kants seine literarische Form fand. Dieser idealistische Antifaschismus besaß bis zum Ende der DDR sowohl in der Bevölkerung wie in der SED eine nicht zu unterschätzende Prägekraft, aber er wurde schon in den Anfangsjahren des neuen Staates politisch funktionalisiert und verkam im Laufe der Jahre immer mehr zu einer formelhaft erstarrten Staatsdoktrin. Die Gründe dafür kann man in drei Punkten zusammenfassen: Erstens hatte das »humanistische Pathos« des Antifaschismus einen unglaubwürdigen, ja zynischen Beigeschmack dadurch, daß in der DDR die Verbrechen des Stalinismus in der Sowjetunion und in der SBZ, aber auch etwa in Spanien, verschwiegen, ja geleugnet oder durch den Bezug auf den Antifaschismus gerechtfertigt wurden. Zynischer und zugespitzter Ausdruck dieser Form der Verdrängung war etwa, daß die seit den späten 50er Jahren aus den Straf- und Verbannungslagern der Sowjetunion zurückkehrenden deutschen Opfer der stalinistischen Diktatur – darunter viele deutsche Frauen sowjetischer und deutscher Kommunisten, die in der UdSSR ermordet worden waren – in der DDR als »Opfer des Faschismus« deklariert wurden und nur auf diese Weise eine Rente erhielten.

Zweitens stand die undemokratische und diktatorische Herrschaftsweise des SED-Regimes in deutlichem Widerspruch zu den demokratischen und antitotalitären Traditionen der Arbeiterbewegung und des Arbeiterwiderstandes, wie er etwa von der SPD und den Gewerkschaften getragen worden war. Zwar wurden die repressiven Maßnahmen des Regimes seit jeher und bis zuletzt mit der notwendigen Verteidigung des Sozialismus gegenüber dem Ansturm der Militaristen und Revanchisten aus Westdeutschland legitimiert, und nicht umsonst hieß die Mauer »antifaschistischer Schutzwall«. Diese fortdauernde Instrumentalisierung des Antifaschismus zur Rechtfertigung der Unterdrückung nutzte sich aber in dem Maße ab, als der Ansturm der westdeutschen Revanchisten ausblieb, die Unterdrükkung aber beibehalten wurde.

Drittens, und dies erweist sich längerfristig als der wohl folgenreichste Faktor, blendete das spezifisch kommunistische Geschichtsbild von Nationalsozialismus und Antifaschismus, wie es von der Führung der SED vertreten und in der DDR sowie bei der orthodoxen Linken Westdeutschlands durchgesetzt wurde, zentrale Aspekte der Vergangenheit einfach aus und ließ auch keine Diskussion darüber zu. Diesem Geschichtsverständnis zufolge war die Machteroberung der Nationalsozialisten im Jahre 1933 bekanntlich im wesentlichen das Werk der »am meisten chauvinistischen, imperialistischen und aggressiven Teile des deutschen Finanzkapitals«, die mit der Installierung des »faschistischen« Hitler-Regimes in Deutschland ihre von der proletarischen Revolution unter Führung der KPD bedrohte Herrschaft sichern und ihren seit langem geplanten Eroberungskrieg vorbereiten wollten, der sich insbesondere gegen die Sowjetunion richtete. Dazu war die Zerschlagung der Arbeiterbewegung und die Unterdrückung der deutschen Arbeiterschaft entscheidende Voraussetzung. Mit Hilfe rassistischer und nationalistischer Propaganda, die als Manipulationsinstrumente zur Integration des Bürgertums und der Mittelschichten eingesetzt wurden, gelang es diesen Kreisen, ihre Pläne plebiszitär abzusichern und den Krieg zu führen; durch den erfolgreichen Abwehrkrieg der Alliierten, vor allem aber der Sowjetunion, und unterstützt vom antifaschistischen Widerstand in

Deutschland unter Führung der illegalen KPD konnte der »Faschismus« schließlich besiegt werden. Während aber durch den kalten Krieg der Westmächte gegen die UdSSR die Herrschaft derjenigen Kreise, die auch den »Faschismus« in Deutschland installiert und getragen hatten, in der Bundesrepublik restabilisiert wurde, setzten sich in der DDR die Kräfte des Antifaschismus durch und errichteten den Sozialismus.

In diesem hier verkürzt, aber kaum überspitzt zusammengefaßten Geschichtsbild sind zwei Aspekte hervorzuheben: Zum einen erscheint das deutsche Volk, vor allem die deutsche Arbeiterschaft, im wesentlichen als Opfer des Nationalsozialismus, während die Verantwortlichen ausschließlich bei den Eliten, insbesondere beim Großkapital ausgemacht werden. Das deutsche Volk, so heißt es in sich stupend wiederholenden Formulierungen, sei von den Mächtigen »mißbraucht« oder »verführt« worden. In dieser Vorstellung, die in Stalins bekanntem Diktum, die Hitlers kämen und gingen, das deutsche Volk aber bliebe bestehen, ihre frühe Zusammenfassung fand, ist das historische – und ja auch von den Kommunisten so wahrgenommene – Phänomen, daß sich das NS-Regime zumindest zwischen etwa 1936 und 1941 der Unterstützung des weit überwiegenden Teils der deutschen Bevölkerung inklusive der Arbeiterschaft erfreut hatte, mit der Verführbarkeit und Bestechlichkeit der Massen begründet, und hier liegt zugleich die Begründung für die Notwendigkeit der antifaschistischen Erziehungsdiktatur. Zum anderen, und damit verknüpft, wird auch die rassistische Terror- und Vernichtungspolitik der Nationalsozialisten allein auf die Eroberungs- und Herrschaftspläne des deutschen Imperialismus, letztlich des deutschen Großkapitals, zurückgeführt, so daß etwa der Antisemitismus nur noch als Manipulationsinstrument gegenüber der deutschen Bevölkerung angesehen und die Vernichtung der europäischen Juden gewissermaßen als Randphänomen, als bloße »Erscheinungsform« des deutschen Imperialismus wahrgenommen wird.

Die Oktroyierung dieses Geschichtsbildes hatte für weite Teile der DDR-Bevölkerung überaus entlastende Auswirkungen. Denn dadurch, daß der DDR-Staat und mit ihm seine Bürger aus der Tradition und damit der Verantwortung für die Verbrechen des Nationalsozialismus ausgenommen wurden, stellte sich die individuelle Verstrickung der einzelnen, die Zustimmung zum NS-Regime auch in weiten Teilen der Arbeiterschaft und die Akzeptanz rassistischer und antisemitischer Vorstellungen in der deutschen Bevölkerung gar nicht zur Debatte. Eine öffentliche Auseinandersetzung etwa über das Fortbestehen rassistischen Gedankenguts in der Bevölkerung hat es bis zum 9. November 1989 in der DDR nicht gegeben, weil diese Frage eben durch die Errichtung des Sozialismus als »historisch erledigt« angesehen wurde; und eine offene Auseinandersetzung über die Ursachen und die Verantwortung für den Völkermord an den europäischen Juden ist nicht geführt worden, eben weil er als bloße Folgeerscheinung der vorrangig zu behandelnden Klassenherrschaft und des Imperialismus angesehen wurde und überdies einfach nicht in den Gesamtentwurf dieses Geschichtsbildes hineinpaßte.

Hier liegt wohl der Grund für die Attraktion, die dieses Geschichtsbild, das ja auch im Westen seine Anhänger hatte, auf nicht geringe Teile der DDR-Bevölkerung ausübte. Es nannte eindeutige Schuldige und bot zugleich eine bequeme Vermeidung der Debatte über die je eigenen Handlungen und Haltungen in der Zeit der NS-Diktatur an. Wer sich dieses Geschichtsbild zu eigen machte, dem wurde zugleich ein Platz auf der besseren, moralisch überlegenen Seite der Geschichte zugewiesen, selbst wenn die Erfahrungen derjenigen, die die NS-Zeit miterlebt hatten, dazu in deutlichem Kontrast standen. Eine Auseinandersetzung mit der NS-Vergangenheit, die auch mit der je individuellen Vergangenheit der einzelnen, mit ihren politischen Einstellungen und Überzeugungen in Berührung kam, ist so verhindert worden, und in der DDR-Bevölkerung bestand der verbreitete Eindruck, als sei der Nationalsozialismus allein die Vorgeschichte der Westdeutschen.

Auf der anderen Seite geriet mit der zunehmenden Diskreditierung des SED-Regimes bei seinen Bürgern auch dessen historisch-moralische Grundlage, der Antifaschismus, in Verruf. Zudem wurde in der Perspektive der DDR-Propaganda die Bundesrepublik bis zuletzt als Hort von Revanchisten und Neonazis dargestellt. Die jahrzehntelangen Debatten über die nationalsozialistische Vergangenheit in Westdeutschland nahm sie nicht wahr oder führte sie als Beleg für das Fortbestehen nationalistischer Traditionen an und gerade nicht als Beleg für die kritische Auseinandersetzung mit eben dieser Tradition. Denn da die öffentlich-kritische Debatte dem Wesen des SED-Regimes fremd war, konnte die politische Bedeutung einer solchen Debatte auch nicht begriffen, sondern mußte auf den Begriff des (aussichtslosen) »Kampfes fortschrittlicher Kräfte gegen den BRD-Imperialismus« reduziert werden.

Die Folgen dieser Reduktion der Beschäftigung mit der Vergangenheit auf einen staatsoffiziellen Antifaschismus der DDR, der die Gesellschaft und ihre Menschen vor einer Auseinandersetzung mit der eigenen Geschichte bewahrte, sind heute sichtbar: auf der einen Seite ein verblassendes antifaschistisches Pathos bei den Intellektuellen im Umkreis der SED/PDS, dessen moralische Grundlagen durch die 40 Jahre Diktatur des von ihnen getragenen Regimes diskreditiert sind. Auf der anderen Seite hat die Bevölkerung der ehemaligen DDR eine offene Auseinandersetzung mit der nationalsozialistischen Vergangenheit nie wirklich führen können, die es ihr schrittweise erlaubt hätte, die eigenen Traditionen und langfristigen Folgewirkungen der jüngeren deutschen Geschichte und insbesondere des Nationalsozialismus auch als solche zu begreifen und sich ihnen zu stellen. Vielmehr geriet ein individuelles Bekenntnis zum Antifaschismus schnell in den Geruch des Opportunismus gegenüber dem SED-Regime. Hieraus erklärt sich zu einem Teil die heute sichtbare Wendung von größeren Gruppen gerade der Jüngeren in Ostdeutschland nach rechts oder ganz rechts, denen der Antifaschismus bislang allein als Herrschaftsideologie der SED entgegengetreten war. Auf der anderen Seite ist aber bei vielen Menschen in der ehemaligen DDR und vor allem bei denen, die an den revolutionären Ereignissen im Herbst 1989 beteiligt waren, auch eine entgegengesetzte Entwicklung feststellbar: Hier verbindet sich die Oppositionshaltung gegenüber dem SED-Regime mit einer von den Fesseln des offiziellen Geschichtsbildes der Partei befreiten intensiven und differenzierten Auseinandersetzung mit der NS-Vergangenheit zu einem spezifischen und erfahrungsgesättigten Anti-Totalitarismus.

Kehren wir abschließend noch einmal zur Ausgangsfrage zurück: Sind die deutsche Bevölkerung und ihre Eliten politisch »reif«, um mit der ihnen zuwachsenden politischen Verantwortung im Gefolge eines wiedervereinigten Deutschlands umgehen zu können, ohne erneut zu einer Bedrohung für ihre Nachbarn und die Welt zu werden? Natürlich ist die Frage hypothetisch und mehr ein Anlaß zur Reflexion als zur Beantwortung. Nun haben einerseits gewiß diejenigen recht, die darauf hinweisen, daß die gründlichste und wichtigste

Form der »Bewältigung der Vergangenheit« die Errichtung einer stabilen liberalen Demokratie gewesen sei – aber das ist ja in Wirklichkeit Teil der Frage, nicht der Antwort: Wie wurde angesichts einer solchen historischen Belastung die westdeutsche Demokratie stabil und liberal?

Die jetzt zugänglich gewordenen Aktenüberlieferungen in Westdeutschland und den USA zeigen, daß die personelle Belastung der Bundesrepublik durch die Hinterlassenschaft des »Dritten Reiches« noch erheblich dramatischer war, als lange Zeit gedacht. Durch die latente Interventionsdrohung der Alliierten und den davon ausgehenden Zwang zum Opportunismus war diese Belastung aber nie aktuell wirklich existenzgefährdend für die westdeutsche Demokratie und wirkte mit wachsendem Abstand zugleich als immer spürbarer werdende moralische Bürde. Gerade das unübersehbare Ausmaß dieser Hinterlassenschaft des »Dritten Reiches« und der eklatante Widerspruch zwischen den postulierten politisch-moralischen Grundlagen der neuen Republik und dem Skandal ihrer Vorgeschichte führten nach einem Jahrzehnt des Schweigens zu einer der Größenordnung ihres Gegenstands entsprechenden politischen und bald auch juristischen Auseinandersetzung mit dieser Vergangenheit.

Traditionen und Kontinuitäten wirken um so stärker fort, je weniger sie als solche begriffen werden. Insofern war und ist der hier geschilderte Prozeß der westdeutschen Vergangenheitsdebatte Ausdruck des Bemühens, diese Traditionen und Kontinuitäten als solche zu begreifen, zu erkennen und zu überprüfen, ohne das mögliche Ergebnis dieser Debatte voraussehen zu können: der Weg war hier das Ziel. Aber gerade weil diese Debatte uneinheitlich, polyphon und vor allem öffentlich war, war dieser Prozeß – trotz aller rechtsradikalen Erscheinungen und fremdenfeindlichen Eruptionen – in vielem doch auch erfolgreich.

»Der Nationalsozialismus«, mit dem wir uns heute auseinandersetzen, ist zudem paradoxerweise nicht mehr der gleiche wie vor fünfzehn, zwanzig oder dreißig Jahren: Mit dem zunehmenden Abstand von diesem Berg an Geschichte wird seine Größe erst sichtbar, und vieles, was wir heute als spezifisch nationalsozialistisch ansehen, galt vordem als solches nicht, wie die Verfolgung der sogenannten »Asozialen«, der »Zigeuner«, die Kriegführung in der Sowjetunion oder auch die Heranziehung von Millionen ausländischer Zwangsarbeiter. Die »Vergangenheitsbewältigung« in Deutschland war und ist also ein Prozeß der kontinuierlichen Selbstvergewisserung über die fortwirkenden Traditionen der NS-Vergangenheit, deren Ausmaß und Gestalt sich nur schrittweise erschließen.

Wo dieser plurale und in sich uneinheitliche Reflexionsprozeß hingegen durch ein fixiertes Geschichtsbild ersetzt wird, das eine solche tastende und oft nur schwer erträgliche Debatte durch entlastenden Nachvollzug gegebener Interpretationen oder die bloße Proklamation der Abscheu ersetzt, wird die Auseinandersetzung mit der Geschichte in Wahrheit vermieden bzw. imitiert. Die weiterwirkenden, unbearbeiteten individuellen Erfahrungen und gesellschaftlichen Traditionen werden dabei negiert und unterdrückt, nicht freigesetzt und kritisiert.

Eine nachdiktatoriale, freie Gesellschaft konstituiert sich also durch die kritische Auseinandersetzung mit ihrer diktatorialen Tradition. Nur diese korrespondiert erfolgreich mit dem Angebot zum auch individuellen Neuanfang. Eine solche Auseinandersetzung, das ist das Fazit aus den hier vorgetragenen Überlegungen, muß öffentlich sein, konkret und ohne Vorgaben über Form oder Ergebnis der Debatte. Und sie muß von denen geführt werden, die diese Geschichte gemacht und erlitten haben.

Ausländer und andere Deutsche

Bemerkungen über die Vorgeschichte einer aktuellen Diskussion

Die Debatte um Asylbewerber und Ausländerfeindlichkeit bestimmt seit Jahren die innenpolitische Auseinandersetzung in Deutschland wie sonst nur noch die wirtschaftlichen und sozialen Folgeprobleme der Wiedervereinigung. Sie wird mit großer und offenbar zunehmender Schärfe geführt und ist durch drei Faktoren gekennzeichnet, die vorab genannt werden sollen:

1. *durch die Fiktion der Voraussetzungslosigkeit*; betrachtet man die Debatte der sog. »Ausländerfrage« in längerer Perspektive, so fällt auf, daß sie alle vier, fünf Jahre aufs neue entbrennt und jedesmal so tut, als seien plötzlich ganz neue Probleme aufgetaucht. Tatsächlich aber wird die Debatte um den Zuzug von Ausländern in Deutschland seit mehr als 100 Jahren unter den im wesentlichen gleichen Fragestellungen und mit den gleichen Frontlinien geführt.
2. *durch ideologisch-moralischen Fundamentalismus*; auf der einen Seite wird die massenhafte Zuwanderung als Bedrohung der – je nach Sprachgebrauch – kulturellen, ethnischen oder völkischen Identität der Deutschen bekämpft – was in einem Land, das es als Nationalstaat erst seit 120 Jahren gibt und dessen Teile sich zuvor gegenseitig als »Ausland« deklarierten, besonders eigentümlich wirkt; insbesondere dann, wenn die Parole von dem Boot, das voll sei, mit der Besorgnis, die Deutschen stürben aus, offenbar problemlos verkoppelt wird. Auf der anderen Seite werden alle Versuche der Begrenzung oder Verringerung der Zuwanderung als Ende des liberalen Rechtsstaats gebrandmarkt, die unbegrenzte Zuwanderung von Ausländern als moralisch gebotene Pflicht angesichts der Not in den Armutsregionen der Welt angesehen und die daraus erwachsenden Konflikte im Lande als bloß ideologische Verirrungen verstanden, denen durch moralische Appelle zu begegnen sei.

3. *durch die Fiktion der »Lösbarkeit«.* Sowohl Befürworter einer radikalen Zuwanderungssperre als auch Verfechter einer radikalen Grenzöffnung suggerieren, auf diese Weise seien bestehende Konflikte und Probleme (womöglich schnell) lösbar; daß es in der Praxis vielmehr um Abmilderung und Steuerung, um pragmatische und mittelfristige Korrekturversuche der Auswirkungen einer globalen und die Einwirkungsmöglichkeiten eines Einzelstaates bei weitem übersteigenden Entwicklung geht, wird übersehen oder unterschlagen. Bei solchen ideologischen und moralischen Zuspitzungen hilft bisweilen ein nüchterner Blick in die historische Entwicklung dieser Problematik, weil auf diese Weise langfristige Trends und kurzzeitige Faktoren bestimmt und sowohl die Handlungsspielräume als auch die weiterwirkenden Traditionen erkannt werden können.

Als wirtschaftlich stärkstes Land in der Mitte Europas ist Deutschland seit Beginn der Hochindustrialisierung vor mehr als 100 Jahren Anziehungspunkt für Arbeiter aus den wirtschaftlich weniger entwickelten Ländern des Ostens und des Südens, vor allem aber des Ostens. Für die deutsche Wirtschaft war dies seit jeher finanziell attraktiv, denn so verfügte man über ein Reservepotential an Arbeitskräften, und es waren zunächst vor allem Polen, die in Zeiten guter Konjunktur geholt und bei wirtschaftlichen Krisen wieder weggeschickt werden konnten. Dabei wurden die Vorteile der Beschäftigung von Ausländern auf seiten der deutschen Wirtschaft vor allem darin gesehen, daß sie niedrigere Löhne, schlechtere Arbeitsbedingungen und flexible Einsetzbarkeit garantierten, zugleich aber den wirtschaftlichen Bedingungen entsprechend geheuert und gefeuert werden konnten.

So faßte der spätere Präsident der Reichsanstalt für Arbeitsvermittlung und Arbeitslosenversicherung, der Vorläuferin der heutigen Bundesanstalt für Arbeit, Friedrich Syrup, die mit der Beschäftigung von Ausländern in Deutschland bis 1914 gemachten Erfahrungen folgendermaßen zusammen: »Es ist fraglos, daß die deutsche Volkswirtschaft aus der Arbeitskraft der im besten Alter stehenden Ausländer einen hohen Gewinn zieht, wobei das Auswanderungsland die Aufzuchtkosten bis zur Erwerbstätigkeit der Arbeiter übernommen hat. Von noch größerer Bedeutung ist jedoch das Abstoßen oder die verminderte Anwerbung der ausländischen Arbeiter in Zeiten wirtschaftlichen Niederganges. Die ausländischen Tagelöhner zeigen die größere Bereitwilligkeit, grobe und schwere Arbeiten zu übernehmen, als die auf höherer Kulturstufe stehenden deutschen Arbeiter. Ihnen sind gewisse Arbeiten vorbehalten, die der deutsche Arbeiter nur mit Widerstreben ausführt. Das Abstoßen dieser Arbeiten auf die Ausländer bedeutet keine Entartung, sondern eine in hygienischer Beziehung erwünschte Förderung der Volkskraft. Ist es unvermeidlich, ausländische Arbeiter heranzuziehen, so erscheint es auch sozialpolitisch angezeigt, sie gerade mit den niedrigsten, keine Vorbildung erfordernden und am geringsten entlohnten Arbeiten zu beschäftigen, denn dadurch besteht für die einheimische Arbeiterschaft gleichzeitig der beachtenswerte Vorteil, daß ihr der Aufstieg von der gewöhnlichen, niedrig entlohnten Tagelöhnerarbeit zu der qualifizierten und gut entlohnten Facharbeit wesentlich erleichtert wird.«

Von Beginn an aber ebenso präsent waren auch die heftigen Vorbehalte gegen die Heranziehung von ausländischen, zumal von polnischen Arbeitern, denn: »Die Vermischung mit all diesen fremden Elementen kann für die Reinheit der germanischen Stämme nur verhängnisvoll sein. Möge die Vorsehung Deutschland davor bewahren, seine eigenen Landeskinder zu Gunsten fremder Staatsangehöriger verkommen zu lassen« – so ein Leipziger Arbeitsrechtler schon 1910; und selbst die Sozialdemokratie war von solchen Tendenzen nicht sicher, in den »Sozialistischen Monatsheften« konnte man 1904 heftige Angriffe lesen gegen die »Überschwenglichkeit eines Internationalen, der jeden Ausländer, und sei es der schmierigste Chinese oder der unkultivierteste Botokude, in schwärmerischer Begeisterung an sein Herz drückt«.

Vor allem aber zeigte sich, daß die genannten wirtschaftlichen Vorteile der Beschäftigung ausländischer Arbeitskräfte aus ökonomisch und sozial weniger entwickelten Ländern an die Voraussetzung gebunden war, daß die ausländischen Arbeiter im Hinblick auf Löhne und soziale Standards weiterhin die Verhältnisse in ihrem Heimatland zum Maßstab nahmen. Nach einigen Jahren aber, so stellten die deutschen Behörden und Betriebe zu ihrer nicht geringen Verblüffung fest, verblaßten die Erinnerungen an das Lebenshaltungsniveau in Galizien oder Russisch-Polen, und die Lage der deutschen Arbeiter wurde für die Ausländer zum Maßstab der Beurteilung ihrer eigenen Wege. Damit aber geriet der wirtschaftliche Nutzen, der aus den niedrigen Ausländerlöhnen gezogen werden konnte, in Gefahr – mit dem Erfolg, daß ein ausgeklügeltes System etabliert wurde, das die polnischen Arbeiter zwang, in jedem Jahr während der Wintermonate das Reichsgebiet zu verlassen, um im Frühjahr erneut um Arbeit in Deutschland nachzusuchen. Allerdings setzte dies eine strikte und möglichst lückenlose polizeiliche Kontrolle voraus; entsprechende Polizeiverordnungen entstanden, und ein eigenes, repressives Ausländerrecht etablierte sich, das in den Folgejahren fortwährend verschärft wurde.

Auf der anderen Seite zeigte das Beispiel der sogenannten »Ruhrpolen«, daß ohne solche Restriktionen ganz andere Entwicklungen Platz griffen. Denn bei dieser Gruppe handelte es sich meist um Landarbeiter aus dem von Preußen okkupierten Westteil Polens um Posen – mithin also um preußisch-deutsche Staatsangehörige, denen gegenüber Ausweisungs- und »Rotations«-Maßnahmen nicht griffen. Mit aller Macht, die den deutschen Behörden zur Verfügung stand, sollten diese von den Gruben- und Schlotbaronen des Reviers güterwaggonweise ins Ruhrgebiet geholten Menschen, die in der Regel polnisch sprachen, sich als Polen fühlten und ganz von der katholisch-agrarischen Tradition Polens geprägt waren, »germanisiert« und spurenlos in die preußisch-deutsche Gesellschaft »integriert« werden. Aber gerade dagegen wandten sich diese meist jungen und von der ihnen fremden und furchteinflößenden Welt des wildwuchernden Industrielandes an der Ruhr verunsicherten Arbeiter; sie pflegten ihre eigene Kultur und ihren engen Zusammenhalt in den Einwandererviertеln. Erst in der zweiten und dritten Generation flachte dieser kulturelle und nationale Beharrungswille ab, und es kam zu einer langsamen Vermengung der verschiedenen landsmannschaftlichen und sozialen Milieus im Einwandererland Ruhrgebiet – also gerade keine »Integration« der Zugewanderten in die Gesellschaft der »Einheimischen«, die es ja an der Ruhr kaum gab, sondern ein langfristiger, schwieriger und stark von der wirtschaftlichen Dynamik abhängiger Prozeß, der sich als politisch kaum wirklich steuerbar erwies.

Die Gesamtzahl der ausländischen Arbeiter in Deutschland lag 1914 bei etwa 1,2 Mio., die der »Ruhrpolen« bei knapp 500000, wobei die letzteren ausschließlich, die anderen zu zwei Dritteln in der Industrie beschäftigt waren. Das waren erstaunlich hohe Zahlen, entsprechend intensiv wurde auch das »Ausländerproblem« in der wilhelminischen Gesellschaft diskutiert; es gehörte in dem Jahrzehnt vor Beginn des Ersten Weltkrieges zu einem der ständig und kontrovers diskutierten Fragen des Kaiserreichs; wobei die Spaltung quer durch die gesamte Gesellschaft – und auch durch die organisierte Arbeiterbewegung – verlief und die sozialen Folgeprobleme der Zuwanderung ausländischer Arbeiter durch die Probleme des seiner Identität noch nicht sicheren neuen deutschen Nationalstaates gewissermaßen ideologisch aufgeladen wurden.

Während der Jahre der Weimarer Republik ging die Zuwanderung von ausländischen Arbeitern angesichts der wirtschaftlichen Misere in Deutschland rapide zurück; im Mittelpunkt der fremdenfeindlichen Auseinandersetzung standen in diesen Jahren vielmehr die Juden, wobei der Antisemitismus in der Zuwanderung der sogenannten »Ostjuden« zwar einen willkommenen, agitatorisch nutzbaren Ansatzpunkt fand, angesichts von weniger als 500000 Juden in ganz Deutschland aber nicht allein oder vorwiegend als ideologische Reaktion auf tatsächlich bestehende soziale Konflikte verstanden werden kann. Gleichwohl überlagerte der Topos vom orthodoxen, fremdartigen Ostjuden das Bild des integrierten jüdischen Deutschen und lieferte sowohl dem traditionellen, an die religiöse Judenfeindschaft anknüpfenden Radauantisemitismus den Ansatzpunkt für seine Obsessionen, als auch dem »seriösen«, »rassenbiologischen« Antisemitismus den Beleg für die postulierten »rassischen« Eigenschaften der Juden insgesamt.

Die eben angesprochenen Widersprüche zwischen wirtschaftlichen und ideologischen Aspekten der Zuwanderung von Ausländern, vor allem von ausländischen Arbeitern, fanden ihren Höhepunkt ausgerechnet in der Zeit des NS-Regimes. Denn seit Kriegsbeginn im Herbst 1939 rekrutierten die deutschen Arbeitsämter im Verein mit Betrieben, Wehrmacht und Sicherheitspolizei zunächst wiederum aus Polen, dann nach und nach aus allen besetzten Ländern Europas Millionen ziviler und kriegsgefangener Arbeitskräfte für den »Arbeitseinsatz im Reich«, weil ohne diese im Sommer 1944 schließlich 8 Mio. zum größten Teil zwangsweise in die deutschen Fabriken und auf die Bauernhöfe deportierten »Fremdarbeiter« weder der Krieg zu führen noch die deutsche Bevölkerung auf dem geforderten hohen Niveau mit Lebensmitteln zu versorgen gewesen wäre. Millionen von ausländischen, »fremdvölkischen« Arbeitern ins Land zu holen, war jedoch ein eklatanter Verstoß gegen die politischen Grundsätze des Nationalsozialismus; und die Gefährdung der »deutschen Blutreinheit« durch völkische Überfremdung wurde in der Regimeführung laut beklagt. Eine strikte rassistische Hierarchie wurde daher entwickelt, in der die deutschen Arbeiter ganz oben, die polnischen und vor allem die sowjetischen Zwangsarbeiter ganz unten standen und unter wahrhaft schrecklichen Arbeits- und Lebensbedingungen litten. 1944 war beinahe jede dritte Arbeitskraft in Deutschland ein »Fremdarbeiter« (oder eine »Fremdarbeiterin«, denn die zivilen Zwangsarbeiter aus dem Osten waren zu mehr als 50 % Frauen), die von den Deutschen beaufsichtigt, angelernt und reglementiert wurden. Der sogenannte Ausländer-Einsatz in Deutschland während des Zweiten Weltkrieges ist der größte Fall der massenhaften, zwangsweisen Verwendung von ausländischen Arbeitskräften in der Geschichte seit dem Ende der Sklaverei in der Mitte des 19. Jahrhunderts.

Als aber nur 16 Jahre nach dem Kriege, im Jahr 1961, die Beschäftigung von Ausländern in der Bundesrepublik in größerem Umfang wieder begann, wurde auf diese Vorgeschichte der »Gastarbeiter«-Beschäftigung öffentlich mit keinem Wort eingegangen; die erneute Heranziehung von ausländischen Arbeitskräften begann vielmehr unter der Suggestion der Geschichtslosigkeit.

Der Grund für diesen Wahrnehmungsbruch aber lag vor allem darin, daß die freiwerdenden Arbeitsplätze der ausländischen Zwangsarbeiter nach deren Rückkehr in ihre Heimatländer von den aus den besetzten Ostgebieten und der sowjetischen Besatzungszone, der späteren DDR, nach Westdeutschland strömenden deutschen Flüchtlingen und Vertriebenen eingenommen wurden. Wenn man bedenkt, daß bis 1960 13,2 Mio. Flüchtlinge in der Bundesrepublik Aufnahme fanden, die also beinahe ein Viertel der westdeutschen Gesamtbevölkerung stellten, so wird die Größenordnung dieser Wanderungsbewegung deutlich.

Nun war und ist die Geschichte der Integration der »Vertriebenen« in die Gesellschaft der Bundesrepublik eine Erfolgsgeschichte insofern, als sich die zeitgenössisch so sehr befürchtete soziale und politische Sprengkraft, die sich aus dieser Zuwanderung ergab, langfristig als nicht explosiv herausstellte: Großzügige Wohnungsbauprogramme, finanzielle Starthilfen, vor allem aber der unbedingte Wiederaufstiegswille der Vertriebenen ließen die Unterschiede zwischen Einheimischen und Zugewanderten, was die soziale Struktur anbetraf, bald in den Hintergrund treten. Das lag aber vor allem daran, daß nach dem Kriege die ganze Gesellschaft »in Bewegung« war – von den rückkehrenden Soldaten über die zurückgeführten Kinder aus der Kinderlandverschickung bis zu dem Heer der Ausgebombten. Und was heute oft vergessen wird: Die Konflikte zwischen Alteingesessenen und »Neubürgern« waren durchweg erheblich und reichten bis weit in die 50er Jahre hinein – vor allem dort, wo Vertriebene aus dem Osten auf relativ homogene soziale und kulturelle Milieus stießen. Für die ländliche Bevölkerung etwa in Westfalen, Bayern oder Nordhessen war der Unterschied zwischen einem polnischen Zwangsarbeiter aus Lodz und einem Vertriebenen aus Masuren nicht so groß. Entsprechend scharf war die Ablehnung der neuen Fremden, die nun nicht wie vorher die Zwangsarbeiter von den Einheimischen befehligt werden durften, sondern gar durch »Lastenausgleich« und günstige Kredite »privilegiert« wurden, was an manchen Orten zu regelrechten Eruptionen der Fremdenfeindlichkeit führte, die in starkem Kontrast standen zu den offiziellen Verlautbarungen über den praktizierten Gemeinsinn des deutschen Volkes.

Als die Flüchtlinge ausblieben, kamen die »Gastarbeiter« – spätestens seit dem Bau der Berliner »Mauer« im August 1961 war es soweit, weil nun der Zustrom der Flüchtlinge aus der DDR jäh unterbrochen worden war. Von 1960 bis 1966 stieg die Zahl der ausländischen Arbeitskräfte in der Bundesrepublik von 300000 auf 1,2 Mio. Dabei knüpften die westdeutschen Behörden und Betriebe – unter geflissentlicher Umgehung der Kriegszeit – wie selbstverständlich an die Entwicklung während der Wilhelminischen Ära an. Allen »volkstumspolitischen« Bedenken zum Trotz schienen Ausländer für die dynamisch wachsende Wirtschaft in Westdeutschland erneut unentbehrlich und wurden durch massive Anwerbungskampagnen nach Deutschland gebracht. Lohnend war das aber nur, solange, wie gehabt, der Lebensstandard in den Entsendeländern der Vergleichsmaßstab blieb für die nun herangebrachten Italiener, Spanier, Portugiesen, Jugoslawen, Griechen, erst später auch Türken. Der »wesentliche Vorteil« der Beschäftigung von Ausländern (die übrigens umgangssprachlich zunächst weiterhin »Fremdarbeiter« genannt wurden, bis das als zu peinlich empfunden und durch das verräterisch-freundliche »Gastarbeiter« ersetzt wurde) liege darin, wie die »Frankfurter Allgemeine« schon im Jahre 1959 betonte, daß »bei eventueller Arbeitslosigkeit in Deutschland die ausländischen Arbeiter wieder zurückgeschickt werden können«. Wie selbstverständlich wurde davon ausgegangen, daß der Aufenthalt der »Gastarbeiter« auf ein paar Jahre beschränkt bliebe; daß sich aus der Ausländerbeschäftigung längerfristige Folgeprobleme ergeben könnten, wurde in den frühen 60er Jahren nicht einmal ansatzweise thematisiert. Vielmehr wurde sie als deutscher Beitrag zur Völkerverständigung gefeiert und führe, so der damalige Arbeitsminister Blank, »zur Verschmelzung Europas und der Annäherung von Menschen verschiedener Herkunft und Gesittung in Freundschaft«; ja sogar als »ein Stück Entwicklungshilfe für die südeuropäischen Länder« wurde sie bezeichnet.

Als dann 1966/67 der wirtschaftliche Ernstfall eintrat und Westdeutschland seine erste konjunkturelle Nachkriegskrise erlebte, schien es so, als würde die Theorie vom »Gast«-Arbeiter glänzend bestätigt werden, denn binnen kurzem sank die Zahl der Ausländer in der Bundesrepublik um fast 400000, wobei es sich dabei vorwiegend um solche Arbeiter handelte, die sich erst seit kurzem in Westdeutschland aufhielten. Nachdem die »Gastarbeiter« ihre Tauglichkeit als konjunkturelles Ausgleichsinstrument unter Beweis gestellt zu haben schienen, wurden folgerichtig in den Boomjahren bis 1973, jetzt aber unter sozialdemokratischer Ägide, mehr als 2 Mio. Ausländer zusätzlich in die prosperierende westdeutsche Wirtschaft gepumpt – nun vor allem aus der Türkei, weil Arbeiter dort leicht zu haben waren, bei denen die Differenz zwischen sozialem Standard zu Hause und dem in der Bundesrepublik und damit ihr »wirtschaftlicher Nutzen« entsprechend groß war.

Anfang der 70er Jahre aber machte sich bei den Arbeitsmarktexperten in Westdeutschland eine deutliche Unruhe breit, die ihren Grund in einer neuen, für sie ganz überraschenden Entwicklung hatte: Die Zahl der Rückkehrer sank, die der nachgeholten Familien der »Gastarbeiter« stieg. Viele von ihnen waren das Leben in Barackenlagern leid und sahen sich nach richtigen Wohnungen um – alles deutete darauf hin, daß diese Menschen nun offenbar vorzuhaben schienen, für länger hierzubleiben, wenn nicht gar – horribile dictu – für immer!

Nun hätte ein Blick in die eigene Geschichte oder auch in die Gegenwart der benachbarten Schweiz, wo die Beschäftigung von Ausländern einige Jahre früher als in Westdeutschland eingesetzt hatte, gezeigt, daß eine solche Entwicklung mit einiger Regelmäßigkeit nach etwa 10 Jahren Aufenthaltsdauer im Einwanderungsland einzusetzen pflegt und nicht umkehrbar ist, es sei denn, mit massenhafter und drakonischer staatlicher Gewalt.

Die westdeutschen Behörden und Betriebe begannen sogleich nachzurechnen, und im »Handelsblatt« wurde das Ergebnis im Frühjahr 1971 folgendermaßen präsentiert: »Der nichtintegrierte, auf sehr niedrigem Lebensstandard vegetierende Gastarbeiter verursachte relativ geringe Kosten von vielleicht 30000 DM. Bei Vollintegration muß jedoch eine Inanspruchnahme der Infrastruktur von 150000 bis 200000 DM je Arbeitnehmer angesetzt werden. Hier beginnen die politischen Aspekte des Gastarbeiterproblems.« Nun war guter Rat teuer, zumal sich unter der westdeutschen Bevölkerung Stimmen breitmachten, die angesichts des offenbar längerfristigen Aufenthalts der »Gastarbeiter« und ihrer steigenden Ansprüche die »volkstumspolitischen« Aspekte des »Gastarbeiterproblems« in einer Weise thematisierten, die vor allem im Ausland zu unliebsamer Aufmerksamkeit führte.

Von seiten der Industrieverbände wurde nun sogleich ein Vorschlag gemacht, der sich 60 Jahre zuvor ja als sehr erfolgreich herausgestellt hatte: das »Rotationssystem«, wonach die ausländischen Arbeiter nach ein paar Jahren wieder nach Hause geschickt und durch andere ersetzt werden könnten; dadurch seien sowohl die wirtschaftlichen, durch den Anstieg des Anspruchsniveaus der Ausländer hervorgerufenen, als auch die »volkstumspolitischen« Probleme zu lösen. Das erwies sich aber schnell als nicht durchführbar – zum einen, weil die Betriebe ihre eingearbeiteten Kräfte nicht wieder abgeben wollten, zum anderen, weil ein großer Teil der ausländischen Arbeiter aus EG-Staaten stammte und somit rechtliche und politische Bedenken erhoben wurden. So entschied man sich, wenn man denn schon die hier bereits befindlichen Ausländer nicht zur Rückkehr zwingen konnte, doch den weiteren Zuzug zu verhindern. Im Windschatten des »Ölboykotts« der OPEC-Staaten von 1973 erließ die Regierung einen Anwerbestopp, und brav wies die »Frankfurter Rundschau« auf die vermeintlichen Urheber dieser Maßnahme hin: »So verderben die Araber mit ihrem Ölboykott auch so manchem türkischen Glaubensbruder den Traum vom Taxibetrieb in Istanbul.«

Das ist nun beinahe 20 Jahre her, und seit beinahe 20 Jahren tappt die Diskussion über das »Ausländerproblem« in der Bundesrepublik mit hoher Intensität auf der Stelle. Dabei hat es nicht an politischen Initiativen gefehlt, aber bei näherem Hinsehen wird schnell deutlich, daß selbst gutgemeinte Maßnahmen oft schon nach kurzer Zeit neue Probleme mit sich brachten.

Denn das vornehmliche Kalkül der Initiatoren des »Ausländer-Zuzugstopps« erwies sich eben als falsch. Die Zahlen der im Lande lebenden Ausländer verminderten sich nicht, sondern begannen nach einiger Zeit sogar wieder zu steigen. Binnen weniger Jahre erwies sich die Vorstellung vom bald wieder rückkehrenden »Gast«-arbeiter als Schimäre – aus den Arbeitsemigranten waren Einwanderer geworden. Zugleich dachten diese gleichen Einwanderer aber auch nicht daran, sich den ebenso hektisch entworfenen Strategien der westdeutschen Sozialpolitik anzupassen, ob diese Konzepte nun »Integration« oder »multikulturelle Gesellschaft« hießen, vielmehr verlief die subjektive Entwicklung vom »Gastarbeiter« zum »Einwanderer« langsam, zögerlich, nicht selten schmerzhaft und mit zahlreichen Brüchen – und vor allem: auf nicht exakt vorhersehbare Weise.

Das ist nun durchaus kein Spezifikum für die Entwicklung in der Bundesrepublik, sondern ein Kennzeichen aller Einwanderungsprozesse. Selbst bei den Amerika-Auswanderern der Jahrhundertwende wollte ein großer Teil »nur für ein paar Jahre« zum Arbeiten in die USA – ihre Enkel in Wisconsin hingegen wissen heute meist gar nicht mehr, woher die Großeltern stammten.

Dieser Prozeß ist nicht umkehrbar. Es gibt nirgendwo auch nur Anzeichen, daß die ausländische Bevölkerung in absehbarer Zeit in ihre »Heimat« zurückkehren würde; wo soll die auch liegen, wenn fast zwei Drittel der Ausländer bereits länger als 10 Jahre in Deutschland leben und beinahe ein Drittel von ihnen bereits hier geboren ist. Dem steht aber entgegen, was von Beginn an die Grundlage der Ausländerpolitik aller Bundesregierungen war und ist: die Bundesrepublik sei kein Einwanderungsland. Diese durchgehende Haltung stützt sich, wie gesehen, auf eine lange Tradition; vor allem aber auf einen spezifischen Begriff von dem, was unter »Deutsches Volk« zu verstehen ist – und damit sind wir beim zweiten Teil des Problems.

Seit der Gründung der Bundesrepublik als Teilstaat, aus dem, so die Überzeugung nahezu aller Politiker und auch des überwältigenden Teils der westdeutschen Bevölkerung bei Gründung der Republik, eines Tages wieder ein vereinigtes Deutschland werden würde, ist das Staatsvolk der Westdeutschen nicht durch Staatsangehörigkeit definiert, sondern durch einen aus Geschichte, Kultur, Selbstverständnis und »ethnischer Zugehörigkeit« zusammengesetzten Begriff vom »Deutschen Volk«, das nach dem Kriege weit über Europa verstreut war. Das war nun keine Erfindung westdeutscher Revanchepolitiker, auch nicht der Nationalsozialisten, sondern Ausdruck der deutschen Geschichte, weil »deutsch« zu sein eben über eine lange Ära hinweg nicht mit der Zugehörigkeit zu einem bestimmten Staatsgebilde verknüpft war, sondern gerade wegen des Fehlens einer nationalstaatlichen Definition sich um so stärker als Bezeichnung für die Zugehörigkeit zu einem Kulturkreis, einer Tradition, einem Gefühl entwickelte.

Das änderte sich auch nicht nach Gründung eines Deutschen Reiches, das eben auch nicht alle »Deutschen« umfaßte, zumal nach der Abtrennung von Gebieten mit »deutscher« Bevölkerung nach dem Ersten Weltkrieg. Der sich daraus entwickelnde und nach 1933 explodierende deutsch-völkische Chauvinismus brauchte schon zur Selbstdefinition die Abgrenzung von dem, was als »fremd« und nicht-deutsch definiert wurde, und fand während des Zweiten Weltkriegs seinen mörderischen Ausdruck. Zugleich aber wurden als Reaktion darauf die Deutschen außerhalb des »Reiches«, ob sie sich nun als solche empfanden oder nicht, massiv unterdrückt, insbesondere die deutsche Minderheit in der Sowjetunion, die unter Stalin ein schreckliches Schicksal der massenhaften Deportation erlebte und seither verstreut in abgelegenen Regionen der UdSSR leben mußte. Angesichts dieser Situation und der Millionen von Vertriebenen wurde der metaphysische, aber geschichtsmächtige Begriff vom »Deutschen Volk« nach dem Kriege in der neugegründeten Bundesrepublik als ganz selbstverständlich empfunden und wird es bei vielen wohl auch noch heute. So haben alle Bundesregierungen sich seit den späten 60er Jahren heftig für die unter dem Stichwort »Familienzusammenführung« firmierende Auswanderungsmöglichkeit für Deutsche aus Polen, der UdSSR und anderen Ostblockstaaten in die Bundesrepublik eingesetzt. Daß daraus einmal ein Problem der deutschen Innenpolitik werden könnte, daran wurde zu dieser Zeit nicht einmal gedacht; obwohl die Erfahrungen der Konflikte zwischen Einheimischen und Vertriebenen in den frühen 50er Jahren hier zum Nachdenken hätten Anlaß geben können. Als aber nun vor einigen Jahren in den Staaten des ehemaligen Ostblocks die jahrzehntelangen Wünsche und Forderungen der Bundesrepublik vor allem von Polen und der zerfallenden UdSSR erfüllt und den »deutschstämmigen« Einwohnern dieser Länder in großer Zahl die Ausreise erlaubt wurde, ging die westdeutsche Regierung (und dabei ist es von ganz untergeordneter Bedeutung, daß es sich gerade um eine konservative handelte) wie selbstverständlich davon aus, daß sich der »völkische« Begriff von dem, was ein Deutscher sei, in der deutschen Gesellschaft erhalten habe. Denn Grundgesetz und eine große Zahl einzelner gesetzlicher Bestimmungen legen fest, daß »deutschstämmige« Aussiedler wie Einheimische und aufgrund ihrer Notlage sogar mit bestimmten Vergünstigungen zu behandeln seien. Diese Erwartung von Regierung und Behörden aber stellte sich, was das Verhalten der westdeutschen Bevölkerung angeht, als Irrtum heraus – denn die nun hereinströmenden »Spätaussiedler« wurden häufig gar nicht als »Deutsche« akzeptiert, und es erwies sich, daß sich der Konsens vom staatsübergreifenden Volkstumsbegriff in der bundesrepublikanischen Gesellschaft weitgehend verflüchtigt hat. Dadurch aber werden die gesetzlichen Behandlungsvorschriften für Aussiedler als unverständliche und ungerechtfertigte Privilegien empfunden. Während nämlich die Fremdheit der »Gastarbeiter« durch ihre offenkundige Unterprivilegierung zumindest teilweise kompensiert wird, entstand durch die Verbindung von Fremdheit und als ungerechtfertigt empfundener Privilegierung der Aussiedler auch ihnen gegenüber ein Klima der Ablehnung, ja Feindseligkeit. Wie immer bei derartigen Phänomenen tritt dies am schärfsten in den sozialen Schichten auf, die mit den Fremden auf dem Arbeits- und Wohnungsmarkt in direkte Konkurrenz treten.

Damit waren nun schon zwei Probleme mit den »Fremden« in diesem Land ohne Lösung und Perspektive – gut vier Millionen »Gastarbeiter«, die allen fremdenfeindlichen Eruptionen zum Trotz längst eine faktische Einwanderergruppe darstellen; auf der anderen Seite etwa 1 Mio. »Aussiedler«, deren Einwanderung auf einer in der Gesellschaft mittlerweile als überholt angesehenen Definition vom »Deutschtum« basiert.

Seit Mitte, verstärkt dann seit Ende der 80er Jahre aber geriet eine dritte Gruppe in den Mittelpunkt der Auseinandersetzungen um die Zuwanderung von Ausländern nach Deutschland: die Asylbewerber. Nun ist die wirtschaftlich motivierte Massenwanderung von Ost nach West und Süd nach Nord kein spezifisch deutsches Problem, sondern Ausdruck der eklatanten und rapide wachsenden Unterschiede zwischen armen und reichen Regionen in Europa und der Welt. Deutschland ist aber insoweit davon in besonderer Weise betroffen, als es als das reichste und zugleich am weitesten östlich liegende Land des europäischen Westens ein im doppelten Sinne naheliegendes Ziel der armutsmotivierten Massenwanderung darstellt.

Die neuen Einwanderungsströme nach Westeuropa, die nach Deutschland vor allem über den Weg des Asylrechts sowie über den der deutschen Abstammung finden, sind zweifellos vorwiegend wirtschaftlich und sozial motiviert. Aber da wirtschaftlich schwache Länder in der Regel auch politisch instabile Regierungen und undemokratische Regimes besitzen, ist die Grenze zwischen politisch Verfolgten und sogenannten »Wirtschaftsflüchtlingen« oftmals nur willkürlich zu ziehen. Diese neue Wanderungswelle steht damit in der Tradition der seit der Industrialisierung zu beobachtenden Ost-West-Wanderung in Europa, die durch den »Eisernen Vorhang« während sieben Jahrzehnten nur unterbrochen und gewissermaßen aufgestaut worden war. Diese Ost-West-Wanderung verbindet sich nun mit der seit dem Ende der Kolonialperiode in Gang gekommenen Süd-Nord-Wanderung als Teil des weltweit zu beobachtenden und rapide anwachsenden Flüchtlingsstroms. Bei beiden Entwicklungen handelt es sich um langfristige, politisch kaum und kurzfristig gar nicht steuerbare Prozesse. Wer hier auf schnelle Lösungen setzt, wird enttäuscht werden; wer sie verspricht, sagt die Unwahrheit.

Die Situation ist dabei im Westen und im Osten Deutschlands

durchaus unterschiedlich. Es gibt im Gebiet der ehemaligen DDR gewiß auch eine spezifische Fremdenfeindlichkeit, die zum einen als Ausdruck der jahrzehntelangen Isolation und Abschnürung von Kontakten mit Ausländern im Alltag zu verstehen ist; zum anderen aber auch als Folge eines staatlich vorgegebenen Antifaschismus, der den einzelnen Bürgern die individuelle Auseinandersetzung mit Rassismus und NS-Vergangenheit und auch mit dem eigenen Verhalten unter dem NS-Regime abnahm. Die hier auftretenden Formen allgemeiner Fremdenfeindlichkeit, vor allem eines eklatanten Antipolonismus, sind also nicht allein die Folge der wirtschaftlichen Misere in der Ex-DDR, sondern auch der ideologischen, präziser gesagt: der moralischen. Im Vordergrund aber steht hier gleichwohl die ja nun denkbar reale Angst vor sozialem Abstieg in einer Zeit großer wirtschaftlicher Unsicherheit, die dazu führt, in Ausländern generell, in den Aussiedlern und Asylbewerbern im besonderen, eine bedrohliche Konkurrenz zu sehen. Nationalistische Parolen sind insofern eher als ideologische Überhöhung dieser sozialen Ausgangssituation zu verstehen und als Versuch, die Konkurrenz auf dem Arbeits- und Wohnungsmarkt sowie bei der Anwartschaft auf staatliche Sozialleistungen durch den Angriff auf jene Gruppen zu vermindern, deren Ansprüche am ehesten als angreifbar erscheinen. Dabei wird deutlich, daß das verbreitete Gefühl von Benachteiligung und Schlechterstellung gegenüber den Westdeutschen, das sich in Ostdeutschland herausgebildet hat, in den Ausländern gewissermaßen ein Ersatzziel gefunden hat; zumal seitdem sich herausstellt, auf welche Verletzungen von Tabus und Wertmaßstäben das westdeutsche Establishment am promptesten reagiert.

Auch in bezug auf Westdeutschland gibt es deutliche Hinweise darauf, daß die – wie immer in Krisenzeiten, so auch diesmal – zunehmend kritische Haltung gegenüber vor allem den neu hinzukommenden Ausländergruppen als Surrogat verschiedener Entwicklungen und Ängste zu verstehen und beileibe nicht allein oder auch nur vorwiegend auf nationalistisch motivierte Fremdenfeindlichkeit zurückzuführen ist. Vielmehr stehen hier tatsächliche ebenso wie befürchtete soziale Bedrohungen im Vordergrund. Die rapide wirtschaftliche Expansion seit 1982 im Westen Deutschlands hat häufig übersehen lassen, daß die Segnungen dieses Aufschwunges den Westdeutschen in sehr unterschiedlicher Weise zugute gekommen sind. Von denjenigen aber, die sozial schwach geblieben sind oder mehr noch, die ihren während der vergangenen Jahre mühsam errungenen sozialen Aufstieg nun angesichts der unsicherer gewordenen Zukunft in Gefahr wähnen, werden die neu hinzukommenden Ausländer als Konkurrenz wahrgenommen, als zusätzliche Teilhaber an einer sich tendenziell verkleinernden zu verteilenden finanziellen Gesamtmasse. Im übrigen wird auch deutlich, daß in nicht geringen Teilen der westdeutschen Bevölkerung der Unwille über die Kosten und die Umstände der Wiedervereinigung, der kein in der Öffentlichkeit akzeptiertes Ventil besitzt, in den Asylbewerbern (und Aussiedlern) gewissermaßen ein Ersatzziel gefunden hat.

Die anfänglichen, weithin unerwarteten, eruptiven Fälle der Gewalttätigkeit gegen Asylbewerber im Osten haben stimulierend auf die im Westen stets vorhanden, aber isoliert gewesene rechtsradikale Szene eingewirkt, die sich durch die Reetablierung nationaler Symbolik und Phraseologie seit dem November 1989 eh auf dem Vormarsch wähnte. Diese von der überwiegenden Mehrheit der deutschen Bevölkerung gleichwohl weiterhin abgelehnte Szene hat hier einen Agitationspunkt gefunden, von dem aus sie ihre Isolation zu durchbrechen trachtet.

Ich möchte abschließend versuchen, aus der hier skizzierten Entwicklung der Zuwanderung nach Deutschland einige Erfahrungssätze für die gegenwärtig diskutierte Problematik zu formulieren:

1. Es gibt kein nachvollziehbares Argument mehr gegen die Tatsache, daß Deutschland – gewollt oder nicht gewollt – ein Einwanderungsland ist; die Geschichte der Gastarbeiter seit den 60er Jahren kann sogar als geradezu klassischer – und im übrigen durchaus erfolgreicher – Einwanderungsprozeß begriffen werden. Gleichwohl kam es in der alten Bundesrepublik bis zu ihrem Ende nicht zu einer gesellschaftlichen Verständigung über eben diese Tatsache und die daraus zu ziehenden Schlußfolgerungen; dadurch aber steht angesichts der neuen Herausforderungen nach 1989 weder ein erprobtes Instrumentarium zur Steuerung von Einwanderungsprozessen zur Verfügung, noch ein Bewußtsein von den bereits stattgehabten Einwanderungs- und Integrationsprozessen, das aufgrund dieser ja durchaus auch positiven Erfahrungen Ängste und Unsicherheit allein abbauen könnte.

2. Der Druck der armutsmotivierten Massenwanderung in den Richtungen Ost-West und Süd-Nord wird in Zukunft eher zu- als abnehmen, und zwar für lange Zeit. Kein noch so scharfes Reglementarium wird daran etwas Grundsätzliches verändern, allen hektischen Tagesdebatten zum Trotz. Auf der anderen Seite ist eine rationale und handhabbare Steuerung der Zuwanderung nach Deutschland schon aus innenpolitischen Gründen unvermeidlich, und das Konzept eines Einwanderungsgesetzes vermutlich das sinnvollste. Auch ein solches Gesetz aber »löst« das Problem der armutsmotivierten Zuwanderung nicht, sondern rationalisiert lediglich seine Steuerung, vermutlich in durchaus deliberalisierendem Sinne. Im Effekt wird es zu vorwiegend wirtschaftlich begründeten, ethnisch differenzierten Zuwanderungsquoten führen.

3. Solche Einwanderungsprozesse – und um nichts anderes handelt es sich – sind nach aller historischer Erfahrung durchweg schwierig, zumal bei großen sozialen Unterschieden zwischen Ausgangs- und Einwanderungsland; sie brauchen sehr lange Zeit und ziehen sich in der Regel über Generationen hin; sie sind politisch kaum wirklich steuerbar, und nicht alle diese Prozesse verlaufen gleich. In jedem Fall aber gilt, daß die Rechtssicherheit der seit längerer Zeit hier lebenden Ausländer ein Schlüsselproblem bei dem Gesamtprozeß der Integration darstellt. Nur auf dieser Grundlage kann auch die weitere Zuwanderung vernünftig und zukunftsbezogen geregelt werden.

4. Fremdenangst und Fremdenfeindlichkeit erweisen sich in diesem Kontext nicht allein, nicht einmal in erster Linie als ideologische, sondern als soziale Phänomene: Hier wandern eben nicht allein Fremde, sondern *arme* Fremde zu auf der Suche nach Wohnung, Arbeitsplatz, sozialer Versorgung, Perspektive für sich und ihre Kinder. Sie treffen hier auf diejenigen, die zum unteren Drittel oder Viertel dieser Gesellschaft gehören und qua der nationalen Zugehörigkeit zu dieser Gesellschaft diesen Besitzstand verteidigen. Eben hier liegt der Ansatzpunkt für die Ideologisierung des Problems und für die rechtsradikale Agitation. Dies ist kein neues Phänomen, und es ist nicht auf Deutschland begrenzt. Aber es tritt in Deutschland als Kumulation von Wanderungsströmen einerseits, der beispiellosen sozialen und wirtschaftlichen Umbruchsituation in Ostdeutschland andererseits auf und trifft auf eine darauf ungenügend vorbereitete Gesellschaft. Dies verleiht der gegenwärtigen Entwicklung ihre besondere Brisanz.

Zusammengefaßt: Die verstärkte Zuwanderung stellt für Deutschland in der Tat eine historische Herausforderung dar; dies gilt zwar für alle Länder des reichen Nordwestens der Welt, aber aufgrund der skizzierten historischen Entwicklung für Deutschland in besonderer Weise. Gleichwohl ist weder durch die Zuwanderung die kulturelle oder ethnische Identität der Deutschen in Gefahr (was immer diese Identität auch meint), noch ist durch eine Reglementierung der Zuwanderung der liberale Rechtsstaat gefährdet. Massenwanderungen, noch dazu in ein Land wie Deutschland mit Grenzen zu 9 Nachbarländern und am östlichen Rand des europäischen Wohlstandsgürtels gelegen, sind ebenso wie die damit verbundenen innenpolitischen Auseinandersetzungen, insbesondere die Spannungen zwischen Zuwanderern und sozial schwachen Einheimischen, keine Sonderentwicklungen, sondern der Normalfall. Sich darauf einzustellen ist weniger ein Gebot der Moral, sondern der Klugheit.

Anmerkungen

Traditionen des Rassismus

1 Besprechungsvermerk Thieracks über Unterredung mit Himmler, 18.9.1942, Dok. PS-654, IMT, Band 26, S. 200–203.
2 Thierack an Bormann, 13.10.1942, zit. n. Ulrich Herbert: Fremdarbeiter. Politik und Praxis des »Ausländer-Einsatzes« in der Kriegswirtschaft des Dritten Reiches, Berlin/Bonn 1985, S. 245.
3 Dazu und zum folgenden vgl. Hans-Walter Schmuhl: Rassenhygiene, Nationalsozialismus, Euthanasie. Von der Verhütung zur Vernichtung »lebensunwerten Lebens«, 1890–1945, Göttingen 1987, S. 226f.; Ernst Klee: »Euthanasie« im NS-Staat. Die »Vernichtung lebensunwerten Lebens«, Frankfurt/M. 1983, hier S. 356–367.
4 Vgl. Falk Pingel: Häftlinge unter SS-Herrschaft. Widerstand, Selbstbehauptung und Vernichtung im Konzentrationslager, Hamburg 1978, S. 187; zum politischen Hintergrund s. Ulrich Herbert: Arbeit und Vernichtung. Ökonomisches Interesse und Primat der »Weltanschauung« im Nationalsozialismus, in: ders. (Hrsg.): Europa und der »Reichseinsatz«. Ausländische Zivilarbeiter, Kriegsgefangene und KZ-Häftlinge in Deutschland 1938–1945, Essen 1991, S. 384–426.
5 Informationsdienst Rassepolitisches Amt der NSDAP-Reichsleitung, 20.6.1942, Nr. 126.
6 Ebenda.
7 H.W. Kranz: Weg und Ziel bei der Lösung des Problems der Gemeinschaftsunfähigen, in: Nationalsozialistischer Volksdienst, Nov. 1942; zum Gesamtkomplex vgl. Detlev Peukert: Volksgenossen und Gemeinschaftsfremde. Anpassung, Ausmerze und Aufbegehren unter dem Nationalsozialismus, Köln 1982, S. 246–279 (»Rassismus als Gesellschaftspolitik«).
8 Die Forschungsliteratur zu dem im folgenden behandelten Komplex ist in den letzten Jahren stark angestiegen – grundlegend: Gisela Bock: Zwangssterilisation im Nationalsozialismus, Opladen 1986; Peter Weingart/Jürgen Kroll/Kurt Bayertz (Hrsg.): Rasse, Blut und Gene. Geschichte der Eugenik und Rassenhygiene in Deutschland, Frankfurt/

M. 1992, S. 367–561. Zur nationalsozialistischen Zigeunerpolitik, die mit der Behandlung der »Asozialen« eng verknüpft ist, siehe Michael Zimmermann: Verfolgt, vertrieben, vernichtet. Die nationalsozialistische Vernichtungspolitik gegen Sinti und Roma, Essen 1989. Konzentrierte und die Verbindungen zwischen Politik, Weltanschauung und Wissenschaft herausarbeitende Analysen bietet Norbert Frei. (Hrsg.): Medizin und Gesundheitspolitik in der NS-Zeit, München 1991. Demgegenüber wird bei dem in vielem sehr aufschlußreichen Versuch von Michael Burleigh und Wolfgang Wippermann: The Racial State. Germany 1933–1945, Cambridge 1991, das NS-Regime insgesamt als »Rassenstaat« zu definieren, der Ansatz insofern überzogen, als er die komplexere Struktur der NS-Diktatur auf den Rassismus reduziert.

9 Charles Darwin: Über die Entstehung der Arten durch natürliche Zuchtwahl oder die Erhaltung der begünstigten Rassen im Kampfe ums Dasein, Stuttgart 9. Aufl. 1899; ders.: Die Abstammung des Menschen und die geschlechtliche Zuchtwahl, Stuttgart 6. Aufl. 1919; von Ernst Haekkel vgl. etwa: Anthropogenie oder Entwicklungsgeschichte des Menschen. Gemeinverständliche wissenschaftliche Vorträge über die Grundzüge der menschlichen Keimes- und Standesgeschichte, Leipzig 1974; ders.: Die Welträtsel. Gemeinverständliche Studien über monistische Philosophie, Leipzig 1908.

10 Alexander Tille: Volksdienst. Von einem Sozialaristokraten, Berlin/Leipzig 1893, S. 360 f.; vgl. ders.: Von Darwin bis Nietzsche. Ein Buch Entwicklungsethik, Leipzig 1895.

11 Alfred Ploetz: Die Tüchtigkeit unserer Rasse und der Schutz der Schwachen. Ein Versuch über die Rassenhygiene und ihr Verhältnis zu den humanen Idealen, besonders zum Sozialismus, Berlin 1895, S. 116.

12 Vgl. Kurt Nowak: »Euthanasie« und Sterilisierung im »Dritten Reich«, Göttingen 1978, S. 21 f.; Schmuhl, Rassenhygiene, S. 43–46.

13 Wilhelm Schallmayer: Vererbung und Auslese im Lebenslauf der Völker, Jena 1903/[2] 1910.

14 Etwa C. Rath: Über die Vererbung von Dispositionen zum Verbrechen, Stuttgart 1914; Adolf Lenz: Grundriß der Kriminalbiologie, Wien 1927; Johannes Lange: Verbrechen als Schicksal, Leipzig 1929; Martin Riedl: Studien über Verbrecherstämmlinge, Spätkriminelle und Frühkriminelle und deren sozialprognostische und rassenhygienische Bedeutung, in: Archiv für Kriminologie 93 (1933), S. 7–13, 125–135, 238–257; Edmund Mezger: Die Arbeitsmethoden und die Bedeutung der kriminalbiologischen Untersuchungsstellen, in: Der Gerichtssaal 103 (1933), S. 127 ff.; Friedrich Stumpfl: Erbanlage und Verbrechen, Berlin 1935; Robert Ritter: Ein Menschenschlag, Leipzig 1937; Franz Exner: Kriminalbiologie in ihren Grundzügen, Hamburg [2]1944. Zusammenfassender Überblick bei Karl Lee Terhorst: Polizeiliche planmäßige Überwachung und polizeiliche Vorbeugehaft im Dritten Reich, Heidelberg 1985, S. 33 ff., dort auch ausführliche Literaturhinweise.

15 Alfred Grotjahn: Soziale Pathologie, Berlin 1912, S. 463; zu Grotjahn vgl. Schmuhl, Rassenhygiene, S. 45 f.

16 Alfred Grotjahn: Krankenhauswesen und Heilstättenbewegung im Lichte der Sozialen Hygiene, Leipzig 1908, S. 4; vgl. Daniel S. Nadav: Die Politik der Sozialhygiene in Deutschland, Gerlingen / Tel Aviv 1985; sowie jetzt Michael Schwartz: »Proletarier« und »Lumpen«. Sozialistische Ursprünge eugenischen Denkens, in: VfZG 42 (1994), S. 537–570.

17 E. Barkai: The Modern Definition of Minorities: Applying the Concept of Race, Ms., Tel Aviv 1987.

18 Vgl. Schmuhl, Rassenhygiene, S. 129, 417.

19 Ebenda, S. 90 ff.

20 Karl Binding / Alfred Hoche: Die Freigabe der Vernichtung lebensunwerten Lebens. Ihr Maß und ihre Form, Leipzig 1920.

21 Ebenda, S. 62.

22 Oscar Hertwig: Zur Abwehr des ethischen, des sozialen und des politischen Darwinismus, Jena 1921, hier S. 21.

23 Einflußreiche Vorläufer waren J. A. de Gobineau: Versuch über die Ungleichheit der Menschenrassen, 4 Bände, Stuttgart [3]1907 (frz. Original 1853/57), und Houston Stewart Chamberlain: Die Grundlagen des 19. Jahrhunderts, München 1903. Vgl. darüber hinaus Eugen Fischer: Sozialanthropologie und ihre Bedeutung für den Staat, Freiburg / Leipzig 1910; Ludwig Schemann: Hauptepochen und Hauptvölker der Geschichte in ihrer Stellung zur Rasse, München 1930; Hans F. K. Günther: Rassenkunde des deutschen Volkes, München 17. Aufl. 1933.

24 Vgl. dazu Nowak, »Euthanasie«, S. 28.

25 Ebenda.

26 Vgl. dazu als autoritatives Beispiel Hans F. K. Günther: Rassenkunde des jüdischen Volkes, München 1930 u. ö.

27 Vgl. Schmuhl, Rassenhygiene, S. 119.

28 Ebenda, S. 71.

29 Walter Groß: Rassenpolitische Erziehung, Berlin 1934.

30 Vgl. dazu i. e. die Untersuchung von G. Bock, Zwangssterilisierung.

31 Gesetz zur Verhütung erbkranken Nachwuchses (GzVen), RGBl I 1933, S. 529; vgl. d. offiziellen Komm. dazu v. Arthur Gütt / Ernst Rüdin / Falk Ruttke: Gesetz zur Verhütung erbkranken Nachwuchses, München [2]1936.

32 Gütt / Rüdin / Ruttke, Gesetz, S. 119; vgl. dazu Klee, »Euthanasie«, S. 37 ff.

33 Gesetz gegen gefährliche Gewohnheitsverbrecher und über Maßregeln der Sicherung und Besserung, RGBl. I 1933, S. 995.

34 Gütt / Rüdin / Ruttke, Gesetz, S. 62.

35 Gesetz zur Wiederherstellung des Berufsbeamtentums (GWBB), RGBl I 1933, S. 175; vgl. dazu Uwe Dietrich Adam: Judenpolitik im Dritten Reich, Düsseldorf 1972, S. 51 ff.; dort auch die weiteren antijüdischen Gesetzesmaßnahmen des NS-Regimes.

36 Hinweise zur Literatur zu den einzelnen Gruppen bei Peukert, Volksgenossen und Gemeinschaftsfremde, S. 320 ff.

37 Ebenda, S. 295.

38 Vgl. dazu Ludolf Herbst / Constantin Goschler (Hrsg.): Wiedergutmachung in der Bundesrepublik Deutschland, München 1989.

»Generation der Sachlichkeit«
Die völkische Studentenbewegung der frühen zwanziger Jahre

1 Vgl. Karl Mannheim: Das Problem der Generationen, in: Kölner Vierteljahreshefte für Soziologie 7 (1928/29), S. 157–185, S. 329 f.; Alan B. Spitzer: The Historical Problem of Generations, in: American Historical Review (AHR) 78 (1973), S. 1353–1384; Hans Jaeger: Generationen in der Geschichte – Überlegungen zu einer umstrittenen Konzeption, in: Geschichte und Gesellschaft (GuG) 3 (1977), S. 429 ff.

2 S. dazu Detlev J. K. Peukert: Die Weimarer Republik. Krisenjahre der Klassischen Moderne, Frankfurt/M. 1987, v. a. S. 25 ff. und 91–110 (»Generationserfahrungen und Emanzipationskämpfe«); Hans Mommsen: Generationskonflikt und Jugendrevolte in der Weimarer Republik, in: Thomas Koebner / Rolf-Peter Janz / Frank Trommler (Hrsg.): »Mit uns zieht die neue Zeit«. Der Mythos Jugend, Frankfurt/M. 1985, S. 50–67; Barbara Stambolis: Der Mythos der jungen Generation. Ein Beitrag zur politischen Kultur der Weimarer Republik, Diss. Bochum 1982 (MS); Irmtraud Götz von Ohlenhusen: Jugendreich, Gottesreich, Deutsches Reich. Junge Generation, Religion und Politik 1928–1933, Köln 1986; demgegenüber scheinen mir die Ansätze von Walter Struve (Elites against Democracy. Leadership Ideals in Bourgeois Political Thought in Germany, 1890–1933, Princeton 1983) und Robert Wohl (The Generation of 1914, London 1980, v. a. S. 82–84), die den »Mythos Jugend« auf die »Verstiegenheit Intellektueller mit mangelndem politischen Instinkt« (Stambolis, S. 14) bzw. auf ein Manipulationsinstrument zur Abwendung des drohenden Statusverlusts der Mittelschichten reduzieren, den Zusammenhang funktionalistisch zu verzerren; zum weiteren Kontext vgl. auch Peter D. Stachura: Nazi Youth in the Weimarer Republic, Santa Barbara / Oxford 1975; Peter H. Merkl: Political Violence under the Swastica. 581 Early Nazis, Princeton / London 1975; Peter Loewenberg: The Psychohistorical Origins of the Nazi Youth Cohort, in: AHR 76 (1971), S. 1471–1502; Michael H. Kater: Generationskonflikt als Entwicklungsfaktor in der NS-Bewegung vor 1933, in: GuG II (1985), S. 217–243.

3 E. Günther Gründel: Die Sendung der Jungen Generation. Versuch einer umfassenden revolutionären Sinndeutung der Krise, München 1932, S. 23.

4 Ebenda, S. 43.
5 Etwa Frank Matzke: Jugend bekennt: So sind wir! Leipzig 1930; Leopold Dingräve: Wo steht die junge Generation?, Jena 1931; Friedrich Franz von Unruh: Nationalistische Jugend, in: Die Neue Rundschau 43 (1932), S. 577–592; Uttmann von Elterlein: Absage an den Jahrgang 1902?, in: Die Tat 22 (1930/31), S. 202–206; Eduard Wechssler: Die Generation der Jugendgemeinschaft, in: Geist und Gesellschaft I (Festschrift Kurt Breysig), Breslau 1927. Ein guter Überblick über die zeitgenössische Diskussion bei Stambolis, v. a. S. 196ff., 274ff.; als Beispiel für die seit Ende der 20er Jahre anschwellende autobiographische und Romanliteratur vgl. v. a. Ernst von Salomon: Die Geächteten, Berlin 1930 (Ndr. Reinbek 1962 u. ö.); Ernst Glaeser: Jahrgang 1902. Roman, Berlin 1928; W. E. Süskind: Jugend. Roman, Stuttgart u. a. 1930. Dazu die präzise Einführung bei Karl Prümm: Jugend ohne Väter. Zu den autobiographischen Jugendromanen der späten 20er Jahre, in Koebner/Janz/Trommler (Hrsg.), Mit uns zieht die neue Zeit, S. 563–589.
7 Ernst Niekisch: Die Tragödie deutscher Jugend, in: ders.: Politische Schriften, Köln 1965, S. 41–46.
8 Peter Suhrkamp: Söhne ohne Väter und Lehrer. Die Situation der bürgerlichen Jugend, in: Neue Rundschau 43 (1932), S. 681–696.
9 Salomon, Die Geächteten, S. 151.
10 Hans Mommsen: Die Auflösung des Bürgertums seit dem späten 19. Jahrhundert, in: Jürgen Kocka (Hrsg.): Bürger und Bürgerlichkeit im 19. Jahrhundert, Göttingen 1987, S. 288–315, hier S. 292f.; ders.: Die verspielte Freiheit. Der Weg der Republik von Weimar in den Untergang 1918–1933 (= Propyläen Geschichte Deutschlands Bd. 8), Berlin 1989, S. 202ff., 240ff. u. ö.
11 Zum folgenden v. a. Jürgen Schwarz: Studenten in der Weimarer Republik. Die deutsche Studentenschaft in der Zeit von 1918 bis 1923 und ihre Stellung zur Politik, Berlin 1971; Wolfgang Zorn: Die politische Entwicklung des deutschen Studententums 1918–1931, in: Karl Stephenson u. a. (Hrsg.): Darstellungen und Quellen zur Geschichte der deutschen Einheitsbewegung im neunzehnten und zwanzigsten Jahrhundert, Bd. 5, Heidelberg 1965, S. 223–307; Gerhard Fließ/Jürgen John: Deutscher Hochschulring (DHR) 1920–1933, in: Dieter Fricke (Hrsg.): Lexikon zur Parteiengeschichte (LPG), Bd. 2, Leipzig 1984, S. 116–127; daneben auch Thomas Nipperdey: Die deutsche Studentenschaft in den ersten Jahren der Weimarer Republik, in Rudolf Grimme (Hrsg.): Kulturverwaltung der Zwanziger Jahre, Stuttgart 1961, S. 19–48; Michael H. Kater: Studentenschaft und Rechtsradikalismus in Deutschland 1918–1933, Hamburg 1975; Adolf Leisen: Die Ausbreitung des völkischen Gedankens in der Studentenschaft der Weimarer Republik, Diss. Heidelberg 1964. Zum völkischen Flügel der Jugendbewegung s. Walter Z. Laqueur: Die deutsche Jugendbewegung. Eine historische Studie, Köln 1962; einige repräsentative Schriften bei

Werner Kindt (Hrsg.): Grundschriften der deutschen Jugendbewegung, Düsseldorf/Köln 1963. Zur nationalsozialistischen Studentenbewegung v.a. Anselm Faust: Der Nationalsozialistische Studentenbund, 2 Bde., Düsseldorf 1973, v.a. S. 19–35; Michael S. Steinberg: Sabers and Brown Shirts. The German Student's Path to National Socialism, 1918–1935, Chicago 1977, S. 48–60; zusammenfassend jetzt Konrad H. Jarausch: Deutsche Studenten 1800–1970, Frankfurt/M. 1984.

12 Walther Schulz: Die Hochschulring-Bewegung. Ihre Grundlagen und Auswirkungen, Berlin 1927, S. 23.

13 Thomas Nipperdey: Deutsche Geschichte 1866–1918, Bd. 1: Arbeitswelt und Bürgergeist, München 1990, S. 832.

14 Aufruf des Hochschulrings Deutscher Art, Berlin, Anfang Juni 1919, abgedr. in: Schulz, Hochschulring-Bewegung, S. 26f.; zum VDSt vgl. Norbert Kampe: Studenten und »Judenfrage« im Deutschen Kaiserreich, Göttingen 1988, S. 125–151.

15 RdSchr. Otto de la Chevalleries, Ostern 1920, abgedr. in: Schulz, Hochschulring-Bewegung, S. 32–37.

16 Schulz, Hochschulring-Bewegung, S. 42f.

17 Martin Doerne: Die Hochschulringwoche auf der Elgersburg, in: Die deutsche Hochschule 3, Nr. 1, 3.5.1921; Werner Pankow: Die Hochschulringwoche auf der Elgersburg, in: Akademische Blätter, 36. Jg., Nr. 314, 1./16.5.1921, S. 28ff.

18 Viktor Franzius beschrieb in der »Weltbühne« v. 7.9.1922 (18. Jg., 1922, Nr. 36, S. 258–261) das Wirken der »Alten Herren« des Couleur-Studententums und betonte, »daß sich hinter dem Aushängeschild des Patriotismus eine Stellenjägerei und Geschäfteschieberei schlimmster Sorte verbirgt... Alles Erreichbare, einflußreiche Stellen und einträgliche Geschäfte, wird dem Verbindungsbruder zugeschanzt.« In gewisser Weise handelte es sich bei den Aktivitäten der Alten Herren des DHR um die Ausweitung der seit jeher ausgeprägten Promotion der Verbindungsstudenten durch die Alten Herren vom wirtschaftlichen auf den politischen Bereich.

19 Schulz, Hochschulring-Bewegung, S. 53.

20 Über den Juni-Club und das Politische Kolleg informieren Max H. Boehm: Ruf der Jungen, Leipzig 1920 (3. Aufl. 1933), S. 25ff.; Eduard Stadler: Als Antibolschewist 1918–1919, Düsseldorf 1935, S. 120ff.; Joachim Petzoldt: Wegbereiter des deutschen Faschismus. Die Jungkonservativen in der Weimarer Republik, Köln 1983, S. 108ff., 126ff.; ders.: Juni-Club, in: LPG, Bd. 3, S. 156–164; Hans-Joachim Schwierskott: Arthur Moeller van den Bruck und der revolutionäre Nationalismus in der Weimarer Republik, Göttingen 1962, S. 54ff.; Heinrich von Gleichen: Das Politische Kolleg, in: Deutsche Rundschau 47 (1921), S. 104–109; Heidrun Holzbach: Das »System Hugenberg«. Die Organisation bürgerlicher Sammlungspolitik vor dem Aufstieg der NSDAP 1918 bis 1928, Stuttgart 1980, S. 158–164.

21 Schulz, Hochschulring-Bewegung, S. 154.
22 Holzbach, S. 162f.; Petzold, Wegbereiter, S. 131f.; Schwierskott, S. 69f.
23 BA, R 118/56, 119.
24 Vgl. Martin Spahn: Tatsachen, in: Gewissen, 2. Jg. 1920, Nr. 12, 31.3.1920 (Beilage); ders.: Wiedergeburt, ebd., Nr. 11, 17.3.1920; ausf. zu Spahn s. Gabriele Clemens: Martin Spahn und der Rechtskatholizismus in der Weimarer Republik, Mainz 1983, S. 144–168.
25 Siegmund Forell: Die Dekadenz des völkischen Gedankens, in: Frankfurter Zeitung, 21.3.1923, Hochschulbeilage.
26 Otto de la Chevallerie: Die völkische Bewegung in der deutschen Studentenschaft, in: Die Hochschule 4/1920–21, H. 6, S. 171f.; vgl. ders.: Volk und Volksgemeinschaft, in: Deutsche Corpszeitung, 39. Jg., Nr. 1, 5.4.1922, S. 6; ders.: Der Deutsche Hochschulring, in: Süddeutsche Akademische Stimmen Nr. 4, 12.2.1921.
27 Zit. in: Karl H. Erb: Deutscher Hochschulring, in: Burschenschaftliche Blätter 35 (1920), Nr. 6, 3.9.1920, S. 95–97.
28 Kurt Sontheimer: Antidemokratisches Denken in der Weimarer Republik, München 1962, S. 314. Zum Begriff des »Volkes« und seiner Geschichte grundlegend: Reinhart Koselleck: Volk, Nation, in: Geschichtliche Grundbegriffe, Bd. 7, Stuttgart 1992, S. 141–431, v. a. S. 389ff.: »Kaum ein Begriff hat für den politischen Sprachhaushalt zwischen 1914 und 1945 eine so zentrale Rolle gespielt wie ›Volk‹. Der Begriff indizierte eine sittlich-religiöse, politisch-soziale und geschichtliche Letztinstanz, die scheinbar nicht überboten werden konnte. (...) ›Volk‹ war ein Allgemeinbegriff, an dem alle politischen Lager partizipieren mußten, wenn sie sich legitimieren wollten.« Vgl. auch Lutz Hoffmann: Das »Volk«. Zur ideologischen Struktur eines unvermeidbaren Begriffs, in: ZfS 20 (1991), S. 191–208; Wolfgang Kaschuba: Volk und Nation. Ethnozentrismus in Geschichte und Gegenwart, in: Heinrich August Winkler/Hartmut Kaelble (Hrsg.): Nationalimus – Nationalitäten – Supranationalität, Stuttgart 1993, S. 56–81. Aus der älteren Literatur v. a. Sontheimer (S. 308–315); Karl Dietrich Bracher: Die deutsche Diktatur, Frankfurt/M. 1979 (1. Aufl. 1969), S. 22–28 (»Deutsches und völkisches Sonderbewußtsein«); insbesondere Martin Greiffenhagen: Das Dilemma des Konservatismus in Deutschland, München [2]1977, S. 278ff. (»Mythos und Volk«); Helmuth Plessner: Die verspätete Nation. Über die politische Verfügbarkeit bürgerlichen Geistes, Stuttgart 1959, S. 47ff.; Harry Pross: Die Zerstörung der deutschen Politik, Frankfurt/M. 1959, S. 247ff.; sowie Kurt Lenk: Deutscher Konservatismus, Frankfurt/M./New York 1989, S. 146ff., der sich vor allem auf Freyer bezieht, ohne aber auf die längeren Traditionen des Volks-Begriffs als Zentralkategorie der Gegenrevolution einzugehen. Zur Einordnung der völkischen Bewegung vgl. auch Martin Broszat: Die völkische Ideologie und der Nationalsozialismus, in: Deutsche Rundschau 84

(1958), S. 53ff.; Jost Hermand: Der alte Traum vom neuen Reich. Völkische Utopien und Nationalsozialismus, Frankfurt/M. 1988; sowie George L. Mosse: Ein Volk, ein Reich, ein Führer. Die völkischen Ursprünge des Nationalsozialismus, Frankfurt/M. 1979; Fritz Stern: Kulturpessimismus als politische Gefahr. Eine Analyse nationaler Ideologie in Deutschland, Bern/Stuttgart 1963.

29 In diesem Sinne hat vor allem Armin Mohler die »Völkischen« behandelt (Die Konservative Revolution in Deutschland 1918–1932, 2 Bde., Darmstadt [3]1989, S. 131–138). Mohlers penible Aufteilung der radikalen Rechten der Nachkriegszeit in »Völkische«, »Jungkonservative« und »Nationalrevolutionäre« ist zur Orientierung zunächst hilfreich, vernachlässigt aber nicht nur die erheblichen Schnittflächen dieser drei Richtungen, sondern vor allem das Selbstverständnis der Rechtsradikalen als um richtige inhaltliche Positionen und organisatorische Formen ringende »Bewegung«. Demgegenüber zeigt die Studie von Stefan Breuer: Anatomie der konservativen Revolution, Darmstadt 1993, die konzeptionellen und theoretischen Berührungspunkte und Unterschiede bei den führenden Vertretern der jungen intellektuellen Rechten Weimars. Sein Vorschlag, vom »Neuen Nationalismus« statt von »konservativer Revolution« zu sprechen, überzeugt mich jedoch nicht, weil er die Nationalsozialisten nicht unter diese Bezeichnung mit einbezieht. Dadurch wird aber der spezifische Charakter des jungen Rechtsradikalismus der Nachkriegszeit als ein politisch-generationelles Milieu mit unscharfen Begrenzungen und vielfältigen Überschneidungen nicht deutlich. Vielmehr wird eine Art von prinzipiellem Unterschied zwischen Nationalsozialisten und dem Rest der jungen Rechten der Weimarer Republik suggeriert, die sich in dieser Schärfe jedoch erst in der Spätphase der Weimarer Republik, seit den nationalsozialistischen Wahlerfolgen von 1929/30, darstellte. Das legen im übrigen auch die Ergebnisse Breuers selbst dar, die auf die unterschiedliche Affinität einzelner rechtsintellektueller Protagonisten zu den Nationalsozialisten verweisen. Noch deutlicher ausgeprägt als bei den wenigen herausragenden Schriftstellern und Theoretikern war die Einbindung der gesamten jungen Rechten in eine Art von politischem Lager oder Milieu hingegen bei der jungen Anhängerschaft, wie sich nicht zuletzt am Beispiel der Studentenschaft zeigen läßt. Dagegen zeigt Hans Mommsen, in welcher Weise sich die Gruppierungen der radikalen Rechten neben bzw. um die traditionellen Rechtsparteien und die Funktionseliten der Weimarer Republik plazierten, auf diese einwirkten und in beständigem personellem Austausch standen; Mommsen, Die verspielte Freiheit, vor allem S. 101 ff., 226 ff.

30 Wilhelm Stapel: Volksbürgerliche Erziehung. Versuch einer volkskonservativen Erziehungslehre, Hamburg 1917 (2. erw. Aufl. 1920); ders.: Volk und Volkstum in: Arthur Moeller van den Bruck/Heinrich von Gleichen/Max Hildebert Boehm (Hrsg.): Die Neue Front, Berlin 1922,

S. 80–89; ders.: Antisemitismus und Antigermanismus. Über das seelische Problem der Symbiose des deutschen und des jüdischen Volkes, Hamburg 1928. Über Stapel vgl. Heinrich Kessler: Wilhelm Stapel als politischer Publizist, Nürnberg 1967; Heide Gerstenberger: Der revolutionäre Konservatismus, Berlin 1969, S. 79–95; Iris Hamel: Völkischer Verband und nationale Gewerkschaft. Der Deutschnationale Handlungsgehilfen-Verband 1893–1933, Frankfurt/M. 1967.

31 Stapel, Volk und Volkstum, S. 80ff.

32 Vgl. Max H. Boehm: Das eigenständige Volk. Volkstheoretische Grundlagen der Ethnopolitik und Geisteswissenschaften, Göttingen 1932; ders.: Volkstheorie als politische Wissenschaft, Jena 1934; ders.: Volkstheorie und Volkstumspolitik der Gegenwart, Berlin 1925. Arthur Moeller van den Bruck: Das dritte Reich, Berlin [3]1931 ([1]1923), S. 252ff.; vgl. auch Hans Freyer: Revolution von rechts, Jena 1931, der »Volk« zum revolutionären Subjekt in der Krise der industriellen Gesellschaft erklärte (S. 37ff.); ders.: Der politische Begriff des Volkes, Neumünster 1933; Edgar J. Jung: Die Herrschaft der Minderwertigen: Ihr Zerfall und ihre Ablösung, Berlin 1927 ([2]1929, [3]1930), S. 110ff.; dazu ausf. Bernhard Jenschke: Zur Kritik der konservativ-revolutionären Ideologie in der Weimarer Republik. Weltanschauung und Politik bei Edgar J. Jung, München 1971, S. 92–99. Jung bezog sich dabei stark auf Stapels Volkstheorie.

33 Johann Gottlieb Fichte: Reden an die deutsche Nation (Berlin 1808), Hamburg [5]1978, S. 124–142 (»Achte Rede: Was ein Volk sei, in der höheren Bedeutung des Worts, und was Vaterlandsliebe«), hier S. 128ff.

34 Als prominente und einflußreiche Beispiele: Jung, Herrschaft der Minderwertigen, 3. Aufl. Berlin 1930, S. 112–128, Zitat S. 118; Arnold Gehlen: Der Staat und die Philosophie, Leipzig 1935 (»Nicht nur ist das Volk und die konkrete Daseinsordnung, die es sich gibt, in der es sich ebenso ausdrückt wie selbst erst hervorbringt, der zentrale Ansatzpunkt derjenigen philosophischen Bemühungen, die die Zusammenhänge des Daseienden in ihren Brennpunkten fassen will – auch die höheren existenziellen Erfahrungen, die eine Philosophie beleben müssen, können heute nicht unpolitisch sein, so wenig wie sie etwa im 13. Jahrhundert religiös indifferent sein konnten.« S. 26); vgl. ders.: Reden über Fichte, in: Zeitschrift für die gesamte Staatswissenschaft 98 (1938), 209ff.

35 Vgl. Hermann Lübbe: Politische Philosophie in Deutschland, Basel/Stuttgart 1963, S. 173–238, v. a. S. 196ff.; zur zeitgenössischen Rezeption vgl. F. Janson: Fichtes Reden an die deutsche Nation. Eine Untersuchung ihres aktuell-politischen Gehaltes, Berlin/Leipzig 1911.

36 Das betont zu Recht vor allem Broszat, Völkische Ideologie; vgl. dazu Helmut Pieper: Die Minderheitenfrage und das Deutsche Reich 1919–1933/34, Hamburg 1974.

37 Dazu i. E. Kampe, Studenten, S. 205ff.; Werner Jochmann: Akademische Führungsschichten und Judenfeindschaft in Deutschland

1866–1918, in: ders.: Gesellschaftskrise und Judenfeindschaft in Deutschland 1870–1945, Hamburg 1988, S. 13–29; ders.: Antisemitismus im Deutschen Kaiserreich, 1871–1914, in: Ebenda, S. 30–98.

38 Walther Schulz, Der Deutsche Hochschulring. Grundlagen, Geschichte und Ziele, Halle 1921, S. 11 f., 24. Die Haltung der »völkischen« Intellektuellen zur Judenfrage war ebenfalls stark beeinflußt durch Stapels Schriften im »Deutschen Volkstum«, zusammengefaßt in Wilhelm Stapel: Antisemitismus und Antigermanismus, Hamburg u. a. 1928; vgl. auch Alfred Kutscha: Hochschule und Judenfrage, in: Deutsche Zeitung, 4. 2. 1921, Hochschulbeilage; grundlegend zum Antisemitismus in der Frühphase der Weimarer Republik: Werner Jochmann: Die Ausbreitung des Antisemitismus in Deutschland 1914–1923, in: Werner E. Mosse / Arnold Paucker, Deutsches Judentum in Krieg und Revolution 1916–1923, Tübingen 1971, S. 409–510; ders.: Der Antisemitismus und seine Bedeutung für den Untergang der Weimarer Republik, in: Ders., Gesellschaftskrise, S. 171–194.

39 Wilhelm Mommsen: Die jüdische Frage, in: Die Hochschule 5 (1921/22), H. 8, November 1921, S. 242–246.

40 Vgl. Shulamit Volkov: Kontinuität und Diskontinuität im deutschen Antisemitismus 1878–1975, in: Vierteljahrshefte für Zeitgeschichte (VfZ) 33 (1985), S. 221–243.

41 Otto F. Scheurer: Burschenschaft und Judenfrage. Der Rassenantisemitismus in der deutschen Studentenschaft, Berlin 1927, S. 53; ähnlich Felix Goldmann: Hochschulantisemitismus, in: Im Deutschen Reich, 28, März / April 1922, S. 54 ff.; R. A. Braubach: Jugend und Antisemitismus, in: Mitteilungen aus dem Verein zur Abwehr des Antisemitismus, 31, Nr. 4 / 5, 24. 2. 1921; Ludwig Foerder: Antisemitismus, Jugend und Erzieher, in: Im Deutschen Reich, 28, Nr. 3 / 4, März / April 1922.

42 B. Bl., 24 Bd., 1920, S. 93; Scheuer, Burschenschaft, S. 55 f.; Zorn, S. 267; Schwarz, S. 239 ff.

43 Zit. n. Schwarz, S. 240 f.

44 Zit. n. Scheuer, Burschenschaft, S. 57.

45 Academia, XXXIII, 1920, Nr. 6, S. 147; Scheuer, Burschenschaft, S. 58.

46 Schwarz, S. 174–187; Zorn. S. 260 ff.; Walther Schulz: Die Deutsche Studentenschaft, in: Hans Sikorski: Wirken und Werke innerhalb der deutschen Studentenschaft, Marburg 1925, S. 24; Das erste Jahr der deutschen Studentenschaft 1919–1920, Göttingen 1921; Steinberg, Sabers, S. 61–71.

47 Schulz, Hochschulring-Bewegung, S. 43; zum Göttinger Studententag vgl. Das erste Jahr, S. 38 ff.; Zorn, S. 267; Schwarz, S. 232–244.

48 Friedrich Meinecke: Der Geist der akademischen Jugend in Deutschland. Zur Erklärung der politischen Ursachen des Rathenau-Mordes (Neue Freie Presse Wien, 6. 8. 1922), in: Ders.: Politische Reden und Schriften, Darmstadt ^{4}1979, S. 338–343.

49 Schulz, Hochschulring-Bewegung, S. 40.

50 Meinecke, Geist der akademischen Jugend, S. 341.

51 Bei den AStA-Wahlen des Jahres 1921 gewann der Hochschulring in Berlin 66 % der Sitze in der Studentenvertretung, in Breslau 80 %, in Darmstadt 70,3 %, in Erlangen 88 %, in Göttingen 75 %, in Greifswald 96 %, in Heidelberg 65,2 %, in Hamburg 90,9 %, in Karlsruhe 95,4 %, in Kiel 83,3 %; nach J. H. Mitgau: Studentische Demokratie, in: Süddeutsche Akademische Stimmen, 16.3.1921; Nachrichtenblatt des DHR, Februar / März 1921, ZStAPo 16.03 / 2747, 16–31.

52 Martin Doerne: Probleme der Hochschulring-Bewegung, in: Die deutsche Hochschule, 4. Jg., Nr. 1, 25.10.1921, S. 5–6, 18–19; Frank Glatzel: Alma de l'Aigles: Über die Judenfrage, in: Jungdeutsche Stimmen, 3. Jg, H. 3, März 1921, S. 81 ff.

53 Mitgliedsformel des HDA, zit. in: Werner Pankow: Hochschulringwoche in München, in: Akademische Blätter, 36. Jg., Nr. 1/2, 1./16.4.1921, S. 10 ff.

54 Zum Erlanger Studententag: Schwarz, S. 245 ff.; Zorn, S. 267 ff.; Volkmann, S. 90; Schulz, Hochschulring-Bewegung, S. 48; Die Deutsche Studentenschaft, S. 41 ff.

55 Zu Göttinger Notverfassung und Würzburger Studententag: Schwarz, S. 259 ff.; Zorn, S. 276 f.; Volkmann, S. 110 ff.; Schulz, Hochschulring-Bewegung, S. 53 ff.; A. Selzer: Die Lage nach Würzburg, in: Akademische Monatsblätter, Nr. 11 / 12, 25.9.1922.

56 Zum Verfassungsstreit der Deutschen Studentenschaft vgl. Zorn, S. 282–294; Bergmann: Erinnerungen an den Becker-Kampf, in: Landsmannschaftliche Zeitung, 51. Jg., Nr. 8/9 (Dezember 1937), S. 101 ff.; H. Bitter u. a.: Der Streit um das preußische Studentenrecht, Berlin(-Charlottenburg) 1927.

57 Dazu i. e. A. Faust, Studentenbund.

Von der »Reichskristallnacht« zum »Holocaust«

Der 9. November und das Ende des »Radauantisemitismus«

1 Zum folgenden s. Hermann Graml: Reichskristallnacht. Antisemitismus und Judenverfolgung im Dritten Reich, München 1988; Uwe Dietrich Adam: Judenpolitik im Dritten Reich, Düsseldorf 1972; Hans G. Adler: Der verwaltete Mensch. Studien zur Deportation der Juden aus Deutschland, Tübingen 1974; Karl A. Schleunes: The Twisted Road to Auschwitz. Nazi Policy towards German Jews 1933–1939, Urbana, Ill. 1970; Hans Mommsen / Dieter Obst: Die Reaktion der deutschen Bevölkerung auf die Verfolgung der Juden 1933–1943, in: Hans Mommsen / Susanne Willems (Hrsg.): Herrschaftsalltag im Dritten Reich. Studien und Texte, Düsseldorf 1988, S. 374–485; Wolfgang Benz (Hrsg.): Die Juden in Deutschland 1933–1945. Leben unter nationalsozialistischer Herrschaft, München 1988. Neuere Untersuchungen zum Antisemitis-

mus während der Weimarer Zeit, insbesondere zur Verbreitung der Judenfeindschaft in den deutschen gewerkschaftlichen Führungsgruppen, fehlen erstaunlicherweise beinahe völlig; vgl. Reiner C. Baum: The Holocaust and the German Elite. Genocide and National Suicide in Germany 1871–1945, Totowa/London 1981; sowie die Aufsätze von Werner Jochmann: Die Ausbreitung des Antisemitismus in Deutschland 1914–1923, und ders.: Der Antisemitismus und seine Bedeutung für den Untergang der Weimarer Republik, beides jetzt in: Ders.: Gesellschaftskrise und Judenfeindschaft in Deutschland, 1870–1945, Hamburg 1988, S. 99ff. und 171ff. George L. Mosse: Die deutsche Rechte und die Juden, in: Werner E. Mosse (Hrsg.): Deutsches Judentum in Krieg und Revolution 1916–1923, Tübingen 1971.

2 Vermerk vom 27.8.1935 über die Chefbesprechung vom 20.8. im Reichswirtschaftsministerium, Handakten Lösener, IfZ F 71–2, s. Lothar Gruchmann: Justiz im Dritten Reich 1933–1940. Anpassung und Unterwerfung in der Ära Gürtner, München 1988, S. 872.

3 Vgl. dazu die Hinweise in »Traditionen des Rassismus«, S. 11–29, in diesem Band.

4 Die enge Verbindung zwischen »eugenischem« und »anthropologischem« Rassismus wurde besonders augenfällig bei der »Nürnberger Ärztefachtagung über Rassenhygienische und Erbbiologische Tagesfragen« am 1. und 2.12.1934, die zu einer Kundgebung »gegen weitere jüdisch-rassische Vergiftung und Verseuchung des deutschen Blutes« geriet und deren Teilnehmer den Innenminister aufforderten, das Erbgesundheitsgesetz vom Juli 1933 auf Juden auszudehnen; s. Gruchmann, Justiz, S. 870.

5 Das Eichmann-Protokoll. Tonbandaufzeichnungen der israelischen Verhöre, herausgegeben von Jochen von Lang, Berlin 1982, S. 29ff.

6 Bericht der Abteilung II.112 des SD vom 28.8.1936, Bundesarchiv Koblenz (BAK) R 58/991. Zur Herausbildung der antijüdischen Konzeption des SD bereitet Michael Wildt eine Quellenedition vor, die 1995 erscheint.

7 »Das Judentum in der deutschen Rechtswissenschaft«, Ansprachen, Vorträge und Ergebnisse der Tagung der Reichsgruppe Hochschullehrer im NSRB am 3. und 4. Oktober 1936, H. 1–8, Berlin 1936; Schmitts Eröffnungsrede in H. 1, hier S. 14; vgl. Bernd Rüther: Carl Schmitt im Dritten Reich, München 1989, S. 74ff.

8 Anwesend waren bei dieser Eröffnung die Rektoren von acht Universitäten, s. Helmut Heiber: Walter Frank und sein Reichsinstitut für Geschichte des neuen Deutschlands, Stuttgart 1966, S. 416ff. Der SD, Abt. II 112, nahm mit dem Institut zwecks »einheitlicher Erforschung zur Bekämpfung des Judentums« sogleich Kontakt auf, bis es dann wenig später zu scharfen, vorwiegend persönlichen, Kontroversen kam.

9 Dazu Joseph Walk (Hrsg.): Das Sonderrecht für die Juden im NS-Staat, Heidelberg/Karlsruhe 1981; Adam, Judenpolitik, passim.

10 Zum folgenden Adam, Judenpolitik, S. 172–215; sowie Adams knappe Skizze: Wie spontan war der Pogrom?, in: Walter H. Pehle (Hrsg.): Der Judenpogrom 1938. Von der »Reichskristallnacht« zum Völkermord, Frankfurt/M. 1988, S. 74–93; Avraham Barkai: Vom Boykott zur »Entjudung«. Der wirtschaftliche Existenzkampf der Juden im Dritten Reich 1933–1943, Frankfurt/M. 1987; ders.: »Schicksalsjahr 1938«. Kontinuität und Verschärfung der wirtschaftlichen Ausplünderung der deutschen Juden, in: Pehle, Judenpogrom, S. 94–117. Allerdings suggeriert Barkais These, das Attentat von Paris sei ein »zum rechten, von den Nationalsozialisten für die Durchführung ihrer wirtschaftlichen geplanten und durch die politischen Ereignisse begünstigten Zeitpunkt« geschehen, eine Planung des Pogroms, für die es keinerlei Belege gibt. Daneben ist die ältere Studie von Helmut Genschel: Die Verdrängung der Juden aus dem Dritten Reich, Göttingen 1966, nach wie vor bedeutsam; vgl. auch Konrad Kwiet: Nach dem Pogrom: Stufen der Ausgrenzung, in: Benz (Hrsg.): Juden in Deutschland, S. 545–573 (»Die Vernichtung der wirtschaftlichen Existenz«).

11 Reichsminister des Innern an den Beauftragten für den Vierjahresplan, 14.6.1938, BAK R 18/5519, 153–163; Reichsminister der Finanzen an Reichsminister des Innern, 30.8.1938, Geheimes Staatsarchiv Berlin (GStAB), Rep 335/11, 481; Präsident der Reichsbank, Schacht, an Reichsminister des Innern, 7.7.1938, zit. b. Barkai, Boykott, S. 130.

12 Dazu vor allem Hans Safrian: Die Eichmann-Männer, Wien/Zürich 1993 (Taschenbuch-Ausgabe unter dem Titel: Eichmann und seine Gehilfen, Frankfurt/M. 1995), S. 23–68: »Eichmann und die Entwicklung des ›Wiener Modells‹.« Zusammenfassend Jonny Moser: Österreichs Juden unter der NS-Herrschaft, in: Emmerich Tálos/Ernst Hanisch/Wolfgang Neugebauer (Hrsg.): NS-Herrschaft in Österreich, Wien 1988, S. 185–195; Hans Witek: »Arisierung« in Wien. Aspekte nationalsozialistischer Entjudungspolitik 1938–1940, in: Ebenda, S. 199–216. Zur Auswanderung aus Sicht der jüdischen Betroffenen s. die eindrückliche Darstellung von Juliane Wetzel: Auswanderung aus Deutschland, in: Benz (Hrsg.), Juden, S. 412–498.

13 Reichskriminalpolizeiamt (RKPA) (Heydrich), Erlaß vom 1.6.1938, Erlaßsammlung »Vorbeugende Verbrechensbekämpfung«, S. 81.

14 Moser, Österreichs Juden, S. 188.

15 Hitler am 16.9.1919, in: Eberhard Jäckel/Axel Kuhn (Hrsg.): Hitler. Sämtliche Aufzeichnungen 1905–1924, Stuttgart 1980, S. 80–90. Am 13. August 1920: »Der Antisemitismus in gefühlsmäßigen Gründen wird seinen letzten Ausdruck finden in der Form von Pogromen (!). Der Antisemitismus der Vernunft jedoch muß führen zur planmäßigen gesetzlichen Bekämpfung und Beseitigung des Vorrechts der Juden, die er zum Unterschied der anderen unter uns lebenden Fremden besitzt (Fremdengesetzgebung). Sein letztes Ziel aber muß unverrückbar die Entfernung der Juden überhaupt sein.« Adolf Hitler: Warum sind wir

Antisemiten? Rede am 13. August 1920, ebenda, S. 184–204, Zitat S. 201.

16 Bericht der Abteilung II.112 des SD, o. D. (Ende 1936), IfZ, MA 557.

17 Gesetz vom 31. 3. 1938, NG-2896; z. folg. siehe Sybil Milton: The Expulsion of Polish Jews from Germany, October 1938 to July 1939. A Documentation, in: Leo Baeck-Institute, Year-Book 29 (1984), S. 169–199; Emanuel Melzer: Relation between Poland and Germany and their Impact on the Jewish Problem in Poland (1935–1938), in: Yad Vashem Studies 12 (1977), S. 193–229, vor allem S. 215 ff.; Trude Maurer: Abschiebung und Attentat. Die Ausweisung der polnischen Juden und der Vorwand für die »Kristallnacht«, in: Pehle (Hrsg.), Judenpogrom, S. 52–74; sowie Adler, Der verwaltete Mensch, S. 91–105.

18 Die klarste Analyse der politischen Konstellation des 9. November bei Adam, Pogrom, S. 88 ff., und ders., Judenpolitik, S. 204 ff.; s. auch Wolfgang Benz: Der November-Pogrom 1938, in: ders. (Hrsg.), Juden in Deutschland, S. 499–544; sowie, mit anderem Akzent, Hans Mommsen: Die Funktion des Antisemitismus im Dritten Reich. Das Beispiel des November-Pogroms, in: Günter Brakelmann/Martin Rosowski (Hrsg.): Antisemitismus. Von religiöser Judenfeindschaft zur Rassenideologie, Göttingen 1989, S. 179–190. Hans-Jürgen Döscher: »Reichskristallnacht«. Die November-Pogrome 1938, Frankfurt/M./Berlin 1988, S. 77 ff., zielt im Impetus hingegen stark darauf ab, die Motivation Grynszpans für seinen Anschlag im Umfeld der homosexuellen Betätigung vom Raths zu suchen, was insgesamt nicht überzeugt und zudem an der politischen Bedeutung des Attentats wohl auch vorbeigeht. Vgl. auch Heinz Höhne: Der Orden unter dem Totenkopf. Die Geschichte der SS, München 1984, S. 313 ff., der die Beweggründe Goebbels' für die Ingangsetzung der Pogrome vorwiegend in seinem Kampf gegen die SD-Konzeption sieht, was Adam, Judenpolitik, S. 208, unter Hinweis auf die wirtschaftspolitischen Aspekte zu Recht als zu einseitig zurückweist.

19 Göring in seiner Ansprache am 6. 12. 1938 vor den Gauleitern, Oberpräsidenten und Reichsstatthaltern zur weiteren Behandlung der »Judenfrage«, ediert von Susanne Heim und Götz Aly, in: Wolfgang Benz (Hrsg.): Jahrbuch für Antisemitismusforschung, Bd. 2, Frankfurt/M. 1993.

20 Die zeitliche Abfolge der einzelnen Unterredungen und Befehle bei Höhne, Orden, S. 315 f.; Fernschreiben Gestapo (Müller) an Stapoleitstellen, 9. 10. 1938 (23.55 Uhr), abgedr. bei Döscher, Reichskristallnacht, S. 89; Fernschreiben Heydrichs an Stapoleitstellen und SD-Oberabschnitte und Unterabschnitte, 10. 11. 1938 (1.20 Uhr), ebenda, S. 86 ff.; s. auch Ulrich von Hassell: Aufzeichnungen vom Andern Deutschland (Hassell-Tagebücher), Berlin 1988, S. 67, Eintragung vom 27. 11. 1938: »Himmler habe erst am 9. abends von der bevorstehenden Aktion gegen die Juden... gehört, sie mißbilligt und deshalb der Verfügungstruppe für zwei Tage Kasernenarrest befohlen.«

21 »Eine so einmütige und offene Ablehnung der nationalsozialistischen Methoden hat es seit Bestehen des Dritten Reiches noch nicht gegeben«, berichteten die Korrespondenten der Exil-SPD im Dezember 1938; Deutschland-Berichte der SOPADE, Band 5, Dezember 1938, S. 1353 f.; vgl. auch Mommsen/Obst, S. 392 ff.; Falk Wiesemann: Judenverfolgung und nichtjüdische Bevölkerung, in: Martin Broszat (Hrsg.): Bayern in der NS-Zeit. Bd. 1: Soziale Lage und politisches Verhalten der Bevölkerung im Spiegel vertraulicher Berichte, München 1977, S. 429 ff.; Ian Kershaw: Antisemitismus und Volksmeinung. Reaktionen auf die Judenverfolgungen, in: Martin Broszat/Elke Fröhlich (Hrsg.): Bayern in der NS-Zeit, Bd. 2, München 1979, S. 281–348.

22 Monatsbericht des Regierungspräsidenten von Niederbayern und der Niederpfalz, 8.12.1938, in: Broszat/Fröhlich/Wiesemann (Hrsg.): Bayern in der NS-Zeit, Bd. 1, S. 473.

23 Niederschrift der Besprechung am 12.11.1938, Nbg. Dok. PS-1816, IMT, Bd. 28, S. 499 ff.; Aufzeichnungen des Unterstaatssekretärs Woermann, AA, Akten zur Deutschen Auswärtigen Politik, Bd. D V, 649. Die Versuche Himmlers und Heydrichs, Goebbels' Absetzung zu erreichen, blieben erfolglos. Die politische Stellung des Propagandaministers war aber stark geschwächt, s. Mommsen/Obst, S. 394.

24 Dazu im einzelnen Kwiet, Nach dem Pogrom, S. 545 ff.

25 Döscher, Reichskristallnacht, S. 110 ff.; Benz, November-Pogrom, S. 528 ff.

26 Göring an Reichsminister des Innern, 24.1.1939, BAK R 58/276; Gesetz über Mietverhältnisse mit Juden vom 30.4.1939, Reichsgesetzblatt I, S. 8464; 10. Verordnung vom Reichsbürgergesetz vom 4.7.1939, Reichsgesetzblatt I, S. 1079.

27 Siehe dazu Juliane Wetzel: Auswanderung aus Deutschland, in: Benz (Hrsg.), Juden, S. 413 ff.

28 Das Schwarze Korps, 24.11.1938. In Reaktion auf die zunächst von den Nationalsozialisten behauptete, dann durch ihre Pauperisierungspolitik tatsächlich vermehrt festzustellende Arbeitslosigkeit unter den Juden wurde, ebenfalls im Herbst 1938 beginnend, der Zwangsarbeitseinsatz von »Beschäftigungslosen« und ihre Verbringung in Arbeitslager eingeleitet. Zu diesem bislang wenig erforschten Gebiet siehe jetzt Wolf Gruner: Terra incognita? Die Lager für den »jüdischen Arbeitseinsatz« (1938–1943) und die deutsche Bevölkerung, in: Ursula Büttner (Hrsg.): Die Deutschen und die Judenverfolgung im Dritten Reich, Hamburg 1992, S. 131–160; ders.: Arbeitseinsatz und Zwangsarbeit jüdischer Deutscher 1938/39, in: Arbeitsmarkt und Sondererlaß (Beiträge zur nationalsozialistischen Gesundheits- und Sozialpolitik, Bd. 8), Berlin 1990, S. 137–155.

Arbeiterschaft im »Dritten Reich«

1 Deutschlandberichte der Sozialdemokratischen Partei Deutschlands (Sopade) 1934–1940 (=DB), hrsg. v. Klaus Behnken. Frankfurt/M. 1980, hier: Dezember 1936, S. 1562.

2 DB, Juli 1936, S. 835 f.; dazu Michael Voges: Klassenkampf in der Betriebsgemeinschaft. Die Deutschland-Berichte der Sopade (1934–1940) als Quelle zum Widerstand im Dritten Reich, in: AfS 21 (1981), S. 329–83, der den insgesamt eher pessimistischen Ton in der Berichterstattung über die Arbeiterschaft wenig beachtet.

3 Vgl. Timothy W. Mason (Hrsg.): Arbeiterklasse und Volksgemeinschaft, Opladen 1975; M. Broszat/Elke Fröhlich/Falk Wiesemann (Hrsg.): Bayern in der NS-Zeit, Bd. 1: Soziale Lage und politisches Verhalten der Bevölkerung im Spiegel vertraulicher Berichte, München 1977, v. a. S. 193–326.

4 Timothy W. Mason: Die Bändigung der Arbeiterklasse im nationalsozialistischen Deutschland. Eine Einleitung, in: Carola Sachse/Tilla Siegel/Hasso Spode/Wolfgang Spohn (Hrsg.): Angst, Belohnung, Zucht und Ordnung. Herrschaftsmechanismen im Nationalsozialismus, Opladen 1982, S. 11–53, hier S. 14; ähnlich, aber auf die Gesamtgesellschaft gerichtet, Gotthard Jasper: Die gescheiterte Zähmung. Wege zur Machtergreifung Hitlers 1930–1934, Frankfurt/M. 1986: »Weshalb Widerstand, als er noch möglich schien, so wenig geleistet wurde, erscheint im Nachhinein als die eigentlich aufregende Frage an die ersten 16 Monate nach dem 30. Januar 1933« (S. 12).

5 Jürgen W. Falter: Warum die deutschen Arbeiter während des »Dritten Reiches« zu Hitler standen, in: GuG 13 (1987), S. 217–31, hier S. 217, 225; vgl. dazu etwa Lutz Niethammer: Faschistische Bewegungen der Zwischenkriegszeit in Europa, in: Politische Bildung, 1972, H. 1, S. 17–36; dagegen Michael H. Kater: The Nazi Party. A Social Profile of Members and Leaders 1919–1945, Cambridge 1983.

6 DB, März 1937, S. 315; Gunther Mai: »Warum steht der deutsche Arbeiter zu Hitler?« Zur Rolle der Deutschen Arbeitsfront im Herrschaftssystem des Dritten Reiches, in: GuG 12 (1986), S. 212–234, hier S. 212.

7 Zum Komplex der »Modernisierung wider Willen« nach Dahrendorf und Schoenbaum zugespitzt: Werner Abelshauser/Anselm Faust: Wirtschafts- u. Sozialpolitik: eine nationalsozialistische Sozialrevolution, Tübingen 1983; sowie jetzt die Beiträge in Michael Prinz/Rainer Zitelmann (Hrsg.): Nationalsozialismus und Modernisierung, Darmstadt 1991; vgl. aber Rüdiger Hachtmann: Thesen zur »Modernisierung« der Industriearbeit in Deutschland zwischen 1924 und 1945, in: Frank Bajohr (Hrsg.): Norddeutschland im Nationalsozialismus, Hamburg 1993, S. 414–451; sowie Norbert Frei: Wie modern war der Nationalsozialismus?, in: GuG 19 (1993), S. 367–387; Axel Schildt: NS-Regime, Modernisierung und Moderne. Anmerkungen zur Hoch-

konjunktur einer andauernden Diskussion, in: Tel Aviver Jahrbuch für deutsche Geschichte, 1994, S. 3–22.

8 Dazu i. e. Heinrich August Winkler: Der Weg in die Katastrophe. Arbeiter und Arbeiterbewegung in der Weimarer Republik 1930–1933, Berlin 1987, hier auch die Diskussion der neueren Forschungsliteratur.

9 Jürgen W. Falter/Dirk Hänisch: Die Anfälligkeit von Arbeitern gegenüber der NSDAP bei den Reichstagswahlen 1928–1933, in: AfS 26 (1986), S. 179–216; ders./Thomas Lindenberger/Sigfried Schumann: Wahlen und Abstimmungen in der Weimarer Republik, München 1986; vgl. auch Peter Manstein: Die Mitglieder und Wähler der NSDAP 1919–1933. Untersuchungen zu ihrer schichtmäßigen Zusammensetzung, Frankfurt/M. 1988; dort, S. 11–45, auch ein Überblick über die verschiedenen neuen Forschungsansätze. Zur Frage der Politisierung vgl. etwa Alexander v. Plato: »Ich bin mit allen gut ausgekommen« oder: War die Ruhrarbeiterschaft vor 1933 in politische Lager gespalten?, in: Lutz Niethammer (Hrsg.): »Die Jahre weiß man nicht, wo man die heute hinsetzen soll«. Faschismuserfahrung im Ruhrgebiet, Berlin 1983, S. 31–66.

10 Dazu ausführlich Wolfgang Zollitsch: Arbeiter zwischen Weltwirtschaftskrise und Nationalsozialismus. Ein Beitrag zur Sozialgeschichte der Jahre 1928 bis 1936, Göttingen 1990; v. a. Kap. I (»Qualifikations- und Berufsmuster von Arbeitern zwischen Wirtschaftskrise und Rüstungskonjunktur«), S. 19–71; Rüdiger Hachtmann: Arbeitsmarkt und Arbeitszeit in der Industrie 1929–1939, in AfS 27 (1987), S. 177–227, hier S. 180; methodisch bezieht sich Hachtmann dabei vor allem auf W. Hemmer: Die »unsichtbaren« Arbeitslosen. Statistische Methoden – soziale Tatsachen, Zeulenroda 1935; vgl. Woytinski: Der deutsche Arbeitsmarkt. Ergebnisse der gewerkschaftlichen Arbeitsstatistik 1913–1933, Berlin 1930. Grundlegend jetzt die großen Studien von Rüdiger Hachtmann: Industriearbeit im »Dritten Reich«. Untersuchungen zu den Lohn- und Arbeitsbedingungen in Deutschland 1939–1945, Göttingen 1989; Matthias Frese: Betriebspolitik im »Dritten Reich«. Deutsche Arbeitsfront, Unternehmer und Staatsbürokratie in der westdeutschen Großindustrie 1933–1939, Paderborn 1991; Günter Morsch: Arbeit und Brot. Studien zu Lage, Stimmung, Einstellung und Verhalten der deutschen Arbeiterschaft 1933–1936/37. Diese Arbeiten erschienen erst nach der Erstveröffentlichung dieses Aufsatzes; Übersicht über den Literaturstand bis 1993 in Matthias Frese: Sozial- und Arbeitspolitik im »Dritten Reich«. Ein Literaturbericht, in: NPL 39 (1993), S. 403–446.

11 Heinrich August Winkler: Der Schein der Normalität. Arbeiter und Arbeiterbewegung in der Weimarer Republik 1924–1930, Berlin 1988, S. 28 ff., 490 ff.; zusammenfassend zu den Ergebnissen des Ruhrgebiet-Projekts: Ulrich Herbert: Zur Entwicklung der Ruhrarbeiterschaft 1930 bis 1960 aus erfahrungsgeschichtlicher Perspektive, in: Lutz Niet-

hammer (Hrsg.): »Wir kriegen jetzt andere Zeiten«. Auf der Suche nach der Erfahrung des Volkes in nachfaschistischen Ländern, Berlin 1985, S. 19–52.

12 Winkler, Weg in die Katastrophe, S. 953. Hier, S. 19–122, auch die Auseinandersetzung mit der neueren Forschungsliteratur; daneben v. a. Heidrun Homburg: Vom Arbeitslosen zum Zwangsarbeiter. Arbeitslosenpolitik und Fraktionierung der Arbeiterschaft in Deutschland 1930–1933 am Beispiel der Wohlfahrtserwerbslosen und der kommunalen Wohlfahrtshilfe, in: AfS 25 (1985), S. 251–98; Detlev Peukert: Die Erwerbslosigkeit junger Arbeiter in der Weltwirtschaftskrise in Deutschland 1929–1933, in: VSWG 72 (1985), S. 305–328; ders.: Jugend zwischen Krieg und Krise. Lebenswelten von Arbeiterjungen in der Weimarer Republik, Köln 1987; Dietmar Petzina: Arbeitslosigkeit in der Weimarer Republik, in: Werner Abelshauser (Hrsg.): Die Weimarer Republik als Wohlfahrtsstaat, Stuttgart 1987, S. 239–59.

13 Winkler, Schein der Normalität, S. 146 ff.; Detlev Peukert: Die Weimarer Republik. Krisenjahre der Klassischen Moderne, Frankfurt/M. 1987, S. 152 ff.; grundlegend zur Frage des sozialen Milieus: M. Rainer Lepsius, Parteisystem und Sozialstruktur, in: Gerhard A. Ritter (Hrsg.): Die deutschen Parteien vor 1918, Köln 1973, S. 56–80; ders.: Extremer Nationalismus. Strukturbedingungen vor der nationalsozialistischen Machtergreifung, Stuttgart 1966; erfahrungsanalytisch: Ulrich Herbert: Die guten und die schlechten Zeiten, in: Niethammer (Hrsg.): Die Jahre, S. 67–96; Anne-Katrin Einfeldt: Auskommen – Durchkommen – Weiterkommen. Weibliche Arbeitserfahrungen in der Bergarbeiterkolonie, in: Ebenda, S. 267–96; Josef Mooser: Arbeiterleben in Deutschland, 1900–1970, Frankfurt/M. 1984, S. 194 ff.

14 Timothy W. Mason: Sozialpolitik im Dritten Reich. Arbeiterklasse und Volksgemeinschaft, Opladen 1977, S. 64 ff.; Gunther Mai: Die nationalsozialistische Betriebszellen-Organisation. Zum Verhältnis von Arbeiterschaft und Nationalsozialismus, in: VfZ 31 (1983), S. 573–613; ders.: Arbeiterschaft und Nationalsozialismus in der Phase der »Machtergreifung«, in: Klaus Malettke (Hrsg.): Der Nationalsozialismus an der Macht, Göttingen 1984, S. 85–109; Volker Kratzenberg: Arbeiter auf dem Weg zu Hitler? Die Nationalsozialistische Betriebszellen-Organisation, ihre Entstehung, ihre Programmatik, ihr Scheitern 1927–1934, Frankfurt/M. 1987; Winkler, Weg in die Katastrophe, S. 909; Zollitsch, Arbeiter, S. 210–237.

15 Michael Zimmermann: Schachtanlage und Zechenkolonie: Leben, Arbeit und Politik in einer Arbeiterkolonie 1880–1980, Essen 1987, S. 175; vgl. dazu etwa Ulrich Klein: SA – Terror und Bevölkerung in Wuppertal 1933/34, in: Detlef Peukert/Jürgen Reulecke (Hrsg.): Die Reihen fast geschlossen, Wuppertal 1981, S. 45–64; D. Peukert: Die KPD im Widerstand, Wuppertal 1980, v. a. S. 29–114; Klaus Tenfelde: Proletarische Provinz. Radikalisierung und Widerstand in Penzberg/

Oberbayern. 1900–1914, München 1982, S. 221 ff.; zu den Betriebsratswahlen Zollitsch, S. 179–237, hier auch kritischer Überblick über Quellen und Literatur; vgl. auch Klaus Wisotzky: Der Ruhrbergbau im Dritten Reich, Düsseldorf 1983, S. 31 ff.; Mason, Sozialpolitik, S. 84.

16 Schumacher bei der Besprechung des Exilvorstands mit Vertretern der Reichs-SPD in Prag am 9. 6. 1933, zit. nach Winkler, Weg in die Katastrophe, S. 942.

17 Mason, Sozialpolitik, S. 124 ff.; Hachtmann, Arbeitsmarkt, S. 195 ff.; zur nationalsozialistischen Arbeitsverfassung Timothy W. Mason: Zur Entstehung des Gesetzes zur Ordnung der nationalen Arbeit vom 20. Januar 1934, in: Hans Mommsen / Dietmar Petzina / Bernd Weisbrod (Hrsg.): Industrielles System und politische Entwicklung in der Weimarer Republik, Düsseldorf 1974, S. 322–351; Andreas Kranig: Lockung und Zwang. Zur Arbeitsverfassung im Dritten Reich, Stuttgart 1983, S. 64 ff.

18 Hachtmann, Arbeitsmarkt, S. 202; Reinhard Stockmann: Gewerbliche Frauenarbeit in Deutschland 1875–1980. Zur Entwicklung der Beschäftigtenstruktur, in: GuG 11 (1985), S. 447–75; Angelika Willms: Modernisierung durch Frauenarbeit? Zum Zusammenhang von wirtschaftlichem Strukturwandel und weiblicher Arbeitsmarktlage in Deutschland, 1882–1939, in: Toni Pierenkemper / Richard Tilly (Hrsg.): Historische Arbeitsmarktforschung. Entstehung, Entwicklung und Probleme der Vermarktung von Arbeitskraft, Göttingen 1982, S. 37–71; Timothy W. Mason: Zur Lage der Frauen in Deutschland 1930–1940. Wohlfahrt, Arbeit und Familie, in: Gesellschaft. Beiträge zur Marxschen Theorie Bd. 6, Frankfurt / M. 1976, S. 118–193; Dörte Winkler: Frauenarbeit im »Dritten Reich«, Hamburg 1977, S. 43 ff.

19 Zur Rationalisierungsbewegung i. e. R. Hachtmann, Arbeitsmarkt, S. 218 ff.; zur Debatte innerhalb des Regimes um die ideologischen Probleme mit dem »seelenlosen Fordismus« vgl. »Die echte Rationalisierung«, in: Jahrbuch des Arbeitswissenschaftlichen Instituts der DAF (= JAWI) 1936, Berlin 1936.

20 Zollitsch, Arbeiter, S. 36 ff.; 359. Hachtmann, Arbeitsmarkt, S. 220 ff.; zur ungelernten weiblichen Industriearbeiterschaft vgl. Annemarie Tröger: Die Planung des Rationalisierungsproletariats. Zur Entwicklung der geschlechtsspezifischen Arbeitsteilung und des weiblichen Arbeitsmarktes im Nationalsozialismus, in: Annette Kuhn / Jörn Rüsen (Hrsg.): Frauen in der Geschichte, II, Düsseldorf 1982, S. 245–314. Zu den Notstands- und Autobahnarbeiten, auch zum Reichsarbeitsdienst fehlen neuere Untersuchungen, vgl. DB Juli 1935, S. 780 f.; August / September 1934, S. 420 ff.; September 1936, S. 1185; »Die Lage der Dienstverpflichteten bei Bauvorhaben West«, in: Deutsche Sozialpolitik 1938, S. 55 ff.; »Zur Frage der Ungelernten«, in: JAWI 1940/41, S. 310–52; zu den Autobahnarbeitern vgl. Karl Lärmer: Autobahnbau

und staatsmonopolistischer Kapitalismus 1933–1945, in: Lotte Zumpe (Hrsg.): Wirtschaft und Staat in Deutschland 1933–1945, Berlin (DDR) 1979, S. 253–83.

21 Zollitsch, Arbeiter, S. 102–55, Zitat S. 154; Tilla Siegel: Lohnpolitik im nationalsozialistischen Deutschland, in: Sachse/Siegel/Spode/Spohn (Hrsg.): Angst, Belohnung, Zucht und Ordnung, S. 54–139; Rüdiger Hachtmann: Lebenshaltungskosten und Reallöhne während des »Dritten Reiches«, in: VSWG 75 (1988), S. 32–73; Hisashi Yano: Hüttenarbeiter im Dritten Reich, Wiesbaden 1986, S. 96–115; Mason, Sozialpolitik, S. 147ff., 165ff., 228ff.; Wisotzky, S. 34ff. Insgesamt ist mit Hachtmann zu betonen, daß die Entwicklung der Nettorealeinkommen aufgrund statistischer Ungenauigkeit und der Vielzahl den Reallohn beeinflussenden Faktoren nur sehr schwer, für die Kriegszeit nicht mehr genau bestimmbar ist.

22 Yano, S. 64–78; Hachtmann, Arbeitsmarkt, S. 208ff.; Mason, Sozialpolitik, S. 280f.; Gustav-Hermann Seebold: Ein Stahlkonzern im Dritten Reich. Der Bochumer Verein 1927–1945, Wuppertal 1981, S. 194f.

23 Hachtmann, Lebenshaltungskosten, S. 50ff.; Horst Gies: Aufgaben und Probleme der nationalsozialistischen Ernährungswirtschaft 1933–1939, in: VSWG 66 (1979), S. 466–99.

24 Die Literatur zur Entwicklung der Arbeiterschaft im Dritten Reich sparte diesen zentralen Aspekt lange Zeit aus und konzentrierte sich auf die »Leistungsfähigen« innerhalb der Arbeiterschaft. Vgl. aber Detlev Peukert: Volksgenossen und Gemeinschaftsfremde. Anpassung, Ausmerze und Aufbegehren unter dem Nationalsozialismus, Köln 1982, vor allem S. 246–79 (»Rassismus als Gesellschaftspolitik«); ders.: Arbeitslager und Jugend-KZ. Die Behandlung »Gemeinschaftsfremder« im Dritten Reich, in: Peukert/Reulecke (Hrsg.): Die Reihen fast geschlossen, S. 413–434; Gisela Bock: Zwangssterilisation im Nationalsozialismus. Studien zur Rassenpolitik und Frauenpolitik, Opladen 1986, vor allem S. 21–76, 301–68; Feinderklärung und Prävention. Kriminalbiologie, Zigeunerforschung und Asozialenpolitik (= Beiträge zur nationalsozialistischen Gesundheits- und Sozialpolitik, Bd. 6), Berlin 1988. Eine Untersuchung über die Verfolgung von »Asozialen» und »Kriminellen« in der NS-Zeit unter Berücksichtigung der geistes-, rechts-, sozial- und medizingeschichtlichen Kontinuitäten der Zeit vor und nach dem »Dritten Reich« ist ein dringendes Forschungsdesiderat; als einen ersten Versuch s. Klaus Scherer: »Asozial« im Dritten Reich, Münster 1990.

25 Informationsdienst Rassepolitisches Amt der NSDAP-Reichsleitung, Nr. 126 v. 20.6.1942, zit. nach Ernst Klee: »Euthanasie« im NS-Staat, Frankfurt/M. 1983, S. 357.

26 Vgl. Carola Sachse: Betriebliche Sozialpolitik als Familienpolitik in der Weimarer Republik und im Nationalsozialismus, Hamburg 1987, hier S. 127f.

27 Martin Broszat: Nationalsozialistische Konzentrationslager 1933 bis

1945, in: Hans Buchheim / Martin Broszat / Hans-Adolf Jacobsen / Helmut Krausnick (Hrsg.): Anatomie des SS-Staates, Bd. 2, Freiburg 1965, S. 7–160, hier S. 77; vgl. auch Hans Buchheim: Die Aktion »Arbeitsscheu Reich«, in: Gutachten des Instituts für Zeitgeschichte, Bd. 2, Stuttgart 1966; Klee, »Euthanasie«, S. 38ff.; 54ff.; 356ff.; zu den »Zigeunern« grundlegend Michael Zimmermann: Die nationalsozialistische Vernichtungspolitik gegen Sinti und Roma, in: Aus Politik und Zeitgeschichte, Heft 16/17 (1987), S. 31–45.

28 Schreiben v. 9.2.1942, abgedr. in: Inge Marßolek / René Ott: Bremen im Dritten Reich, Bremen 1986, S. 437.

29 Von den etwa 24000 KZ-Häftlingen im Herbst 1938 waren mehr als die Hälfte als »Berufs-« oder »Gewohnheitsverbrecher« oder als »Asoziale« eingeliefert worden, vgl. Martin Broszat: Nationalsozialistische Konzentrationslager 1933–1945, in: Buchheim / Broszat / Jacobsen / Krausnick (Hrsg.): Anatomie des SS-Staates, Bd. 2, Freiburg 1965, S. 66ff.

30 Mason, Sozialpolitik, S. 157ff.; ders., Bändigung der Arbeiterklasse; Marie-Luise Recker: Nationalsozialistische Sozialpolitik im Zweiten Weltkrieg, München 1985; sowie Herwart Vorländer: NS-Volkswohlfahrt und Winterhilfswerk des deutschen Volkes, in: VfZ 34 (1986), S. 341–380; Volker Hentschel: Geschichte der deutschen Sozialpolitik 1880–1980, Frankfurt/M. 1983, S. 119–41.

31 Vgl. Teil V »Judenverfolgung und nichtjüdische Bevölkerung 1933–1947«, in: Martin Broszat / Elke Fröhlich / Falk Wiesemann (Hrsg.): Bayern in der NS-Zeit, Bd. 1, S. 427–486; Ian Kershaw: Antisemitismus und Volksmeinung. Reaktionen auf die Judenverfolgung, in: Broszat / Fröhlich (Hrsg.): Bayern in der NS-Zeit, Bd. 2, S. 281–348; Hans Mommsen: Was haben die Deutschen vom Völkermord an den Juden gewußt?, in: Walter H. Pehle (Hrsg.): Der Judenpogrom 1938. Von der »Reichskristallnacht« zum Völkermord, Frankfurt/M. 1988, S. 176–200; Marlis G. Steinert: Hitlers Krieg und die Deutschen. Stimmung und Haltung der deutschen Bevölkerung im Zweiten Weltkrieg, S. 236ff.

32 Hasso Spode: Arbeiterurlaub im Dritten Reich, in: Sachse / Siegel / Spode / Spohn: Angst, Belohnung, Zucht und Ordnung, S. 275–328; ders.: Der deutsche Arbeiter reist. Massentourismus im Dritten Reich, in: Gerhard Huck (Hrsg.): Sozialgeschichte der Freizeit, Wuppertal 1980, S. 281–306; Mason, Sozialpolitik, S. 183ff.; aufschlußreich, weil mit Blick auf die betriebliche Praxis von KdF und »Schönheit der Arbeit«: Zollitsch, Arbeiter, S. 130–136; Wolfhard Buchholz: Die Nationalsozialistische Gemeinschaft »Kraft durch Freude«. Freizeitgestaltung und Arbeiterschaft im Dritten Reich, Diss., München 1976.

33 Zollitsch, Arbeiter, S. 72–178; Wolfgang Spohn: Betriebsgemeinschaft und Volksgemeinschaft. Die rechtliche und institutionelle Regelung der Arbeitsbeziehungen im NS-Staat, Diss., Berlin 1980; ders.: Betriebsgemeinschaft und innerbetriebliche Herrschaft, in: Sachse / Siegel /

Spode/Spohn (Hrsg.): Angst, Belohnung, Zucht und Ordnung, S. 140–208; Carola Sachse: Hausarbeit im Betrieb. Betriebliche Sozialarbeit unter dem Nationalsozialismus, in: Ebenda, S. 209–74; dies.: Betriebliche Sozialpolitik, S. 113ff., S. 244ff.; Chup Friemert: Produktionsästhetik im Faschismus. Das Amt »Schönheit der Arbeit« von 1933–1939, München 1980; Mai: Warum steht der deutsche Arbeiter zu Hitler?, S. 225ff.; Yano, S. 116ff.; Tenfelde, S. 297ff.

34 Eine neuere Gesamtdarstellung zur Entwicklung der DAF fehlt; vgl. jetzt aber die Edition der Arbeitswissenschaftlichen Jahrbücher sowie verschiedener Gutachten der DAF: Sozialstrategien der Deutschen Arbeitsfront, hrsg. von der Hamburger Stiftung für Sozialgeschichte des 20. Jahrhunderts, München 1986–1992; darin Karl Heinz Roth: Das Arbeitswissenschaftliche Institut der Deutschen Arbeitsfront, Teil A, Bd. 6, S. 9–96; sowie Ronald M. Smelser: Robert Ley. Hitlers Mann an der »Arbeitsfront«. Eine Biographie, Paderborn 1989; ders.: Die Sozialplanung der Deutschen Arbeitsfront, in: Prinz/Zitelmann (Hrsg.), Modernisierung, S. 71–92. Vgl. jetzt die konzise Übersicht bei Frese, Sozial- und Arbeitspolitik, S. 408–415. Die ältere Literatur konzentriert sich auf die Vorkriegsphase, insbesondere auf die Entstehungszeit der DAF. Vgl. v. a. Mason, Sozialpolitik, S. 99–120, 173–207; ders., Entstehung, S. 322–51; Mai, Warum steht der deutsche Arbeiter zu Hitler?; Rüdiger Hachtmann: Die Krise der nationalsozialistischen Arbeitsverfassung – Pläne zur Änderung der Tarifgestaltung 1936–1940, in: Kritische Justiz 17 (1984), S. 283–99; Zollitsch, Arbeiter, S. 165ff.; Gerhard Beier: Gesetzesentwürfe zur Ausschaltung der Deutschen Arbeitsfront im Jahre 1938, in: AfS 17 (1977), S. 297–355; sowie die Arbeit von Hans-Gerd Schumann: Nationalsozialismus und Gewerkschaftsbewegung. Die Vernichtung der Deutschen Gewerkschaften und der Aufbau der »Deutschen Arbeitsfront«, Hannover 1958.

35 Herbert, Die guten und die schlechten Zeiten. Die Hervorhebung der Periodisierung der 30er und 40er Jahre nach wirtschaftlicher bzw. individueller Entwicklung in der Erfahrungsanalyse, die anhand eines relativ kleinen Samples hypothetisch entwickelt wurde, ist mittlerweile auf breiterer Grundlage bestätigt worden; vgl. Lutz Niethammer: »Normalisierung« im Westen. Erinnerungsspuren in die 50er Jahre, in: Dan Diner (Hrsg.): Ist der Nationalsozialismus Geschichte?, Frankfurt/M. 1987, S. 153–84; Norbert Frei: Der Führerstaat. Nationalsozialistische Herrschaft 1933 bis 1945, München 1989, S. 85f. Zu den methodischen Problemen von Erfahrungsanalyse und Oral History vgl. Lutz Niethammers zusammenfassendes Resümee »Fragen – Antworten – Fragen. Methodische Erfahrungen und Erwägungen zur Oral History«, in: Ders./von Plato (Hrsg.): Wir kriegen jetzt andere Zeiten, S. 392–445, der deutlicher als die Kritiker dieser Methode auf ihre begrenzte Aussagekraft und Funktion hinweist, aber auch stärker als die meisten anderen ihrer Befürworter nicht nur die damit verbundenen Chancen hervor-

hebt, sondern auch die Unverzichtbarkeit der Einbeziehung der Erfahrungsanalyse in die zeitgeschichtliche Forschung betont. Vor allem aber zeigt Niethammer, daß der Umgang mit Oral History aufwendig und schwierig ist.

36 Zur Phänomenologie des »guten Arbeiters« vgl. die anregende Studie von Alf Lüdtke: »Ehre der Arbeit«: Industriearbeiter und die Macht der Symbole. Zur Reichweite symbolischer Orientierungen im Nationalsozialismus, in: Klaus Tenfelde (Hrsg.): Arbeiter im 20. Jahrhundert, Stuttgart 1991, S. 343–392; sowie die Aufsatzsammlung, ders.: Eigen-Sinn. Fabrikalltag, Arbeitserfahrung und Politik vom Kaiserreich bis in den Faschismus, Hamburg 1993; daneben auch Herbert, Die guten und die schlechten Zeiten, S. 88ff.; Luise Passerini: Arbeitersubjektivität und Faschismus. Mündliche Quellen und deren Impulse für die historische Forschung, in: Lutz Niethammer (Hrsg.): Lebenserfahrung und kollektives Gedächtnis, Frankfurt/M. 1980, S. 214–48; Mason, Bändigung, S. 21–50; Alexander v. Plato: Der Verlierer geht nicht leer aus. Betriebsräte geben zu Protokoll, Berlin 1984, hier S. 15f.

37 Am schärfsten pointiert bei Timothy W. Mason: Arbeiteropposition im nationalsozialistischen Deutschland, in: Peukert/Reulecke: Die Reihen fast geschlossen, S. 293–314. Mason war es aber auch, der einige Jahre später vor einer Überschätzung und Überbewertung des Ausmaßes und der Reichweite des sozialen Arbeiterprotestes warnte (Mason, Bändigung); er kommt damit in vielem der älteren Position von David Schoenbaum nahe (Die braune Revolution. Eine Sozialgeschichte des Dritten Reichs, Köln 1968, vor allem S. 108ff.). Zur Kritik am Konzept der »Arbeiteropposition« vgl. Heinrich August Winkler: Vom Mythos der Volksgemeinschaft, in: AfS 17 (1977), S. 484–91; Ludolf Herbst: Die Krise des nationalsozialistischen Regimes am Vorabend des Zweiten Weltkriegs und die forcierte Aufrüstung. Eine Kritik, in: VfZ 26 (1978), S. 347–93; Mai, Warum steht der deutsche Arbeiter zu Hitler?; dagegen aber jetzt Günther Morsch: Die kalkulierte Improvisation. Streiks und Arbeitsniederlegungen im »Dritten Reich«, in VfZ 36 (1988), S. 649–89, der der Kritik an Mason, der soziale Protest der deutschen Arbeiter habe lediglich »das für eine Periode der Hochkonjunktur oder der Kriegswirtschaft typische normale Maß« besessen, die Frage entgegenstellt, ob »von ›Arbeiteropposition‹ im Sinne Masons im Falle von Arbeitsverweigerungen z. B. nur dann gesprochen werden (könne), wenn die Krankenrate der deutschen Arbeiter in den Betrieben erheblich über den vergleichbaren Zahlen englischer Arbeiter gelegen hätte«; vgl. ders., Arbeit und Brot. Arbeiteropposition und »Resistenz« werden stark betont in den im Zusammenhang mit dem Bayern-Projekt entstandenen Studien von Tenfelde, Proletarische Provinz, vor allem S. 249ff.; 320ff. (»Latente Opposition«); Gerhard Hetzer: Die Industriestadt Augsburg. Eine Sozialgeschichte der Arbeiteropposition, in: Martin Broszat/Elke Fröhlich/Anton Grossmann (Hrsg.): Bayern in der NS-

Zeit, Bd. 3, München 1981, S. 1–234; vgl. auch Ludwig Eiber: Arbeiter unter der NS-Herrschaft. Textil- und Porzellanindustrie im nordwestlichen Oberfranken 1933–1939, München 1979.

38 Zahlen nach Morsch, Improvisation.

39 Zollitsch, S. 357; vgl. Martin Broszat: Einführung zu Teil II, in: ders./Fröhlich (Hrsg.): Bayern in der NS-Zeit, Bd. 1, S. 193–206; ders.: Gesellschaftsgeschichte des Widerstands, in: ders./Elke Fröhlich: Alltag und Widerstand. Bayern im Nationalsozialismus, München 1987, S. 11–74, v. a. S. 29 f.; zum Bergbau: Klaus Wisotzky: Der Ruhrbergbau am Vorabend des Zweiten Weltkriegs, in: VfZ 30 (1982), S. 418–61, hier S. 430; ders., Ruhrbergbau im Dritten Reich, S. 238 ff.; Zimmermann, Schachtanlage, S. 195 ff.; Mai, Warum steht der deutsche Arbeiter zu Hitler?, S. 224 f.; Yano, S. 95 f.

40 Schreiben vom 19. 6. 1939, zit. nach Wisotzky, Ruhrbergbau am Vorabend, S. 451.

41 Zimmermann, Schachtanlage, S. 197 ff.; Wisotzky, Ruhrbergbau im Dritten Reich, S. 262 ff.; allgemein zu den sozialen Auswirkungen der Lohndifferenzierung vgl. Siegel, Lohnpolitik, S. 109 ff.

42 Frei, Führerstaat, S. 109–120, das Zitat auf S. 115; Hans Dieter Schäfer: Das gespaltene Bewußtsein. Über deutsche Kultur und Lebenswirklichkeit 1933–1945, München/Wien 1981; Peukert, Volksgenossen und Gemeinschaftsfremde, S. 221 ff.

43 Arno Klönne: Jugendprotest und Jugendopposition. Von der HJ-Erziehung zum Cliquenwesen der Nachkriegszeit, in: Martin Broszat/Elke Fröhlich/Anton Grossmann (Hrsg.): Bayern in der NS-Zeit, Bd. 4, München 1981, S. 527–620.

44 DB, März 1938, S. 263 f.

45 Mason, Bändigung der Arbeiterklasse, S. 47; Ian Kershaw: Der Hitler-Mythos. Volksmeinung und Propaganda im Dritten Reich, Stuttgart 1980, vor allem S. 111 ff.

46 Die Entwicklung bei Kriegsbeginn ist von Mason, Sozialpolitik, S. 208 ff., ausführlich untersucht und von der weiteren Forschung differenziert und im wesentlichen bestätigt worden. Die Literatur zur Sozialgeschichte der deutschen Arbeiterschaft im Zweiten Weltkrieg ist ungleich schmaler als für die Zeit davor; grundlegend ist die Pionierstudie von Wolfgang Franz Werner: »Bleib übrig«. Deutsche Arbeiter in der nationalsozialistischen Kriegswirtschaft, Düsseldorf 1983; zur sozialpolitischen Entwicklung während des Krieges: Recker, Sozialpolitik; vgl. auch Dietmar Petzina: Soziale Lage der deutschen Arbeiter und Probleme des Arbeitseinsatzes während des Zweiten Weltkrieges in: Waclaw Długoborski (Hrsg.): Zweiter Weltkrieg und sozialer Wandel. Achsenmächte und besetzte Länder, Göttingen 1981, S. 65–86; Ludolf Herbst: Der Totale Krieg und die Ordnung der Wirtschaft, Stuttgart 1982, vor allem S. 93 ff.; Dietrich Eichholtz: Geschichte der deutschen Kriegswirtschaft 1930–1945, 2 Bde., Berlin (DDR) 1971, 1985; zur Er-

fahrungsanalyse vgl. vor allem Lutz Niethammer: Heimat und Front. Versuch, zehn Kriegserinnerungen aus der Arbeiterklasse des Ruhrgebietes zu verstehen, in: Ders. (Hrsg.), Jahre, S. 163–232.

47 Lagebericht der Rüstungs-Inspektion Münster v. 27.3.1940, zit. nach Recker, Sozialpolitik, S. 77.

48 Peter Bucher: Das SS-Sonderlager Hinzert bei Trier, in: Jahrbuch für westdeutsche Landesgeschichte 4 (1978), S. 413–39; zum Ausbau des Repressionssystems und des Kampfes gegen »Arbeitsbummelei« bei Kriegsbeginn sowie zu den »Arbeitserziehungslagern« vgl. Werner, S. 171–92; Ulrich Herbert: Fremdarbeiter. Politik und Praxis des »Ausländer-Einsatzes« in der Kriegswirtschaft des Dritten Reiches, Berlin 1985, S. 117ff.; 299ff.; Stefan Karner: Arbeitsvertragsbrüche als Verletzung der Arbeitspflicht im »Dritten Reich«, in: AfS 21 (1981), S. 269–328.

49 Heß an Göring, 18.9.1939, zit. nach Recker, Sozialpolitik, S. 44.

50 Werner, S. 99ff.; 110ff.; 121; zur Problematik der Berechnung der Reallöhne während des Krieges vgl. Hachtmann, Lebenshaltungskosten, vor allem S. 68ff.; Siegel, Lohnpolitik, S. 101 ff.

51 Winkler, Frauenarbeit, S. 55ff.; allerdings lag der Frauenanteil unter den einheimischen Erwerbstätigen bei Kriegsbeginn mit 37,3% um mehr als 10% höher als in England oder in den USA; 1944 waren es in Deutschland 51%, in Großbritannien 37,9% und in den USA 35,7%. Vgl. Richard J. Overy: »Blitzkriegswirtschaft«? Finanzpolitik, Lebensstandard und Arbeitseinsatz in Deutschland 1939–1942, in: VfZ 36 (1988), S. 379–436, hier S. 425f.; darin drückt sich allerdings auch der durch den »Ausländereinsatz« ermöglichte höhere Anteil von zum Militär eingezogenen Männern aus. Wichtiger als die offiziell erfaßte und bezahlte Erwerbstätigkeit wurden im Verlauf des Krieges die »Dienste« aller Art, von der Tätigkeit in Lazaretten über Luftschutzdienst bis zu den Wohlfahrtsorganisationen der Partei und anderer Institutionen; dazu fehlen allerdings wissenschaftliche Untersuchungen völlig; vgl. auch ders.: War and Economy in the Third Reich, Oxford 1994.

52 Gutachten des RAM, 1939, zit. in Erwin Gerlach: Die Entlohnung der Frauenarbeit, in: Monatshefte für NS-Sozialpolitik 7 (1940), S. 141f. Zum Spannungsverhältnis zwischen kriegswirtschaftlichen Sachzwängen und ideologischer Perspektive seit Kriegsbeginn und vor allem nach dem Sieg gegen Frankreich vgl. Herbst, Totaler Krieg, S. 127ff.

53 Overy, Blitzkriegswirtschaft; Hachtmann, Lebenshaltungskosten, S. 70f.

54 Heinz Boberach (Hrsg.): Meldungen aus dem Reich. Die geheimen Lageberichte des Sicherheitsdienstes der SS 1938–1945, 17 Bde., Herrsching 1984, hier Bd. 4, S. 1305; vgl. Kershaw, Hitler-Mythos, S. 135ff.; Detlev Peukert: Die KPD im Widerstand, Wuppertal 1980, S. 322ff.

55 Dazu i. e. die Beiträge in: H. Boog u. a. (Hrsg.): Der Angriff auf die Sowjetunion (Das Deutsche Reich und der Zweite Weltkrieg, Bd. 4),

Stuttgart 1983; vor allem Jürgen Förster: Hitlers Entscheidung für den Krieg gegen die Sowjetunion (S. 3ff.); Rolf-Dieter Müller: Das Unternehmen »Barbarossa« als Eroberungs- und Vernichtungskrieg (S. 413ff.); hier auch der beste Überblick über die Literatur. Zur wirtschaftlichen Bedeutung der besetzten Gebiete insgesamt vgl. etwa Eichholtz, Kriegswirtschaft, Bd. 2, S. 490ff.; zum politisch wichtigen Vergleich mit der Situation während des Ersten Weltkriegs Lothar Burchardt: Die Auswirkungen der Kriegswirtschaft auf die deutsche Zivilbevölkerung im Ersten und im Zweiten Weltkrieg, in: MM 12. 1974, S. 65–97.

56 Eduard Willeke: Der Arbeitseinsatz im Kriege, in JNS 154. 1941, S. 177–201, 311–48, hier S. 347f.; zur Beschäftigung von ausländischen Zivilarbeitern, Kriegsgefangenen und KZ-Häftlingen vgl. den Beitrag »›Ausländereinsatz‹ in der deutschen Kriegswirtschaft, 1939–1945«, in diesem Band, S. 121–135.

57 Ulrich Herbert: Fremdarbeiter. Politik und Praxis des »Ausländer-Einsatzes« in der Kriegswirtschaft des Dritten Reiches, Berlin/Bonn 1985, S. 303.

58 1941 waren 16,9% aller deutschen Industriearbeiter zum Militärdienst eingezogen, 1944: 39,9%. Im Bergbau waren es nur 11% (1941) bzw. 20,2% (1944). Nach: Kräftebilanz der deutschen Industrie, BA Koblenz R 12 I/79. Sozialgeschichtliche Untersuchungen zur Wehrmacht bzw. den deutschen Soldaten während des Krieges fehlen. Die Studie von Omer Bartov: The Eastern Front 1941–1945: German Troops and the Barbarization of Warfare, London 1986, untersucht die Perspektive der Offiziere des deutschen Ostheeres auf der Basis von Tagebucheintragungen; Bernhard R. Kroener: Auf dem Weg zu einer »nationalsozialistischen Volksarmee«. Die soziale Öffnung der Heeresoffizierskorps im Zweiten Weltkrieg, in: Martin Broszat/Klaus-Dietmar Henke/Hans Woller (Hrsg.): Von Stalingrad zur Währungsreform. Zur Sozialgeschichte des Umbruchs in Deutschland, München 1988, S. 651–82, belegt immerhin, daß Ende 1942 knapp 9% der Offiziersbewerber aus der Industriearbeiterschaft und den ländlichen Unterschichten stammten (S. 679) und läßt damit vermuten, daß die Aufstiegsmöglichkeiten innerhalb der Wehrmacht in die Unteroffizierslaufbahn auch für Arbeiter nicht unbeträchtlich waren. Zur Erfahrungsanalyse vor allem Niethammer: Heimat und Front; Hans-Joachim Schröder: Kasernenzeit. Arbeiter erzählen von der Militärausbildung im Dritten Reich, Frankfurt/M. 1985; ders.: Die gestohlenen Jahre. Erzählgeschichten und Geschichtserzählung im Interview: Der Zweite Weltkrieg aus der Sicht ehemaliger Mannschaftssoldaten, Tübingen 1992. Hinweise auch bei Albrecht Lehmann: Erzählstruktur und Lebenslauf. Autobiographische Untersuchungen, Frankfurt/M. 1983, S. 120ff.; ders.: Krieg – Urlaub – Gastarbeiter. Zur Erfahrung »des Ausländers« in der Lebensgeschichte von Hamburger Arbeitern, in: AfS 24 (1984), S. 457–80.

59 Boberach (Hrsg.): Meldungen aus dem Reich, 23.3.1942, Bd. 9, S. 3504 ff.; vgl. Werner, S. 193 ff.; Steinert, S. 283 ff.

60 Zum »Schwarzmarkt«: Werner, S. 217 ff.; Herbert, Fremdarbeiter, S. 296 ff. Eine eingehende Untersuchung der »zweiten Ökonomie«, die sich auf Kriegs- und Nachkriegszeit beziehen müßte, fehlt; vgl. aber Lutz Niethammer: Privat-Wirtschaft. Erinnerungsfragmente einer anderen Umerziehung, in: Ders. (Hrsg.): »Hinterher merkt man, daß es richtig war, daß es schiefgegangen ist«. Nachkriegserfahrungen im Ruhrgebiet, Berlin 1983, S. 17–106.

61 Vgl. Ursula Büttner: »Gomorrha«. Hamburg im Bombenkrieg, Hamburg 1993; Olaf Groehler: Bombenkrieg gegen Deutschland, Berlin 1990; Marie-Luise Recker: Wohnen und Bombardierung im Zweiten Weltkrieg, in: Lutz Niethammer (Hrsg.): Wohnen im Wandel. Beiträge zur Geschichte des Alltags in der bürgerlichen Gesellschaft, Wuppertal 1979, S. 408–28; dies., Sozialpolitik, S. 250–365; Kershaw, Hitler-Mythos, S. 176 ff.; Werner, S. 56 ff.; vgl. auch United States Strategic Bombing Survey: The Effects of Strategic Bombing on German Morale, Washington 1947.

62 Zur Reaktion nach dem 20. Juli: Steinert, S. 469 ff.; zum Arbeiterwiderstand zusammenfassend die Beiträge von Sywottek, Lehnert, Schneider, Kershaw, Tenfelde, Klessmann, Albrecht, Allen, Steinberg und Peukert in Jürgen Schmädeke/Peter Steinbach (Hrsg.): Der Widerstand gegen den Nationalsozialismus, München 1985. Zum Widerstand der ausländischen Zivilarbeiter und Kriegsgefangenen vgl. »Von der ›Arbeitsbummelei‹ zum ›Bandenkampf‹«, in diesem Band, S. 137–155. Der Bericht über die »Überanstrengung« in: Boberach (Hrsg.): Meldungen aus dem Reich, 19.8.1943, Bd. 14, S. 5643 ff.

63 Zu den Evakuierungen: Werner, S. 268 ff.; auf der Basis der »Meldungen aus dem Reich« vorwiegend vom Sommer 1943, zit. S. 273; Recker, Sozialpolitik, S. 253 ff. Von den über 170000 unter 18jährigen in Essen beispielsweise lebten im April 1945 noch etwa 50000 in der Stadt; nach Hubert Schmitz: Die Bewirtschaftung der Nahrungsmittel und Verbrauchsgüter 1939–1950, Essen 1956, S. 257 f.; zu den Betriebsverlagerungen: Werner, S. 285; Rainer Fröbe: »Wie bei den alten Ägyptern«. Die Verlegung des Daimler-Benz-Flugmotorenwerkes Genshagen nach Obrigheim am Neckar 1944/45 in: Das Daimler-Benz Buch. Ein Rüstungskonzern im »Tausendjährigen Reich«, hrsg. von der Hamburger Stiftung für Sozialgeschichte des 20. Jahrhunderts, Nördlingen 1987, S. 392–470. Zur Orientierung auf den Betrieb in der letzten Kriegsphase: Werner, S. 329 ff.; vgl. auch Broszat/Fröhlich (Hrsg.): Bayern, Bd. 1, S. 665–88; Steinert, S. 455 ff.

64 Franz L. Neumann: Behemoth. Struktur und Praxis des Nationalsozialismus, 1933–1944, Frankfurt/M. 1984, S. 18. Vgl. auch Frank Trommler: »Deutschlands Sieg oder Untergang«. Perspektiven aus dem Dritten Reich auf die Nachkriegsentwicklung, in: Thomas Koebner/Gert Sau-

termeister/Sigrid Schneider (Hrsg.): Deutschland nach Hitler. Zukunftspläne im Exil und aus der Besatzungszeit 1939–1949, Opladen 1987, S. 214–28.

Der »Ausländer-Einsatz« in der deutschen Kriegswirtschaft, 1939–1945

1 Nach: Statistical Handbook of Germany, OMGUS, Fürstenhagen 1946, Stichtag jeweils 1. Mai, Gebiet: »Großdeutsches Reich«; zum folgenden: Ulrich Herbert: Fremdarbeiter-Politik und Praxis des »Ausländer-Einsatzes« in der Kriegswirtschaft des Dritten Reiches, Berlin/Bonn 1985; ders.: Geschichte der Ausländerbeschäftigung in Deutschland, 1880–1980. Saisonarbeiter, Zwangsarbeiter, Gastarbeiter, Berlin/Bonn 1986; ders. (Hrsg.): Europa und der »Reichseinsatz«. Ausländische Zivilarbeiter, Kriegsgefangene und KZ-Häftlinge in der deutschen Kriegswirtschaft, 1938–1945, Essen 1991; Klaus-Jörg Siegfried: Rüstungsproduktion und Zwangsarbeit im Volkswagenwerk 1939–1945, Frankfurt/M. 1987; Eva Seeber: Zwangsarbeiter in der faschistischen Kriegswirtschaft, Berlin (DDR) 1964; Edward L. Homze: Foreign Labor in Nazi Germany, Princeton 1967; Dietrich Eichholtz: Geschichte der deutschen Kriegswirtschaft, 2 Bde., Berlin (DDR) 1971/1985. Die Literatur hat sich seither stark ausgedehnt, vgl. Klaus-Jörg Siegfried: Das Leben der Zwangsarbeiter im Volkswagenwerk 1939–1945, Frankfurt/M. 1988; Uwe Kaminsky: Fremdarbeiter in Ratingen während des Zweiten Weltkrieges, in: Ratinger Forum, H. 1, 1989, S. 90–213; Dieter Vaupel: Spuren, die nicht vergehen. Eine Studie über Zwangsarbeit und Entschädigung, Kassel 1990; Andreas Heusler: Zwangsarbeit in der Münchner Kriegswirtschaft 1939–1945, München 1991; Karl Hüser/Reinhard Otto: Das Stammlager 326 (VI K) Senne, 1941–1945. Sowjetische Kriegsgefangene als Opfer des nationalsozialistischen Weltanschauungskrieges, Bielefeld 1992; Helga Kohne/Christoph Laue (Hrsg.): Deckname Genofa. Zwangsarbeit im Raum Herford 1939 bis 1945 (Herforder Forschungen, Bd. 6), Bielefeld 1992; Hans-Henning Krämer/Inge Plettenberg: Feind schafft mit... Ausländische Arbeitskräfte im Saarland während des Zweiten Weltkrieges, Ottweiler 1992; Heinz Weischer: Russenlager. Russische Kriegsgefangene in Heesen (Hamm) 1942–1945, Essen 1992; Gerd Wysocki: Arbeit für den Krieg. Herrschaftsmechanismen in der Rüstungsindustrie des »Dritten Reiches«. Arbeitseinsatz, Sozialpolitik und staatspolizeiliche Repression bei den Reichswerken »Hermann Göring« im Salzgitter-Gebiet 1937/38–1945, Braunschweig 1992; Delef Creydt/August Meyer: Zwangsarbeit für die »Wunderwaffen« in Südniedersachsen, 1943–1945, Bd. 1, Braunschweig 1993; dies.: Zwangsarbeit für die Rüstung im südniedersächsischen Bergland, 1939–1945, Braunschweig 1994.

2 Zur Tradition der Ausländerbeschäftigung vgl. Klaus J. Bade: »Billig und willig« – die »ausländischen Wanderarbeiter« im kaiserlichen Deutschland, in: Ders. (Hrsg.): Deutsche im Ausland – Fremde in Deutschland. Migration in Geschichte und Gegenwart, München 1992, S. 311–324; Herbert, Ausländerbeschäftigung, S. 15–119.

3 Czesław Luczak, Polscy robotnicy przymusowi w Trzeciej Rzeszy podczas II. wojny swiatowej, Poznan 1974. Zur Entwicklung in den einzelnen Ländern s. die Beiträge in: Herbert (Hrsg.), Europa und der »Reichseinsatz«.

4 »Meldungen aus dem Reich«, 17.8.1942.

5 Christian Streit: Keine Kameraden. Die Wehrmacht und die sowjetischen Kriegsgefangenen 1941–1945, Stuttgart 1978; Rolf-Dieter Müller: Das Scheitern der wirtschaftlichen »Blitzkriegstrategie«, in: Horst Boog u.a./(Hrsg.): Der Angriff auf die Sowjetunion (Das Deutsche Reich und der Zweite Weltkrieg, Bd. 4), Stuttgart 1983, S. 936–1029.

6 Dazu im einzelnen Herbert, Fremdarbeiter, S. 132ff.

7 Aufz. d. Ausw. Amtes v. 16.8.1943, Nürnberger Dokumente, NG 2562.

8 »Der Arbeitseinsatz im Großdeutschen Reich«, Nr. 10, 31.10.1944.

9 Zum folgenden Falk Pingel: Häftlinge unter SS-Herrschaft, Hamburg 1978; Ulrich Herbert: Arbeit und Vernichtung. Ökonomisches Interesse und Primat der »Weltanschauung« im Nationalsozialismus, in: Ders. (Hrsg.), Europa und der »Reichseinsatz«, S. 384–426; Rainer Fröbe: Der Arbeitseinsatz von KZ-Häftlingen und die Perspektive der Industrie, in: Ebenda, S. 351–383; Hermann Kaienburg: »Vernichtung durch Arbeit«. Der Fall Neuengamme, Bonn 1990.

10 Bespr. Dorsch mit Hitler am 6./7.4.1944, Bundesarchiv Koblenz R3/1509.

11 Vgl. Wolfgang Jacobmeyer: Vom Zwangsarbeiter zum Heimatlosen Ausländer. Die Displaced Persons in Westdeutschland 1945–1951, Göttingen 1985; Angelika Königseder/Juliane Wetzel: Die jüdischen DPs (Displaced Persons) im Nachkriegsdeutschland, Frankfurt/M. 1994.

Von der »Arbeitsbummelei« zum »Bandenkampf«

Opposition und Widerstand der ausländischen Zwangsarbeiter in Deutschland, 1939–1945

1 Vgl. Peter Hoffmann: Widerstand, Staatsstreich, Attentat. Der Kampf der Opposition gegen Hitler, München 1969, S. 355–370.

2 Goebbels bemerkte im März 1943 dazu: »Sollte es in Berlin einmal unter den ausländischen Arbeitern zu Revolteversuchen kommen, so will der Führer die Leibstandarte in die Reichshauptstadt schicken; sie würde dann ein Exempel statuieren, daß jedem (Liebhaber) solcher Exzesse die Lust verginge.« Goebbels-Tagebücher, Eintragung vom 8.3.1943, zit.

nach Max Domarus (Hrsg.): Hitler. Reden und Proklamationen 1932–1945, 2 Bde., Wiesbaden ^{2}1973, Bd. 2, Seite 1996.

3 In den älteren Darstellungen zur Geschichte der ausländischen Zwangsarbeiter wird dieser Aspekt nicht oder am Rande behandelt; s. Hans Pfahlmann: Fremdarbeiter und Kriegsgefangene in der deutschen Kriegswirtschaft 1939–1945, Darmstadt 1968; Edward L. Homze: Foreign Labor in Nazi Germany, Princeton 1967 (dort aber S. 219–238). In der westdeutschen Widerstandsforschung, die in den letzten Jahren doch außerordentlich breit geworden ist, bleibt der Widerstand der ausländischen Zwangsarbeiter und Kriegsgefangenen in Deutschland außen vor; siehe repräsentativ: Bibliographie »Widerstand«, bearb. von Ulrich Cartarius, München u. a. 1984; Jürgen Schmädeke/Peter Steinbach (Hrsg.): Der Widerstand gegen den Nationalsozialismus, Berlin 1994.

4 Dazu sehr aufschlußreich Bernd A. Rusinek: Gesellschaft in der Katastrophe: Terror, Illegalität, Widerstand – Köln 1944/45, Essen 1989; vgl. auch Detlev Peukert: Die Edelweißpiraten. Protestbewegungen jugendlicher Arbeiter im Dritten Reich, Köln 1980.

5 Die frühe DDR-Forschung hat diesen Komplex eher pauschal und polemisch behandelt, hier war die »machtvolle Solidarität« zwischen deutschen und ausländischen Arbeitern ebenso unbestritten wie unbewiesen. Erst seit Ende der siebziger Jahre wurden vorsichtige Ansätze zur Differenzierung erkennbar, vgl. etwa: Deutschland im Zweiten Weltkrieg, von einem Autoren-Kollektiv unter Leitung von Wolfgang Schumann und Gerhart Hass, 6 Bände, Köln 1974–1984, Bd. 4, S. 500; sowie Dietrich Eichholtz: Geschichte der deutschen Kriegswirtschaft, 1930–1945, Band 2 (1941–1943), Berlin (DDR) 1985, S. 288–292; Laurenz Demps: Einige Bemerkungen zur Veränderung der innenpolitischen Situation im faschistischen Deutschland durch den Einsatz ausländischer Zwangsarbeiter, in: Fremdarbeiterpolitik des Imperialismus, H. 1, Rostock 1974, S. 97–118.

6 Vgl. Eva Seeber: Zwangsarbeiter in der faschistischen Kriegswirtschaft. Die Deportation und Ausbeutung polnischer Bürger unter besonderer Berücksichtigung der Lage der Arbeiter aus dem sogenannten Generalgouvernement 1939–1945, Berlin (DDR) 1964, S. 206–254; Jochen August: Die Entwicklung des Arbeitsmarktes in Deutschland in den dreißiger Jahren und der Masseneinsatz ausländischer Arbeitskräfte während des Zweiten Weltkriegs. Das Fallbeispiel der polnischen zivilen Arbeitskräfte und Kriegsgefangenen, in: AfSG 24 (1984), S. 305–354; Herbert, Fremdarbeiter, S. 67–95; Überblick bei Czeslaw Luczak: Polnische Arbeiter im nationalsozialistischen Deutschland während des Zweiten Weltkriegs. Entwicklung und Aufgaben der polnischen Forschung, in: Ulrich Herbert (Hrsg.): Europa und der »Reichseinsatz«. Ausländische Zivilarbeiter; Kriegsgefangene und KZ-Häftlinge in Deutschland 1938–1945, Essen 1991, S. 90–106.

7 Protokoll der Sitzung des Ausländer-Arbeitskreises beim RSHA, 20.2.1942, BA, R 16/162.

8 RdSchr. des RSHA – III D 5 – 25.4.1941, BA, R 58/1990, S. 66 ff.

9 Für die französischen Zivilarbeiter s. Yves Durand: Vichy und der »Reichseinsatz«, in: Herbert (Hrsg.), Reichseinsatz, S. 181–200.

10 Bericht Hässler, 16.3.1943, zit. n. Ulrich Herbert: Fremdarbeiter. Politik und Praxis des »Ausländer-Einsatzes« in der Kriegswirtschaft des Dritten Reiches, Berlin/Bonn 1985, S. 297.

11 »Meldungen aus dem Reich«, 17.8.1943.

12 Berechnet nach den Verhaftungsstatistiken der Gestapo, in: Deutschland im Zweiten Weltkrieg, Band 3, S. 241, Bd. 4, S. 407. Zur Verfolgung speziell der polnischen Fremdarbeiter durch die Gestapo vgl. Robert Gellately: Die Gestapo und die deutsche Gesellschaft. Die Durchsetzung der Rassenpolitik 1933–1945, Paderborn 1993, S. 243–283.

13 Wolfgang F. Werner: Die Arbeitserziehungslager als Mittel nationalsozialistischer »Sozialpolitik« gegen deutsche Arbeiter, in: Waclaw Długoborski (Hrsg.): Zweiter Weltkrieg und sozialer Wandel, Göttingen 1981, S. 138–147; Herbert, Fremdarbeiter, S. 117–121, 307–309; sowie in regionaler Perspektive Gerd Wysocki: Arbeit für den Krieg. Herrschaftsmechanismen in der Rüstungsindustrie des »Dritten Reiches«. Arbeitseinsatz, Sozialpolitik und staatspolizeiliche Repression bei den Reichswerken »Hermann Göring« im Salzgitter-Gebiet 1937/38–1945, Braunschweig 1992, S. 312–369; Deflef Korte: »Erziehung« ins Massengrab. Die Geschichte des Arbeitserziehungslagers Nordmark, Kiel-Russee 1944–1945, Kiel 1991; Klaus-Michael Mallmann/Gerhard Paul: Herrschaft und Alltag. Ein Industrierevier im Dritten Reich. Widerstand und Verweigerung im Saarland 1935–1945, Band 2, Berlin/Bonn 1991, S. 314 ff.

14 Seeber, S. 212 ff.; Herbert, Fremdarbeiter, S. 309–313.

15 Im Gauarbeitsamtsbezirk Westfalen-Nord wurden im Februar/März 1944 795 deutsche Arbeitskräfte wegen »Arbeitsvertragsbruch« und »Arbeitsbummelei« bestraft (60/100000 Beschäftigte); davon 447 durch Ordnungsstrafen, 181 nach gerichtlichen Verurteilungen, 46 wurden in Arbeitserziehungslager oder Konzentrationslager eingeliefert. Bei den Ausländern insgesamt ergaben sich folgende Zahlen: 346 (136 auf 100000), 10 Ordnungsstrafen, 5 Verurteilungen, 274 AEL und KL; Polen: 82 (139/100000), 55 AEL/KL; Westarbeiter: 46 (82/1000000), 27 AEL/KL; s. Herbert, Fremdarbeiter, S. 303.

16 Affidavit Hässler, 15.3.1948, Nürnberger Prozesse, Fall X, D 16, Dok. Bülow 537.

17 Dazu ausführlich, wenngleich auf unzureichendem Quellenmaterial basierend, Josef A. Brodski: Im Kampf gegen den Faschismus. Sowjetische Widerstandskämpfer in Hitlerdeutschland 1941–1945, Berlin (DDR) 1975; ders.: Die Lebenden kämpfen. Die illegale Organisation Brüderliche Zusammenarbeit der Kriegsgefangenen, BSW, Berlin (DDR) 1968;

vgl. Alfred Streim: Die Behandlung sowjetischer Kriegsgefangener im »Fall Barbarossa«, Karlsruhe 1981, S. 147–152; Herbert, Fremdarbeiter, S. 316 ff.; Hinweise auch bei Mallmann/Paul, S. 400 ff.

18 »Meldungen aus dem Reich«, 21.2.1944.

19 »Meldungen wichtiger staatspolizeilicher Ereignisse«, 12.5.–12. 11. 1944, IfZ, MA 442/2, und BA, R 58/213.

20 Herbert, Fremdarbeiter, S. 331 ff.; Rusinek, passim.

21 Ebenda, S. 336 ff.

Nicht entschädigungsfähig?
Die Wiedergutmachungsansprüche der Ausländer

1 Georg Blessin/Hans Wilden: Bundesentschädigungsgesetze, Kommentar, München 1957, S. 131.

2 Dazu ausführlich Wolfgang Jacobmeyer: Vom Zwangsarbeiter zum Heimatlosen Ausländer. Die Displaced Persons in Westdeutschland 1945–1951, Göttingen 1985.

3 Hierzu Ulrich Herbert: Fremdarbeiter. Politik und Praxis des »Ausländer-Einsatzes« in der Kriegswirtschaft des Dritten Reiches, Berlin/Bonn 1985; ders: Geschichte der Ausländerbeschäftigung in Deutschland 1880 bis 1980, Berlin/Bonn, S. 120–178. Der Begriff »Zwangsarbeiter« ist allerdings unscharf und wird vor allem in der Publizistik häufig undifferenziert oder falsch verwendet. Er hat keinen personenstandsrechtlichen Charakter, sondern drückt unter Berücksichtigung der Umstände sowohl die Rekrutierung wie der Arbeits- und Lebensbedingungen eine Bewertung des Schicksals der Betroffenen aus. Zu unterscheiden ist dabei aber zwischen den ausländischen Zwangsarbeitern, umgangssprachlich »Fremdarbeiter« genannt, den Kriegsgefangenen, die zur Arbeit in der Privatwirtschaft herangezogen wurden, und den KZ-Häftlingen, die Zwangsarbeit leisten mußten. Diese Unterscheidung ist wegen der erheblichen Unterschiede, sowohl was die Lebensbedingungen als auch den juristischen Status angeht, von Bedeutung. Von diesen Gruppen noch einmal deutlich zu trennen sind die deutschen »Dienstverpflichteten«, deren Schicksal sich von dem der genannten drei Gruppen grundlegend unterscheidet. Im folgenden spreche ich von »Zwangsarbeitern«, wenn ich Zivilarbeiter, Kriegsgefangene und KZ-Häftlinge insgesamt meine, sonst verwende ich die Einzelbezeichnungen.

4 Vgl. i. e. Falk Pingel: Häftlinge unter SS-Herrschaft. Widerstand, Selbstbehauptung und Vernichtung im Konzentrationslager, Hamburg 1978; Ulrich Herbert: Arbeit und Vernichtung. Ökonomisches Interesse und Primat der »Weltanschauung« im Nationalsozialismus, in: Ders. (Hrsg.): Europa und der Reichseinsatz. Ausländische Zivilarbeiter, Kriegsgefangene und KZ-Häftlinge in Deutschland 1938–1945, Essen 1991, S. 384–426.

5 Vgl. Herbert, Arbeit und Vernichtung, S. 226 ff.; hinzu kamen weitere Gruppen, etwa die zur Arbeit bei der Organisation Todt verpflichteten Zwangsarbeiter; die »Hiwis«, also zivile Hilfskräfte der Wehrmacht; und andere Gruppen, auf die in diesem Zusammenhang nicht näher eingegangen wird.

6 Vgl. Ulrich Herbert: Apartheid nebenan. Erinnerungen an die Fremdarbeiter im Ruhrgebiet, in: Lutz Niethammer (Hrsg.): Lebensgeschichte und Sozialkultur im Ruhrgebiet 1930–1960, Bd. 1, Berlin/Bonn 1983, S. 233–266.

7 Vgl. dazu: Rudolf Huhn: Die Wiedergutmachungsverhandlungen in Wassenaar, in: Ludolf Herbst/Constantin Goschler (Hrsg.): Wiedergutmachung in der Bundesrepublik Deutschland, München 1989, S. 139–160; sowie Michael Wolffsohn: Globalentschädigung für Israel und die Juden? Adenauer und die Opposition in der Bundesrepublik, in: Ebenda, S. 161–180.

8 Vgl. etwa Hans Granow: Ausländische Kriegsschädenansprüche und Reparationen, in: Archiv für öffentliches Recht 77 (1951), S. 66–78; Hans Gurski: Das Abkommen über deutsche Auslandsschulden und seine Durchführungsbestimmungen, Kommentar (Loseblattsammlung), Köln 1956 ff., S. 182a.

9 Absatz IV des Potsdamer Abkommens, »Reparationen aus Deutschland«, Amtsblatt des Kontrollrats in Deutschland, Jg. 1945, Erg.bl. Nr. 1, S. 13 ff.; die Erklärung Polens in Art. II der »Vereinbarung über die Ersatzleistung für Schäden, die durch die deutsche Besatzung verursacht worden sind«, v. 16.8.1945, abgedr. in: Dokumentation der deutsch-polnischen Beziehungen 1945–1959, zusammengest. v. J. Maass, Bonn 1960, S. 82 f.; vgl. auch Czesław Pilichowski: Wiedergutmachung für die Polen, in: Die Bundesrepublik Deutschland und die Opfer des Nationalsozialismus, Evangelische Akademie Bad Boll, Protokolldienst 14/84, S. 34–50, hier S. 35 f.

10 Heinz Geyr: Auf dem Wege zur Aussöhnung. Bonn, Warschau und die humanitären Fragen, Stuttgart 1978, S. 70 f.

11 Abgedr. in Blessin/Wilden, 1957, S. 1295 f.

12 Vgl. Gurski, Das Abkommen; Ernst Féaux de la Croix: Betrachtungen zum Londoner Schuldenabkommen, in: Beiträge zum ausländischen öffentlichen Recht und Völkerrecht, Heft 29 (Festgabe Bilfinger), Köln/Berlin 1954, S. 27–70; ders.: Schadensersatzansprüche ausländischer Zwangsarbeiter im Lichte des Londoner Schuldenabkommens, in: NJW 1960, S. 2268–2271.

13 Prof. Scheuner, 2.6.1950, zit. n. Jacobmeyer, S. 234.

14 BGBl. 1953 II, S. 331; auch: Deutscher Bundestag (BT), Drucksache 1/4260.

15 Helmut Rumpf: Die deutsche Frage und die Reparationen, in: Zeitschrift für ausländisches öffentliches Recht und Völkerrecht (ZaöRV), 33 (1973), S. 344–370, hier 347.

16 Die Akten der deutschen Delegation bei den Londoner Verhandlungen sind im PA d. AA Bonn als Verschlußsache gekennzeichnet und nicht freigegeben; die Protokolle der vorbereitenden Besprechungen vom 5.–17. Juli und der Vorkonferenz vom 5.–17. Juni 1951 in: Deutsche Auslandsschulden. Dokumente zu den internationalen Verhandlungen Oktober 1950 bis Juli 1951, hrsg. vom Auswärtigen Amt u. a., Hameln 1951; die Regierungskonferenz v. 15.9.1952 bis 27.2.1953 in: Dokumente. Protokolle zum Abkommen über deutsche Auslandsschulden vom 27. Februar 1953, hrsg. vom Auswärtigen Amt, Bonn. Die Protokolle der Informellen Besprechungen v. 29.1. bis 6.2.1953 in: BT-Drs. 1/4478, Anl. 3. Zur historischen Würdigung vgl. v. a. Hans-Peter Schwarz (Hrsg.): Die Wiederherstellung des deutschen Kredits. Das Londoner Schuldenabkommen, Stuttgart/Zürich 1982; Hermann J. Abs: Konrad Adenauer und die Wirtschaftspolitik der fünfziger Jahre, in: Dieter Blumenwitz u. a. (Hrsg.): Konrad Adenauer und seine Zeit, Bd. 1, Stuttgart 1976, S. 229–245; ders.: Zeitfragen der Geld- und Wirtschaftspolitik. Aus Vorträgen und Aufsätzen, Frankfurt/M. 1959; ders.: Entscheidungen 1949–1953. Die Entstehung des Londoner Schuldenabkommens, Mainz/München 1991; Jörg Fisch: Reparationen nach dem Zweiten Weltkrieg, München 1992, S. 117 ff. u. ö.; Christoph Buchheim: Das Londoner Schuldenabkommen, in: Ludolf Herbst (Hrsg.): Westdeutschland 1945–1955, München 1986, S. 219–227. Zur juristischen Beurteilung vgl. v. a. den Kommentar von Gurski, Das Abkommen (Anm. 8); ders.: Die Forderungen der Verbündeten des Deutschen Reiches gegen deutsche Schuldner nach dem Londoner Schuldenabkommen, in: Der Betriebsberater 9 (1954), S. 909 ff.; ders.: Kriegsforderungen, in: Außenwirtschaftsdienst des Betriebsberaters, Januar 1961, S. 12–16; Granow, Ausländische Kriegsschädensansprüche (Anm. 8); Féaux de la Croix, Betrachtungen (Anm. 12); ders.: Wiedergutmachung als Aufgabe der deutschen Nachkriegspolitik – Lösungen und ungelöste Probleme, in: Hans Jochen Vogel/Helmut Simon/Adalbert Podlech (Hrsg.): Die Freiheit des Anderen, Baden-Baden 1981, S. 243–256; ders., Schadensersatzansprüche; J. Wolany: Sieben Jahre Londoner Schuldenabkommen, ein Rückblick, in: Wertpapiermitteilungen, 1960, S. 1106 ff.

17 Vgl. den Schriftwechsel vom 6. März 1951 zwischen der Bundesregierung und den Regierungen der drei Westmächte, in: BT-Drs. 1/4260, Anhang A, S. 141 ff.

18 Vgl. die Berechnungen von Abs, in: Schwarz: Die Wiederherstellung (Anm. 16), S. 32.

19 Vgl. die Einlassungen Abs' bei den Informellen Besprechungen über die Regierungsanfrage zu dem Entwurf des Abkommens über deutsche Auslandsschulden (sog. »minutes«), 1. Sitzung, 29. 1. 1953, Anl. 3 zu BT-Drs. 1/4478, P. 75, S. 10.

20 Konrad Adenauer: Erinnerungen, 1953–1955, Stuttgart 1966, S. 143.

21 »Vertrag zur Regelung aus Krieg und Besatzung entstandener Fragen« (Überleitungsvertrag) v. 26.5.1952, i. d. Fassung des Protokolls über die Beendigung des Besatzungsregimes vom 23. Oktober 1954, BGBl. 1955 II, S. 215 ff., hier: Art. 1 des sechsten Teils: »Die Frage der Reparationen wird durch den Friedensvertrag zwischen Deutschland und seinen ehemaligen Gegnern oder vorher durch diese Frage betreffende Abkommen geregelt werden.«

22 Vgl. »Denkschrift zu den Abkommen über deutsche Auslandsschulden«, Anl. 1 d zur BT-Drs. 1/4260, 13.4.1953, S. 158.

23 Informelle Besprechungen (wie Anm. 19), S. 55.

24 Ebenda, S. 11.

25 Denkschrift v. 13.4.1953 (Anm. 22), S. 158.

26 Anl. VIII zum LSchA, BT-Drs. 1/4260, S. 132.

27 Hans-Peter Schwarz: Die Ära Adenauer, 1949–1957 (Geschichte der Bundesrepublik Deutschland, Bd. 2) Stuttgart 1981, S. 184.

28 Vgl. etwa: »Vertrag mit 18 Gläubigern«, Die Welt, 28.2.1953; »Deutschland bezahlt die Schulden«, Die Zeit, 26.2.1953; »Schulden-Rückzahlung soll beginnen«, Handelsblatt, 23.3.1953. Die Berichterstattung über das Abkommen war insgesamt aber wenig umfangreich, beschränkte sich auf die Wirtschaftsteile der überregionalen Zeitungen und behandelte vor allem technische Fragen.

29 Gurski, Das Abkommen, S. 179.

30 Dazu i. e. Arthur Bergmann: Fremd- und Zwangsarbeiter – Ansprüche nach dem Londoner Schuldenabkommen und in der Sozialversicherung, in: Rechtsprechung zum Wiedergutmachungsrecht (RzW) 30 (1979), S. 41–45.

31 Ebenda, S. 42; vgl. Gurski, Das Abkommen, S. 196 f.; Féaux de la Croix, Schadensersatzansprüche, S. 266. Daß es sich bei den Lohnforderungen um individuelle Forderungen, nicht um einen Reparationsanspruch, handelte, wurde vom Bundesverwaltungsgericht ausdrücklich bestätigt: BVerwG v. 12.6.1970, VII, C64/68.

32 »Protokoll über den Erlaß der deutschen Reparationszahlungen und über andere Maßnahmen zur Erleichterung der finanziellen und wirtschaftlichen Verpflichtungen der DDR, die mit den Folgen des Krieges verbunden sind« vom 22. August 1953, Text in: Europa-Archiv 18 (1953), S. 5974 f.; Zustimmung Polens am 23. August 1953, ebenda, S. 5981. Vgl. Rumpf, Die deutsche Frage, S. 350 f.; ders.: Völkerrechtliche und außenpolitische Aspekte der Wiedergutmachung, in: Ernst Féaux de la Croix/Helmut Rumpf: Der Werdegang des Entschädigungsrechts unter national- und völkerrechtlichem und politologischem Aspekt (Die Wiedergutmachung nationalsozialistischen Unrechts durch die Bundesrepublik Deutschland, hrsg. vom Bundesminister der Finanzen in Zusammenarbeit mit Walter Schwarz, Bd. III, im folgenden: Wiedergutmachung), München 1985, S. 311–346, hier: S. 338; Gurski, Das Abkommen, S. 182a; zur abweichenden Interpretation durch die polnische Seite vgl. Pilichowski, S. 35.

33 Vgl. Gurski, Das Abkommen, S. 173ff. (mit Verweis auf die entsprechenden höchstinstanzlichen Urteile); Féaux de la Croix, Schadensersatzansprüche, S. 2286–2271. Gurski und Féaux de la Croix waren Ministerialbeamte des BMF.

34 § 4, 1 (c) BEG; vgl. Blessin/Wilden, Kommentar BEG 1957, S. 7.

35 RzW 1963, S. 525–528; vgl. Gurski, Das Abkommen, S. 197f.

36 Féaux de la Croix, Schadensersatzansprüche, S. 2271.

37 Sie findet ihre Entsprechung in den historischen Darstellungen industrienaher Autoren wie August von Knieriem (Nürnberg, Rechtliche und menschliche Probleme, Stuttgart 1953) und Hans-Eckhart Kannapin (Wirtschaft unter Zwang, Köln 1966), die darauf abheben, die Unternehmen seien von den NS-Behörden gezwungen worden, Zwangsarbeiter zu beschäftigen, und hätten insoweit keine eigene Entscheidungsbefugnis über die Art der Behandlung der Zwangsarbeiter besessen. Diese Darstellung, das wird in diesem Kontext deutlich, diente als historiographische Unterstützung der politischen und juristischen Abwehr von Entschädigungsforderungen ehemaliger Zwangsarbeiter von seiten der Rüstungsunternehmen. Diese Auffassung wurde im Frühjahr 1986 zur Abwehr von Entschädigungsansprüchen ehemaliger jüdischer KZ-Häftlinge an den Flick-Konzern erneut vorgetragen; Günther Gillessen: »Ein Stoffabzeichen mit weißer Schrift auf wattierten Jacken: Flick und die Zwangsarbeit«, in FAZ v. 9. 1. 1986. Zum Entscheidungsspielraum der Unternehmensleitungen gegenüber den Zwangsarbeitern vgl. Herbert, Fremdarbeiter, S. 229ff., S. 273ff. u. ö.

38 Vgl. dazu Benjamin B. Ferencz: Lohn des Grauens. Die verweigerte Entschädigung für jüdische Zwangsarbeiter. Ein Kapitel deutscher Nachkriegsgeschichte, Frankfurt/M./New York 1981; Constantin Goschler: Streit um Almosen. Die Entschädigung der KZ-Zwangsarbeiter durch die deutsche Nachkriegsindustrie, in: Sklavenarbeit im KZ (Dachauer Hefte 2), Dachau 1986, S. 174–194. So sind z. B. über 5000 Entschädigungsforderungen ehemaliger polnischer Zwangsarbeiter gegenüber den IG-Farben unter Berufung auf das LSchA und dessen Auslegung durch die westdeutsche Rechtsprechung abgewehrt worden, vgl. Pilichowski, S. 34.

39 Gurski, Kriegsforderungen, S. 12–16, auch für das Folgende.

40 Ebenda, S. 14.

41 Note der Alliierten Hohen Kommission (AHK) an die Bundesregierung, 10. 12. 1953, n.: Ernst Féaux de la Croix: Staatsvertragliche Ergänzungen der Entschädigung, in: Wiedergutmachung, Bd. III, S. 201–310, hier S. 202, auch für das Folgende; sowie Helmut Buschbom: Die völkerrechtlichen und staatsrechtlichen Maßnahmen zur Beseitigung des im Namen des Deutschen Reiches verübten nationalsozialistischen Unrechts, in: Wiedergutmachung, Bd. II, S. 1–72, hier S. 56f.; Rumpf, Völkerrechtliche und außenpolitische Aspekte, S. 333ff.; ders., Die deutsche Frage, S. 353ff.; Lazlo Schirilla: Wiedergutmachung für Na-

tionalgeschädigte. Ein Bericht über die Benachteiligung von Opfern der nationalsozialistischen Gewaltherrschaft, München/Mainz 1982, S. 50f.; Gurski, Das Abkommen, S. 192f.

42 Féaux de la Croix, Staatsvertragliche Ergänzungen, S. 203.

43 Es handelte sich um Belgien, Dänemark, Frankreich, Griechenland, Großbritannien, Luxemburg, die Niederlande und Norwegen; später schlossen sich Italien, Österreich, die Schweiz und Schweden an.

44 Féaux de la Croix, Staatsvertragliche Ergänzungen, S. 206.

45 Rumpf, Völkerrechtliche und außenpolitische Aspekte, S. 334.

46 Note der Bundesregierung an die acht intervenierenden Staaten vom 8. Dezember 1958, n. Féaux de la Croix, Staatsvertragliche Ergänzungen, S. 206.

47 Sachverständigenbesprechung am 17. März 1959 in Bonn, ebenda, S. 224f.

48 Ebenda, S. 240.

49 Die Verhandlungen fanden vom 23.–25. Mai 1960 statt, ebenda, S. 244.

50 Vgl. Herbert, Fremdarbeiter, S. 259ff.

51 Zit. n. Féaux de la Croix, Staatsvertragliche Ergänzungen, S. 259.

52 Zu den einzelnen Vereinbarungen vgl. ebenda, S. 208ff.; sowie die Übersicht im Bericht der Bundesregierung über die Wiedergutmachung vom 31. 10. 1986, BT-Drs. 10/6287, S. 50.

53 Gurski, Das Abkommen, S. 193.

54 Vgl. Alfons Klafkowski: Der Vertrag zwischen der Volksrepublik Polen und der Bundesrepublik Deutschland vom 7. Dezember 1970, Warschau 1973, S. 90ff.; Geyr, S. 70f.

55 Vgl. Geyr, S. 71; Georg W. Strobel: Deutschland – Polen. Wunsch und Wirklichkeit, Bonn 1969, S. 31f.; die Zahl 200000 ist nicht nachprüfbar, aber realistisch; zu dem Komplex der »eingedeutschten« Kinder aus Polen sowie aus der Sowjetunion vgl. Herbert, Fremdarbeiter, S. 247ff.

56 Alfons Klafkowski: Obozy Koncentracyjze Hitlerowkie jako Zagadnienie Prawa Miedzynarodowego, Warschau 1969, S. 92ff., zit. n. Geyr, S. 72.

57 Erklärung der polnischen Regierung an die Vereinten Nationen vom 27. September 1969, zit. b. Rumpf, Völkerrechtliche und außenpolitische Aspekte, S. 339.

58 Dazu i. e. Ludwik Gelberg: Die Normalisierung der Beziehungen zwischen der Volksrepublik Polen und der Bundesrepublik Deutschland, Hamburg 1977, S. 82ff.; sowie Klafkowski, Der Vertrag (Anm. 54).

59 Archiv der Gegenwart, 1969, S. 15157.

60 Vgl. etwa die schriftliche Antwort d. Bundesregierung auf die Anfrage d. Abg. Haase am 16. 9. 1970, BT-Prot. S. 3612. Derartige Anfragen wurden von seiten der Opposition häufig gestellt und immer in diesem Sinne beantwortet.

61 Willy Brandt: Begegnungen und Einsichten. Die Jahre 1960–1975, Hamburg 1976, S. 539f.

62 Vgl. Geyr, S. 80.

63 Rede des Abg. Henry Korotynski vor dem Sejm, 25. Mai 1972, in: Trybuna Ludu, 26.5.1972, zit. n. Geyr, S. 85; dazu Karl Hartmann: Schwierige Normalisierung zwischen Bonn und Warschau, in: Osteuropa, März 1973, S. 161 f.

64 Rede am 16. Juni 1972, in: Europa-Archiv 28 (1973), S. D. 429ff.; vgl. auch die Rede Edward Giereks am 22.3.1973 in Posen, durch die die Entschädigungsfrage für die polnische Seite endgültig zum Kernproblem der »Normalisierung« mit der Bundesrepublik erhoben wurde, dazu Dieter Bingen: Die Stellung der Bundesrepublik Deutschland in der internationalen Politik aus polnischer Sicht, 1969–1976, Königstein/Ts. 1980, S. 114.

65 Geyr, S. 88.

66 Vgl. Jahresbericht der Bundesregierung 1973, hrsg. vom Presse- und Informationsamt der Bundesregierung, Bonn 1974, S. 43. Zu den Standpunkten der beiden Regierungen und zur Entwicklung der Verhandlungen vgl. Carl Christoph Schweitzer: Konflikt und Kooperation zwischen der Bundesrepublik Deutschland und der Volksrepublik Polen seit dem Warschauer Vertrag von 1970, in: Hans-Adolf Jacobsen u. a. (Hrsg.): Bundesrepublik Deutschland – Volksrepublik Polen: Bilanz der Beziehungen, Probleme und Perspektiven ihrer Normalisierung, Frankfurt/M./Warschau 1979, S. 103–130; Jerzy Sułek: Die politischen Beziehungen zwischen der Volksrepublik Polen und der Bundesrepublik Deutschland in den siebziger Jahren, in: ebenda, S. 131–160.

67 Vgl. etwa Die Zeit v. 8.8.1975; z. Diskussion im Bundestag vgl. Das Parlament, Nr. 47, 22.11.1975; Nr. 49, 6.12.1975.

68 Interview mit Schmidt im RIAS Berlin, 23.3.1975, zit. n. FAZ v. 24.3.1975.

69 Vgl. etwa den Leitartikel der FAZ v. 6.8.1975, S. 1.

70 Rumpf, Völkerrechtliche und außenpolitische Aspekte, S. 341.

71 Zu den Vereinbarungen im einzelnen und der Debatte, die sie in der Bundesrepublik auslösten, vgl. u. a. Benno Zündorf: Die Ostverträge, München 1979, S. 70ff.; Karl Hartmann: Vier Jahre deutsch-polnischer Vertrag, in: Osteuropa, 1975, S. 246–256; Schweitzer, Konflikt und Kooperation, S. 125ff., Sułek, Die polnischen Beziehungen, S. 140ff.

72 BT-Prot. v. 26.11.1975, S. 13932ff.; zur Kritik der Opposition ausf.: Joachim Krause: Außenpolitische Opposition im und über den Bundesrat. Eine Fallstudie am Beispiel der Auseinandersetzungen um die Ratifizierung der deutsch-polnischen Vereinbarungen vom Oktober 1975, in: Zeitschrift für Parlamentsfragen 11 (1980), S. 423–440. Dabei wurde deutlich, daß ohne das Rentenabkommen individuelle Rentennachforderungen hätten fällig werden können, deren Höhe auf etwa 8 Mrd. DM berechnet wurden (Krause, S. 428f.).

73 Zit. n. Bingen, S. 331.

74 Vgl. Jacobmeyer, S. 123–152; Herbert, Fremdarbeiter, S. 341 ff.

75 Zahlungen an Opfer medizinischer Versuche werden hierbei nicht berücksichtigt; vgl. dazu Rumpf, Völkerrechtliche und außenpolitische Aspekte, S. 340. In dem Bericht der Bundesregierung vom 31. Oktober 1986 wird die Höhe der Zahlungen an die westeuropäischen Staaten für Opfer medizinischer Versuche insgesamt mit 1 Mrd. DM beziffert, BT-Drs. 10/6287, S. 30.

76 Vgl. Jacobmeyer, S. 204–231; Herbert, Apartheid.

77 Zum »Territorialprinzip« vgl. Blessin/Wilden, Kommentar BEG 1957, S. 131 ff.

78 Dazu ausf. Jacobmeyer, S. 176 ff.; von den etwa 500000 DPs, die sich 1947/48 noch in der amerikanischen und englischen Zone befanden, waren mehr als 40% nicht arbeitsfähig (ebenda, S. 185, 188); die Zahl 130000 nannte der Bundesvertriebenenminister Lukaschek im Oktober 1949 (ebenda, S. 226).

79 Abg. Müller, KPD, am 28.2.1951 vor dem Bundestag, BT-Prot., S. 4629.

80 Dazu Schirilla, S. 17 f.

81 Dazu ausf. Ernst Féaux de la Croix: Vom Unrecht zur Entschädigung: Der Weg des Entschädigungsrechts, in: Wiedergutmachung, Bd. III, S. 1–118, hier S. 14 ff.; sowie Schirilla, S. 17 ff.

82 Blessin/Wilden, Kommentar BEG 1957, S. 169 f.

83 Ebenda, S. 180.

84 Pariser Reparationsabkommen v. 14. Januar 1946, Teil I, Art. 8, in: Blessin/Wilden, Kommentar BEG 1957, S. 1295 ff.; vgl. Granow, S. 70; Gurski, Das Abkommen, S. 185.

85 Interministerielle Besprechung über Wiedergutmachung gegenüber DPs am 2. Juni 1950, zit. n. Jacobmeyer, S. 235.

86 Denkschrift der IRO v. 8.1.1951, ebenda, S. 236 f.

87 Stellungnahme des BMF v. 25.9.1951 zur IRO-Denkschrift, ebenda, S. 237.

88 Vgl. i. e. Schirilla, S. 23 f.

89 BGBl. 1951 I, S. 269 ff.; zu Entstehung und Inhalt vgl. Jacobmeyer, S. 226 ff.

90 BT-Prot. v. 28.2.1951, S. 4628. In dieser Rede des Abg. Brill wird übrigens, soweit ich sehe, zum einzigen Mal in der Geschichte des Deutschen Bundestages bis 1990 das Schicksal der Zwangsarbeiter im Plenum in dieser zutreffenden Weise beschrieben.

91 Ernst Féaux de la Croix: Internationalrechtliche Grundlagen der Wiedergutmachung, in: Wiedergutmachung Bd. III, S. 119–200, hier S. 125 ff.; Jacobmeyer, S. 240 ff.

92 Besprechung zw. Auswärtigem Amt und britischen AHK-Vertretern in Bonn, 6.3.1951, b. Jacobmeyer, S. 240; vgl. Féaux de la Croix, Internationalrechtliche Grundlagen, S. 127 ff.; auch zum Folgenden.

93 Féaux de la Croix, Internationalrechtliche Grundlagen, S. 131 f.

94 BGBl. 1955 II, S. 215 ff., Vierter Teil, Abs. 1.: S. 431; vgl. Buschbom, S. 49 f.; Schirilla, S. 25.

95 Vgl. Schirilla, S. 25.

96 Bundesergänzungsgesetz zur Entschädigung für Opfer der nationalsozialistischen Verfolgung vom 18. September 1953 (BErgG), BGBl. 1953 I, S. 1387, hier § 76.

97 Blessin/Wilden, Kommentar zum BErgG, München/Berlin 1954, S. 326 f.

98 Vgl. Féaux de la Croix, Internationalrechtliche Grundlagen, S. 141; diese Kritik vom Dezember 1953 führte »auf deutscher Seite zu einer schweren Verstimmung« (ebenda).

99 Bundesentschädigungsgesetz (BEG) v. 29.6.1956, BGBl 1956 I, S. 559; Fünfter Abschnitt, § 167; in der parlamentarischen Beratung betonte der Berichterstatter, Dr. Greve (SPD), ausdrücklich, »daß der Begriff ›aus Gründen der Nationalität‹ nicht zu eng ausgelegt werden soll«, und verwies darauf, »daß eine Reihe von Entscheidungen der Entschädigungsbehörden und der Entschädigungsgerichte nur mit Erschrecken und Entsetzen von uns zur Kenntnis genommen werden konnten«. BT-Prot. v. 6.6.1956, S. 7786, 7788.

100 Begründung der Bundesregierung zu § 167 BEG, n. Schirilla, S. 31; vgl. Féaux de la Croix, Vom Unrecht, S. 83 ff.

101 BGH, v. 7.12.1960, in: RzW 12 (1961), S. 184 f.

102 Vgl. BGH-Urteil v. 28.1.1956, IV ZR 323/55. Schon im Kommentar zum BEG von 1956 hatte es geheißen: »Die Verschickung als Zwangsarbeiter ist nicht wegen der Nationalität, sondern wegen des Mangels an Arbeitskräften erfolgt..., auch in einem Arbeitseinsatz allein kann daher nicht eine Mißachtung der Menschenrechte gesehen werden.« Blessin/Wilden, Kommentar BEG 1957, S. 756.

103 Blessin/Wilden, Kommentar BEG 1957, S. 756.

104 OLG München, v. 25.2.1959, RzW 10 (1959), Beih. S. 12 f.

105 Zit. b. Erwin Rossmeissl: Entspricht die Auslegung von Art VI BEG-SchlG. dem Willen des Gesetzgebers?, in: RzW 19 (1968), S. 241–246, hier S. 244.

106 OLG Köln, v. 4.12.1967, RzW 19 (1968), S. 205.

107 OLG Köln, v. 2.2.1966, zit. n. Rossmeissl, S. 245; das Urteil wurde später vom BGH aufgehoben.

108 Entsch. d. BVA IV/VIII–9793, zit. v. Abg. Czaja im Bundestag, 2.7.1969, S. 13717.

109 BGH v. 9.7.1970, RzW 21 (1970), S. 566 f.; zur Praxis der Gerichte bei Nationalgeschädigten vgl. ausf. Schirilla, S. 36 ff.; sowie Maurer: Die Entschädigung von Personen fremder Nationalität, in: RzW 10 (1959), S. 145–148; Gerhard Hartstang: Schädigung aus Gründen der Nationalität gem. Art. VI BEG-SchlG bei Zwangsarbeit – eine Untersuchung am Beispiel der polnischen Zwangsarbeiter, in: RzW 21 (1970), S. 102–105; ders.: Bemerkungen zum Problem der Nationalgeschädig-

ten, in: RzW 23 (1972), S. 244f.; Erwin Rossmeissl: Stagnation oder Fortschritt in der Entschädigung Nationalverfolgter?, in: RzW 21 (1970), S. 145–148.

110 Schirilla, S. 51–66, auch für das Folgende.

111 Abkommen v. 5.10.1960, abgedr. ebenda, S. 54ff. Die Mittel wurden 1966 um 3,5 Mio DM, am 2./26.11.1981 um 5 Mio. DM (BGBl. 1982 II, S. 80), am 10.9./27.11.1984 um bis zu 3,5 Mio DM aufgestockt; vgl. Bericht der Bundesregierung vom 31.10.1986, S. 42f., 51.

112 Schr. Bericht d. Ausschusses für Wiedergutmachung v. 13.5.1965, BT-Drs. IV/3423, S. 24ff.

113 BEG-SchlG. v. 14.9.1965, BGBl. 1965 I, S. 1315, hier Art. VI; neu war allerdings die Berücksichtigung solcher Nationalgeschädigten, die erst nach 1953 als Flüchtlinge in die Bundesrepublik gekommen waren; i.e. vgl. Féaux de la Croix: Vom Unrecht, S. 95ff.; Schirilla, S. 67ff.

114 Richtlinien des BMF zur Durchführung des Art. VI BEG-SchlGes. vom 8. Mai 1968, BAnz. Nr. 94 v. 18.5.1968, S. 1ff.; abgedr. b. Schirilla, S. 107–118; entsprechend bereits der Aufsatz des Ministerialbeamten Hermann Zorn: Die Entschädigung für Nationalgeschädigte, in: RzW 17 (1966), S. 145ff.

115 LG Köln, v. 6.5.1968, RzW 19 (1968), S. 525ff.

116 »GV-Verbrechen« von Polen und Ostarbeitern wurden in aller Regel mit dem Tode bestraft, vgl. Herbert, Fremdarbeiter, S. 79ff., S. 122ff.

117 Aufgrund der Vereinbarung zwischen Himmler und Thierack v. 18.9.1942, vgl. ebenda, S. 244f.

118 Bescheid d. BVA v. 28.11.1966, zit. b. Herbert, Fremdarbeiter, S. 10; vgl. auch die Beantwortung einer Anfrage des Abg. Czaja (CDU) durch Staatssekretär Leicht (BMF) im Bundestag am 2.7.1969, S. 13716ff.

119 Schreiben d. BVA an den Verf. v. 7.11.1986.

120 Bericht der Bundesregierung vom 31.10.1986, BT-Drs. 10/6287, S. 18.

Drucknachweise

»Traditionen des Rassismus«, in: Lutz Niethammer u. a: Bürgerliche Gesellschaft in Deutschland, Frankfurt/M. 1990, S. 472–488.
»Generation der Sachlichkeit«, in: Frank Bajohr, Werner Johe, Uwe Lohalm (Hrsg.): Zivilisation und Barbarei. Die widersprüchlichen Potentiale der Moderne, Hamburg 1991, S. 115–144.
»Von der ›Reichskristallnacht‹ zum ›Holocaust‹«, in: Thomas Hofmann, Hanno Loewy, Harry Stein (Hrsg.): Pogromnacht und Holocaust, Weimar/Köln 1994, S. 58–80.
»Arbeiterschaft im ›Dritten Reich‹«, in: Geschichte und Gesellschaft 15 (1989), S. 320–361.
»Der ›Ausländer-Einsatz‹ in der deutschen Kriegswirtschaft«, in: Klaus-J. Bade (Hrsg.): Deutsche im Ausland – Fremde in Deutschland, München 1992, S. 354–366.
»Von der Arbeitsbummelei zum Bandenkampf«, in: Klaus-J. Müller, David N. Dilks (Hrsg.): Großbritannien und der deutsche Widerstand, Paderborn 1994, S. 245–260.
»Nicht entschädigungsfähig? Die Wiedergutmachungsansprüche der Ausländer«, in: Ludolf Herbst, Constantin Goschler (Hrsg.): Wiedergutmachung in der Bundesrepublik Deutschland, München 1989, S. 273–302.
»Zweierlei Bewältigung«, in: Ulrich Herbert, Olaf Groehler: Zweierlei Bewältigung. Vier Beiträge über den Umgang mit der nationalsozialistischen Vergangenheit in den beiden deutschen Staaten, Hamburg 1992.
»Ausländer und andere Deutsche«, in: Mechtild Jansen, Ulrike Prokop (Hrsg.): Fremdenangst und Fremdenfeindlichkeit, Basel/Frankfurt/M. 1993, S. 13–29.
Die Beiträge wurden im Text und in den Anmerkungen leicht überarbeitet.